中国社会科学院创新工程学术出版资助项目

马克思主义专题研究文丛

马克思主义无神论研究

（第2辑·2012）

习五一 ● 主编

中国社会科学出版社

图书存版编月（CIP）数据

马克思主义无神论研究. 第 2 辑，2012／习五一主编 . —北京：中国社会
科学出版社，2015.3
（马克思主义专题研究文丛）
ISBN 978 - 7 - 5161 - 6303 - 0

Ⅰ . ①马… Ⅱ . ①习… Ⅲ . ①马克思主义—无神论—研究 Ⅳ . ①B91

中国版本图书馆 CIP 数据核字（2015）第 131068 号

出 版 人 赵剑英
责任编辑 赵 丽
责任校对 石春梅
责任印制 王 超

出　　　版　中国社会科学出版社
社　　　址　北京鼓楼西大街甲 158 号
邮　　　编　100720
网　　　址　http://www.csspw.cn
发 行 部　010 - 84083685
门 市 部　010 - 84029450
经　　　销　新华书店及其他书店

印　　　刷　北京君升印刷有限公司
装　　　订　廊坊市广阳区广增装订厂
版　　　次　2015 年 3 月第 1 版
印　　　次　2015 年 3 月第 1 次印刷

开　　　本　710 × 1000　1/16
印　　　张　29.5
插　　　页　2
字　　　数　499 千字
定　　　价　106.00 元

前　言

　　以毛泽东、邓小平、江泽民为核心的党的三代领导集体和以胡锦涛同志为总书记的党中央始终高度重视党的理论工作，重视全党对马克思主义理论的学习和研究工作。十八大以来，以习近平同志为总书记的党中央更是把意识形态工作作为党的一项极端重要的工作来抓。

　　2004年1月，《中共中央关于进一步繁荣发展哲学社会科学的意见》下发，并决定实施马克思主义理论研究和建设工程。为贯彻落实党中央关于把中国社会科学院努力建设成为马克思主义坚强阵地、党和国家的思想库智囊团（智库）、哲学社会科学的最高殿堂的要求，中国社会科学院采取了一系列重要措施。2009年初决定把加强马克思主义理论学科建设与理论研究作为一项重要工作来抓，并成立中国社会科学院马克思主义理论学科建设与理论研究工程领导小组。领导小组成立后，一方面注重抓好马克思主义理论学科组织机构的建设，设立马克思主义理论类别的研究室和中心等；同时又注重马克思主义基础理论研究。

　　为了推进马克思主义基础理论研究，中国社会科学院决定从2011年开始编辑出版"马克思主义专题研究文丛"，每年收录全国范围内相关学科领域具有代表性的文章，集中展示相关学科研究的优秀成果。

中国社会科学院马克思主义理论学科建设

与理论研究工程领导小组

2015年1月

目　录

科学无神论宣传教育工作

科学无神论与宗教研究

自然科学与无神论

中外无神论思想源流

特约文稿

共产党员为什么不能信仰宗教

李　中

共产党员不应信仰宗教，这是一条基本原则。为什么要坚持这样的原则？因为神是不存在的。

一

历史上，人类曾经信仰过各种各样的神，希望借助神的力量，解决那些想要解决但自己又解决不了的问题。然而数千甚至数万年的实践，人类终于发现，类似的希望都落了空，要解决自己的问题，只能依靠自己。

人类信仰的第一批神祇，是动物。中国历史上所谓"麟凤龟龙，谓之四灵"，就是四种动物神。直到现在，有些民族还把猴子、牛之类的动物当作神。所谓当作神，就是认为它们具有超自然的能力，或者称为"特异功能"，也就是超出它们本身自然能力的能力，比如认为龟能先知等。

然而后来人们发现，这些现实的原型动物并不具有超自然的能力，于是人们又设想出更厉害的动物。比如龙、凤、麒麟，就是把数种动物的优点集中起来，成为一种神物。后来甚至把动物和人的器官合在一起，比如狮身人面，或者是马头人身。于是出现了变形的动物神或者半人半兽型的动物神。

但是后来人们又发现，真正强大的，还是人，而不是动物。于是，人，确切地说，是人间的英雄，就被崇拜为神。古代的巫师、国王和力量强大的英雄，都曾被崇拜为神。中国上古神话中的共工氏头撞不周山，女娲因此而补天，都是人神力量的显示。埃及的法老，古希腊奥林匹斯山上的诸神，古罗马的国王，中国的皇帝，就是这样的亦神亦人、亦人亦神的存在。

人神出现以后和动物神或者半人半兽型的动物神，曾经进行了激烈的斗争。古代神话的基本内容，就是这类斗争。在人神和动物神的争斗中，人神总是胜利者。从此以后，动物要想成为神，必须先要成为人。

然而那些真实存在于历史或者现实中的人，其所作所为，都是有案可查的。人们要想赋予他们以超自然的能力，困难重重。于是新的神祇出现了。这新的神祇被说成是上古人神的灵魂，或者是新塑造出来的纯粹精神的存在。人们看不见它们，也摸不着它们，它们在冥冥之中，主宰着世界和人类。人类要取得自己的幸福，必须按它们的意志去做，向它们祈求。

这样的神祇，是人类进入文明时代以后神祇的基本形态，所以迄今为止，人们一谈起神祇，就认为是一种纯粹精神的存在。人们以善良的心和虔诚的态度，按照它们的意志做了，向着它们祈求了，然而，它们并没有给予人类幸福。许诺的幸福仅仅存在于幻想之中，如水中月，如镜中花。终于有一天，人类彻底明白了，神祇不论它以什么形态出现，都是不存在的。要创造人类的幸福，只有依靠自己。

这种彻底的无神论思潮产生于 18 世纪的欧洲。从那时开始，人类社会经历了一个加速度的发展过程。先是建立了以民主自由为特征的资本主义制度，进而又产生并且建立了社会主义制度。物质财富的生产过程，先是实现了工业化，如今又实现了电子信息化。现在的人类，生产物质财富似乎是轻而易举的事情。不是苦于物质财富太少，而是苦于太多，苦于不平和不均。而要实现人类的共同幸福，是社会主义者和共产主义者的任务。

二

历史上，当一种新的神祇诞生的时候，同时也是旧的神祇被否定的时候。中国古老神话中的所谓封豨（大猪）、长蛇，希腊神话中的狮王、恶龙的战败被杀，就是动物神被否定的代表性案例。而那些半人半兽型的所谓妖魔，不过是被人神战败了的魔神。称它们为魔而不称为神，也就是说，人类已经不再承认它们为神了。同样，当进入文明时代以后，人神也不被承认了。基督教的"三位一体"由于包含着耶稣这个现实的人，所以常常遭到伊斯兰教的抨击，认为不该赋予耶稣以上帝的位格。

从历史发展的一面说，那些否定旧神的言论，都是无神论的言论。那些否定旧神的人们，都是无神论者。苏格拉底由于不相信当时国家的神，所以被称为无神论者；基督教由于不相信罗马帝国的神，也曾被称为无神论者。以致著名的早期护教士游斯丁不得不著文声明：我们基督教徒不是无神论者，我们只是不相信你们的神，我们相信的是我们自己的神。就像苏格拉底在法庭上的辩护一样。苏格拉底说，他相信自己的神，并且正是根据一条神谕，把哲学当成了他毕生的事业。

直到18世纪的欧洲，才由当时先进的思想家们第一次彻底地否定了神的存在。如果说，历史上否定旧神、建立新神的过程，往往都经过了数百、数千甚至更长的时期，那么，彻底否定神祇的存在，将会经历更长的时期。然而，这个否定过程一经开始，就必然要向前不断发展。发展中可能有曲折，但有曲折也要发展，则是无可怀疑的。自欧洲进入近代社会以来，人类社会先是在政治领域，接着是教育领域和其他社会活动领域，一个一个地摆脱神祇的干预，基督教在其本土的衰落，就是明证。

有人说，有神论者不能证明神祇的存在，你们无神论者也不能证明神祇的不存在。这话是双重的错误。第一，神的存在，是有神论者提出来的。如果有神论者不能证明神的存在，那就只能说明神的不存在。这才是合乎逻辑的结论。第二，神祇观念发展的历史，就是一部证明神祇并不存在的历史。无论神祇被说成什么形态，都是不存在的。问题仅仅在于，现存的宗教，他们可以否定别人神祇的存在，比如基督教，他们认为除了他们自己所信的神，其他的神祇就都是偶像崇拜，不是神。然而当别人要否定他们自己的神的时候，他们就难以容忍了。然而，这个否定时期已经到来，而且基督教自身，也不断有神学家怀疑甚至否定他们原有的神的存在。

基督教历史上，曾有过著名的关于神的存在的论证。第一次是安瑟伦，第二次是托玛斯·阿奎那。为什么要论证上帝存在？不就是因为有人怀疑甚至否定上帝的存在吗？然而有人怀疑就去论证，这不就是明白告诉人家，上帝是不存在的。历史上，有哪一位臣子去论证过国王的存在呢？现在，也不会有人去论证总统的存在，因为国王和总统的存在是个无须论证的问题。现代的基督教神学家蒂利希也说，论证上帝存在本身，就是对上帝的亵渎。

神是不存在的。一个共产党员，要革命，要为人类谋幸福，又怎么能够去求助那个并不存在的神祇，去信仰那个以神的存在为思想基础的宗教呢!

三

一切宗教教义，都被说成是神的意志。然而神是不存在的，那么，这些所谓神的意志，又是从哪里出来的呢?

答案只有一个，所有神的意志，都是人的意志。是从原始时代的巫师开始、到现在为止的各种各样的神学家或神职人员的意志。由于条件的局限，历史上，那些新思想的出现，都必须说成是神的意志。因此，当一种新的神祇、同时也是一种新的宗教出现的时候，也就是一种新思想出现的时候。创立新神祇、新宗教的思想家们，同时也是新的先进思想的代表人物。历史上，那些创立新宗教的人物，也永远是人类历史上的英雄。

同一切新的、先进的思想一样，当时是先进的，并不永远是先进的。然而宗教观念的特点，就是把自己的观念说成是永恒不变的绝对真理，因为那是神的意志。这样，和任何存在于历史中的事物一样，也都要由先进的变为不先进的，甚至落后的。历史在发展，人类的意识也在逐步觉醒。当人类能够认识到所有的神都不存在，不是神创造了世界和人类，而是人创造了神的时候，宗教观念统治的时代，就被称为"黑暗的世纪"。"黑暗"二字，既是人类意识的觉醒，也是宗教统治的效果。

然而今天却有人鼓吹说，信了宗教人类道德就高尚，社会风气就会变好，甚至宗教才是科学发展的动力。其理由是，科学不是在欧洲发展起来的吗，欧洲原来是信仰基督教的呀! 如此等等。最后，就是鼓吹共产党员应该信仰宗教，并且说，这是使共产党扩大执政基础。似乎如果共产党员不信仰宗教，宗教信仰者就不会接受中国共产党的领导，似乎中国共产党只有借助宗教，才能管理好中国这片土地上的事务。

目前在我国鼓吹共产党员应该信仰宗教的，主要还不是宗教界人士，而是一些热衷于"参与宗教活动、与宗教界人士建立密切私人关系"，甚至"实际上成为宗教信徒"的共产党员! 在这些共产党员中，有些还具有学者的身份，甚至是党的高级领导干部。这种现象，值得引起各个有关方面的特别注意。

假如神果然存在并且全知全能，信仰宗教果然有效，人类社会就不会至今还有那么多的纷争，无神论者也不会出现，也就不会有马克思主义以及在这个主义指导下的革命运动。共产党的建立并且甘愿用自己的流血牺牲去争取人类的幸福，就是明白了神是不存在的，要争取人类的幸福，只能依靠我们自己。可是一些具有共产党员身份的人，一些具有学者身份的人，却要共产党员去信仰宗教，重新回到那个向神祈求幸福的过程中去，这样的言论，如果不是别有用心，就是糊涂思想。无论是哪一种，都是我们要坚决抵制和加以反对的。

（原载《科学与无神论》2012 年第 6 期）

关于少数民族地区党员干部信教问题的思考

——读陈奎元著《西藏的脚步》札记

习五一

近些年来，关于共产党员信仰宗教问题的讨论，引起人们越来越多的关注。2008 年，由国家宗教事务管理部门委托国家级宗教研究机构，开展对当代中国基督教现状的调查。该课题组公开发表的研究报告，综述"学者们的意见"提出，为"建立适应社会进步的、合作式的新型政教关系"，应采取"'开放与宽容'的政策处理党员信教问题"。[①]

由此，这个议题由少数学者的"百花齐放"式的思考，升级为国家级研究机构的政策建议，由学术的边缘地带，进入主流话语圈的核心地带。这个议题不断升级的态势，应当引起人们的重视。

分析该课题组建议采取"'开放与宽容'的政策处理党员信教问题"的思路，笔者得知，其理论依据是"政治信仰与宗教信仰""属于不同的价值维度"，"在实际存在中应该和平相处、和而不同"。而其重要现实依据之一是，"党员信教现象"，"在全民信教的少数民族中甚至比较普遍，而信教停止的命令又难见成效"。[②]

我认为，人文社会科学的研究，不只是纯理论的研究，还是实践的研究。即使看似中立，其背后依然存在着相应的价值观。学术研究与实践功能存在共谋的关系，尤其是涉及政策设计的研究课题。

本文论述的重点不是哲学层面的理论分析，而是关注当代中国的社会

[①] 邱永辉执笔：《"中国基督教研究的再研究"报告》，载金泽、邱永辉主编《中国宗教报告（2009）》，社会科学文献出版社 2009 年版，第 218、221 页。

[②] 同上书，第 222 页。

实践。笔者选取 20 世纪 90 年代的 "全民信教的少数民族地区"——西藏自治地区为典型案例，并以时任西藏区党委书记陈奎元同志的自选文集《西藏的脚步》为重要历史文献，来考察这个议题。

一 应当"开放与宽容"共产党员信仰宗教吗？

自改革开放以来，随着社会经济结构、利益格局发生深刻变化，人们思想的多变性和差异性不断增强。其中，引人瞩目的社会现象之一是，信仰宗教的民众日益增多。宗教学研究逐渐由边缘学科发展成为"显学"。

随着"宗教热"的兴起，一种"精心呵护"宗教文化的学术倾向也逐渐升温。有一些人士极力推崇某种宗教文化，将其诠释为"道德的源泉""民主的根基"，甚至是"科学的前提"。还有一些权威人士大力倡导"宗教神学"，并积极推动这种"宗教神学"成为国家研究机构和高等院校的学术方向。这种思潮已经开始影响政策制定和舆论导向。

有一位研究当代宗教的学者，在执笔课题组的综述报告中提出，为"建立适应社会进步的、合作式的新型政教关系"，应采取"'开放与宽容'的政策处理党员信教问题"。① 这位学者论证了该政策建议的理论来源和现实依据。其中说明，在少数民族地区党员信教比较普遍的现象，是这种政策调整的重要现实依据之一。文中这样写道：

> 鉴于党员信教现象已经出现，在一些全民信教的少数民族中甚至比较普遍，而信教停止的命令又难见成效，学者们提出要总结越南和古巴等国的经验，创造中国党员"政治信仰与宗教信仰"不冲突的新模式，做到政治上忠诚与宗教内遵纪守法相结合，有利于传统的"政主教从"模式下的信息通报、参与式监督和管理，使党员在信教时仍然能够发挥"联系群众纽带"作用。②

如何认识当代中国少数民族地区党员干部信教的问题，应当"开放与

---

① 邱永辉执笔：《"中国基督教研究的再研究"报告》，载金泽、邱永辉主编《中国宗教报告（2009）》，社会科学文献出版社 2009 年版，第 218、221 页。

② 同上书，第 222 页。

宽容"共产党员信仰宗教吗？"实践出真知。"我认为，实际工作者有时比书斋中的"唯美主义者"更有发言权。让我们看一看"全民信教的少数民族地区"——西藏自治地区的社会现实，再读一读来自少数民族地区领导干部的亲身体验。"他山之石，可以攻玉。"

二　来自雪域高原的声音：共产党员必须坚持无神论

西藏可谓典型的"全民信教"的少数民族地区。20 世纪 90 年代，陈奎元同志曾担任西藏自治区党委第一书记。近期，笔者再次阅读了他的自选文集《西藏的脚步》。陈奎元同志不是沉醉在书海中的哲学家，或许他论述的某些学术观点有商榷的空间，但是作为担负西藏自治区第一把手重任的领导干部，这部文集是他工作历程的真实纪录，也反映出他励精图治的艰难探索。

1992 年 1 月 8 日，陈奎元同志已过知天命之年，奉命从内蒙古草原到西藏高原，接替胡锦涛同志担任自治区党委书记。这本文集多半是作者1992 年至 1998 年在西藏的讲话稿整理而成。正像作者所说，"讲话俱是针对具体的对象与问题，不像学者撰写文章那样条分缕析、层次分明，含蓄深沉。有些言辞观点，意在振聋发聩"。[1] 作为自治区党委书记，陈奎元同志肩负着发展与稳定两个重任，即一手抓改革开放，加快经济发展；一手抓反分裂斗争，维护社会稳定。落实这两个重任是全书的主线。

1992 年 6 月，刚到西藏不久的陈奎元同志，就旗帜鲜明地指出："共产党员要尊重群众的信仰自由，但是党员自己必须是无神论者，不应朝神拜佛，坚持党的信仰才有资格当党员，求神拜佛就不配当党员。"[2] 此后，在驻守雪域高原的艰难岁月里，陈奎元同志多次重申，"共产党员不得信仰宗教"，"共产党员必须坚持无神论"。在这部 40 万字的文集中，笔者浏览统计了一下，关于这类论述至少有 30 次。

在 20 世纪 90 年代，在党的高级领导干部中，这样大张旗鼓地论述"共产党员必须坚持无神论"，是颇具特色的。陈奎元同志不是书斋里的哲

---

[1] 陈奎元：《西藏的脚步》序言，中共中央党校出版社 1999 年版。

[2] 陈奎元：《在反分裂斗争中要注意解决几个问题》，《西藏的脚步》，中共中央党校出版社1999 年版，第 7 页。

学家,他这样高调地论述"共产党员的世界观必须是无神论",是因为当时西藏地区复杂的社会形势,即反分裂斗争的局势依然十分严峻。分裂集团的首领达赖喇嘛,利用藏传佛教,作为分裂祖国的精神工具。

三 分裂主义势力的力量和社会基础不可低估

在走马上任之初,陈奎元同志说:"原以为,刚刚解除戒严,分裂主义势力受到应有的教训,西藏的安定不会有问题,进藏初期,主要考虑的问题是抓紧时机把经济建设搞上去。"① 西藏经济落后于祖国内地,最大的差距在于科技落后,振兴经济首先要重视加速科技进步,大力发展教育。在经济工作中,自治区党委强调制定政策,要"时刻不忘农牧民的利益","为他们开拓广阔的生产致富途径"。共产党打天下,管天下,依靠人民,为人民谋幸福,这是大道理,"有必要经常讲,它管着很多小道理"。②

但是,藏独分裂分子举着"雪山狮子旗"不断闹事骚乱,使人民群众难以安居乐业,严重地干扰了经济建设的大局。分裂活动不断加剧的严峻形势,使陈奎元同志认识到"与分裂主义的斗争,我们一直是防御作战。分裂主义势力处在主动出击的位置上,主动权操在他们手里"。因此,自治区党委不得不将更多的精力,放在如何争取掌握反分裂斗争的主动权上。陈奎元同志指出:

> 反分裂斗争要进一步深入,就必须从战略高度出发,全面地在各个领域回击敌对势力,瓦解他的基础,为西藏的长治久安,为国家的安定深谋远虑,把真正的铜墙铁壁牢牢地树立起来。③

1993 年 10 月,为确保西藏经济繁荣和长治久安,陈奎元同志请求中央召开第三次西藏工作座谈会。1994 年 2 月,他在中央政治局常委会议上

---

① 陈奎元:《正确地判断形势 有效地打击分裂主义势力》,《西藏的脚步》,中共中央党校出版社 1999 年版,第 112 页。
② 陈奎元:《关心农民 搞好服务》,《西藏的脚步》,中共中央党校出版社 1999 年版,第 82 页。
③ 陈奎元:《正确地判断形势 有效地打击分裂主义势力》,《西藏的脚步》,中共中央党校出版社 1999 年版,第 112—113 页。

汇报工作时说：

> 政治不稳定的因素始终存在。在新的国际形势下，内外分裂主义
> 势力，加剧分裂活动。长期处在封闭的环境下，人民群众受宗教影响
> 至深，对达赖的迷信源远流长，分裂主义势力的力量和社会基础不可
> 低估。①

历史上，西藏地区曾经长期奉行政教合一的社会制度。藏传佛教与社
会和民众的关系，同祖国内地的各种宗教相比，大不相同。

公元 7 世纪，佛教从中原唐朝、尼泊尔和印度传入西藏。公元 13 世
纪，藏传佛教中的萨迦派法王八思巴，放弃地方割据，将西藏正式归属元
朝管理。西藏成为元朝时期全国 13 个省之一。在中央政权的支持下，萨
迦派在西藏确立了政教合一的制度，佛教才在西藏站稳脚跟。

其后，世代更迭，至明末清初，在明清王朝的支持下，藏传佛教中的
格鲁派崛起，成为西藏社会占统治地位的教派。清王朝为加强对西藏的治
理，于 1653 年、1713 年分别册封五世达赖喇嘛和班禅额尔德尼的封号，
确立了他们在西藏政教合一的统治地位。

至 1959 年 3 月 10 日，反动分子在拉萨发动武装叛乱。3 月 28 日，国
务院发布命令，宣布即日解散策动叛乱的西藏地方政府，由西藏自治区筹
备委员会行使地方政府的职权。西藏自治区筹备委员会实行社会改革，下
令废除达赖统治下的政教合一制度，废除封建农奴社会制度，实行民族区
域自治制度。至此，20 世纪 50 年代末，藏传佛教中的格鲁派对西藏实行
的政教合一体制被历史终结。②

从 17 世纪中叶，到 20 世纪中叶，格鲁派在西藏地区实施的政教合一
制度，长达 300 多年。这在中华民族的大家庭里，是十分特殊的社会历史
现象。西藏地区的社会主义建设面临着十分艰难复杂的局面。

---

① 陈奎元：《西藏的形势和请求中央解决的问题》，《西藏的脚步》，中共中央党校出版社
1999 年版，第 132—133 页。

② 参见习五一《西藏问题古今溯源》，《科学与无神论》2008 年第 4 期。

四　以达赖喇嘛为首的藏独分裂势力，是西方列强遏制中国的棋子

除藏传佛教长达数百年政教合一的历史传统外，流亡境外的十四世达赖喇嘛，在西方列强的支持下，打着民族和宗教的旗号，继续从事藏独分裂活动，成为"图谋乱藏祸教"的现实社会根源。

西藏人民抛弃的政教合一的制度，由逃到国外的达赖，畸形延续下来。在美国中央情报局等外国势力的支持下，达赖集团在印度达兰萨拉建立的"西藏流亡政府"，实行政教合一的体制。达赖主宰政教一切最高权力，任人唯亲，家族专权。"流亡政府"的政治、经济、教育等重要部门的大权，均由达赖兄弟姐妹把持。达赖集团在"流亡政府"中建立的家族专制，具有浓厚的宗教和封建色彩，超过历世达赖喇嘛的权势。

随着国际形势的变化，苏联解体、东欧剧变后，中国成为在西方国家眼中坚持社会主义的唯一大国。西藏问题又成为对中国实行高压的借口。1989 年"六四"风波之后，西方国家一方面重新给予达赖集团大量资助，一方面把诺贝尔和平奖授给达赖。

冷战后，美国的右翼势力在世界推行新干涉主义，这成为藏独分裂势力发展的支柱。美国国会通过的《2002 年西藏政策法案》，由总统小布什签署成为正式法律。该法案粗暴干涉中国内政，包括提供 275 万美元支持达赖集团、要求在联合国讨论"西藏问题"、确立"西藏事务特别协调员"的法律地位等。该法案使美国以西藏问题干涉中国内政制度化。2002 年到 2006 年，仅"美国国家民主基金会"就向达赖集团提供了 135.77 万美元的专项资金，"作为活动家们应对紧急危险时期的资金"。2007 年 9 月，美国国会授予达赖国会最高民政类奖——国会金质奖章。美国政客们对西藏分裂势力的支持，使其气焰更加嚣张。①

2008 年的"3·14"拉萨暴力事件，就是以达赖喇嘛为首的藏独分裂势力，用暴力分裂祖国的恶果。在国际反华势力的支持下，藏独分裂活动始终延绵不断，成为威胁祖国统一的一颗毒瘤。

---

① 参见习五一《西藏问题古今溯源》，《科学与无神论》2008 年第 4 期。

五　在西藏反分裂斗争中，党内不纯是心腹之患

达赖喇嘛为首的藏独分裂势力，不断兴风作浪，企图颠覆西藏的社会主义制度。面对这样严峻的时局，1992年6月，刚到西藏不久的陈奎元同志，就明确地指出：在西藏反分裂斗争中，关键在于各级党组织是否坚强。

当时，达赖集团利用宗教侵蚀党员干部队伍，态势比较严重，十分令人担忧。有些党员脚踩两只船，抱着"现在做共产党的官，一旦西藏变天，再做达赖的官"的思想，严重动摇了党的组织基础。① 1993年9月，陈奎元同志指出：当前分裂主义势力的气焰并没有降下来，分裂活动总的趋势是在上升，分裂活动的规模、声势都在扩大，是带有全局性、战略性的进攻。现在我们与达赖集团斗争是被动应付，见招拆招，见式拆式，主动进攻很少，听任达赖集团放肆地进行思想政治渗透，甚至在党内达赖集团也有市场。他严肃地指出：

> 中央和区党委明确规定，共产党员不得信仰宗教，这是对共产党员最起码的要求，并不是什么过高的要求。达赖集团靠宗教麻痹群众，欺骗国际舆论，掩护他们分裂祖国的罪恶企图。如果我们党内在这个问题上认识不统一，就不能够有力地同达赖集团斗争。许多同志反映，有些党员干部，参与宗教活动，家中设经堂，挂达赖相片，房顶挂经幡，在马路上转经。当了多年党员还居然以为信宗教有理，不作自我批评，这个问题是严重的。干部队伍在政治立场上不一致，比敌对势力活动的危害更严重，党内思想不统一就不能领导群众同分裂主义势力作斗争。②

达赖集团的渗透攻势，主要利用宗教为精神武器，重点指向党员干部队伍和知识界。在西藏地区宗教气氛比较浓厚的环境中，党员干部队伍中

----

① 参见陈奎元《在反分裂斗争中要注意解决几个问题》，《西藏的脚步》，中共中央党校出版社1999年版，第7页。

② 陈奎元：《正确地判断形势 有效地打击分裂主义势力》，《西藏的脚步》，中共中央党校出版社1999年版，第111页。

存在思想混乱、立场不清、组织不纯的问题，已经到了不容忽视的地步。有些党员干部信仰宗教，参加宗教活动，公开悬挂宗教标志，居然以为信教有理。有些教师利用讲坛，灌输"经文"，宣传宗教"有神论"，影响青少年，为"藏独"势力张目。

与此同时，达赖集团加紧对社会基层的渗透和控制。他们认为："控制一个寺庙，等于控制共产党的一个地区。"相当一部分基层党组织处于瘫痪、半瘫痪状态，难以发挥领导核心和行政领导职能。有些党员长期不过组织生活，却频繁地参加宗教活动，甚至说"今生靠共产党，来生还要靠达赖喇嘛"，思想严重蜕化。有些寺庙人多势众，气焰甚高，压制了基层政权和基层干部。在少数地方出现了不是政府管寺庙，而是寺庙管政府的不正常状况。

必须清醒地看到党员干部中存在的问题。正如陈奎元同志所说："党内不纯是我们的心腹之患。接班人不纯是我们的后顾之忧。"[①] 作为西藏自治区党委书记，"心腹之患"是他的燃眉之急。要大力加强党的建设，增强党的凝聚力和战斗力，这是取得反分裂斗争胜利的根本保证。

六　需要中央的权威声音，在党内进行振聋发聩的教育

面对西藏"政教合一"历史传统形成的比较浓厚的宗教气氛，面对有些党员频繁地参加宗教活动的现状，面对有些党员"今生靠共产党，来生还要靠达赖喇嘛"的思想，能够采纳本文开篇时提到的那些"学者们"的建议吗？即"创造中国党员'政治信仰与宗教信仰'不冲突的新模式"，"使党员在信教时仍然能够发挥'联系群众纽带'作用"。

让我们看一看西藏自治区党委的决策和实践。党委决定，要下大力气，加强党组织建设，保持党的沌洁性。一是"在党内进行振聋发聩的教育"；一是要严明党的组织纪律。陈奎元同志高屋建瓴地指出，解决这些问题，需要马克思主义无神论的思想武器，"需要中央的权威声音"，"在党内进行振聋发聩的教育"。[②]

---

① 陈奎元：《对第三次西藏工作座谈会的要求与希望》，《西藏的脚步》，中共中央党校出版社 1999 年版，第 195 页。

② 陈奎元：《为确保西藏经济繁荣和长治久安 请求召开第三次西藏工作座谈会》，《西藏的脚步》，中共中央党校出版社 1999 年版，第 123 页。

为坚决抵制宗教势力对党组织的渗透活动，陈奎元同志多次重申党的原则和纪律。1992 年 12 月，在自治区党委扩大会议上，他斩钉截铁地强调：

> 共产党员不得信仰宗教，不得参加宗教活动。对参加宗教活动的党员，要耐心进行教育，帮助他们树立正确的世界观，划清无神论和有神论的界限，坚定共产主义信念；对坚持不改的要劝其退党。对那些参与煽动宗教狂热、支持滥建寺观教堂的，要严肃地进行批评教育，经教育仍不悔改的要开除党籍。[1]

面对达赖集团咄咄逼人的攻势，陈奎元同志再三强调，要纯洁和加强党组织，必须端正风向，要真正扶正抑邪。对违反党的纪律，丧失立场，参加宗教活动的行为必须禁止。1993 年 9 月，在部署反分裂斗争的战略会议上，他义正词严地说：

> 要正视我区党员队伍自身存在的问题。中央明文规定共产党员不得参加宗教活动，不得信仰宗教。党员干部参加宗教活动不予禁止，长此下去，他是站在我们一边，还是站在达赖一边，就很难说得清。纯洁和加强党组织，加强我们干部队伍是根本任务。
>
> 必须把风向端正过来，坚决地宣传党的主张，对违反党的信仰和纪律，丧失立场，参加宗教活动的行为必须禁止。[2]

1994 年 9 月，自治区党委召开扩大会议，学习贯彻中共中央、国务院第三次西藏工作座谈会精神。中央明确地规定，共产党员不能信仰宗教，必须树立马克思主义的世界观，必须遵照党中央的指示"用马克思主义哲学批判唯心论（包括有神论），向人民群众特别是广大青少年进行辩证唯物论和历史唯物论的科学世界观（包括无神论）的教育"。热地同志代表党委提出具体的要求，这是对党员的政治要求，也是政治纪律，谁不肯遵

---

[1] 陈奎元：《努力贯彻十四大精神 促进我区国民经济早上新台阶》，《西藏的脚步》，中共中央党校出版社 1999 年版，第 78—79 页。

[2] 陈奎元：《正确地判断形势 有效地打击分裂主义势力》，《西藏的脚步》，中共中央党校出版社 1999 年版，第 114 页。

守，就要受到追究。在那次会议上，陈奎元同志语重心长地说：

> 作为一名党员，要有党员的骨气和形象。在党员的行列里他是党员，在教徒行列里他是教徒，这不成了两面派么，怎能分清你是真党员还是真教徒？共产党员要言行如一，表里一致，要敢于并善于用自己的先进思想和先进行为去影响和引导群众。怕有人讥笑就不敢坚持共产党的原则，那不是太软弱了么？懂得道理固然重要，敢于在实践中坚持这些道理，才具有真正的意义。①

共产党员要有先进分子的骨气和形象，要言行一致，要表里如一，敢于坚持共产党的原则。在西藏地区的实际工作中，那种表面上敷衍党中央，内心视宗教为神圣的党员，在关键时刻曾严重干扰全局的战略。党员干部责任重大，特别是各级领导班子，决不能允许那些"身在曹营心在汉"的人鱼目混珠。

七　高举还是降下共产主义旗帜的大是大非问题

1995年7月，陈奎元同志在自治区第五次党员代表大会上作报告，强调要高度重视党的建设，切实加强和改善党的领导。他大声疾呼：

> 共产党员不得信仰宗教，这并不是新的、过高的要求。拜佛、拜佛，特别是拜反对共产党、分裂国家的政治集团头子达赖，与共产党的立场、世界观是对立的。有神论与无神论、唯心主义与唯物主义是不相容的。共产党员信宗教，不能用民族和历史来掩护，这是坚持还是放弃共产党员的政治立场，高举还是降下共产主义旗帜的大是大非问题。②

无神论是人类社会文明和思想智慧的结晶。按照马克思主义的观点，

---

① 陈奎元：《提高领导水平 狠抓落实 揭开雪域高原向现代化进军的新篇章》，《西藏的脚步》，中共中央党校出版社1999年版，第221页。

② 陈奎元：《深入贯彻第三次西藏工作座谈会精神 为实现本世纪末的宏伟目标而奋斗》，《西藏的脚步》，中共中央党校出版社1999年版，第286页。

无神论的教育和宣传固然是必要的，不可削弱的，但是，要消除宗教有神论的社会现象，根本的途径是消除这类现象存在的现实社会条件。现实社会是由经济、社会（狭义的社会概念，指社会保障、城市化等）、政治、文化等诸多因素构成的。因此，马克思主义无神论与"简单打倒宗教"的文化主义相反，共产党人要团结各阶层民众，包括无神论者和有神论者，齐心合力地为铲除宗教的社会根源，创造理想的共产主义社会而努力奋斗。在这个相当长的历史阶段中，根据不同的国度和社会发展程度，共产党人要制定相应的纲领和策略，将科学无神论的教育和宣传，纳入整个共产主义事业中。

根据党中央权威指示精神，经过自治区党委坚持不懈地"在党内进行振聋发聩的教育"，全区党员干部的素质不断提高。1996 年 9 月，陈奎元同志在全区干部会议上讲话说："第三次西藏工作座谈会之后，热地同志代表区党委作报告，提出共产党员不能信仰宗教，并提出具体明确要求。当时在自治区一部分地区、县，有一些干部，包括各种层次的领导干部，不赞同报告中的意见和要求。有人提出不允许党员干部家中设佛龛、挂达赖像，会造成许多家庭离婚。从那时到现在，两年过去了，我们没有听到为贯彻这个精神有一户家庭离散。我们高兴地看到，经过两年的实践，大家认识普遍有了提高。"[1]

至少从西藏加强和纯洁党组织的实践来看，学者们所说的"信教停止的命令又难见成效"结论，是值得质疑的。事实证明，国家民族的兴衰存亡，党员干部至关重要。保证我国改革开放事业的顺利发展，保证党和国家的长治久安，关键的问题在于教育党员干部。西藏自治区有 9 万名共产党员，只有党内思想一致、政治坚定，组织纯洁，形成坚不可摧的核心力量，才能带领西藏 230 万人民大众，开展社会主义建设事业，才能永远脱离残暴的封建农奴制度。

八　精神领域是我们与达赖斗争的主战场

藏传佛教曾一直是垄断性的社会意识形态。达赖集团在西方遏制中国

---

[1]　参见陈奎元《正确判断我区干部队伍现状 加强思想、政治、组织、作风建设》，《西藏的脚步》，中共中央党校出版社 1999 年版，第 363 页。

的势力支持下，以藏传佛教为精神武器，"图谋乱藏祸教"。因此，我们和达赖集团斗争的主战场是在精神领域。陈奎元同志指出："十四世达赖把宗教当作政教合一制度的精神武器，破除它的宗教偶像，是对他复辟阴谋最有力的打击。因此精神领域是我们与达赖斗争的主战场。"①

由于被分裂主义势力利用，藏传佛教中的消极因素恶性膨胀，佛教的宗旨和教义被歪曲，僧规戒律遭到践踏。大量热衷信教的群众，甚至一部分党员干部，沉迷宗教世界观，不以自己的智慧和力量奉献社会，造福人民，徒劳无益地祈求个人的来世幸福；不以有限的资财谋求发家致富，无限制地向寺庙施舍；不让子女接受现代教育，把未成年的幼童和少男少女送到寺庙为僧尼。

在有些县，寺庙数超过了乡镇数，僧尼人数超过了在校学生人数。如：昌都地区的丁青县，有乡镇15个，学生1702人，却有寺庙55座，僧尼2951人，僧尼竟占全县总人口的5.39%。这样不断攀升的高比例的僧尼，不从事生产，不繁衍后代，长此以往，将会妨碍西藏地区的社会发展和藏民族的兴旺。

这些消极的思想和行为，妨碍科学技术的传播，阻碍生产力发展，贻误民族进步事业。藏独势力在社会精神生活中极力扩大宗教的阵地，企图利用宗教，把人民群众和青少年拉向分裂主义阵营。

面对这样严峻的挑战，共产党人应当自觉地用唯物主义世界观，影响和主导思想文化阵地，教育引导群众，培养青少年一代。特别是在达赖集团利用宗教大力渗透的形势下，共产党人不能放弃精神领域的领导权，否则，既不可能建设社会主义的精神文明，也不可能推动社会的科学发展，更难以实现西藏地区的长治久安。

九　引导人民群众从宗教的严重束缚中得到一定程度的解脱

鉴于这样复杂的社会状况，在西藏的社会主义精神文明建设中，共产党人向人民群众宣传唯物主义世界观，具有举足轻重的作用。1997年5

① 陈奎元：《牢记小平教导 努力走进前列》，《西藏的脚步》，中共中央党校出版社1999年版，第397页。

月，陈奎元同志在自治区人大、政协六届五次会议党员负责人会议上
指出：

> 西藏曾经长期奉行政教合一的制度，藏传佛教与人民、与社会的
> 关系，同其他宗教、同传统的佛教大不相同。由于历史的原因，藏传
> 佛教在西藏政治上的作用，对于社会生活的干预程度，与我国其他任
> 何宗教都是不能相提并论的。在西藏的精神文明建设中，如果放弃对
> 人民群众进行唯物主义世界观的教育，如果不能引导人民群众从宗教
> 的严重束缚中得到一定程度的解脱，就谈不上建设社会主义的精神文
> 明。就没有办法在思想、政治上巩固和发展社会主义制度。这绝不是
> 什么向宗教开战，不是剥夺信教和传教的自由，而是在宗教气氛深深
> 笼罩人民的情况下，正当地行使宣传唯物主义世界观的权力和自由。①

在西藏地区，藏传佛教长期与政治结缘，在达赖分裂集团的操纵和利
用下，它不仅妨碍政治稳定，同时也妨碍科学知识的普及，对人民群众的
思想束缚至深，给社会主义精神文明建设带来严重的障碍。共产党从西藏
人民的福祉出发，对群众进行唯物主义世界观的教育，引导人民群众从宗
教的严重束缚中得到一定程度的解脱。

1997 年 7 月，在自治区党委常委会议上，陈奎元同志沉痛地指出：

> 西藏群众用大量的时间去磕头、转经；很多人放弃生产劳动，成
> 年累月长途跋涉来拉萨朝佛；受宗教误导的一些陈规陋俗不能破除，
> 怎能进行社会主义物质文明和精神文明建设？有些人不赞成我们谈论
> 宗教问题，不赞成政府管理宗教事务，仿佛只有宗教界的领袖才有资
> 格谈论宗教。涉及到宗教问题，党和政府就得闭嘴，照这样的思路，
> 宗教必然要凌驾于社会之上，绝不可能与社会主义社会相适应。②

宗教是人类社会处在不发达时期形成并延续下来的产物。它经过千百

---

① 陈奎元：《牢记小平教导 努力走进前列》，《西藏的脚步》，中共中央党校出版社 1999 年
版，第 404 页。

② 陈奎元：《管理寺庙 教育僧人 保证宗教与社会主义相适应》，《西藏的脚步》，中共中央党
校出版社 1999 年版，第 417 页。

年的历史，与群众的文化生活、意识形态、传统信仰结合在一起，宗教的存在将是长期的历史现象。我们允许宗教信仰自由，目的是照顾群众的信仰。允许群众信仰宗教，决不意味着共产党员也可以信仰宗教。共产党人代表先进的力量，必须坚持科学无神论的世界观。共产党人要善于做群众的工作，经过长期耐心细致的思想工作，逐步减少宗教对群众的束缚，为群众谋得更多的利益，引领人民群众走向幸福的康庄大道。

（原载《马克思主义中国化研究报告》第 2 辑，

社会科学文献出版社 2011 年版）

科学无神论理论研究

科学无神论的学科建设和道路

——在中国无神论学会 2011 年学术年会上的发言

文　丁

一　现状：不错，但路很长。为什么？

中国无神论学会成立至今已有 30 余年，《科学与无神论》也走过了 12 年。要问现在状况如何？我个人认为还不错，但路大约还很长。

说不错，是因为中央一直没有取消对无神论的支持，中国社会科学院近些年对无神论研究加大了扶持力度，特别是设置了专业的研究室和研究中心，有了编制，尽管现在还只有三位同胞，却是从无到有的飞跃。

说路很长，是因为路上的阻力和障碍多得出奇，硬得出奇。鬼神论中国自古有之，但反对之声，什么神灭论、无鬼论，疾虚妄，历代不绝；尤其是到了近现代，几乎没有了鬼神论在光天化日下活动的余地。民初灵学一时嚣张，提出"鬼神之说不张，国家之命遂促"，五四运动的先驱们立即予以迎头痛击，而一旦基督教要进入清华学校举办国际会议，竟然导致"非基督教运动"和"非宗教运动"的激昂兴起，席卷全国。我们从鸦片战争到新中国建立 30 年，鬼神论从来没有盘踞过主流舆论。但自特异功能问世，却在城乡官民文化人中间时时闪现着神迹鬼影，最后闹出了几个疯狂邪教，不得不动用国家法令去解决问题，但仍遗患不断。那些科学家哪里去了？哲学家哪里去了？大牌学者专家哪里去了？此后的宗教热，又呈现新的姿态。其一要用正教抵御邪教，其一要用土教抵御洋教，更绝的是要用鬼神论去挽救世道人心，制止道德滑坡，建设和谐社会，对外可用以显示我们的宗教自由比西方更甚，连国民教育体系和国家研究机构也向宗教开放，西方行么？现在是要求共产党也向宗教开放了。

二 阻力来自哪里？

这种大环境促使价值观和人才观出现畸形。举例说，一批接受国外神学培育的文化人，占据了"宗教研究"、"宗教文化"的国家资源和话语平台；后边跟随着一些学舌的当权者和教授专家，形成一种奇妙的结合。他们有一种共同的声音："无神论作恶多端，绝不可宽容。"所列罪状公开的有三：一是"文化大革命"遗绪，极左思潮；二是反对宗教信仰自由政策和国家宪法；三是制造民族矛盾，破坏社会稳定。这么多的政治帽子，加上数不清的文字围攻，外与内协作，上与下交织，权与文互动，无神论还有多少可以活动的空间？——不过这里要交代一句，这股势力不仅针对无神论，也正在分化孤立爱国教会。

我从日常学术活动中感到，中央对无神论一直采取支持态度，要求强化对无神论的宣传和研究工作，并列入长远战略规划。有关机关发下的文件，从六部委到五部局，讲得都非常好，措施也挺到位，给我们送来一阵阵鼓励和信心。遗憾的是，大约都因为"保密"锁到柜子里去了，反正我是没有读到过。我想，党和国家设立那么多的机关单位，发了那么多文件，一定很辛苦，但要向大家保密，不能实行，写它们、发它们干什么？大约在2011年年初我才得知，1995年全国人大已经通过并经国家主席令公布的《教育法》中明确规定"国家实行教育与宗教相分离"。新疆师范大学早在其公布之后不久就开始有计划地贯彻，而我竟然法盲到了无知的程度，真是惭愧得无地自容。可我们的一些高等院校的领导们呢，国家科研机构的领导者们呢，是他们也如此法盲，还是干脆目无国法？为什么在自己主管的学校和单位——确切些说，是国家委派你承担相应职务的责任人，聘请外国的神学家当教授——什么兼职教授、客座教授、荣誉教授，让职业传教士作报告，开办培训班，以至参与或单独进行国情调查？

什么都可以市场化，人不能成为商品，灵魂、国魂、民族魂不可以买卖。钱能通神，所以也有不少学者专家靠神发财。当前谁最有钱？一开印钞机成百成千亿美元就流出来了，除了用于打仗，就用于传教。于是也就有寄生于战争和宗教的文人。古代称文人无行，现下某些文人的行为近乎无耻。为了外国人的那点钱，把国人都目之为智障；而有的国人，也确实利令智昏，为这批洋奴开拓市场。此外还有一种更重要的人，他们并不信仰宗教，甚至还自称是无神论的马克思主义者，但却拼命为鬼神论喊好，而要把无神论——特别是科学无神论，批倒批臭，踏上一只脚，恨不得让它永不能翻身。这不是个别的，在被权力机构奉为专家的人中大有人在。

在这样的条件下，科学无神论能够生存下来，而且能够举行这么大规模的年会，有几十万字的论文，实在是件了不起的事。

三　信心和真理

钱和权都是好东西，它们诱人又吓人。所以我们的一些同仁有些消极，有点悲观。没钱没势，课题出书评职称难之又难，孩子老婆房子车子没着落，这是现实问题。谁不正视这些问题，谁就不是唯物论者。但我以为我们还有足以骄傲的，那就是我们讲的是实话，不自欺，更不欺人，我们拥有真理，敢于坚持真理，而真理是不可以被驳倒的。鬼神有没有？其实科学发展到今天，连一些神学家也不敢肯定是有，当然也不敢肯定是无，所以学术神学回避正面回答；而文化护教者和吃教者也大都采取这种态度。所以他们绞尽脑汁要把宗教抽象为文化，用文化让人们淡忘甚或淡出鬼神体系，转而隐瞒宗教的信仰内核，并另以文化的名义去发挥社会、道德以至政治等本非宗教所应发挥的功能。然而宗教若没有鬼神，那它的超越、神圣、奥秘等就成了多余的，而它的信徒就彻底地失去了信仰对象。一句话，宗教不再是宗教，最多流为普通的社会团体。这是某些文化人在宗教问题上的悖论。

但科学无神论敢于肯定，鬼神及其彼岸世界是没有的；鬼神论没有任何经得住考察的事实根据，有关它的一切理性证明无一能够成立；剩下的是"见证"、宗教经验，但这些恰巧成为畸形心理学和脑科学的研究对象。就是说，没有鬼神及其世界是铁定的事实，肯定这一事实就是真理，就是反映了正确的认识。过去、现在没有鬼神及其世界的存在，未来也肯定不会有。劳动创造了人，也创造了世界；物质财富的生产和人自身的生产，保障着社会的运转和促进历史的发展，也不断地改善民生，带来福祉。世上没有一个人是靠鬼神赐予生活的，指望天上掉馅饼只是痴心妄想。所以我们把希望寄托在科教兴国和依靠劳动创造上。

然而为什么在全国人民致力于科教兴国，建设小康社会之际，鬼神论会一波波不停息地向我们袭来？除了外部原因之外，我想可能与改革开放以来的形势有关。从政治挂帅转到以经济建设为中心，从计划经济转到市场经济，从相对封闭到打开国门，经济基础、社会关系、上层建筑、意识形态，一直到价值观念、道德准则，可以说是另一种意义上的天翻地覆。迄今 30 多年，仍有许多重大问题等待回答。就我们现在讨论的范围讲，在干部和文化人中至少有两种思潮值得注意：一种叫革命忏悔派，他追悔他所走过的道路，他否定过去的一切。一心想长寿不死，连他教导别人的唯物论和无神论全扔到了一边，热衷于神秘主义。这大约是特异功能流行的原因。另一派是对今天的执政路线失去信心。但他们还特别看重执政，所以就求救或求助于宗教，其理论代表就是著名的《马克思主义宗教观应该与时俱进》——此文的要害是把执政党从为人民服务解读成人民的统治者：人都留有兽性，用人性对待他们不会奏效，所以就得用鬼神吓唬他们，让他们规矩起来——很怪，这篇文章反而受到某些宗教信仰者赞扬。其中还有些人，或许做了亏心事，怀有恐惧，所以要去求神拜佛，一面自慰，一面骗人。由此形成一个思潮，就是把宗教当作维护社会和谐的根本良策。可惜藏独疆独的宗教恐怖分子以及基督教反华势力不给他们面子，所以回头来又要用"土教"去制衡"洋教"了。

所有这些神秘主义和宗教倡导者，没有一位认真谈过科学教育、为人民服务、为人民负责，倒是攻击科学、向学校引进宗教表现特别积极。他们阻碍主流舆论向人民大众送文化知识，送科学技术，普及教育，提高民族文化和科学素质，而是美化鬼神，丑化科学，搅乱教育，愚民骗人，弄得是非不清，善恶不明。他们夸大社会道德滑坡的公共性，把严峻的现实问题归结为宗教信仰问题。他们代表的是一种什么社会利益？须要观察分析。

无神论的学科建设，是形势的需要，是时代的呼声，也应该是长期的战略布局。我们应该加大力度，与建设和捍卫社会主义核心价值观结合起来，联合全国一切有志于这一事业的学者共同奋斗，争取在较短的时期，写出一些有针对性、有一定分量的论著来，至少能清理一下混乱的思想认识。

（原载《科学与无神论》2012 年第 1 期）

《科学无神论与宗教研究》序

杜继文

　　与习五一同志相遇和共事，都与科学无神论的命运息息有关。现在她的第一本有关科学无神论的文集即将出版了，应该给以特别的祝贺；从中读者也可以理解，说实话是多么不容易！

　　因为本人对"人体科学"是否"科学"曾持有异议，怀疑神化气功团体的泛滥会带来严重的社会后果，大约在2002年，我受邀参加了在石家庄举办的一个学术研讨会，讲了我个人的观点。会议临终，一位哲学家像是作总结地表示：应该知道，人们没有认识的领域远远大于已经认识的领域——其实，这是常识，不过敝人知道，这位哲学家的说法是在复述更大一位哲学家为"法轮功"作的辩词，意谓"未知领域"只能是鬼神活跃的世界，科学理性是无力涉足，不可以探索的。此后更知道，此说还有更远的亲缘，即基督教神学中的"无限"；据称"无限"是宗教的真正"起源"，只有上帝才是"无限"的体现。如此一来，我们人类只能是"有限"的存在，只能在"已知领域"里彷徨。乍听起来很有道理：人生必有死，死是恐怖的、痛苦的；可一旦信仰了上帝，进入天堂，就会得到"永生"；永生多么幸福，多么快乐。此说又变换为另一个词句，一时在"学界"受到热炒，那就是某些炒家也不一定了解其本义的"终极关怀"——但是，只要略加"思考"就会感到不对了："无限"与"有限"是一对范畴，前者是后者的总和，没有"有限"哪来的"无限"？"未知"与"已知"是认识过程的辩证法，"已知"就是对"未知"的征服，没有"已知"，哪里来的"未知"？至于"终极关怀"更为可笑，如果连生命的尊严和资格都丧失了，那是一种什么样的"关怀"？失去了"现在"，还有"终极"么？"未知生，焉知死"，这是何等深刻的人生哲理；"生的光荣，死的伟大"，又是何等英雄壮烈的气概。一些号称马克思主义者的哲学家连唯物论、辩证法的起码知识都背离了，却总想教训别人去侍奉神异，着实令人费解。当然，归结其原因，恐怕不但是他们的知识短缺，而且是宗教情结把他们的思考能力禁锢了。解决之道，是需要科学无神论的启蒙。

总之，这次会后心情有些郁闷，有些问题总在头脑中回绕，在回京的旅途上难免发之于牢骚，尤其联想到了"有神论有钱，无神论无钱"——在"法轮功"制造的"天安门自焚"事件中，有两个是在校的学生。这对我们无神论的同仁是极大的冲击，感觉有必要把科学无神论作为世界观教育的内容之一引入国民教育系统。于是就在北京八中的支持下，开始试点。那时，包括何祚庥院士在内，每逢周日，大家轮流前去给有兴趣的老师介绍情况，讲一点无神论的基本常识，倾听老师们的意见。听众和讲者都没有待遇，交通工具是自己的自行车，有一顿午饭，是学校提供的三元钱的盒饭——对这种状况，尽管无怨无悔，路上的牢骚还是把它发泄了出来。无巧不成书，习五一就坐在这同一辆车上。她，我当时根本不认识的一位女士，首先打断了我的无谓的气愤；而对无神论研究处于如此这般的困境，既感到惊讶又表示同情，并说她可以帮我们想点办法。这令我非常高兴，因为不但是钱，更重要的是得到了理念上的认同。大约几个月以后吧，北京科协和反邪教协会给拨下 6 万块钱，资助我们成立专门课题组进行调研。从 2003 年上半年开始，联合北京教育科学院老友纪秩尚等"有志之士"，与 10 所中小学 20 余位老师协作，到次年上半年结项，颇获北京教育界的好评，最后由孙倩同志主编，以《青少年科学无神论教育的理论和实践》为书名在中国社会科学出版社出版。

这是第一次与习五一相遇，带来的是无神论的第一个调研成果，而"侠气"则是她给我的第一印象。此后，她正式调来中国社会科学院工作，与我同在一个研究所。有时，她也偶尔到《科学与无神论》杂志社坐坐，联系就多起来，话题多半落在无神论问题上——然而不久，出乎意外，原先调她来的郑重许诺突然被取消了，一时使她几乎没有了容身之地。我直观地感到，是因为她与无神论的接触和亲近犯了大忌，这令我感到内疚而又无可奈何。更后一些，她与中国无神论学会理事长任继愈先生的交流也多起来，促使她投身无神论事业；而那时无神论的路子正越走越窄，等待它的是后继无人，被期望自然消亡，直到中国社会科学院将无神论作为"濒危学科"作了重大调整，才有了新生的机遇。

我这番类似"意识流"的表述，只在说明一个问题：习五一走上无神论研究和宣传教育这条路，是被逼上梁山的——她的专业是中国近现代史，本职是北京社会科学院历史研究所的研究员、副所长，有自己研究的专门课题；现在改行无神论，更多地关系到宗教、哲学和科学诸领域，她必须搁置或放弃她熟悉的东西，重新学习她并不熟悉甚或完全陌生的东西。人在中年以后还要如此大幅度地转变专业方向，其困难之多，可以想象。但她却义无反顾，把其作为一种社会责任承担起来了，而且认真地从头学起。"国家兴亡，匹夫有责"，她的强烈的爱国之情和认真学习的奋斗精神，在这本论文集中也可以看出点点滴滴的痕迹来。

历史学是一门具有实证性的学科。在改行无神论研究中，习五一特别发挥了她在这方面的专长。对于鬼神之说的种种宣教，从对宗教形势的估计到对某些鬼神论题的评价，总是问，有根据么，根据可靠么？这类质问是科学发展不可或缺的推动力，对鬼神之说则是致命的，它让一些护教者和神学家的不实之词露馅，令骗局破相。但她也因此而对哲学颇多微词，认为有些"哲学家"敢于在无根据或根据不足的情况下，滔滔不绝，倚马万言，其言论与事实往往相距千万里。我大半同意她的感受。从20世纪50年代末期始，哲学观点上的瞎折腾助长了社会政治决策上的多少失误，造成多少人为的和自然的大灾害，令人深恶痛绝，实在应该自省，有所惊醒。只说一个"马克思主义人天观"给邪教提供的哲学论证，眼下护卫鬼神之说，攻击和丑化科学无神论，那哲学的声誉能如何，就可想而知了。有人说，当代是哲学"贫困"的时代，在我看来，这不仅是经济上的，实质是精神层面的。如果对社会毫无责任感，连是非善恶的观念都没有了，只管看风使舵，随市场摇摆，做人的骨气和良心让权钱吞没了，其贫困下去天经地义。然而也正是这样的时代，需要哲学的振兴，需要追求真理、服膺真理的智慧；需要站起来，独立思考，不再匍匐于神灵的勇气；需要完整的人格，在价值规律面前，至少勒令自我免于流进市侩、乡愿的行列。

回到正题。现在，习五一既是马克思主义无神论研究室主任，又是科学与无神论研究中心主任，同时兼任中国无神论学会秘书长，核心任务就是将无神论作为一个独立的学科建设起来。于是新的困难又来了：人才和经费首当其冲。这都属于硬件方面的，若不解决寸步难行。软件方面是学术领域对"鬼神之说"的赞歌依然高昂，反对无神论的声音因无神论的影响加大而增强。奇特的是，这类反无神论的声音并非发自宗教界和信仰群体，而是以马克思主义宗教研究专家著称的学术专家及其有势力的扶植者。这一软件的设置成了解决硬件问题的主要阻力。因此，起码在当前还没有条件直陈科学无神论的内在结构及其涵盖的文明历史和思想理论的丰富而庞杂的内容，而是必须首先说明科学无神论对于当代中国的特殊必要性和迫切性，揭露鬼神之说对世界和平与社会和谐的危害性，以及同反无神论的种种奇谈怪论论辩。由此构成了这本论文集的另一特色。

什么是无神论，什么是战斗的无神论和科学无神论，什么是马克思主义无神论，以及它们与有神论和宗教是什么关系，是否与宗教信仰自由的公民权利相冲突，如此种种，我们解释过上百次，对西方无神论的历史地位和现状，也介绍了不少，但反对者视而不见，或根本不想见——实际上所有无神论的共性只有一点，那就是世界上没有鬼神，也没有鬼神世界。没有鬼神是一个客观事实，为什么不可以说？说出来会遭到那么多的谴责和抨击？西方的中世纪将无神论定为"邪恶"，罪大恶极，是施行火刑的首选。约翰·洛克，作为 17 世纪启蒙运动的先驱者和政教分离、宗教自由的首倡者之一，其开明的程度至今还令人赞叹不已，他在《论宗教宽容》中呼吁："我要向那些以宗教名义为口实，迫害、折磨、屠杀和毁灭他人的人的良心呼吁：他们这样做，是出于对他人的友善和仁慈么？"这呼吁至今并没有失效，依旧值得人们的无上尊重。但就在这本书中，他坦然宣布："那些否定上帝存在的人，是根本谈不上被宽容的"，因为他把无神论视为"破坏和毁灭一切宗教"。换言之，他为了卫护宗教，就容不得无神论的存在，以至宁肯延续中世纪的传统，遮蔽了他对鬼神并不存在这一事实的认识，并禁止他人有道出鬼神并不存在这一真相的自由。那么我们今天的"首席专家"们反对无神论者的理由呢，除了滑稽之外，是要回到西方的中世纪，还是重归洛克的护教立场？此处从略了。

讲实话确实是很难的，而讲实话就是坚持真理。要坚持真理，深入真理，传播真理，就需要不畏权威，不畏艰巨，准备面对包括曲折委屈在内的多种挑战的勇气和韧力。科学无神论正在走向学科建设的创世纪，任重道远，这部论文集也算是它开步走的一份记录吧。

（原载《科学无神论与宗教研究》，
中国社会科学出版社 2012 年版）

简论任继愈先生的科学无神论与宗教研究

习五一

任继愈先生在当代中国文化思想领域，一生辛勤耕耘，硕果累累。任先生的研究领域，从哲学、历史学、宗教学到图书馆学、教育学等，丰富多彩。对于任先生的学术贡献，多数人是有口皆碑；而对于任先生的思想贡献，却是见仁见智。当前，对五四运动以来的思想学术大家的评价，众说纷纭。人们往往对专门学术领域贡献突出的先辈赞扬声很高，而对于那些引领时代精神的思想家，却由于种种原因，褒贬不一。

目前，我主要的科研工作是，努力将科学无神论——这个濒危学科建设起来。这也是任先生生前的殷切嘱托。在这里，我想结合自己的工作，谈一谈对任先生科学无神论思想的认识。

第一，"研究宗教，批判神学"[1]。

这是任先生为纪念毛主席逝世一周年撰写文章的主标题。我们正在参加任先生文集的整理工作。按照编委会的分工，我们负责整理科学无神论与宗教研究这一卷。重读任先生的这些文章，深深感到"研究宗教，批判神学"是他一生坚持的学术理念。而当前，"研究宗教，批判神学"似乎已经成为明日黄花。某些宗教研究领域中的领军人物大力倡导文化神学，其中声音最大的是"汉语基督教神学运动"。在当前"宗教热"的声浪中，也有人振臂高呼任先生的学术理念，其中就有我们任继愈研究会的理事长杜继文老师。2011 年 6 月，中国社会科学网采访杜老师，那篇访谈录发表时，用的题目就是"研究宗教，不能忘记批判神学"。

在 20 世纪 60 年代，毛泽东就提出了"研究宗教、批判神学"。根据毛主席的批示精神，任继愈先生创建了世界宗教研究所。任先生成为当代

---

[1]　任继愈：《研究宗教，批判神学》，《光明日报》1977 年 9 月 27 日。

中国马克思主义宗教学的奠基人。回顾这些年宗教研究领域中的风风雨雨，我赞同杜老师的判断，"我们部分地贯彻了'研究宗教'的要求，但忽略甚或完全忽略了'批判神学'的任务"①。

自 20 世纪 90 年代中叶以来，随着"宗教热"的逐渐升温，一些人士极力推崇某种宗教文化，将其诠释为"道德的源泉""民主的根基"，甚至是"科学的前提"。还有一些权威人士大力倡导"文化神学"，并积极推动这种"文化神学"成为国家研究机构和高等院校的学术研究方向。这种思潮已经开始影响政策制定和舆论导向。

随着"宗教热"的兴起，宗教在高等院校的传教活动逐渐由秘密转向公开，特别是基督教汉语神学运动，进入大学讲堂和国家研究机构。北京一所著名高校，聘请外国神学家长期开课，讲授《圣经》。一些传教士以教授的身份登上大学讲台，组织出版传教著作。北京某著名大学翻译基督教丛书，出版美国威廉·邓勃斯基的《理智设计论》，大力推销这种现代版的神创论——智能设计论。在当代中国大学校园里，海外基督教教会成为传播福音的主要力量。校园基督教传播的组织形式是不断建立发展校园团契。而网络传教成为其重要的虚拟形式。校园基督教传播的隐性方式是进入教学领域，进行文化宣教。在这样扩张态势的传教中，大学生基督教徒出现比较快的增长趋势，有些博士成为职业传教士。日前，北京一所著名高校的教授竟向中央主管部门建议，开放国家重点大学，与神学院合作，培养神学家。培养神职人员是神学院的职责。站在国立大学的讲坛上，利用公共教育资源，传播宗教，属于违法行为。坚持"教育与宗教相分离"，是国家三令五申的重要法规。1995 年颁布的《中华人民共和国教育法》明确规定："国家实行教育与宗教相分离。"

特别值得我们高度重视的是，2011 年 5 月，党中央下发关于做好抵御境外利用宗教对高校进行渗透的文件。我认为，其中有三句话特别醒目。第一句是"抵御境外利用宗教对高校进行渗透和防范校园传教是一项重要而紧迫的战略任务"。第二句是"要毫不动摇地坚持教育与宗教相分离的原则"。第三句是"把马克思主义无神论作为抵御渗透和防范校园传教的基础性工作"。我认为，以中办的名义发出这样的文件，这是前所未有的

---

① 杜继文：《研究宗教，不能忘记批判神学》，载周溯源主编《社科之声》，中国社会科学出版社 2012 年版，第 447 页。

重要举措。抵御境外宗教渗透和防范校园传教工作，已经作为重要而紧迫的战略任务，提上当前的工作日程。

我们反对宗教信仰向教育领域渗透，是贯彻"政教分离"的国家法律，是顺应历史发展的趋势，不是对宗教信仰者的敌意。信不信教，应当完全成为个人的私事，信仰是公民的权利，应当得到尊重，但是在国家的决策上，没有上帝和神灵的位置。无神论对有神论的批判，是人类社会在认识世界和改造世界中的自我批判、自我提高，这是人类社会发展的必然趋势。

第二，"科学无神论是我们国家的立国之本"。

我记得，2005 年 11 月，中国无神论学会在北京召开学术年会。在那次会议上，我被推举为新一届学会的秘书长，接替李申老师的工作。在那次年会的开幕式上，任先生即席发表讲话。他说："中国无神论学会责任重大，它关系到上层建筑问题，关系到国家兴亡问题。为什么这么说？因为科学无神论是我们国家的立国之本。中国共产党领导人民群众进行革命和建设，把马克思主义思想作为指导思想，就是要劳动人民自己解放自己，创造幸福。……如果科学无神论在我们国家站不住、立不稳，老百姓安身立命要靠求神，那么我们立国就失去了根本，就可能国家衰败。这是一个根本性问题。"①

任继愈先生生前三十年如一日，担任中国无神论学会的理事长。他多次论述科学无神论的道理。他指出，无神论就是实事求是，认为世界上没有鬼神上帝，也没有天堂地狱，不存在任何超自然的力量；人类的命运掌握在自己手里。正如《国际歌》中所唱的"从来没有什么救世主，也不靠神仙皇帝，要创造人类的幸福，全靠我们自己"。②

科学无神论是马克思主义世界观的前提和思想基础。科学无神论世界观诞生在近代自然科学发展的基础上，彻底否定了神的存在。马克思主义无神论是科学无神论发展的高级形态。它进一步指出鬼神观念存在和传播的社会根源，只有消除有神论赖以生存的现实基础，人类社会才能最终抛弃有神论的观念。一个时期以来，有种舆论，力图把科学无神论从马克思主义宗教观和社会主义意识形态中剔除出去，这是危险的，既不符合人类

① 求实：《中国无神论者面向崭新的未来》，《科学与无神论》2006 年第 1 期。
② 参见任继愈《无神论教育与科教兴国》，《科学与无神论》2004 年第 1 期。

历史和当代社会世俗化的潮流，也与中国的人本主义传统相悖。

任继愈先生一生经历丰富多彩。他为中华民族贡献了许多宝贵的精神财富。其中最重要的贡献之一，就是高举科学无神论的旗帜。

我认为，自改革开放以来，科学无神论事业的发展，经历过两个重要的转折点。第一次是 20 世纪 90 年代末。第二次是 2009 年冬至 2010 年春。这两个重要的转折点都与任继愈先生密切相关。

我们大家都知道，1978 年年底，"文化大革命"刚结束，任先生就创建了中国无神论学会。其后，由于种种原因，学会的工作曾一度沉寂。

20 世纪 90 年代，打着"特异功能"旗帜的新有神论泛滥成灾，成为影响社会稳定发展的重要问题。1996 年，在任继愈先生的倡导下，中国无神论学会恢复工作。1999 年，在党中央的直接部署下，任先生领导学会同仁创办了《科学与无神论》杂志。这是当代中国科学无神论事业发展的第一个重要转折点。10 多年来，中国无神论学会和《科学与无神论》杂志为宣传科学精神，开展无神论教育，推动科教兴国的战略，作出了重要贡献。

2009 年冬至 2010 年春，科学无神论事业的发展迎来了第二个重要的转折点。2008 年至 2009 年年初，任继愈先生抱病多次找中国社会科学院陈奎元院长商谈，研究科学无神论事业的发展。1 月 6 日，任先生致函陈奎元院长，提出"急需建立一个无神论研究机构"。陈院长批示说："任继愈老先生为宣扬无神论奔走呼号，其精神令我们钦佩。中国社会科学院理应为研究、弘扬无神论作出贡献。这与落实'三个代表重要思想'和'科学发展观'是完全符合的。如果广大人民群众经常去跪拜神佛，'以人为本'岂不成了空话。"①

在任先生去世 2 个月后，2009 年 9 月，中国社会科学院发布了《加强马克思主义理论学科建设与理论研究实施方案》。根据任先生的信函和陈院长的批示，这个实施方案包括，在马克思主义研究院组建"科学与无神论研究室"，成立中国社会科学院"科学与无神论研究中心"。这是具有转折性的重要举措。这一举措不但能够推进科学无神论学科的建设，有利于社会主义核心价值体系的建设，而且必将影响全国有关领域的思想趋势和

---

① 习五一：《科学无神论前沿研究报告》，载王伟光主编《马克思主义理论学科前沿研究报告（2010）》，中国社会科学出版社 2012 年版，第 355 页。

学术结构向良性转变，对先进文化的建设和民族素质的提高，都能产生积极的作用。

宋代的爱国诗人陆游，在其绝笔诗中写道："死去元知万事空，但悲不见九州同。王师北定中原日，家祭无忘告乃翁。"在任继愈先生逝世三周年之际，我们可以告慰他老人家的英灵。任先生，在您去世 5 个月后，"科学与无神论研究室"成立。这是自 20 世纪您创建的"科学无神论研究室"被更名后，目前中国再次出现的实体性无神论研究机构。在您去世 9 个月后，2010 年 4 月，中国社会科学院批准成立了"科学与无神论研究中心"。这是当代中国第一个"科学与无神论研究"的社会平台。两年多来，科学无神论这个濒危学科，招聘专业研究人士，选编专题研究文集，出版学术研究丛书，已经迈出了可喜的步伐。

各位老师、各位朋友，我们一定要继承任继愈先生的崇高精神，锲而不舍，百折不挠，将科学无神论学科逐步建设起来。让任先生的遗愿化为实际的宏图。

（原载《科学与无神论》2012 年第 5 期）

简论"科学技术是第一生产力"
与"科学无神论"

习五一

第二届马克思主义中国化论坛的主题是：纪念邓小平视察南方谈话发表 20 周年。

20 年前，邓小平视察南方并发表重要谈话。此举在我国改革开放事业中具有里程碑的意义。在视察南方谈话中，他再次强调"科学技术是第一生产力"。笔者认为，在当前科学无神论的学科建设中，这一思想是我们值得重视的理论基石之一。

一 "科学技术是第一生产力"的理论创新

"科学技术是生产力"是马克思主义的一个基本原理。现代科学技术的发展，使得科学技术在经济和社会发展中的作用日益显著。邓小平一贯重视科学技术在社会发展中的重要作用。改革开放以来，邓小平高瞻远瞩，进一步提出"科学技术是第一生产力"的论断。

早在 1977 年，尚未复职的邓小平在一次谈话中指出：我们要实现现代化，关键是科学技术要能上去，发展科学技术，不抓教育不行。

1978 年 3 月，全国科学大会在北京人民大会堂隆重召开。邓小平在开幕式上致辞。他指出，科学技术是生产力，这是马克思主义历来的观点。现代科学为生产技术的进步开辟道路，决定它的发展方向。

1988 年 9 月 5 日，邓小平在会见捷克斯洛伐克总统胡萨克时，进一步提出了"科学技术是第一生产力"的著名论断。①

---

① 《邓小平文选》第 3 卷，人民出版社 1993 年版，第 274 页。

1992 年年初，邓小平在视察南方时，再次指出"科学技术是第一生产力"。他语重心长地说："要提倡科学，靠科学才有希望。"①

邓小平关于"科学技术是第一生产力"的论断，有着深刻的内涵：一是科学技术已成为生产力诸要素的主导因素，成为决定生产力发展的第一位因素，二是现代科学技术已成为经济发展最主要的推动力，成为国家强盛的决定性因素，三是科学技术对劳动者素质的提高起着决定性的作用。

邓小平关于"科学技术是第一生产力"的论断，大大丰富了马克思主义关于生产力和科学技术的学说。马克思主义认为，生产力是一切社会发展的最根本的决定因素。马克思在《资本论》《政治经济学批判（1857—1858 年草稿)》中提出，在任何社会，科学都是一般的社会生产力，而在大工业生产条件下，由于科学并入了生产，因而它也就成了"直接的生产力"。这就肯定了科学技术是属于生产力的范畴。早在一百多年以前，马克思和恩格斯根据资本主义近代工业的发展，已经明确指出"生产力中也包括科学"②，强调科技是最高意义上的革命力量。列宁、毛泽东继承了马克思的这一思想。但是，把科学技术从生产力诸要素中突出出来，提到第一位的，是邓小平。

邓小平继承马克思主义基本观点，在科学分析当代社会生产力发展规律和趋势的基础上，提出了"科学技术是第一生产力"的论断。把科学技术作为生产力的第一要素，是一项重要的理论创新。这是邓小平对马克思主义关于科学技术和生产力理论的创造性发展。到 20 世纪 90 年代，国际社会提出，人类已经进入"知识经济"时代，更加证明邓小平论断的正确性。从"一般的社会生产力"到"直接的生产力"，再到"第一生产力"，马克思主义者对生产力内涵的认识，随着社会实践的发展越来越深化。

现代科学技术是新的社会生产力中最活跃和决定性的因素。在现代生产力中，同其他各构成要素相比，科学技术的比重已上升到第一位，科学技术在现代生产力和社会经济发展中越来越具有主导作用和超前作用。当代科学技术决定着生产力发展的方向、速度和规模。如果说在蒸汽机时代，科学技术对生产力发展产生的是"加数效应"，电气化时代，科学技术对生产力的发展产生的是"乘数效应"，那么，在信息时代，科学技术

① 《邓小平文选》第 3 卷，人民出版社 1993 年版，第 377 页。
② 《马克思恩格斯全集》第 46 卷（下），人民出版社 1995 年版，第 211 页。

对生产力的发展产生的就是"幂数效应"。由科学技术革命所导致的生产力的飞速发展，简直令人难以想象。据统计，在发达国家，科学技术贡献率，20世纪初为5%—20%，20世纪中叶为50%，而到20世纪末已经上升到75%以上。科学技术是第一生产力，而且是先进生产力的集中体现和主要标志。科学技术是人类社会进步的重要标志，是生产力发展的重要动力。

科学技术是第一生产力，要求中国共产党人在实现中华民族伟大复兴的进程中，必须高度重视科学技术在当代生产力中的中心位置。这一理论在我国的改革开放和现代化建设的实践中具有十分重要的指导作用。

第一，一部世界经济发展史就是先进生产力替代、淘汰落后生产力的历史，决定这一进程的直接原因是科学技术的进步。尤其到了近代，科学技术从生产力的非独立因素变成了相对独立的因素，并越来越显示出其重要性。

第二，用科学技术改造传统产业，大幅度地优化我国产业结构，实现社会生产力的跨越式发展，将是我国先进生产力发挥作用的重要方式。

第三，当今时代，科学技术特别是高科技正日益成为经济社会发展的决定性力量，成为综合国力竞争的焦点。国家核心竞争力越来越表现为对智力资源和智慧成果的培育、配置、调控能力，表现为对知识产权的拥有、运用能力。在知识和科技创新方面占据优势，就能在综合国力竞争中占据更有利的战略地位。充分发挥科学技术"第一生产力"的作用，是实现我国社会主义现代化战略目标的关键。

二 "科学技术是第一生产力"是科教兴国 战略的理论基石

邓小平关于科学技术是第一生产力的思想，是科教兴国战略的理论基础。1977年，邓小平在科学和教育工作座谈会上提出："我们国家要赶上世界先进水平，从何着手呢？我想，要从科学和教育着手。"[①] "不抓科学、教育，四个现代化就没有希望，就成为一句空话。"[②] 他明确提出，将科教

---

① 《邓小平文选》第2卷，人民出版社1994年版，第48页。

② 同上书，第41页。

发展作为发展经济、建设现代化强国的先导，摆在我国发展战略的首位。从 70 年代后期到 90 年代初期，邓小平坚持"实现四个现代化，科学技术是关键，基础是教育"的核心思想，为科教兴国的战略形成，奠定了坚实的理论基础。

20 世纪 90 年代，中国共产党人不断发展"科学技术是第一生产力"的重要思想，逐步形成科教兴国的战略思路。1992 年 10 月 12 日，在中国共产党第十四届全国代表大会上，江泽民指出："科学技术是第一生产力，振兴经济首先要振兴科技。""科技进步、经济繁荣和社会发展，从根本上说取决于提高劳动者的素质，培养人才。我们必须把教育摆在优先发展的战略地位，努力提高全民族的思想道德和科学文化水平，这是实现我国现代化的根本大计。"[1]

1995 年 5 月 6 日颁布的《中共中央国务院关于加速科学技术进步的决定》，首次提出在全国实施科教兴国的战略。在全国科学技术大会上，江泽民以《实施科教兴国战略》为题目，发表演讲指出："科教兴国，是指全面落实科学技术是第一生产力的思想，坚持教育为本，把科技和教育摆在经济、社会发展的重要位置，增强国家的科技实力及实现生产力转化的能力，提高全民族的科技文化素质。"[2]

同年，中国共产党的十四届五中全会通过《中共中央关于制定国民经济和社会发展"九五"计划和 2010 年远景目标的建议》，把实施科教兴国战略列为今后 15 年直至 21 世纪加速我国社会主义现代化建设的重要方针之一。

1996 年，全国人大八届四中全会通过了《中华人民共和国国民经济和社会发展"九五"计划和 2010 年远景目标纲要》，科教兴国战略成为我国的基本国策。

1997 年 9 月 12 日，在中国共产党第十五次全国代表大会的报告中，江泽民强调："科学技术是第一生产力，科技进步是经济发展的决定因素。要充分估量科学技术特别是高科技发展综合国力，社会经济结合和人民生活的巨大影响；把加速科技进步放在经济社会发展的关键地位，使经济建

---

① 《江泽民文选》第 1 卷，人民出版社 2006 年版，第 232—233 页。
② 同上书，第 428 页。

设真正转到依靠科学技术进步和提高劳动者素质的轨道上来。"①

科教兴国的战略是党中央、国务院按照邓小平理论和党的基本路线，科学分析和总结世界近代以来特别是当代经济、社会、科技发展趋势和经验，并充分估计未来科学技术特别是高技术发展对综合国力、社会经济结构、人民生活和现代化进程的巨大影响，根据我国国情，为实现社会主义现代化建设宏伟目标而提出的发展战略。

跨入 21 世纪，中国共产党人大力实施科教兴国的战略，继续推动中国特色的社会主义现代化事业飞速发展。2008 年 6 月 23 日，在中国科学院第十四次院士大会和中国工程院第九次院士大会上，胡锦涛讲话指出："在 1978 年召开的那次全国科学大会上，邓小平同志全面阐述了科学技术的重要地位、发展趋势、战略重点、科技人员的政治地位、人才培养等重大问题，旗帜鲜明地提出科学技术是生产力、知识分子是工人阶级的一部分、四个现代化关键是科学技术现代化等著名论断。从那时以来，党和国家始终高度重视并大力推进科技事业，强调科学技术是第一生产力，强调要大力实施科教兴国战略、推进科技进步和创新，强调要走中国特色自主创新道路、实施人才强国战略、建设创新型国家，实施一系列推进科技发展的重大方针政策，不断推进科技体制改革，极大地激发了我国广大科技工作者投身科技进步和创新、推动社会主义现代化建设的热情，迎来了我国科技事业大发展的历史新时期。"②

马克思主义认为，生产力的不断解放和发展，是人类社会进步的根本动力。社会主义制度的优越性，最终体现为生产力比在其他制度下的更快发展。我国的社会主义建设在经济、科技、文化十分落后的基础上起步，要在较短时间内达到经济发达国家经过几百年历程达到的生产力发展水平，后来居上，更须集中力量，大力发展和广泛应用科学技术，充分发挥科技生产力在经济、社会发展中的巨大推动作用。

科学技术是第一生产力，是推动人类文明进步的革命力量。进入 21 世纪，世界新科技革命发展的势头更加迅猛，正孕育着新的重大突破。在世界新科技革命推动下，知识在经济社会发展中的作用日益突出，国民财

---

① 《江泽民文选》第 2 卷，人民出版社 2006 年版，第 25 页。

② 胡锦涛：《在中国科学院第十四次院士大会和中国工程院第九次院士大会上的讲话》（2008 年 6 月 23 日），《人民日报》2008 年 6 月 24 日第 2 版。

富的增长和人类生活的改善越来越有赖于知识的积累和创新。科技竞争成为国际综合国力竞争的焦点。当今时代，谁在知识和科技创新方面占据优势，谁就能够在发展上掌握主动。世界各国尤其是发达国家纷纷把推动科技进步和创新作为国家战略，大幅度提高科技投入，加快科技事业发展，重视基础研究，重点发展战略高新技术及其产业，加快科技成果向现实生产力转化，以利于为经济社会发展提供持久动力，在国际经济、科技竞争中争取主动权。

科教兴国战略中的"科学"，应当包括自然科学和社会科学两个方面。在认识和改造世界的过程中，哲学社会科学与自然科学同样重要；培养高水平的哲学社会科学家，与培养高水平的自然科学家同样重要；提高全民族的哲学社会科学素质，与提高全民族的自然科学素质同样重要。我们要像发展自然科学一样，大力发展哲学社会科学，充分发挥哲学社会科学在认识和改造世界中的作用。

三 "科教兴国"战略与"科学无神论"

科教兴国的战略是指全面落实科学技术是第一生产力的思想，坚持教育为本，把科技和教育摆在经济、社会发展的重要位置，增强国家的科技实力及向现实生产力转化的能力，提高全民族的科技文化素质，把经济建设转移到依靠科技进步和提高劳动者素质的轨道上来，加速实现国家的繁荣强盛。

从人类社会思想发展史上看，科学本身就是文化的重要灵魂。科学是新文化产生的内在驱动力，也是文化的重要组成部分。在人类历史上，科学技术的每一次重大进步都极大地影响着文化的变革。科学改变了人类的价值观，把人类从蒙昧和落后中解放出来。

近现代科学的发展，成为近代无神论思想发展的重要动力。在近代欧洲，牛顿力学为近代唯物主义哲学提供了决定性的自然科学理论支持，达尔文的学说则使"上帝分别创造万物的粗糙教义被摧毁了"。达尔文的进化论动摇了宗教神学的基础，成为科学无神论的支柱之一。某种程度上可以说，近代科学改变了西方文化的面貌。正因为如此，18世纪的启蒙作家"把普及知识包括科学知识作为自己的使命，以推进启蒙运动的事业"。百科全书派的核心人物狄德罗指出："走向哲学的第一步就是不信神。"

随着近现代科学的发展，随着新兴资产阶级反对封建主义的神权统治，在理性主义与自由主义哲学家的影响下，近现代西方无神论思潮日益显著。从文艺复兴，经启蒙运动，至青年黑格尔派，达到一个高潮。由于它具有鲜明的反封建主义制度和批判神学政治的性质，被称为"战斗无神论"。它在创建西方资本主义国家制度时期，起着巨大的解放思想作用，是民主宪政和个人自由的基点；因为它吸取近现代自然科学的成果，以科学的精神和科学的方法为武器，对科学发展起着推动作用，所以又被称为"科学无神论"。①

马克思主义无神论也属于科学无神论范畴，是科学无神论的高级形式。它继承17—18世纪英国和法国唯物主义，继承19世纪德国费尔巴哈人本主义等人类优秀成果，通过唯物主义历史观和剩余价值论的发现而展示出来。从此，"科学无神论作为马克思主义世界观的出发点和基石，由思想文化领域，进入科学社会主义运动的实践"②。

马克思主义指出，宗教的产生、发展和消亡，有其历史的客观必然性。宗教是颠倒的世界观，是颠倒的社会关系的虚幻反映。宗教的本质只能从它产生的社会基础中寻找。解决宗教问题，必须变革社会关系。因此，马克思主义政党把解决宗教问题列为革命和建设事业的组成部分，反对仅仅依靠单纯的思想教育代替实际的社会变革，更反对脱离党的总路线孤立地"与宗教斗争"。马克思主义政党将宣传科学无神论作为动员群众，觉悟群众，解决有神论造成的许多特殊认识问题的重要任务。"放弃无神论，拒绝科学无神论的研究和宣传，是维护愚昧主义，是愚民政策；相反，企图用行政手段，用法令的形式去解决思想信仰问题，则是布郎基主义。"③

在近代中国，启蒙思想家无不深受西方科学思想的影响。近代中国五四运动倡导"科学与民主"，包括反对迷信鬼神，宣传无神论，成为中国进入近现代的思想标志之一。在近代中国的学术界，首先使用无神论概念的是著名学者章太炎。他的锋芒直指基督教等一神论。在近代中国救亡图存、文化启蒙的历史背景下，五四运动时期的陈独秀、胡适、蔡元培等重

---

① 习五一：《无神论是人类社会文明和思考的结晶》，《科学与无神论》2011年第5期。
② 习五一：《马克思主义无神论的中国化历程》，《马克思主义研究》2011年第3期。
③ 沈漳：《科学无神论与人民幸福》，《科学与无神论》2006年第6期。

要思想家，用西方无神论的思想批判灵学，破除封建迷信等思想枷锁；批判基督教等一神论的有神论，开展抵制帝国主义文化侵略的"非基督教运动"。①

科学无神论在中国的传播，是中国共产党诞生的重要思想前提。早期的中国共产党领袖李大钊等人，在传播马克思主义的同时，也将传播科学无神论作为自己重要的使命。波澜壮阔的战争与革命，使旧中国的社会结构发生深刻变革。1949 年新中国成立，为科学无神论的普及和宗教有神论的衰微，奠定了坚实的社会基础。中国共产党人在社会主义建设事业中，将科学无神论宣传教育纳入思想文化建设的整体战略中。

在当代中国实施科教兴国的战略中，社会主义精神文明建设的重要任务之一就是倡导科学精神，包括科学无神论思想，抵制愚昧迷信。科学的发展已经迫使宗教失去许多世袭的精神领地，因此，发展科学事业，推动社会进步，对于科学无神论者来说是头等大事。科学无神论建设属于科教兴国战略的一部分，局部工作要服从整体大局。但是，应当指出，数理化等自然科学本身并不等于哲学领域中的科学无神论。当代宗教神学发展的动力之一，就是极力适应科学的新发现，力图将其纳入神学解释的范畴。当代科学无神论就是针对种种新有神论而言的，"它有自己的特殊研究对象、特殊的理论内容，解决许多特殊的认识问题，不是其他学科可以取代的"②。从这种意义上说，科学无神论的研究和宣传教育是提高民族思想素质的必要环节。

四　社会主义核心价值体系与科学无神论

跨入 21 世纪新时期，以胡锦涛为总书记的党中央提出，要贯彻落实"以人为本"的科学发展观，建设社会主义核心价值体系，增强社会主义意识形态的吸引力和凝聚力。加强科学无神论的研究和宣传教育，是其中重要的组成部分。

2004 年 5 月 28 日，中共中央组织部、宣传部、文明办和中央党校、教育部、中国社会科学院六部委发出《关于进一步加强马克思主义无神论

---

① 习五一：《基督教与近代中国》，《科学与无神论》2008 年第 5 期。
② 文丁：《科学无神论必须进入大学校园》，《科学与无神论》2006 年第 1 期。

研究和宣传教育工作的通知》。文件指出，加强马克思主义无神论研究和宣传教育工作，"对于巩固马克思主义在意识形态领域的指导地位，保持党的先进性和纯洁性，提高全民族的思想道德素质和科学文化素质，打牢全党全国人民团结奋斗的共同思想基础，推动社会主义物质文明、政治文明和精神文明协调发展，具有十分重要的意义"①。

科学无神论是马克思主义世界观的理论前提和基础。没有科学无神论，就不会有马克思主义。要成为马克思主义者，必须首先具备科学无神论的世界观。无神论、唯物主义的世界观，是共产党人言论和行为的最基本根据。只有在这个基础上，才能掌握马克思主义理论体系中更高层次的理论。

马克思主义无神论研究和宣传教育工作的主要任务是，要以普及唯物论的基本观点和自然科学基本常识为重点，以破除愚昧迷信为着眼点，围绕宣传科学思想、弘扬科学精神、普及科学知识、传播科学方法的主题来进行。

当前，境外敌对势力打着宗教的旗帜，利用各种渠道对我国进行渗透，破坏民族团结和分裂祖国统一。各种愚昧迷信思潮在社会生活中仍有相当影响。在宗教传播事业的大力资助下，学术界各种"文化神学"、"学术神学"也相当活跃。相形之下，批评宗教消极因素的声音十分微弱。一些号称研究马克思主义宗教观的学者，绝口不谈无神论，力图把无神论从马克思主义那里阉割出去。这种情况不仅严重影响了科学无神论的研究和宣传教育，而且对马克思主义理论研究和建设构成了相当威胁。

科学无神论以科学和理性支持其真理性，有神论则以虚幻和非理性反映其荒谬性。我们的时代精神是振兴中华的民族精神和现代文明。从中国传统的人本主义走向"科学与民主"的现代精神，是历史发展的大趋势。但是，某些文化人论证说，现代中国的种种社会问题，世风日下，道德沦丧，是"信仰危机"，能够拯救人心、维护社会秩序的最佳途径就是宗教。当前高调的"宗教救世说"多来自西方的一神教。我们应当大声质疑这种文化传教的声音。

以鬼神存在为基础的世界观不符合客观事实，依据有神论确立的人生观和价值观，损害人的尊严，贬低人的价值，压制人的创造，使信仰者容

_____

① 见新华网：http://news.xinhuanet.com/ziliao/2004—12/13/content 2328881.htm。

易受到自命神灵代表者的控制。因此，我们反对宗教信仰向教育领域渗透，是贯彻"政教分离"的国家法律，是顺应历史发展的趋势，不是对宗教信仰者的敌意。信不信教，应当完全成为个人的私事，信仰是公民的权利，应当得到尊重，但是在国家的决策上，没有上帝和神灵的位置。真理只有一个，需要勇敢地捍卫。无神论对有神论的批判，是人类社会在认识世界和改造世界中的自我批判、自我提高，这是人类社会发展的必然趋势。

在社会主义核心价值体系中，无神论的唯物世界观和积极人生观，占有重要的地位。党中央一再指出：要巩固马克思主义的指导地位，要增强社会主义意识形态的吸引力和凝聚力，科学无神论的作用不容忽视。一个世纪以来，有种舆论力图把科学无神论从马克思主义宗教观和社会主义意识形态中剔除，这是危险的，既不符合人类历史和当代的世俗化潮流，也与中国的人本主义传统相悖。

（原载《科学与无神论》2012 年第 6 期）

所谓"鸦片基石论"的错误及其由来

——马克思主义宗教观研究中的一个理论问题

加润国

胡锦涛总书记在庆祝中国共产党成立 90 周年大会上的讲话中指出："90 年来党的发展历程告诉我们，理论上的成熟是政治上坚定的基础，理论上的与时俱进是行动上锐意进取的前提，思想上的统一是全党步调一致的重要保证。中国共产党人坚信马克思主义基本原理是颠扑不破的科学真理，坚信马克思主义必须随着实践发展而不断丰富和发展，从来不把马克思主义看成是空洞、僵化、刻板的教条。"从宗教工作的理论和实践看，这一总结是完全正确的。建党 90 年来，我们党不仅把马克思主义宗教观的基本原理当作科学真理来坚持，而且坚持在宗教工作的实践中丰富和发展马克思主义宗教观，形成了中国特色社会主义宗教理论这一马克思主义中国化、时代化的重要成果。但这并不是说在历史和现实中就不存在把经典著作中的某些话看成空洞、僵化、刻板的教条的错误倾向。把列宁的宗教观歪曲概括为所谓的"鸦片基石论"，就是这类错误倾向中的一种。

一　问题的是与非

对于马克思列宁主义宗教观，我们党一向主张虚心认真学习、完整准确理解、掌握基本原理，然后运用基本原理来观察、分析、解决中国革命、建设、改革中的宗教问题，并在这种实践中真正地加以坚持和发展。我们党在新中国成立初期提出的宗教具有长期性、群众性、民族性、国际性、复杂性的基本观点，就是运用马列主义宗教观的基本原理观察分析中国宗教问题而形成的基本观点；我们党在改革开放后逐步完善并确立的关于全面贯彻党的宗教信仰自由政策、依法管理宗教事务、坚持独立自主自办的原则、积极引导宗教与社会主义社会相适应的基本方针，则是运用马列主义宗教观的基本原理制定的处理当代中国宗教问题的基本政策。这些基本观点和基本政策，是新中国成立后我们党在宗教工作实践中坚持和发展马克思列宁主义宗教观的重要成果，是构成中国特色社会主义宗教理论的核心内容。事实证明，我们党对待马克思列宁主义宗教观的这种态度是科学的，运用它来分析处理中国宗教问题的实践也是成功的。

但是，无论在社会主义革命和建设时期，还是在改革开放和社会主义现代化建设的新时期，总有人不愿意通过认真阅读马列原著来掌握马列主义宗教观的基本原理，再运用基本原理来观察分析宗教问题，而是把革命导师的某些话语断章取义，当作空洞、僵化、刻板的教条去到处生搬硬套。当这种教条主义的做法在现实中碰壁之后，不但不作反省，反而声称马克思列宁主义宗教观已经过时，要用非马克思主义的宗教观去修正它。比如，有的人把列宁在《论工人政党对宗教的态度》一文中的某些话语加以割裂和拼凑，抽离出"宗教是人民的鸦片——马克思的这一句名言是马克思主义在宗教问题上的全部世界观的基石"和"我们应当同宗教作斗争"这两句话，把列宁的宗教观概括为"鸦片（基石）论"和"（同宗教作）斗争论"，就是一种颇为流行的对马克思列宁主义宗教观的歪曲概括，它已成为一些人攻击、否定和"修正"马克思列宁主义宗教观的借口。

二 马克思的原意

1844 年，马克思在《〈黑格尔法哲学批判〉导言》中总结青年黑格尔派"宗教批判"的历史意义时，先用一段话概括了宗教的社会功能："宗教是这个世界的总理论，是它的包罗万象的纲要，它的具有通俗形式的逻辑，它的唯灵论的荣誉问题，它的狂热，它的道德约束，它的庄严补充，它借以求得慰藉和辩护的总根据。"[①] 又用一段话概括了宗教对人民的作用："宗教里的苦难既是现实的苦难的表现，又是对这种现实的苦难的抗议。宗教是被压迫生灵的叹息，是无情世界的情感，正像它是无精神活力的制度的精神一样。宗教是人民的鸦片。"[②]

---

① 《马克思恩格斯文集》第 1 卷，人民出版社 2009 年版，第 1 页。
② 同上书，第 2 页。

　　对于"宗教是人民的鸦片"这句话，我们应该结合时代背景、上下文和马克思主义宗教观的思想体系来准确地理解。从时代背景看，《〈黑格尔法哲学批判〉导言》是马克思总结青年黑格尔派"宗教批判"运动的历史意义，要求从"宗教批判"转入"政治批判"的宣言书。马克思认为，青年黑格尔派的"宗教批判"已经打碎了罩在德国制度上面的神圣光环，完成了自己的历史使命，现在应该转入"政治批判"，直接"向德国制度开火"。从上下文看，"宗教是人民的鸦片"是对整段内容的形象概括，对它的"权威解释"应该是它前面的那段话，核心是说明宗教对人民的作用。从思想体系看，马克思主义宗教观的基本原理包括宗教的本质、根源、社会作用及其产生、发展、消亡的规律以及工人政党对待宗教的态度和政策，"宗教是人民的鸦片"是"宗教社会作用"的重要内容。

三　列宁的坚持和发展

　　1905 年，列宁在《社会主义和宗教》中对马克思关于宗教对人民作用的观点作了阐述："对于辛劳一生贫困一生的人，宗教教导他们在人间要顺从和忍耐，劝他们把希望寄托在天国的恩赐上。对于依靠他人劳动而过活的人，宗教教导他们要在人间行善，廉价地为他们的整个剥削生活辩护，向他们廉价出售进入天国的门票。宗教是人民的鸦片。宗教是一种精神上的劣质酒，资本的奴隶饮了这种酒就毁坏了自己做人的形象，不再要求多少过一点人样的生活。"①列宁先把马克思的观点具体化，再用马克思的原话来概括，最后用俄国人爱喝的"酒"来比喻说明，从而坚持和发展了马克思关于宗教对人民作用的观点。

　　1909 年，列宁在《论工人政党对宗教的态度》中概述"马克思和恩格斯对宗教问题表示意见的经过"时指出："社会民主党的整个世界观是以科学社会主义即马克思主义为基础的。马克思和恩格斯曾多次声明，马克思主义的哲学基础是辩证唯物主义，它完全继承了法国 18 世纪和德国 19 世纪上半叶费尔巴哈的唯物主义历史传统，即绝对无神论的、坚决反对一切宗教的唯物主义的历史传统……宗教是人民的鸦片，——马克思的这

────────────

　　① 《列宁专题文集》（论辩证唯物主义和历史唯物主义），人民出版社 2009 年版，第219—220 页。

一句名言是马克思主义在宗教问题上的全部世界观的基石。马克思主义始终认为现代所有的宗教和教会、各式各样的宗教团体，都是资产阶级反动派用来捍卫剥削制度、麻醉工人阶级的机构"。① 显然，列宁在这里引用马克思的名言是要说明，党在对待"宗教"的"问题"上必须保持"世界观"的清醒和坚定——要坚持唯物主义和无神论、反对唯心主义和有神论。因为宗教有神论不过是支配着人们日常生活的外部力量在人们头脑中的幻想的反映，宗教信仰只是人民面对现实苦难无法摆脱时的无奈叹息和虚弱抗议，虽可获得一时的安慰，让痛苦减轻一些，却不能从根本上解决摆脱剥削和压迫、获得解放和幸福的问题，反而会成为妨碍他们进行革命的精神枷锁。本段的最后一句话，即"马克思主义始终认为现代所有的宗教和教会、各式各样的宗教团体，都是资产阶级反动派用来捍卫剥削制度、麻醉工人阶级的机构。"② 显然是列宁结合当时的实际对马克思"宗教是人民的鸦片"这句名言的具体理解和运用，是对当时控制在各国资产阶级手中的宗教的社会作用的批判。

列宁接着说："但是，恩格斯同时也多次谴责那些想比社会民主党人'更左'或'更革命'的人，谴责他们企图在工人政党的纲领里规定直接承认无神论，即向宗教宣战……恩格斯要求工人政党耐心地去组织和教育无产阶级，使宗教渐渐消亡，而不要冒险在政治上对宗教作战。这个观点已经被德国社会民主党人完全接受，例如德国社会民主党主张给耶稣会士以自由，主张允许他们进入德国国境，主张取消对付这种或那种宗教的任何警察手段。'宣布宗教为私人的事情'——这是爱尔福特纲领（1891年）的一个著名论点，它确定了社会民主党的上述政治策略。"③ 德国社会民主党 1891 年制定的《爱尔福特纲领》是在恩格斯指导下完成的，它在宗教问题上体现了恩格斯《1891 年社会民主党草案批判》中提出的"教会和国家分离。国家无例外地把一切宗教团体视为私人的团体"的原则。④ 列宁撰写此文，就是为了结合俄国革命的实际全面阐述这一原则，因为"这个策略现在竟然成为陈规，竟然产生了一种对马克思主义的新的歪曲，

---

① 《列宁专题文集》（论无产阶级政党），人民出版社 2009 年版，第 171—172 页。

② 同上。

③ 同上书，第 172—173 页。

④ 详见《马克思恩格斯选集》人民出版社 1995 年版第 4 卷，第 410—415 页。

使它走向反面，成了机会主义"。① 当时，"有人把爱尔福特纲领的这一论点说成这样，似乎我们社会民主党人，我们的党，认为宗教是私人的事情，对于我们社会民主党人来说，对于我们党来说，宗教是私人的事情"。② 列宁指出："在 19 世纪 90 年代，恩格斯没有同这种机会主义观点进行直接的论战，但是他认为必须坚决反对这种观点，不过不是用论战的方式而是采用正面叙述的方式。就是说，当时恩格斯有意地着重声明，社会民主党认为宗教对于国家来说是私人的事情，但是对于社会民主党本身、对于马克思主义、对于工人政党来说决不是私人的事情。"③ 就是说，党要求国家把宗教视为私人的事情，保障公民信教或不信教的自由，但党不能把宗教视为私人的事情，党组织的成员必须坚持和宣传无神论。

四　列宁的总结和论证

列宁在概述了马克思主义宗教观的上述原则后指出："从外表上看来，马克思和恩格斯对宗教问题表示意见的经过就是如此。那些轻率看待马克思主义的人，那些不善于或不愿意动脑筋的人，觉得这种经过只是表明马克思主义荒谬地自相矛盾和摇摆不定：一方面主张'彻底的'无神论，另一方面又'宽容'宗教，这是多么混乱的思想；一方面主张同上帝进行最最革命的战争，另一方面怯懦地想'迁就'信教的工人，怕把他们吓跑等等，这是多么'没有原则'的动摇。在无政府主义空谈家的著作中，这种攻击马克思主义的说法是可以找到不少的。"④ 显而易见，当时有的人感到党既主张宗教信仰自由又要求坚持和宣传无神论是矛盾的。在一些人看来，党既然坚持彻底的唯物论和无神论，就不应该允许工人群众信教；在另一些人看来，党既然主张宗教信仰自由，就应该允许党员信教。因此，就产生了从"左"、右两个方面对马克思主义宗教观的攻击。

列宁指出，出现上述两种错误倾向，主要是由于一些人不认真看待马克思主义、不懂得唯物辩证法、不了解党的历史造成的。他强调指出：

---

① 《列宁专题文集》（论无产阶级政党），人民出版社 2009 年版，第 173 页。

② 同上。

③ 《列宁专题文集》（论无产阶级政党），人民出版社 2009 年版，第 173 页。关于恩格斯的原话，参看人民出版社 1995 年版《马克思恩格斯选集》第 3 卷第 354—356 页。

④ 《列宁专题文集》（论无产阶级政党），人民出版社 2009 年版，第 173—174 页。

"只要稍微能认真一些看待马克思主义，考虑马克思主义的哲学原理和国际社会民主党的经验，就能很容易地看出，马克思主义对待宗教的策略是十分严谨的，是经过马克思和恩格斯周密考虑的；在迂腐或无知的人看来是动摇的表现，其实都是从辩证唯物主义中得出来的直接的和必然的结论。如果认为马克思主义对宗教采取似乎是'温和'的态度是出于所谓'策略上的'考虑，是为了'不要把人吓跑'等等，那就大错特错了。相反，马克思主义在这个问题上的政治路线，也是同它的哲学原理有密切关系的。"① 接下来，列宁就展开了具体的理论阐述。

五　列宁的具体阐述

为了阐明上述观点，列宁接下来分别从理论和实践两方面阐述了党坚持和宣传无神论的依据、方式和原则，以及"宣布宗教为私人的事情"这一原则在西欧遭到机会主义歪曲的原因和在俄国革命中反对这种歪曲的必要性。

（一）从理论上阐述党坚持和宣传无神论的依据、方式和原则

关于坚持和宣传无神论的依据。列宁指出："马克思主义是唯物主义。正因为如此，它同18世纪百科全书派的唯物主义或费尔巴哈的唯物主义一样，也毫不留情地反对宗教。这是没有疑问的。但是，马克思和恩格斯的辩证唯物主义比百科全书派和费尔巴哈更进一步，它把唯物主义哲学应用到历史领域，应用到社会科学领域。我们应当同宗教作斗争。这是整个唯物主义的起码原则，因而也是马克思主义的起码原则。"② 可见，宣传无神论的理由很简单：社会民主党是马克思主义政党，而马克思主义是唯物主义，因此它也像18世纪法国唯物主义和19世纪上半叶费尔巴哈的唯物主义一样坚决反对一切形式的宗教有神论。值得注意的是，列宁在文中用了一个"但是"，强调马克思主义哲学是比上述唯物主义更进一步的辩证唯物主义和历史唯物主义，这就是说我们不能像旧唯物主义那样抽象地强调"同宗教作斗争"，从而为下面的进一步论述留下了伏笔。

---

① 《列宁专题文集》（论无产阶级政党），人民出版社 2009 年版，第 174 页。
② 同上。

关于坚持和宣传无神论的方式和原则。列宁紧接着说："但是，马克思主义不是停留在起码原则上的唯物主义。马克思主义更前进了一步。它认为必须善于同宗教作斗争，为此应当用唯物主义观点来说明群众中的信仰和宗教的根源。同宗教作斗争不应该局限于抽象的思想宣传，不能把它归结为这样的宣传，而应该把这一斗争同目的在于消灭产生宗教的社会根源的阶级运动的具体实践联系起来。为什么宗教在城市无产阶级的落后阶层中，在广大的半无产阶级阶层中，以及在农民群众中能够保持它的影响呢？资产阶级进步派、激进派或资产阶级唯物主义者回答说，这是由于人民的愚昧无知。由此得出结论说：打倒宗教，无神论万岁，传播无神论观点是我们的主要任务。马克思主义者说：这话不对。这是一种肤浅的、资产阶级狭隘的文化主义观点。这种观点不够深刻，不是用唯物主义的观点而是用唯心主义的观点来说明宗教的根源。在现代资本主义国家里，这种根源主要是社会的根源。劳动群众受到社会的压制，面对时时刻刻给普通劳动人民带来最可怕的灾难、最残酷的折磨的资本主义（比战争、地震等任何非常事件带来的灾难和折磨多一千倍）捉摸不定的力量，他们觉得似乎毫无办法，——这就是目前宗教最深刻的根源。'恐惧创造神'。现代宗教的根源就是对资本的捉摸不定的力量的恐惧，而这种力量确实是捉摸不定的，因为人民群众不能预见到它，它使无产者和小业主在生活中随时随地都可能遭到，而且正在遭到'突如其来的'、'出人意料的'、'偶然发生的'破产和毁灭，使他们变成乞丐，变成穷光蛋，变成娼妓，甚至活活饿死。凡是不愿一直留在预备班的唯物主义者，都应当首先而且特别注意这种根源。只要受资本主义苦役制度压迫、受资本主义的捉摸不定的破坏势力摆布的群众自己还没有学会团结一致地、有组织地、有计划地、自觉地反对宗教的这种根源，反对任何形式的资本统治，那么无论什么启蒙书籍都不能使这些群众不信仰宗教。"① 总之，党坚持和宣传无神论不是要一般地"同宗教作斗争"，而是"应当用唯物主义观点来说明群众中的信仰和宗教的根源"，也就是说要揭露和批判资本主义剥削压迫制度，而且"不应该局限于抽象的思想宣传，不能把它归结为这样的宣传，而应该把这一斗争同目的在于消灭产生宗教的社会根源的阶级运动的具体实践联系

---

① 《列宁专题文集》（论无产阶级政党），人民出版社 2009 年版，第 174—175 页。

起来"。① 就是说,同思想宣传相比,推翻资本主义的具体实践更重要。当然,也不能因此就片面强调具体实践而放弃思想宣传。列宁接着说:"由此是否可以说,反宗教的启蒙书籍是有害的或多余的呢?不是的。决不能得出这样的结论。应当说,社会民主党宣传无神论,必须服从社会民主党的基本任务:发展被剥削群众反对剥削者的阶级斗争。"②

(二) 从实践上阐述党的无神论宣传的基本原则

用具体事例来说明。列宁指出:"一个对辩证唯物主义的原理即马克思和恩格斯哲学的原理没有深入思考过的人,也许不能理解(至少是不能一下子理解)这条原则。怎么会这样呢?为什么进行思想宣传,宣扬某种思想,……要服从阶级斗争,即服从在经济政治方面实现一定的实际目标的斗争呢?"③ 他进一步指出:"这种反对意见也是一种流行的反对马克思主义的意见,这证明反驳者完全不懂得马克思的辩证法。使这种反驳者感到不安的矛盾,是实际生活中的实际矛盾,即辩证的矛盾,而不是字面上的、臆造出来的矛盾。谁认为在理论上宣传无神论,即破除某些无产阶级群众的宗教信仰,同这些群众阶级斗争的成效、进程和条件之间有一种绝对的、不可逾越的界限,那他就不是辩证地看问题,就是把可以移动的、相对的界限看作绝对的界限,就是硬把活的现实中的不可分割的东西加以分割。"④ 他举例说:假定某个地方和某个工业部门的无产阶级分为两部分,一部分是相当觉悟的社会民主党人,他们当然是无神论者,另一部分则信仰上帝,常到教堂里去,甚至直接受本地某一个建立基督教工会的司祭的影响。再假定这个地方的经济斗争引起了罢工。在这种情况下,马克思主义者应该首先考虑使罢工运动得到成功,应当坚决反对在这场斗争中把工人分成无神论者和基督教徒。"在这种情况下,宣传无神论就是多余的和有害的,这倒并不是出于不要把落后群众吓跑,不要在选举时落选等庸俗考虑,而是从实际推进阶级斗争这一点出发的,因为在现代资本主义社会环境中,阶级斗争能把信基督教的工人吸引到社会民主党和无神论这方面来,而且比枯燥地宣传无神论还要有效一百倍。在这样的时候和这样

① 《列宁专题文集》(论无产阶级政党),人民出版社 2009 年版,第 174 页。
② 同上书,第 175 页。
③ 同上书,第 175—176 页。
④ 同上书,第 176 页。

的环境中，宣传无神论，就只能有利于神父，因为他们恰恰最愿意用信不信上帝这一标准来划分工人，以代替是否参加罢工这一标准。无政府主义者鼓吹在任何情况下都要对上帝开战，实际上是帮助了神父和资产阶级（正如无政府主义者实际上始终在帮助资产阶级一样）。"①

总结概括出基本原则。列宁的结论是："马克思主义者应当是唯物主义者，即宗教的敌人，但是他们应当是辩证唯物主义者，就是说，他们不应当抽象地对待反宗教斗争问题，他们进行这一斗争不应当立足于抽象的、纯粹理论的、始终不变的宣传，而应当具体地、立足于当前实际上所进行的、对广大群众教育最大最有效的阶级斗争。马克思主义者应该善于估计整个具体情况，随时看清无政府主义同机会主义的界限（这个界限是相对的，是可以移动、可以改变的，但它确实是存在的），既不陷入无政府主义者那种抽象的、口头上的、其实是空洞的'革命主义'，也不陷入小资产者或自由派知识分子那种庸俗观念和机会主义，不要像他们那样害怕同宗教作斗争，忘记自己的这种任务，容忍对上帝的信仰，不从阶级斗争的利益出发，而是打小算盘：不得罪人，不排斥人，不吓唬人，遵循聪明绝顶的处世之道：'你活，也让别人活'，如此等等。"② 他强调，"凡是同社会民主党对宗教的态度有关的具体问题，都应该根据上述观点来解决"。③ 就是说，党既要进行政治斗争和经济斗争，又不能放弃无神论宣传教育。

举例说明如何对待宗教徒入党问题。为了进一步说明上述原则，列宁特别举了宗教徒入党的例子。他说："例如，经常有人提出这样的问题：司祭能不能成为社会民主党党员。人们通常根据欧洲各社会民主党的经验对这一问题作无条件的、肯定的回答。但是这种经验并不仅仅是把马克思主义学说应用于工人运动的结果，而且也是由西欧特殊的历史条件决定的；这种条件在俄国并不存在（关于这种条件，我们到下面再谈），所以在这个问题上无条件的肯定的回答在我国是不正确的。不能一成不变地在任何情况下都宣布说司祭不能成为社会民主党党员，但是也不能一成不变地提出相反的规定。如果有一个司祭愿意到我们这里来共同进行政治工

① 《列宁专题文集》（论无产阶级政党），人民出版社 2009 年版，第 176—177 页。
② 同上书，第 177 页。
③ 同上。

作，真心诚意地完成党的工作，不反对党纲，那我们就可以吸收他加入社会民主党，因为在这样的条件下，我们党纲的精神和基本原则同这个司祭的宗教信念的矛盾，也许只是关系到他一个人的矛盾，只是他个人的矛盾，而一个政治组织要用考试的方法来检验自己成员所持的观点是否同党纲矛盾，那是办不到的。当然，这种情况即使在欧洲也是极其少有的，在俄国则更是难以想象了。如果这位司祭加入社会民主党之后，竟在党内积极宣传宗教观点，以此作为他主要的甚至是惟一的工作，那么党当然应该把他开除出自己的队伍。我们不仅应当容许，而且应当特别注意吸收所有信仰上帝的工人加入社会民主党，我们当然反对任何侮辱他们宗教信念的行为，但是我们吸收他们是要用我们党纲的精神来教育他们，而不是要他们来积极反对党纲。我们容许党内自由发表意见，但是以自由结合原则所容许的一定范围为限，因为我们没有义务同积极宣传被党内多数人摒弃的观点的人携手并进。"① 列宁根据欧洲和俄国绝大多数工人信仰基督教的实际，强调社会民主党应当特别注意吸收所有信仰上帝的工人加入社会民主党，但党吸收宗教徒入党并不意味着党允许自己的党员信教，党最终还是要通过思想教育和革命实践把这些入党的信教者改造为无神论者的。

（三）分析"宣布宗教为私人事情"的原则遭到歪曲的原因

列宁指出：首先是因为西欧"有产生机会主义的一般原因的影响，如为了眼前的利益而牺牲工人运动根本的利益"②，但是除了常见的机会主义歪曲而外，"还有一些特殊的历史条件使欧洲的社会民主党人对宗教问题采取了目前这种可以说是过分冷漠的态度。这些条件分两种：第一，反宗教的斗争是革命资产阶级的历史任务，在西欧，资产阶级民主派在他们自己的革命时代，或者说在他们自己冲击封建制度和中世纪制度的时代已经在相当大的程度上完成了（或着手完成）这个任务。无论在法国或德国都有资产阶级反宗教斗争的传统，这个斗争在社会主义运动以前很久就开始了（百科全书派、费尔巴哈）"。③ "另一方面，资产阶级反宗教斗争的传统在欧洲已造成了无政府主义对于这一斗争所作的纯粹资产阶级的歪曲，

---

① 《列宁专题文集》（论无产阶级政党），人民出版社 2009 年版，第 177—178 页。
② 同上书，第 179 页。
③ 同上。

而无政府主义者，正如马克思主义者早已屡次说明的，虽然非常'猛烈地'攻击资产阶级，但是他们还是站在资产阶级世界观的立场上。罗马语各国的无政府主义者和布朗基主义者，德国的莫斯特（附带说一句，他曾经是杜林的门生）之流，奥地利80年代的无政府主义者，在反宗教斗争中使革命的空谈达到登峰造极的地步。难怪现在欧洲社会民主党人要矫枉过正，把无政府主义者弄弯了的棍子弄直。这是可以理解的，在某种程度上说是理所当然的，但是我们俄国社会民主党人要是忘记西欧的特殊历史条件，那是不行的。"① "第二，在西欧，自从民族资产阶级革命结束以后，自从实现了比较完全的信教自由以后，反宗教的民主斗争问题在历史上已被资产阶级民主派反社会主义的斗争排挤到次要的地位，所以资产阶级政府往往故意对教权主义举行假自由主义的'讨伐'，转移群众对社会主义的注意力。德国的文化斗争以及法国资产阶级共和派的反教权主义斗争，都带有这种性质。资产阶级的反教权主义运动，是转移工人群众对社会主义的注意力的手段，——这就是目前西欧社会民主党人对反宗教斗争普遍采取'冷漠'态度的根源。这同样是可以理解的，也是理所当然的，因为社会民主党人的确应该使反宗教斗争服从争取社会主义的斗争，以对抗资产阶级和俾斯麦分子的反教权主义运动。"② 总之，"宣布宗教为私人的事情"这一原则在西欧遭到机会主义歪曲是有原因的，但俄国不存在这些原因，因此要反对这种歪曲。

（四） 强调在俄国革命中反对机会主义歪曲的必要性

列宁指出：与西欧资产阶级民主革命已经基本上完成了"宗教批判"的历史任务不同，"在俄国，由于我国资产阶级民主革命的条件，这个任务几乎完全落到了工人阶级的肩上。同欧洲比较起来，我国小资产阶级的（民粹主义的）民主派在这方面做的事情并不是（像《路标》中的那些新出现的黑帮立宪民主党人或立宪民主党人黑帮所想的那样）太多了，而是太少了。"③ "俄国的情况就完全不同了。无产阶级是我国资产阶级民主革命的领袖。无产阶级政党应当成为反对一切中世纪制度的斗争的思想领

---

① 《列宁专题文集》（论无产阶级政党），人民出版社2009年版，第179—180页。
② 同上书，第180页。
③ 同上书，第179页。

袖，这一斗争还包括反对陈腐的、官方的宗教，反对任何革新宗教、重新建立或用另一种方式建立宗教的尝试等等。因此，如果说当德国社会民主党人把工人政党要求国家宣布宗教为私人的事情的主张偷换成宣布宗教对社会民主党人和社会民主党本身来说也是私人的事情时，恩格斯纠正这种机会主义的方式还比较温和，那么俄国机会主义者仿效德国人的这种歪曲，就应该受到恩格斯严厉一百倍的斥责。"① 因此，"我们的党团在杜马讲坛上声明宗教是人民的鸦片，这样做是完全正确的"。② 但列宁也明确反对高喊"同宗教作斗争"的口号，因为"这样做会使无产阶级政党有夸大反宗教斗争意义的危险；这样做会抹杀资产阶级反宗教斗争同社会党人反宗教斗争之间的界限"。③

六 我们党的态度和相关讨论

关于宗教对人民的作用，毛泽东同志早在1927年的《湖南农民运动考察报告》中就指出，"神权"是束缚中国人民特别是农民的四条极大的"绳索"之一，这一比喻与马克思和列宁的"鸦片"和"劣质酒"之喻是异曲同工的。

新中国成立后，我们党高度重视马列主义宗教观的学习和运用，当时有人提出了列宁在《论工人政党对宗教的态度》中说过"宗教是人民的鸦片"这一问题。为此，周恩来总理两次在讲话中明确表态：那是革命时期的口号，革命时期是要把原则讲清楚，现在我们有了政权，可以不必强调宗教就是鸦片了，现在的问题是要尊重各民族人民的信仰，同时要善于孤立少数顽固的反动分子。周总理说因社会条件发生根本变化而"不必强调"，并没有否定马克思那句话的科学性。他在同基督教界代表的谈话中明确表示："我们不搞反宗教运动。我们所遵守的约束是不到教堂里去作马列主义的宣传，而宗教界的朋友们也应该遵守约束，不到街上去传教。这可以说是政府同宗教界之间的一个协议，一种默契。"④ 更重要的是，周

---

① 《列宁专题文集》（论无产阶级政党），人民出版社2009年版，第180页。

② 同上书，第180—181页。

③ 同上书，第181页。

④ 《周恩来统一战线文选》，中共中央统一战线工作部、中共中央文献研究室编，人民出版社1984年版，第182页。

总理还亲自带头用马列主义宗教观的基本原理观察分析中国的宗教问题，使我们党逐步形成了宗教具有长期性、群众性、民族性、国际性、复杂性的基本观点，为我们党既保障群众的宗教信仰自由又开展无神论宣传教育奠定了思想理论基础，成为马克思列宁主义宗教观中国化的一项重要理论成果。

改革开放后，1982 年 19 号文件即《中共中央关于我国社会主义时期宗教问题的基本观点和基本政策》是系统总结新中国成立以来党在宗教问题上正反两个方面的历史经验、全面阐述党的宗教理论和宗教政策、实现宗教工作指导思想拨乱反正的纲领性文件，是马克思列宁主义宗教观中国化的重要成果。19 号文件在讲到阶级社会的宗教时指出："进到阶级社会以后，宗教得以存在和发展的最深刻的社会根源，就在于人们受到这种社会的盲目的异己力量的支配而无法摆脱，在于劳动者对于剥削制度所造成的巨大苦难的恐惧和绝望，在于剥削阶级需要利用宗教作为麻醉和控制群众的重要精神手段。"① 该文件没有引用马克思和列宁的原话，但显然是坚持了他们关于宗教具有精神麻醉作用的基本观点。

2001 年 12 月 10 日，江泽民同志发表《论宗教问题》的重要讲话。这是我们党的主要领导人阐述党的宗教理论政策的代表作。他在讲话中指出："在阶级社会中，宗教对人类的压迫是社会内部经济压迫的产物和反映，劳动群众受到这种压迫又无法解脱，就往往到宗教中去寻找精神寄托；剥削阶级也利用宗教作为控制群众的重要精神手段，削弱劳动群众的反抗意志，分散劳动群众的反抗力量。马克思说'宗教是被压迫生灵的叹息'、'宗教是人民的鸦片'，就是从这个意义上来讲的。因此，必须进行社会变革，消灭剥削制度和剥削阶级，消除宗教存在的最深刻的社会根源。"② 这里，江泽民同志代表我们党第一次对马克思的原著进行了权威解读，同样认为宗教在阶级社会具有精神麻醉的社会作用。

此外，作为一个理论问题，学术界在"文化大革命"之前和之后都对这句名言进行过讨论。经过所谓的"第三次鸦片战争"或"南北鸦片之争"，基本上达到了结合时代背景、具体语境和思想体系全面准确理解马克思名言的目的。因此，直到 21 世纪初之前，在我国并没有出现所谓

---

① 《新时期宗教工作文献选编》，宗教文化出版社 1995 年版，第 54—55 页。
② 《江泽民文选》第 3 卷，人民出版社 2006 年版，第 380 页。

"鸦片基石论"的歪曲概括。

七　歪曲概括的由来

近年来在一定范围内颇为流行的所谓"鸦片基石论"的歪曲概括,是在 2001 年 12 月之后才在社会上出现的。在此之前,有人在 1997 年左右发表的一篇论马克思主义宗教观的文章,对这种歪曲概括的出现发挥了酵母作用。

1995 年 8 月,宗教文化出版社出版的《新时期宗教工作文献选编》首次公开了江泽民同志 1990 年 9 月的一个重要讲话,即《必须树立马克思主义的民族观和宗教观》。江泽民同志在讲话中强调:"我们在向党员和干部加强马克思主义民族观教育的同时,还要加强对他们进行马克思主义宗教观教育,引导他们贯彻好党的宗教政策和国家的有关法令。"他提出:"根据当前情况,在进行马克思主义宗教观教育时,要特别注意重申和强调这样几条:第一,共产党人是无神论者,任何时候都要坚持无神论,宣传无神论。对一些党员中存在的非无神论思想,要进行耐心细致的教育和深入的思想工作,帮助他们解决好世界观问题。第二,对群众进行无神论宣传教育,要同对党员的要求区别开来,并同社会主义两个文明建设的具体实践结合起来。要善于用唯物主义观点说明宗教信仰的根源,下功夫提高人们的科学文化素质,防止简单从事而伤害信教群众的宗教感情,防止用行政命令的方法强迫人们不信教。第三,要全面正确地贯彻执行宗教信仰自由政策。就是说,既有信教的自由,也有不信教的自由;既有信这一种教或某一教派的自由,也有信那一种教或另一教派的自由。不信教的要尊重信教的,信教的也要尊重不信教的。要依法切实保护信教群众正常的宗教活动,注意团结爱国宗教人士并发挥他们应有的作用。要大力促进信教和不信教以及信仰不同宗教的群众之间真诚的团结,为社会主义祖国的繁荣昌盛而并肩战斗。第四,按照政教必须分离的原则,国家要求一切宗教都不得干预政治,干预政府事务,包括司法、教育、婚姻、计划生育等,都不得进行反对四项基本原则的宣传。第五,一切宗教必须在国家法律允许的范围内活动。要加强对宗教团体和宗教活动场所的管理,使其自主地依法办好宗教。不准恢复已被废除的宗教特权和封建压迫剥削制度。对于披着宗教外衣进行分裂破坏活动的，应依法惩处。"① 这一重要论述的发表，无疑对开展马克思主义宗教观宣传教育具有重要的指导意义。

但是，当1996年党的十四届六中全会通过《中共中央关于加强社会主义精神文明建设若干重要问题的决议》，要求在"努力提高全民族思想道德素质"和"加强民族团结、维护祖国统一的教育"中坚持党的宗教政策、宣传马克思主义宗教观时，有的人却没有坚持江泽民同志的五条论述，而是根据马克思、恩格斯、列宁、斯大林的某些语录另行概括，提出宣传马克思主义宗教观需要重申和强调的八个要点。可是，这一新的概括对马克思主义宗教观进行了割裂和歪曲，与中央对马克思主义宗教观的正确理解和运用出入很大。首先，该文把我们党的宗教理论与马列主义宗教观割裂开来，把在实践中不断丰富发展的马克思主义宗教观凝固和限定为马克思、恩格斯、列宁、斯大林的某些具体论述。其次，该文不顾及宗教的本质、根源、社会作用及其产生、发展、消亡的规律以及工人政党对待宗教的态度和政策等马列主义宗教观的基本原理，把马克思主义宗教观片面地理解为历史上对待宗教的某些态度和政策。最后，在该文的八条概括中，前六条都是讲如何"同宗教作斗争"的，第七条是讲"宗教信仰自由"的，第八条是讲上述七条是"从辩证唯物主义中得出的"。在阐述为什么要"同宗教作斗争"时，该文引用了列宁那句话，即"宗教是人民的鸦片，——马克思的这一句名言是马克思主义在宗教问题上的全部世界观的基石"。通过该文概括的"八条"及其相关论述，人们很容易得出一个结论：宗教是人民的鸦片，我们要同它作斗争。

此文的发表，引起了一些关心宗教问题的同志关注。经过几年的发酵，到2001年12月12日（全国宗教工作会议刚刚闭幕之后），一种把马列主义宗教观歪曲概括为"鸦片论"和"斗争论"的论调，就通过报纸、互联网和学术杂志在社会上出现了。

八　请看如何歪曲概括

让许多没有认真读过原著却又容易轻信的人想不到的是，相关文章并没有全面准确地把握马克思主义宗教观的丰富内容，而是对列宁在《论工

---

① 《新时期宗教工作文献选编》，宗教文化出版社1995年版，第184—185页。

人政党对宗教的态度》中的论述进行了随意割裂和歪曲。其中最突出的有两点：一是把列宁集中阐述"党的唯物主义和无神论世界观"的一个段落中的一句话（即"宗教是人民的鸦片，——马克思的这一句名言是马克思主义在宗教问题上的全部世界观的基石"①）从整个段落中抽离出来，使其脱离具体语境而成为一般性论述，并概括出所谓的"鸦片论"。二是把列宁集中论述党的无神论宣传政策的一个段落（即"马克思主义是唯物主义……我们应当同宗教作斗争。这是整个唯物主义的起码原则，因而也是马克思主义的起码原则。但是，马克思主义不是停留在起码原则上的唯物主义。马克思主义更前进了一步……"②）中的一句话（即"我们应当同宗教作斗争"）从整个段落中抽离出来，只引用"但是"前面的这句话而不要"但是"后面的更重要的其他话，把列宁认为有一定合理成分的旧唯物主义观点说成是列宁自己的完整思想，而去掉列宁更强调的辩证观点的另一方面。其结果，就是把列宁阐述的党的宗教信仰自由政策片面地歪曲概括为"斗争论"。

相关文章还无视我们党"文化大革命"之前在坚持和发展马克思列宁主义宗教观方面取得的巨大成就和"文化大革命"之后 19 号文件的拨乱反正以及其他一系列发展创新，污蔑我们党长期以来受列宁"鸦片论"和"斗争论"的影响，把信教群众当作异己力量和斗争对象，把党的宗教工作说得一团糟。并以此为借口，要求立即引进西方资产阶级宗教学中的某些时髦理论来"发展"马克思主义宗教观，宣称马克思主义宗教观已不适应当前形势，必须"率先与时俱进"。

上述论调出台后，立即引起各方关注。不少人感到相关文章说出了他们的"心里话"，认为宗教工作的指导思想早就应该变了——朝着搞资产阶级自由化的方向变。因此，有几位老同志联名向中央写信，对有关文章的错误倾向进行严肃批评。当时中央对此高度重视，要求有关部门尽快拿出意见。有关部门相继拿出了意见，认为相关文章存在严重错误。这样，上述论调算是在宗教工作系统有了定论。但绝大多数干部对中央在这一理论是非上的态度并不知情。至于在社会上，这一错误论调不仅照传不误，而且借着互联网广泛传播。笔者当时参与了对该问题的研究，除了在内部

---

① 《列宁专题文集》（论无产阶级政党），人民出版社 2009 年版，第 171—172 页。
② 同上书，第 174 页。

对相关文章的错误倾向提出批评意见外，还撰写了一篇学术批评文章——由于种种原因没有发表。不过，总算有一位有相当地位和资历的老同志发表了批评文章，指出新中国成立以来我们党的文件中没有"鸦片"二字，也根本不存在以所谓"鸦片论"和"斗争论"指导宗教工作的事，但该文没有揭露有关文章是如何歪曲概括马列主义的宗教观的，影响有限。

在这种情况下，不仅有关文章继续在网络上传播，而且陆续有将列宁的马克思主义宗教观体系歪曲概括为"鸦片论"和"斗争论"的新文章通过报刊杂志发表出来。有的文章甚至直接说从新中国成立到改革开放以前宗教工作的指导思想就是"鸦片论"和"斗争论"，因此中国一直没有宗教信仰自由，直到近期我们党放弃"毒品论"改持"药品论"，把宗教当资本来利用，才有了宗教信仰自由。还有的文章将我们党在思想理论战线上的科学无神论宣传教育说成是违背党的宗教政策的旧唯物主义。这些论调，使很多不明真相的人对马克思主义宗教观和我们党的宗教理论政策产生误解，导致一定程度的思想混乱。

九 问题的归因和分析

马克思主义宗教观是马克思主义在宗教问题上的立场、观点、方法的集中体现，是共产党人正确认识和处理宗教问题的指导思想，是随着实践不断丰富发展的一脉相承又与时俱进的科学体系。按照中共中央 2002 年第 3 号文件的概括，马克思主义宗教观的基本原理包括宗教的本质、根源、社会作用及其产生、发展、消亡的规律和工人政党对待宗教的态度和政策等基本内容。所谓以马克思主义宗教观为指导，就是要运用这些基本原理来观察、分析和处理现实的宗教问题。但是，那些喜欢搞教条主义的人，却把马克思和列宁的某些话从整篇著作中抽离出来，变成脱离了时代背景、具体语境和思想体系的抽象教条，到处生搬硬套，甚至附和"林彪、江青反革命集团"的倒行逆施，干了许多坏事和丑事。在搞教条主义碰壁之后，不但不去反省，静下心来把马列主义宗教观的基本原理搞清楚，反而把过去的"教条"歪曲概括为所谓的"鸦片论"和"斗争论"，诬蔑列宁背离了唯物史观和马克思主义宗教观，甚至提出了把一些唯心主义的思想观点掺杂到马克思主义宗教观中来"发展"马克思主义宗教观的要求。

　　平心而论，笔者不相信相关作者的歪曲概括是别有用心，也不愿意将其简单地归结为无知，而是倾向于将之归咎于近年来比较明显的信仰危机和浮躁之气：一方面是想发表意见、指点江山、成名成家，另一方面却又不愿意读原著、做深入持久的研究工作，于是就走捷径抄语录，想当然地裁剪和摆布革命导师的话语，导致歪曲概括、谬种流传，迷惑那些同样不愿意读马列主义宗教观的原著却又喜欢人云亦云、跟风赶时髦的人。到目前为止，所谓"鸦片论"和"斗争论"的歪曲概括已经出笼整整十年了，其恶劣的社会影响导致很多人一听马克思主义宗教观就反感，甚至发展到不允许别人提列宁的程度。笔者发表此文，比较充分地把自己在十年前就想说、后来的事实证明应该说，却由于种种原因没有说的话说了出来，一方面是想让那些愿意坚持真理的人了解真相，另一方面也是在相反的意义上对上述歪曲概括出笼十周年的一个纪念吧！

（原载《科学与无神论》2012 年第 2、3 期）

试析有关马克思主义宗教观的
几种观点[*]

加润国

一

进入 21 世纪以来，我国经济社会进一步发生深刻变化，宗教问题更加突出。社会各界更加关注宗教问题，对宗教的认识和态度更加多元，党和政府更加重视做好宗教工作。在这种情况下，学术界有关马克思主义宗教观的探讨逐渐增多，形成了各种不同的理论观点。本文拣选近年来影响较大的几种观点——把列宁的宗教观概括为"鸦片论"和"斗争论"、把中国共产党的宗教理论政策概括为"引导论"和"适应论"、把马克思主义宗教观理解为"宗教批判"论、声称列宁提出了一个如何处理"社会主义和宗教的关系"的"政治难题"——加以分析，指出其错误所在，希望有助于大家全面准确地理解马克思主义宗教观。

---

* 笔者于 2011 年 9 月给《中国民族报·宗教周刊》投去了《"鸦片基石论"是对列宁宗教观的歪曲概括》一文，该报于 2 个月后发表时擅自删去了三分之二，不仅使该文失去了说服力，而且有好几处扭曲了作者的原意。本着对读者负责的态度，笔者给该报写了一封信，表达笔者的谢意和不满，并提出近期在该报发表《再谈"鸦片基石论"是对列宁宗教观的歪曲概括》一文以挽回影响。笔者的文章于 12 月 13 日在该报发表后，立即被中国共产党新闻网、中国社会科学网、马克思主义研究网等主流媒体转载，引起良好反响。随后，笔者又将该文的姊妹篇即现在这篇文章投给该报。让笔者意想不到的是，该报的编辑同志很热情，第二天就完成了编辑工作并准备发表，但是因本文批评的谬论涉及某位与该报关系很密切的著名专家，因此迟迟不能发表。因为该编辑同志始终表示要发表本文，所以笔者只好月复一月地等待。与此同时，该报却不断地大篇幅发表包含本文所批谬论的相关文章。在这种情况下，笔者只好把本文投给《科学与无神论》杂志。笔者衷心希望，有幸看到笔者这篇文章的人，能够把它与笔者的前一篇文章及相关作者的文章联系起来，仔细分析，切实了解马克思恩格斯列宁和我们党在宗教问题上的正确主张，免受一些所谓著名专家错误观点的误导，并自觉地反对某些错误倾向。

（一）"鸦片基石论"是对列宁宗教观的歪曲概括

21 世纪初，有人"不约而同"地在报刊上发表文章，指责党的宗教理论政策，要求马克思主义宗教观"必须率先与时俱进"。据说，列宁把"宗教是人民的鸦片"归结为"马克思主义在宗教问题上全部世界观的基石"，提出工人阶级政党要"同宗教作斗争"，这"离开了唯物史观，把水平降低到旧无神论的高度"，而中国共产党却把它作为"认识宗教的圭臬"，以致"国家的宗教政策一度产生偏差，并为此付出代价"。从此，"鸦片基石论"和"同宗教作斗争"就作为对列宁主义宗教观的一种时髦概括广为流传，成为一些人攻击马克思主义宗教观或我们党的宗教理论政策，进而用各种唯心主义宗教观"修正"和批判马克思主义宗教观的依据。本文要指出，这种时髦概括是对列宁宗教观的歪曲。

第一，列宁的"基石"句是论述"党的世界观"的。

列宁在《论工人政党对宗教的态度》中阐述马克思和恩格斯"对宗教问题表示意见"的经过时，是从论述党的唯物论和无神论世界观开始的："社会民主党的整个世界观是以科学社会主义即马克思主义为基础的。马克思和恩格斯曾多次声明，马克思主义的哲学基础是辩证唯物主义，它完全继承了法国 18 世纪和德国 19 世纪上半叶费尔巴哈的唯物主义历史传统，即绝对无神论的、坚决反对一切宗教的唯物主义的历史传统……"[①] 被一些人断章取义的那句话，即"宗教是人民的鸦片——马克思的这一句名言是马克思主义在宗教问题上的全部世界观的基石"，就是从列宁这一段论述中抽离出来的。显然，列宁要说的是：党在面对宗教问题时，要坚持马克思主义唯物论和无神论，不但不能认同唯心论和有神论的宗教世界观，而且要坚持和宣传唯物论和无神论的科学世界观。

在随后的段落中，列宁进一步论述了党开展无神论宣传的原则："当时恩格斯有意地着重声明，社会民主党认为宗教对于国家来说是私人的事情，但是对于社会民主党本身、对于马克思主义、对于工人政党来说决不是私人的事情。"[②] "无产阶级政党要求国家把宗教宣布为私人的事情，但

---

① 《列宁选集》第 2 卷，人民出版社 1995 年版，第 247 页。
② 同上书，第 249 页。

决不认为同人民的鸦片作斗争，同宗教迷信等作斗争是‘私人的事情’。机会主义者把情况歪曲成似乎社会民主党认为宗教是私人的事情！”① “社会民主党宣传无神论，必须服从社会民主党的基本任务：发展被剥削群众反对剥削者的阶级斗争。”②

第二，列宁论述的重点是“党的宗教信仰自由政策”。

列宁写作《论工人政党对宗教的态度》一文，显然是要论述党对宗教的正确态度的，这就是“正确理解”的“宣布宗教为私人的事情”这一社会民主党对待宗教的基本原则。列宁写作此文，就是要全面阐述该原则的正确含义。列宁强调，“宣布宗教为私人的事情”是 1891 年德国社会民主党爱尔福特纲领的一个著名论点，“它确定了社会民主党的上述政治策略”，即国家把宗教视为私人的事情，允许并保障人们有信教和不信教的自由，但党不能把宗教视为私人的事情，党组织及其成员不但不能信教，而且要坚持和宣传无神论。

列宁指出：“只要稍微能认真一些看待马克思主义，考虑马克思主义的哲学原理和国际社会民主党的经验，就能很容易地看出，马克思主义对待宗教的态度是十分严谨的，是经过马克思和恩格斯周密考虑的；在迂腐和无知的人看来是动摇的表现，其实都是从辩证唯物主义中得出来的直接的和必然的结论。如果认为马克思主义对宗教采取似乎是‘温和’的态度是出于‘策略上的’考虑，是为了‘不要把人吓跑’，等等，那就大错特错了。相反，马克思主义在这个问题上的政治路线，也是同它的哲学原理有密切关系的。”③

列宁之所以这样阐述，是因为党的宗教信仰自由政策遭到了无政府主义者的攻击：“一方面主张‘彻底的’无神论，另一方面又‘宽容’宗教，这是多么混乱的思想；一方面主张同上帝进行最最革命的战争，另一方面怯懦地想‘迁就’信教的工人，怕把他们吓跑，等等，这是多么‘没有原则’的动摇。在无政府主义空谈家的著作中，这种攻击马克思主义的说法是可以找到不少的”。④

第三，列宁也对反对无神论宣传的机会主义作了批评。

---

① 《列宁选集》第 2 卷，人民出版社 1995 年版，第 255 页。
② 同上书，第 251 页。
③ 同上书，第 250 页。
④ 同上书，第 249—250 页。

　　与无政府主义者攻击党的宗教信仰自由政策"太右"相反，机会主义者攻击党在思想理论战线的无神论宣传"太左"。列宁指出："这种反对意见也是一种流行的反对马克思主义的意见，这证明反驳者完全不懂得马克思的辩证法。使这种反驳者感到不安的矛盾，是实际生活中的实际矛盾，即辩证的矛盾，而不是字面上的、臆造出来的矛盾。谁认为在理论上宣传无神论，即破除某些无产阶级群众的宗教信仰，同这些群众阶级斗争的成效、进程和条件之间有一种绝对的、不可逾越的界限，那他就不是辩证地看问题，就是把可以移动的、相对的界限看作绝对的界限，就是硬把活的现实中的不可分割的东西加以分割。"①

　　列宁举例说明了在无神论宣传中如何坚持原则性和灵活性的统一，最后总结说："马克思主义者应该善于估计整个具体情况，随时看清无政府主义同机会主义的界限（这个界限是相对的，是可以移动、可以改变的，但它确实是存在的），既不陷入无政府主义者那种抽象的、口头上的、其实是空洞的'革命主义'，也不陷入小资产者或自由派知识分子那种庸俗观念和机会主义，不要像他们那样害怕同宗教作斗争，忘记自己的这种任务，容忍对上帝的信仰，不从阶级斗争的利益出发，而是打小算盘：不得罪人，不排斥人，不吓唬人，遵循聪明绝顶的处世之道：'你活，也让别人活'，如此等等。"② 列宁指出，小资产者或自由派知识分子反对无神论宣传的庸俗观念，是受了产生机会主义的一般原因的影响，即"为了眼前的利益而牺牲工人运动根本的利益"③。

　　第四，列宁分析了产生无政府主义和机会主义的原因。

　　列宁指出："反宗教的斗争是革命资产阶级的历史任务，在西欧，资产阶级民主派在他们自己的革命时代，或者说在他们自己冲击封建制度和中世纪制度的时代已经在相当大的程度上完成了（或着手完成）这个任务。无论在法国或德国都有资产阶级反宗教斗争的传统，这个斗争在社会主义运动以前很久就开始了（百科全书派、费尔巴哈）。"④ 可是，"资产阶级反宗教斗争的传统在欧洲已造成了无政府主义对于这一斗争所作的纯粹资产阶级的歪曲，而无政府主义者，正如马克思主义者早已屡次说明

----

① 《列宁选集》第 2 卷，人民出版社 1995 年版，第 252 页。
② 同上书，第 253 页。
③ 同上书，第 254—255 页。
④ 同上书，第 255 页。

的，虽然非常'猛烈地'攻击资产阶级，但他们还是站在资产阶级世界观的立场上。罗马语各国的无政府主义者和布朗基主义者，德国的莫斯特（附带说一句，他曾经是杜林的门生）之流，奥地利80年代的无政府主义者，在反宗教斗争中使革命的空谈达到登峰造极的地步"[1]。因此，"现在欧洲社会民主党人要矫枉过正，把无政府主义者弄弯了的棍子弄直"[2]。西欧社会民主党矫枉过正的一个结果，就是导致把"宣布宗教为私人的事情"的原则进行了机会主义的歪曲，即不仅国家视宗教为私人的事情，连党也要视宗教为私人的事情，反对党在思想理论战线进行马克思主义唯物论和无神论宣传。

第五，请看相关作者是如何歪曲概括列宁的宗教观的。

只要认真读一下列宁的《论工人政党对宗教的态度》一文，就不难理解他坚持、捍卫和发展马克思主义宗教观的严肃态度。相关作者所谓的"同宗教作斗争"论，显然是不读原著、拼凑语录、断章取义造成的。列宁在阐述党进行无神论宣传的原则时说："我们应当同宗教作斗争。这是整个唯物主义的起码原则，因而也是马克思主义的起码原则。但是，马克思主义不是停留在起码原则上的唯物主义。马克思主义更前进了一步。它认为必须善于同宗教作斗争，为此应当用唯物主义观点来说明群众中的信仰和宗教的根源。同宗教作斗争不应该局限于思想宣传，不能把它归结为这样的宣传；而应该把这一斗争同目的在于消灭产生宗教的社会根源的阶级运动的具体实践联系起来。……只要受资本主义苦役制度压迫、受资本主义的捉摸不定的破坏势力摆布的群众自己还没有学会团结一致地、有组织地、有计划地、自觉地反对宗教的这种根源，反对任何形式的资本统治，那么无论什么启蒙书籍都不能使这些群众不信仰宗教。"[3]就是说，无神论宣传当然是必须的，但这种思想上的宣传只能消除群众信仰宗教的主观认识根源，而不能从根本上消除导致这种信仰的社会根源。马克思主义者应该把斗争的重点放在消除群众信仰宗教的客观社会根源上，使无神论宣传服从于推翻资本主义、实现社会主义和共产主义的基本任务。相关作者把列宁的完整论述加以割裂，

---

① 《列宁选集》第2卷，人民出版社1995年版，第255—256页。

② 同上书，第256页。

③ 同上书，第250页。

只引用"但是"前面的话而不引用"但是"后面的话，把列宁加以分析的旧唯物主义观点说成是列宁自己的完整思想，而去掉了列宁真正要表达的正确思想，从而歪曲概括出与"鸦片（基石）论"相对应的所谓"（同宗教作）斗争论"。

（二）"引导适应论"是对党的宗教理论政策的片面概括

有一种观点认为，我们党近年来的宗教理论政策是否定列宁乃至苏联的"鸦片论"和"斗争论"的"引导论"和"适应论"。这种概括和对比是片面和有害的。笔者已在谈"鸦片基石论"的文章（见《中国民族报·宗教周刊》2011 年 12 月 13 日）中指出，"鸦片论"和"斗争论"是对列宁宗教观的歪曲概括，是错误的。本文要进一步指出，把党的宗教理论和政策简单化地概括为"引导论"和"适应论"是片面的，拿它与歪曲概括的"鸦片论"和"斗争论"对比是有害的。

第一，马克思列宁主义是党的根本指导思想，党的宗教理论和政策是对马列主义宗教观的坚持和发展，根本不存在对立的问题。

《中国共产党章程》强调："中国共产党以马克思列宁主义、毛泽东思想、邓小平理论和'三个代表'重要思想作为自己的行动指南。"《中华人民共和国宪法》强调：中国新民主主义革命的胜利和社会主义事业的成就是"在马克思列宁主义、毛泽东思想的指引下"取得的，今后也要"在马克思列宁主义、毛泽东思想、邓小平理论和'三个代表'重要思想指引下"建设中国特色社会主义。

《中共中央关于我国社会主义时期宗教问题的基本观点和基本政策》（以下简称 19 号文件）指出：我们党在 1957 年以后出现了"左"倾错误，"文化大革命"中，"林彪、江青反革命集团别有用心地利用这种'左'的错误，肆意践踏马克思列宁主义、毛泽东思想关于宗教问题的科学理论，全盘否定新中国成立以来党对宗教问题的正确方针，根本取消了党对宗教的工作"。全党同志、各级党委要"坚定不移地把党的宗教政策放到马克思列宁主义、毛泽东思想的科学轨道上来"①。"对宗教问题，一定要采取如列宁所指出的'特别慎重'、'十分严谨'和'周密考虑'的态

---

① 《新时期宗教工作文献选编》，宗教文化出版社 1995 年版，第 57—59 页。

度。"①总之，"党的宗教政策，决不是临时性的权宜之计，而是建立在马克思列宁主义、毛泽东思想的科学理论基础之上的，以团结全国各族人民共同建设社会主义现代化强国为目标的战略规定"②。

《中共中央、国务院关于加强宗教工作的决定》（以下简称 3 号文件）指出："马克思主义经典作家运用辩证唯物主义和历史唯物主义基本原理，阐明了宗教的本质、根源、社会作用和宗教产生、发展直至消亡的客观规律，阐明了工人阶级政党对待宗教问题的立场、态度和政策。我们必须坚持马克思主义宗教观，并根据我国社会和宗教状况的发展变化，以解决实际问题为中心，不断总结宗教工作中新的实践经验，不断作出新的理论概括。"这是我们党对马列主义宗教观的基本态度。其中强调的马克思主义宗教观的许多基本原理，特别是工人政党对待宗教问题的立场、态度和政策，就是指列宁在《社会主义和宗教》、《论工人政党对宗教的态度》和《论战斗唯物主义的意义》等经典著作中的论述。

总之，通读中央关于宗教工作的文件和毛泽东、邓小平、江泽民、胡锦涛等领导同志关于宗教问题的论述，甚至查阅党和国家的其他文献，都丝毫看不出党的宗教理论政策对马列主义宗教观有任何否定和对立之处。

第二，党的宗教理论和政策是与马列主义宗教观一脉相承又与时俱进的科学体系，抓住其中的一句话概括出"引导论"和"适应论"是片面的。

中国共产党是马克思列宁主义与中国工人运动相结合的产物，一开始就把马列主义作为自己的指导思想。建党 90 年来，我们党领导的革命、建设和改革事业取得的辉煌成就，都是坚持和发展马克思列宁主义的结果，而我们党在某些历史时期遭受的挫折和失误，则是背离马列主义的结果。拿宗教工作来说，无论是大革命时期的《非宗教者宣言》（李大钊，1922）和《湖南农民运动考察报告》（毛泽东，1927），土地革命战争时期的《中华苏维埃共和国宪法大纲》（1931 年）和《关于喇嘛和喇嘛寺暂行条例》（1936年），抗日战争时期的两报社论《共产党对宗教的态度》（《新华日报》1942）和《在信教自由的旗帜之下》（《解放日报》1942），还是新中国成立后中央文件和毛泽东、周恩来、李维汉等老一辈无产阶级革命家关于宗教问

---

① 《新时期宗教工作文献选编》，宗教文化出版社 1995 年版，第 57 页。
② 同上书，第 72 页。

题和宗教工作的论述，以及改革开放以来中央［1982］第 19 号文件、
［1991］第 6 号文件、［2002］第 3 号文件和邓小平、江泽民、胡锦涛等党的
主要领导同志的论述，无一不是坚持把马列主义宗教观的基本原理与中国实
际相结合的结果，而 1957 年以后宗教工作中出现的"左"倾错误和"文化
大革命"中林彪、江青反革命集团破坏甚至根本取消宗教工作，则无一不是
背离和践踏马列主义宗教观及其中国化成果的结果。

我们党的宗教理论和政策是与马列主义宗教观一脉相承又与时俱进的
科学体系，内涵非常丰富。除了 3 号文件概括的关于宗教的本质、根源、
社会作用和宗教产生、发展、消亡的规律以及工人阶级政党对待宗教问题
的立场、态度和政策等基本原理外，最重要的莫过于 20 世纪三四十年代
形成的统一战线理论和五六十年代形成的长期性、群众性、民族性、国际
性、复杂性"五性"理论。改革开放以来，我们党继续坚持把马列主义宗
教观的基本原理与中国实际相结合，在"拨乱反正"基础上丰富发展上述
理论政策，形成了以宗教存在具有长期性、宗教问题具有群众性和特殊复
杂性等"三性"为核心的基本观点和以全面贯彻党的宗教信仰自由政策、
依法管理宗教事务、坚持独立自主自办的原则、积极引导宗教与社会主义
社会相适应等"四句话"方针为核心的基本政策。党的十六大以来，以胡
锦涛同志为总书记的党中央又提出了促进宗教关系的和谐、发挥宗教界人
士和信教群众在促进经济社会发展中的积极作用等重要理论和政策，形成
了作为中国特色社会主义理论体系（包括邓小平理论、"三个代表"重要
思想和科学发展观等重大战略思想）一部分的中国特色社会主义宗教理
论。置如此丰富的内容于不顾，仅仅抓住"积极引导宗教与社会主义社会
相适应"这一句话就把党的宗教理论政策概括为"引导论"和"适应
论"，显然是片面的。

第三，拿片面概括的"引导论"和"适应论"与歪曲概括的"鸦片
论"和"斗争论"对比，制造我们党与列宁的对立是有害的。

如果按照从"一句话"中概括出"两个论"这种"造论"法，我们
党的宗教理论政策应该能概括出几十个甚至上百个"论"。如仅从党的宗
教工作基本方针"四句话"，就可以概括出"信仰自由论""全面贯彻论"
"宗教事务论""依法管理论""独立自主论""自办论""引导论""适应
论"八个"论"。至于其他方面的"论"就更多了，如"长期存在论"
"群众问题论""特殊复杂论""统一战线论""保护合法论""制止非法

论""抵御渗透论""打击犯罪论""党员不能信教论""无神论宣传教育论""幻想反映论""社会根源论""认识根源论""心理根源论""自然根源论""两重作用论""发挥积极作用论""团结合作论""宗教慈善论""社会服务论""对外交往论""促进和谐论"……如此等等，简直"论不胜论"！可是，如果不是把党的宗教理论政策的每个方面都考虑在内，而是仅仅抓住其中的某一句话，概括出所谓的"引导论"和"适应论"，而有意无意地忽略其他的许多"论"，如"党员不能信教论"、"无神论宣传教育论"、"抵御宗教渗透论"等，甚至拿它们与用比这更糟糕的歪曲概括法造出的所谓"鸦片论"和"斗争论"相对比，那问题就大了。

实际上，马克思、恩格斯和列宁制定的马克思主义政党对待宗教的态度和政策是很清楚的，用恩格斯的一句话概括就是："实行宗教对国家来说仅仅是私人事情的原则。"就是说，国家要实行政教分离和宗教信仰自由政策，保障公民信教和不信教的自由，在此前提下，党要坚持进行无神论宣传，帮助干部群众树立辩证唯物主义和历史唯物主义的科学世界观。我们党从成立那天起，就是按照马恩列制定的上述原则对待和处理宗教问题的。不仅前面提到的从《非宗教者宣言》到《在信仰自由的旗帜之下》等新民主主义革命时期的文献可以为证，就是在很少论及宗教问题的邓小平同志的言论中也可以找到，如他在 1979 年就说："我们建国以来历来实行宗教信仰自由。当然，我们也进行无神论的宣传。"① 至于中央 [1982] 第 19 号文件、[1991] 第 6 号文件和 [2002] 第 3 号文件以及江泽民、胡锦涛关于实行宗教信仰自由政策和坚持无神论宣传的论述，那就更多了。

把党的宗教理论政策片面概括为"引导论"和"适应论"，片面强调这两个"论"，并把它们与歪曲概括的"鸦片论"和"斗争论"对比，不仅无端制造了我们党的宗教理论政策与马列主义宗教观的对立，而且冲击了党要坚持在思想理论战线进行无神论宣传这一基本主张的实施，是有害的。如果要解读中国特色社会主义宗教理论，应该严格依据马恩列的经典著作和党的宗教工作文献，片面抓住某些"话"制造出很多"论"的做法，失之浮躁，是不可取的。

---

① 《新时期宗教工作文献选编》，宗教文化出版社 1995 年版，第 134 页。

二

有一种观点认为，马克思主义宗教观的特征是宗教批判，其实质是社会批判，即通过批判宗教来批判宗教所反映的社会，这是由马恩列所处的时代背景造成的，当代中国已经同马恩列的时代完全不同了，如果仍然坚持马恩列的论述，势必导致对中国宗教及其所反映的中国社会的批判，而这是不能接受的。这一论调的潜台词是什么，或者说如果遵循这一论调会导致什么结果，相信读者完全能够了解，用不着笔者来画蛇添足。本文要说的是，这种理解是错误的。

第一，马克思主义宗教观是从告别"宗教批判"开始的，把它理解为"宗教批判论"无异于张冠李戴。

马克思 1844 年年初发表的《〈黑格尔法哲学批判〉导言》是一篇广受关注和重视的经典著作。不仅 1850 年艾韦贝克将它的法译文以节选的形式收入其著作《从最新的德国哲学看什么是宗教》，1890 年《柏林人民报》将它再次全文发表，而且我国 1995 年的四卷本《马克思恩格斯选集》和 2009 年的十卷本《马克思恩格斯文集》都将它作为第一篇经典著作入选。马恩文集在《第一卷说明》中对该文的评价是：它"标志着"马克思"完成了从唯心主义向唯物主义、从革命民主主义向共产主义的转变"，"阐明了宗教的社会根源和本质，揭示了德国封建专制制度的社会基础和阶级特征，提出了推翻这一反动制度的战斗任务，论述了革命理论同革命实践相统一的思想，同时首次明确地提出了无产阶级的历史使命"。文集的《注释》还说：该文"指出无产阶级是唯一能够消灭任何奴役、实现人的解放的阶级，并论述了无产阶级和哲学的关系"，"从唯物主义和无神论的立场出发，揭示了宗教的社会根源和本质"，"论述了对宗教的批判同对现实世界的批判的关系"。不难看出，该文是马克思主义及其宗教观的第一篇经典著作。

该文的开头部分是集中论述"宗教批判"的。马克思指出，"就德国来说，对宗教的批判基本上已经结束"，"而对宗教的批判是其他一切批判的前提"，因为"谬误在天国为神祇所作的雄辩一经驳倒，它在人间的存在就声誉扫地了"，"因此，真理的彼岸世界消逝以后，历史的任务就是确立此岸世界的真理。人的自我异化的神圣形象被揭穿以后，揭露具有非神圣形象的自我异化，就成了为历史服务的哲学的迫切任务。于是，对天国的批判变成对尘世的批判，对宗教的批判变成对法的批判，对神学的批判变成对政治的批判"。显然，马克思这是在向"宗教批判"告别。该文的发表意味着马克思开始了崭新的"政治批判"和"经济批判"，为无产阶级的"武器批判"提供"批判的武器"。

马克思宣布告别的"宗教批判"，是指德国青年黑格尔派的反宗教运动。列宁在《论工人政党对宗教的态度》中指出："反宗教的斗争是革命资产阶级的历史任务，在西欧，资产阶级民主派在他们自己的革命时代，或者说在他们自己冲击封建制度和中世纪制度的时代已经在相当大的程度上完成了（或着手完成）这个任务。无论在法国或德国都有资产阶级反宗教斗争的传统，这个斗争在社会主义运动以前很久就开始了（百科全书派、费尔巴哈）。"马克思和恩格斯曾经是青年黑格尔派的成员，1842年之后逐渐与他们分道扬镳，由唯心主义和革命民主主义转向唯物主义和共产主义，最终成为马克思主义者。马克思和恩格斯通过超越青年黑格尔派和告别"宗教批判"创立了马克思主义宗教观。把青年黑格尔派的"宗教批判论"扣在马克思主义宗教观头上，岂不是张冠李戴！

第二，马克思主义宗教观是一脉相承和与时俱进的统一，把它理解为马恩列或马恩的宗教观是割裂的。

有人认为，马克思主义宗教观仅仅是指马恩列的宗教观，从而把我们党的宗教理论政策与马列主义宗教观割裂开来。比如，有篇文章把马克思主义宗教观的精神实质概括为八条，而把我们党关于宗教问题的基本观点和基本政策概括为十点，好像它们是两个不同的宗教观似的。还有人认为，马克思主义宗教观仅仅是指马克思和恩格斯的宗教观，从而把列宁主义宗教观与马克思主义宗教观割裂开来。比如，有的文章说列宁的宗教观是"鸦片论"和"斗争论"，是背离了历史唯物主义的"左"倾理论，而我们党的宗教理论政策则是"引导论"和"适应论"，认为我们党的宗教理论政策与列宁的宗教观也是对立的。上述观点把马列主义宗教观和党的宗教理论政策割裂开来，犯了形而上学的错误。

1990年江泽民同志在《必须树立马克思主义的民族观和宗教观》中指出："根据当前情况，在进行马克思主义宗教观教育时，要特别注意重申和强调这样几条：第一，共产党人是无神论者，任何时候都要坚持无神论，宣传无神论。对一些党员中存在的非无神论思想，要进行耐心细致的教育和深入的思想工作，帮助他们解决好世界观问题。第二，对群众进行无神论宣传教育，要同对党员的要求区别开来，并同社会主义两个文明建设的具体实践结合起来。要善于用唯物主义观点说明宗教信仰的根源，下功夫提高人们的科学文化素质，防止简单从事而伤害信教群众的宗教感情，防止用行政命令的方法强迫人们不信教。第三，要全面正确地贯彻执行宗教信仰自由政策。就是说，既有信教的自由，也有不信教的自由；既有信这一种教或某一教派的自由，也有信那一种教或另一教派的自由。不信教的要尊重信教的，信教的也要尊重不信教的。要依法切实保护信教群众正常的宗教活动，注意团结爱国宗教人士并发挥他们应有的作用。要大力促进信教和不信教以及信仰不同宗教的群众之间真诚的团结，为社会主义祖国的繁荣昌盛而并肩战斗。第四，按照政教必须分离的原则，国家要求一切宗教都不得干预政治，干预政府事务，包括司法、教育、婚姻、计划生育等，都不得进行反对四项基本原则的宣传。第五，一切宗教必须在国家法律允许的范围内活动。要加强对宗教团体和宗教活动场所的管理，使其自主地依法办好宗教。不准恢复已被废除的宗教特权和封建压迫剥削制度。对于披着宗教外衣进行分裂破坏活动的，应依法惩处。"江泽民同志阐述的这五条原则，其实就是对我们党的宗教理论政策的高度概括，说明马列主义宗教观与我们党的宗教理论政策不是两个不同的东西，而是一脉相承又与时俱进的同一个理论政策体系。

第三，无神论宣传是马克思主义政党对待宗教问题的基本政策之一，把它理解为批判宗教是混淆概念。

"宗教批判"是马克思主义宗教观"理论话语"中的重要概念，与马克思主义宗教观"政策话语"中的"无神论宣传"是两回事。德国的"宗教批判"在1844年年初马克思发表《〈黑格尔法哲学批判〉导言》时就宣告结束了，而无神论宣传则是1848年共产党诞生后才逐渐形成的宣传政策。实际上，直到1874年和1875年，恩格斯和马克思分别在《流亡者文献：公社的布朗基派流亡者的纲领》和《德国工人党纲领批注》中阐述党的宗教信仰自由政策时，才第一次阐述了党的无神论宣传政策。恩格斯指出："在欧洲各工人政党中无神论已经成为不言而喻的事……如果不是这样，那么最简单的做法莫过于设法在工人中广泛传播上一世纪卓越的法国唯物主义的文献。"列宁1922年《论战斗唯物主义的意义》就是据此撰写的。有的文章中说，列宁"推崇法国旧唯物论的战斗无神论"是背离唯物史观的"左"倾理论，显然是不读经典著作的主观臆造。

1963 年 12 月 30 日，毛泽东同志在中共中央转发中央外事小组、中央宣传部关于加强研究外国工作的报告的指示稿上的批语《加强宗教问题的研究》，提出了"研究宗教，批判神学"的任务。毛泽东同志指出："这个文件很好。但未提及宗教研究。对世界三大宗教（耶稣教、回教、佛教），至今影响着广大人口，我们却没有知识，国内没有一个由马克思主义者领导的研究机构，没有一本可看的这方面的刊物。《现代佛学》不是由马克思主义者领导的，文章的水平也很低。其他刊物上，用历史唯物主义的观点写的文章也很少，例如任继愈发表的几篇谈佛学的文章，已如凤毛麟角，谈耶稣教、回教的没有见过。不批判神学就不能写好哲学史，也不能写好文学史或世界史。这点请宣传部同志们考虑一下。"毛泽东同志明确要求中央宣传部：建立一个由马克思主义者领导的宗教研究机构，创办一本可看的这方面的刊物，用历史唯物主义"研究"宗教（不是"批判"宗教）、批判"神学"（不是批判"宗教"）。这一关于我国社会主义时期宗教问题的政策性论述，与马克思、恩格斯、列宁对待宗教的态度是完全一致的。

关于马克思主义政党在全面实行宗教信仰自由政策前提下进行无神论宣传的依据和原则，不仅列宁在《社会主义和宗教》、《论工人政党对宗教的态度》以及《论战斗唯物主义的意义》中作了全面阐述，我们党在中央〔1982〕第 19 号文件、〔1991〕第 6 号文件和〔2002〕第 3 号文件以及江泽民同志《一定要做好宗教工作》和《论宗教问题》等重要讲话中更作了中国化、时代化的系统论述，已经成为中国特色社会主义宗教理论的重要组成部分。不认真读原著，望文生义、以偏概全地把列宁及苏联的无神论宣传说成是与党的宗教信仰自由政策对立的"斗争论"，是轻率和有害的。把我们党的无神论宣传政策同 19 世纪甚至 18 世纪西欧资产阶级的宗教批判相提并论甚至加以混淆，更是毫无道理的。

（原载《科学与无神论》2012 年第 5、6 期）

无神论教育的道德旨归和人道主义价值[*]

张新鹰

《科学与无神论》杂志创办不久，曾有一位自称"多默"（这大概是一个"教名"）的人士打电话质问："现在社会人心败坏，物欲横流，都是唯物主义造成的，你们怎么还要宣传无神论！"此人还向中宣部投诉《科学与无神论》杂志，居然引起中宣部的调查，结果自然未能令他满意。这位有神论者的言外之意是，无神论者由于没有"信仰"，不会害怕胡作非为给自己带来恶报，因此可以无恶不作，唯物主义、无神论就是助纣为虐的帮凶。这种看法的另一种表述，就是宗教信仰可以挽救当今道德沦落、诚信缺失的"良心危机"，而"无神论者"的道德自律能力值得怀疑。

在哲学、道德都是神学婢女的情况下，宗教道德是私人道德和社会道德的主要表现形式；离开宗教，道德会由于缺乏"神圣性"而减弱其对信教者的指导力、约束力，而无条件的对神的信仰本身就是最合乎"道德"要求的行为，无神论者因此自然被归入不道德的行列。但这种情况即使在基督宗教曾经一统天下的西方世界也已经走入了历史，宗教道德与世俗道德相互分离、大同小异、并驾齐驱，早已是社会的正常现象。在文化传统中最讲伦理道德的古代中国，儒教道德体系以引导人成贤成圣代替其他宗教擅长的彼岸许诺，与儒教并存的多神主义的造神机制，其主流功用是将符合儒教价值尺度的圣人贤人"层累地"递进为神明，为"神道设教"的目的服务。佛教与中国道德思想磨合协调之后确立的自身伦理道德标准，充其量对儒教道德体系做了一些增饰，却不能保留不符合中国政治伦理的内容，其有违中国家庭伦理观念的内容则一直受到社会的责难和冲击。道教更是不标榜有独自的道德体系，所以才可能在儒家思想取得意识形态统

---

* 本文原为提交 2011 年 10 月 30 日中国无神论学会学术年会的发言稿，此次发表略有修订。

治地位以后正式演变为"土生土长的中国宗教"。在中国，道德传统从来是以"人本主义"为主，不是"神本主义"为主的，而这并没有妨碍中国以"礼仪之邦"闻名于世。

现在，中国作为实行宗教信仰自由的现代国家，尊重宗教信徒当信当行的教义教规。无神论宣传教育不是面向具有明确宗教信仰的教徒，不会干预他们在信仰指导下合法的道德实践。宗教道德，是宗教通过规范信仰者个人和集体行为而可以对社会发生积极作用的一项功能所在，对这种积极作用，没有理由加以否定。而且应该善于引导宗教信仰者按照宗教道德的规范做一个优秀的公民。

但是，我们在现实中不难发现，一些信教者具有明显的"道德优越感"，更值得关注的是当前一些不信教者也认为信教者"道德高尚"。例如，中国社会科学院世界宗教研究所高师宁研究员对北京基督徒的调查表明，高达92.8%的信徒认为基督教能够为中国的道德重建发挥影响，基督徒当中认为自己的道德品质应该比非基督徒"好得多"的占77.7%，认为应该"至少好一些"占20.8%，而被调查的一般的非基督徒也认为，基督徒应该比普通人"好得多"。[①]

说宗教道德高于世俗社会道德，说不信仰宗教就会缺乏道德自律，这是我们不能同意的，尤其要防止以虚构的道德级差来论证信徒与非信徒的不同，有意无意制造宗教群体与社会的对立。须知，那样做，严重的问题是会造成某些信教者对社会的排斥、厌弃，甚至仇视，进而按照被绝对化解释的宗教信条，不惜采取个人的或有组织的极端行动，去承担所谓的"道德拯救责任"。这些人的私德记录也许无可指摘，但对国家、社会却可能渐次充满敌意；这些人之间也许不失"同道"情谊，但对"非我群属"却可能一变而冷酷残暴。如果按照他们的人为设定，任某个特定宗教自诩的道德标准变成一种"强力道德"，那么无论其初衷如何，最终结果将是成就一个"宗教警察"横行于世、"上帝勇兵""代天巡狩"的神权国家，带来人类社会发展的局部停滞或倒退。其例不远，"塔利班"执政时期的阿富汗庶几可鉴。某些发达国家的极右翼基督教基要主义（又译原教旨主义）分子的个体暴力恐怖行径，也从来不乏理直气壮的"道德"依据，挪

---

① 高师宁：《当代北京的基督教与基督徒——宗教社会学个案研究》，香港道风书社2005年版，第249—250页。

威奥斯陆"7·22"爆炸与枪击案就是最近的实例。①

在实际生活当中，不少事例和统计同样无法支持信教者平均道德水平高于不信教者的判断。台湾地区法务部门曾对诈欺犯和窃盗累犯进行问卷调查，结果"显示大体上这两类罪犯的宗教信仰分布与台湾成年人口的宗教信仰分布相差不大"，"其中诈欺犯的宗教信仰分布尤其接近"②。美国普林斯顿神学院主办的《国际宣教研究学报》2001 年 1 月号发表的《2001 年世界宣教工作统计表》对"基督教财政"的统计中，列有"教会犯罪"一栏，专指每年被教会高层人员贪污、挪用的资金，1970 年为 500万美元，2000 年上升为 160 亿美元。③ 至于近年普世天主教会多次爆出神职人员性侵儿童积案，以致有教区因法律赔偿而破产、连教皇都被告上刑事法庭的丑闻，人们几乎已耳熟能详。

出现"宗教道德高于世俗社会道德""信教者道德水平高于不信教者"等在理论上和实际上都不能成立的说法，既有文化原因，也有政治历史原因。文化原因，在于宗教往往把人们日常生活中普遍遵从而又不易恪守的道德规范浓缩成戒条，以因果律的模式，与"神"对"人"的未来利益许诺或"人"通过自我完善趋于成"神"（这也是一种虚拟利益）的远景假设联系在一起，作为促使人们追求道德理想状态、实现美好愿望的可持续动机，客观上可以视为人类为调节相互关系、协调社会生活而在宗教范畴形成的一种"契约性"激励机制。这种激励机制能起作用的前提，就是虚幻的"性价比"超过世俗道德收益的"个人利益最大化"应许。而其政治历史原因，在于这种激励机制又被历代社会管理者或变革者分别扩大应用为社会制约机制或群体凝聚机制之一，在与权力秩序的密切互动中，不断得到适宜维护现存制度或反过来抗议现存制度的工具化改造和操弄。对于这后一种情况，恩格斯说过："事实上，也只有靠对彼岸世界获得报偿的希望，斯多亚—斐洛学说的弃世和禁欲才得以提升为能吸引被压迫人民群

① 德国《明镜》周刊网站 2011 年 7 月 27 日弗尔克尔·魏斯《圣战者的右翼兄弟》一文将凶手布雷维克定位为"与世俗主义、神话的丧失和男女平等作战"的"政治保守主义"者，并指出"政治保守主义的历史根源在于宗教"。澳大利亚《悉尼先驱晨报》网站 2011 年 7 月 30 日卡伦·基桑《内部敌人》一文引述英国专家马修·费尔德曼的话说："布雷维克把大屠杀做成了基要主义的一种公关宣传。"（均见 2011 年 8 月 9 日《参考资料》）

② 参见瞿海源《台湾宗教变迁的社会政治分析》，桂冠图书公司 1997 年版，第 400 页。

③ 转摘自杨慧林《基督教的信仰背景及其在当代社会的基本处境》，载中央统战部编《宗教知识讲座》，华文出版社 2005 年版，第 200 页。

众的一种新的世界宗教的基本道德原则。"① 久而久之，宗教道德成为似乎可以脱离其社会来源的"永恒真理"，因宗教而神圣，因神圣而崇高，地位再也"不同凡响"。一些信教者船随水涨，也就觉得拥有了"不共世间"的"道德优势"，有些道德意志不够自信的非宗教信仰者则不免自惭形秽，人云亦云，那一类说法于是不胫而走，推动了某种思维惯性的生成。

确实，无神论不需要像康德那样把人有道德感当作上帝存在的证明，也不承认宗教道德是"神意"的表达，因为正如梁漱溟先生所说："道德不同于宗教者，在其出乎自觉自律；而凡皈依宗教的，则可说是一种对外力之假借，此外力却实在就是自己。宗教信仰中所有对象之伟大、崇高、永恒、真实、美善、纯洁，原是人自己本具之德而自己却相信不及。"② 但本文开头那位"多默"先生的错误除了将唯物主义与享乐主义、本体论与人生观混为一谈之外，另外的一点是他不懂得：在科学、教育大大普及的今天，不是任何一个声言"不信神"的人都可以被称作合格的"无神论者"；何况他还刻意忘记了一个事实：古往今来的许多罪行是出自"合格的"有神论者之手，"信神"并没有使他们获得犯罪免疫力。化用一句历史上有名的呼喊，叫作："神兮，神兮，多少罪恶假汝之名以行！"无神论是一种哲学世界观，是马克思主义世界观、宇宙观的基础，作为人类理性高度发展的智力成果，反映了人类从必然王国走向自由王国的精神解放历程。无神论有自己宏大的思想体系，也有在不同历史文化传统和现实条件下表现出的不同理论特色，但每个时代无神论者的代表，都是那个时代的社会精英和思想先驱；无神论的哲学性质的思想体系、理论特色，发展到当今这个时代，决定了只有同时接受科学精神培养、接受人文主义理念熏陶（在我国，接受唯物主义基本原理熏陶更不是一件困难的事）的人，才有可能成为当之无愧的无神论者。这样的无神论者，一定是有理想、有文化、讲道德、守法纪的高素质公民，而不是思想贫乏、内心空虚的精神侏儒。恩格斯曾经指出，没有宗教，无神论也不会存在。③ 我们则要说，做一个坚定的无神论者，与做一个坚定的有神论者一样，都离不开坚强信念

---

① 《马克思恩格斯选集》第4卷，人民出版社1995年版，第474页。
② 梁漱溟：《人生的三路向：宗教、道德与人生》，当代中国出版社2010年版，第70页。
③ 《马克思恩格斯全集》第36卷，人民出版社1975年版，第187页。

的支撑，这些信念同样会给人提供强劲的道德意志和实践力量。苏联宗教心理学家乌格里诺维奇认为，无神论的宣传者应当指出"明智的人不该迷恋于个体不死的神话，人的真正的不朽在于他死后将在人间留下什么样的足迹"①。梁漱溟先生又说："到共产社会比过去任何社会阶段都更要依重道德，却不需用宗教。"② 当然，对坚强信念和充足价值理性的要求，也构成了现实当中坚定的无神论者还居于少数的原因之一。实际上，一个人的信念即使还没有升华到共产主义理想的高度，即使就保持在热情通达、乐观向上、一心一意做好人的生活态度的层面，照样能为他创造有意义的圆满人生。在我们身边，这种好人并不鲜见，他们的生活态度绝非端赖有神信仰所赐。同理揆之，对于一个通过学习和思辨而选择了无神论世界观，从而体现出拥有积极、正确的人生观和价值观的人，谁能够想象他会没有道德自律能力呢？

　　认为"无神论教育会使人丧失敬畏感，变得无法无天"的看法，并不是社会上对无神论宣传教育存在的模糊或负面看法的全部，但需要引起我们思考的不在于全部看法到底还有哪些，而是这些看法不仅来自有神论阵营，也来自我们队伍内部。无神论宣传教育的必要性与发挥宗教积极作用的必要性相比，前者费神费力，一时见不到明显成效，后者往往能找到现成抓手，便于造出动静，符合"政绩"需求，也容易满足主事者个人的心理预期。我们不能说从抽象化、理想化的"宗教"图景出发，夸大宗教在中国现实社会的正面功能已经成为一种积重难返的普遍倾向，也不能说宗教情绪、有神论观念在干部队伍中已经拥有铺天盖地的广泛影响，但在对待无神论宣传教育的态度上，可以反映出一部分干部（包括领导干部）内心对于宗教问题更深层的潜藏话语，即当前社会阶层分化日益明显，社会矛盾冲突尖锐高发，社会管理成本节节攀升，巩固执政地位难度加大，多事之秋，宗教对于一般人群的麻醉、镇痛功效正好可以为我所用，以利降低现实诉求、转移利益期待、调整心态失衡、缓解社会紧张，而如果仍然提倡无神论宣传教育，担心会抵消宗教的上述作用，甚至会强化一些人的"社会批判"态度，得不偿失。持此种观点的人可能口头上不赞成现在仍

---

　　① ［苏］德·莫·乌格里诺维奇：《宗教心理学》，沈翼鹏译，社会科学文献出版社 1989 年版，第 260 页。

　　② 梁漱溟：《人生的三路向：宗教、道德与人生》，当代中国出版社 2010 年版，第 70 页。

提"宗教是人民的鸦片",实际上却希望宗教继续充当鸦片;不赞成是因为不愿意引出对宗教的负面评价妨碍"鸦片"功能的发挥。这样的认识,如果体现在具体政策、体制的设计、实行上,比有神论方面直接抵制无神论宣传教育更不利于我们的工作。

然而,我们还是要说,中国共产党不能也不可能像历史上的统治者那样调动宗教对下层民众的麻醉作用去维持自己的执政地位。对历代剥削阶级政权推行的宗教意识形态,马克思主义经典作家反复使用与"信仰主义"同义的"僧侣主义"一词,"僧侣主义"的另一个含义乃是"蒙昧主义",而蒙昧主义的政治功效就是培养"愚夫愚妇"愚忠愚顺的"愚民政策"。无产阶级革命和社会主义建设是符合最广大人民群众根本利益的事业,归根结底是人民群众自己的事业。马克思主义和马克思主义指导下的中国共产党,自诞生以来,就是在做开启民智、凝聚民心、引导人民认识自己的利益所在并为之自觉奋斗这一件事。"中国人民站起来了",标志着国家主权的空前挺立,更标志着国人精神解放的一次飞跃。正如马克思所说:"对不希望把自己当愚民看待的无产阶级来说,勇敢、自尊、自豪感和独立感比面包还要重要。"① 跨入改革开放的历史新时期,并没有改变我们党代表先进生产力发展要求、代表先进文化前进方向、代表最广大人民根本利益的性质,即使在进入改革深水区后遭遇前所未有的国际国内困难形势,即使必须面对"四种考验""四个危险"的挑战,我们也只有继续毫不动摇地相信人民群众,全心全意地依靠人民群众,坚定不移推进改革、扩大开放,坚持基本经济制度,加强民主法治建设,抑制消极腐败,改善党的领导,克服两极分化,促进共同富裕,而绝不会抛弃党对人民的责任,违背科教兴国的方针,甚至走到历史上国内外剥削阶级政权利用有神论传统制造"愚民政策"的老路上去。

2001 年,江泽民同志在全国宗教工作会议上表示:"我们不提利用宗教。""宗教中的积极因素可以肯定,但不能夸大。"② 他的话是有针对性的,不是无的放矢。如果听凭当前有些地方用行政力量发展宗教的势头扩张蔓延,不管那里的有关党政领导自身是否已对有神论屈节诚服,都无法为思想上背弃党的先进性质和光荣历史、道义上背弃广大人民群众的事实

---

① 《马克思恩格斯全集》第 4 卷,人民出版社 1958 年版,第 218 页。
② 《江泽民文选》第 3 卷,人民出版社 2006 年版,第 388—389 页。

作出辩解，也无法在坚持马克思主义指导地位不动摇、切实维护国家意识形态安全的重大任务面前交出圆满的答卷。况且，宗教的力量历来是一把双刃剑，从古到今，统治者可以利用有神论麻痹、驯服臣民，反抗者也可以利用有神论感染、聚集群众，掀起推翻统治者的浪潮；越是社会矛盾集中的时期，宗教需求越会旺盛，宗教对社会的积极作用和消极作用越可能交错增长，部分有特定愿望的"信仰"者通过宗教行为方式解构现存秩序的诉求越会抬头。所以，用行政力量发展宗教、扩大宗教阵营及其社会影响的后果存在着巨大的不确定性，对执政的共产党而言更是如此。美国膜拜团体研究专家迈克尔·郎刚在 2007 年发表的《中华人民共和国与"法轮功"》一文中认为："中国共产党未来政权的稳固更多地取决于它是否能够满足人民经济上的需求而不是宗教需求。"撇开他文中的某些政治意识形态偏见和不准确的用词，这一判断的广义参考价值也许可供我们撷取。[①]

与可能的政治风险相比，与近期提出的"将宗教问题作为社会常态淡化处理"的主张相应，无神论对有神论的理性批评如果也能够成为社会常态的一部分，在公共话语氛围中长久而适度地保有一种对有神论的异议声音，对于引导信教群众提高科学文化素质和信仰水平、减少宗教信仰向狂热升温的思想土壤，其实是大有好处的，对降低社会管理成本也是有利的（可以想一想，如果 20 世纪八九十年代对以"人体特异功能"为代表的新有神论思潮加大力度进行公开揭露批判，是不是有可能大大降低后来对"法轮功"之类"有害气功组织"的治理成本）。包括对中国宗教的正常发展负有义不容辞责任的爱国宗教界有识之士，都应该用辩证的、全面的眼光看待这个问题；从事有关宗教工作的党政干部，尤其是领导干部，更要时刻保持清醒的头脑。

一个根本的问题，是要让全党理解为什么要坚持无神论，为什么要进行无神论的宣传教育。马克思在《1844 年经济学哲学手稿》中指出，无

---

① 英国社会学家 B. S. 特纳（Turner, B. S.）在 1983 年出版的《宗教和社会理论》一书中也有一段论述可以参考："社会学家往往忽视社会内条件，而夸大宗教衰落对社会稳定性的影响。社会并不简单地或主要地是由共同的信仰和礼仪活动构成的，而是由大量'物质'因素——权力、经济压迫、经济依附、法律强制、经济匮乏、习惯和日常生活的必需品——构成的。因此，在相当严重的冲突、不满和漠视准则以及实用主义地接受价值观念的情况下，社会仍能运转。社会凝结剂不断地被这些情况所腐蚀和扫除，但不会最终导致失范和社会混乱。"（转引自〔英〕罗伯特·鲍柯克、肯尼思·汤普森编《宗教与意识形态》，龚方震等译，四川人民出版社1992 年版，第 327 页）

神论是理论的人道主义，共产主义是实践的人道主义，共产主义是径直从无神论开始的。任由有神论占领人的头脑，辖制人的行动，就如同任由私有制永久统治人类社会一样，说远些背离共产党人为整个人类获得全面自由发展的幸福权利而奋斗的崇高理想和实践方向，说近些背离以人为本的科学发展观，都不符合真正的人道主义价值。从这个意义出发，无神论最实际的作用，对个人而言是不要被别人以"神"的名义愚弄，对人类集体而言是不要沉湎于愚弄"自我"，乃至不断重蹈一部分人自觉不自觉以"神"的名义妨害另一部分"他者"的自主权甚而是生存权的历史覆辙。这种作用与有神论的致幻作用相比较，对很多陷于生活窘境、精神困境的人来说似乎"远水不解近渴"，无神论的深厚人文关怀性质由是被指为"不近人情"，而有神论及其表现体系也正是主要因为社会历史条件的限制才获致其存在的合理性，取得受到"信仰自由"保护的正当性。但是，无神论，特别是马克思主义时代的无神论，其道义立足点实际处于明显的高位。一句话，它是彻底地以人为本的，是要让人越活越理智、越活越有尊严、越活文明程度越高，越活相互之间越平等和谐，而不是一代代甘心"毁坏自己做人的形象"却始终懵然不觉。① 如果说"人权""人道主义"是所谓"普世价值"，贯彻无神论精神的人权追求和人道主义关切才是最具"普世性"的"绝对价值"所在，并且也是党的十七届六中全会呼唤建设社会主义文化强国的题中应有之义。虽然光靠掌握无神论观念和科学知识还不足以完全兑现这样的结果，但没有以无神论为基础的马克思主义科学世界观去指导越来越多的人的社会实践活动，这样的结果则注定无法达成。在无神论宣传教育这件事上，共产党人只有如何做的问题，没有能不能做的问题；执政的共产党人，只有善于借助执政的有利条件把这件事做得更好的问题，没有该不该做的问题②。因此，作为共产党，推崇无神论、宣传无神论，决不是心血来潮，一时兴起，或者是面对有神论思潮的扩张被迫采取的应对之策、临时之举，而是在不断改造客观世界同时彻底改造

---

① 鲁迅笔下曾经描述过"奴才"哭喊着赶走帮他们在黑屋上"开窗"的"傻子"（见《野草》：《聪明人、奴才和傻子》），那就是这样一些人的写照。但当时的鲁迅还没有意识到破除群众的精神桎梏需要"引而不发"，从带领他们变革旧的生产关系入手，使他们在实践中逐步接受新的思想观念，而不能"代庖丢菩萨"，以致欲速不达。

② 《中华人民共和国宪法》规定国家在人民中进行辩证唯物主义、历史唯物主义的教育，说明执政党应该以国家行为履行对人民的宪法责任。

主观世界的社会主义、共产主义建设过程中，先进分子与广大人民群众共同实现自我提升、自我解放所进行的必然选择。

社会主义、共产主义道路的艰难、漫长，决定了无神论宣传教育事业的艰巨性和长期性。党在现阶段的中心工作，决定了无神论宣传教育必须从中国实际出发，调动社会各方面力量，以基础理论研究和实证调研铺路，以党员干部和青少年学生为重点，加强工作的针对性和指向性，采取灵活形式和多种手段，避免方法上的简单粗疏，建立长效运行机制，不求立竿见影、轰动效应。如果到了阶级、国家消亡以后仍然可能存在没有现存宗教信仰模式的有神论形态，那么，无神论也会依然存在，只是已经成为当时社会的普遍观念，不再具有与任何政党理念相关的思想特征。那时候，共产党已功成身退，马克思主义哲学原理则熔融于"集体无意识"的"古老"文化传统，"自由王国"的版图得到极大扩充，一切关系日益变得明白而自然，尚未明白的，也无须"大众神秘主义"置喙。这当然是非常遥远的事情。而为了这一天的到来，至少在可以预见的历史阶段，中国共产党人还不能不承担自己必须承担的特殊使命，高举科学无神论和马克思主义的旗帜，迎难而上，代代相承，顽强不息，恪尽厥责。

（原载《科学与无神论》2012 年第 2 期）

马克思与"人类解放"①

[匈] 阿格妮丝·赫勒　著　王　静　译

马克思关于"无产阶级只有解放全人类才能解放自身"的伟大的箴言几乎家喻户晓。然而，这个激动人心的真理的断言最近却被彻底地怀疑，甚至遭到拒绝。批评者指出了把特殊阶级等同于普遍性而产生的谬误。他们关注于"只有……才……"的表达和它在马克思的理论中与众不同的意义。他们认为，这种表达方式暗示着全人类的解放或许只是一个客观过程和对它的意识的结果，即使解放人类的意志并没有作为一种包罗万象的动力而显现。然而，批评者们强调，人类的解放除了是清晰地指向解放的各种行动，它不能是任何行动的结果。即使我完全同意这种批评的看法，这里我还是想探讨一个完全不同的问题。我不想改写马克思的阶级理论，也不想讨论革命变革的"主体"。确切地说，我想讨论在马克思的箴言中所暗示的最大可能的问题。即当马克思谈到人类解放的时候，马克思的意思是指什么？他的人类解放的思想对我们的行动和乌托邦的想象可能会产生什么影响？对第二个问题的回答是以第一个问题的回答为先决条件的。

一　马克思的人类解放的实质：绝对的自由

马克思没有说无产阶级要通过解放自身来解放所有的被压迫者和被剥削者，而是说要解放全人类。然而，人类既包括压迫者也包括被压迫者，既包括剥削者也包括被剥削者。因此，人类的解放等同于两者的解放。无产阶级从被压迫中解放被压迫者，从残暴中解放压迫者。如果说压迫者需要被解放的话，那就意味着压迫者在现存状态下也是不自由的。而且，事

---

① 本文译自"Marx and the 'Liberation of Humankind'"，经授权发表。

实上，马克思曾清楚地表述过，一个压迫其他民族的民族不可能是自由的。然而，这个表达并不像听起来那么有道理。古代城市国家的公民谈及自己的时候称为"自由民"，即使他们压迫奴隶而且最终征服其他的城市国家。贵族们坚持他们的自由，以此来衬托农奴们的不自由。如果人们是独立的，并且其他人类群体和共同体对他们的征服从来不被看作是对他们自由的限制，那么他们就把自己理解为是自由的。因此，很明显，当"人类解放"的图景浮现于马克思的脑海中时，他内心有一种对自由的特殊的理解，这种解释不仅是不寻常的，而且在前人的历史中是闻所未闻的。这与他的整个理论是相一致的，就像他曾经强调的：人类"真正的历史"将与我们人类的"史前史"具有质的不同。这意味着在史前阶段（包括我们的时代）被我们称为自由（liberation, liberty or freedom）的东西，不是"真正的自由"，而只是自由的"表象"。黑格尔的本质和表象的并置在这里却隐藏着最大的非黑格尔的观点，即自由和必然之间的无法调和的矛盾。按照这个隐藏的概念来解释，那就是：哪里有必然性，哪里就没有真正的（本质的）自由；哪里有真正的（本质的）自由，哪里就没有必然性。未来"自由的王国"与过去和现在的"必然的王国"背道而驰。作为表象的自由甚至不是作为本质的自由的歪曲的表达，而仅仅是一种幻象。马克思的观点是始终如一的，在《资本论》第3卷中，他把生产的国度排除在自由的国度，甚至在未来的共产主义社会之外。对于他而言，谈论一种不能彻底抛弃必然性（限制）的自由将是一种幻象。

在马克思那里，量的范畴不适于表达自由的概念。第一，"自由"概念不能有复数形式。无论何时，当我们谈及各种自由（freedoms or liberties）的时候，对马克思来说，我们只是接触到自由的现象，而不是本质。因为现象不是一种本质的表达，而是一种幻象。"复数的自由"（freedoms and liberties）与"自由"（freedom）全然无关，而且在一定程度上，它们与自由的反面（不自由）相关。第二，自由不能是较多或较少地存在着，而必须是：或者绝对地不存在或者绝对地存在。在《巴黎手稿》以及其他文献中，马克思谈到工人和资本家都是异化的。在这种语境中，异化不代表与劳动产品或劳动过程的疏离，因为资本家的异化不能被理解为劳动的异化。它代表着不自由。这就是为什么马克思没有附上工人比资本家更异化这个条件，因为这个条件将把量的范畴（较多或较少的范畴）引入自由和不自由的仅仅质的范畴当中。他清楚地阐释了一个完全不同的条件，也就是说，当工人感觉痛苦的时候，资本家能够处理异化。资本家的意识中包含对自由的幻象，而工人没有、也不能抱有这种幻象。"较多"或"较少"这种条件的缺乏暗示了自由和必然性（或限制）不能混在一起。

这就解释了为什么应该被解放的是全人类，而不仅仅是被压迫者和被剥削者。在人类的史前史阶段，所有的人类活动都是在限制下进行的，因此，他们所有人都是不自由的。人们甚至不能说他们是同等地不自由，正如"同等"这个概念与"较多"或"较少"一样都是一个量的范畴。

因此，对于马克思来说，自由是绝对的，也因而是纯质的。但是，绝对的（纯质的）自由是什么样？或者能是什么样的呢？

第一，自由不代表"自愿的行动"（voluntary actions）。马克思特别强调了人类"史前"阶段人们行动的自愿的特征。最早在《关于费尔巴哈的提纲》中，马克思对人类的主体性、对作为历史发展的最重要手段的人类意志做了充分的论证。即使在历史环境的限制下，人们也自己创造自己的历史。但是应该被指出的是：马克思无论何时谈到自愿行动、主体性、人类实践，他都没有把自愿行动等同于自由。对他而言，人类直到马克思的年代，就一直在"自由的片段"（free pieces, aus freien Stuken）中，不自由地创造他的历史。

第二，在马克思那里，自由不代表政治的自由，主要因为政治行动总是在"主体政治"中，换句话说在国家中发生。但是仅仅国家的存在就使人不自由了，"自由的国家"是不存在的。那时，对马克思来说，"人类解放"（human emancipation），这条通向自由的大道，并不是由政治解放发展而来的。更确切地说，前者是后者的反题。政治解放给人们提供的是多元的"自由"（liberties），而不是"自由"（freedom）。

第三，自由不代表各民族或其他人类共同体的"独立"。这不仅是因为压迫他人的人或压迫其他民族的民族不能是自由的。即使我们设想有那么一个时刻，有那么一个世界，在那里所有的民族都是平等的、独立的，没有任何民族去压迫其他民族，这仍然不是马克思所梦想的"自由王国"。马克思心目中的"人类"不是由不同民族或不同文化组成的。它被设想为作为生产者的全世界自由人的联合体。因此，要实现自由，个人而不是民族（或文化）必须是自由的。

第四，尽管"自由是对必然的认识"这句话被大众广为流传，但自由并不是"对必然的认识"。正是恩格斯而不是马克思，把黑格尔的自由范畴引入了马克思主义的传统。如果必然被认识的话，那么在历史环境限制下所进行的自主活动就是成功的。但是我们知道，自主行动还不是自由的行动，它不是自由人的行为。例如，马克思在《巴黎手稿》和《资本论》有关劳动过程的讨论中，理所当然地认为，无论是目标的制定还是手段的应用都依赖于对原料过程的恰当的知识，这样才能取得要求的结果。然而，对原料过程的恰当认识，提出合适的目标，并付诸现实，并没有使工人成为自由的人。偶尔，马克思也说一些让人困惑的话，如人类从来不会提出一个不能实现的目标。这种话是令人困惑的，因为人类从来没有提出任何目标，即使我们用集体的演员来代替人类，这个陈述不可否认也仍然是不真实的。然而，不管马克思的箴言多么容易受到质疑，它所传递的信息仍然是值得注意的，因为通过它，马克思要表达的是：人类一直以来总是能够认识必然。但是，我们必须加上一句话：人类从来就不是自由的。因此，无产阶级的自我解放是这种"认识必然"的行为，但是恰恰因为这个原因，它还不是一个自由的行为。只有当行为是自由的，结果才能是自由的。

然而，如果马克思的自由概念既不与"自愿行动"等同，也不与政治自由、民族独立或对必然的认识相一致，那么，这种"自由"又是关于什么的呢？我们已经发现了自由的三个特征：自由完全是质的，并且是绝对的；它指向了个体，并且排除了每一种必然性或限制。但是马克思又加了第四个特征，而且是个包罗万象的自由定义：每一个个体的所有的能力和才能的发展。有趣的是，这个包罗万象的定义并不是被马克思一个人阐述过，约翰·斯图亚特·穆勒，马克思的同时代人，马克思所鄙视的（不是完全没有理由）自由主义的领导人物，曾经也得出过同样的结论。事实上，"个体能力和才能的全面发展"的构想来自自由主义的传统。在提出何种条件下，人类所有个体的才能和能力能够自由全面地发展的问题时，马克思把自由主义转变成了激进主义。他以下面的方式回答了这个问题：只有在脱离了任何种类的限制和必然的社会（或王国）里，它才是可能的。马克思共产主义的自由是自由主义的自由在每个人身上的充分实现。

二　马克思的人类解放的实现条件：充裕理论

为了这种绝对的自由，人类（所有人类个体）必须解放的限制是什么？

生产力的发展是人类历史的独立的变革因素。生产是发生在社会和自然之间的新陈代谢。生产力决定着人类的关系，在这些关系中，首先是生产关系。因此，人们之间的关系依赖于我们对自然的关系。这是一个三重的依附关系。第一，生产力的发展是一种准自然（quasi-natural）的过程，因为我们不能改变它。第二，这一过程中所创造的财富不能被社会财富的个体创造者占有，因为财富作为一种权力和财产形式（共有的或私人的）被具体化了。第三，生产力相对于要求满足的人类需求来说，是未充分发展的，其结果是匮乏限制了人类的可能性。众所周知，马克思着力证明了，由于资本主义工业生产，匮乏在他的那个年代能够很容易地被克服，匮乏不再是必然，但是资本主义生产关系仍然被保留。这些关系必须被改变，并且它们必须以一种与先前由于生产力和生产关系的冲突所导致的改变完全不同的方式被改变。因为匮乏一直是突出的限制因素，所以充裕将会消除这种限制，也消除所有其他的限制。在充裕的条件下，生产不再是一种准自然的过程，社会关系获得了控制权，人们将完全控制社会和自然之间的新陈代谢。劳动的解放是对自然的最后的征服，是人类对他的生活过程的条件和前提的最终胜利。正是充裕改变了人类交往活动的关系网：剧本不是提前写给舞台演员的，他们是写剧本的人。

不用说，根据匮乏对比充裕的"人类条件"的界定很像自由主义的传统，强调人类所有能力和才能的发展。沿着这条思路，我们在休谟那里发现了这种思想的经典性阐述。休谟提出了这个问题，并把它作为社会政治思想的中心问题。所有的社会限制，休谟也是这样主张的，都来源于人类发展能力的渴望和社会自然资源的匮乏之间的冲突。在充足的条件下，我们会没有限制地生存。休谟和马克思之间的差别不在于判断的水平不同，而在于提出的建议不同：对于休谟来说，他的视域里是没有补救措施的，而马克思却有。我提出这个问题不是为了讨论马克思的建议的优点和缺点，我只是想指出它的起源。然而，民主的自由理论还不认为匮乏—充裕的二分法有如此的重要性，因为在政治参与或作出决定的过程中是没有"匮乏"的，或者如果有的话，也只是时间的匮乏，它在任何社会历史条件下都是不能克服的。

在人类的史前史阶段，生产力的准自然发展是突出的限制，但却不是仅有的限制。除了经济限制以外，一些限制直到资本主义生产方式出现之前，还一直奴役着人们。马克思提出了两种版本的历史唯物主义概念，一个比较强势（strong）、另一个则显得薄弱（weak），而且为了解释超经济限制，他设计了两种不同的理论方案。在较强势的版本中，"经济基础—上层建筑"模式适合于各种历史类型，而比较薄弱的版本仅适用于资本主义历史。在随后的讨论中，我将从两个概念共有的因素出发，从较弱的版本特有的因素出发，这部分是因为马克思对后者的阐述要比对前者的阐述更加详尽，部分是因为这种观点更有助于对手头的问题的解决。

马克思的价值选择先于他的理论。最早在关于伊壁鸠鲁的论文中，他许诺了自由的价值，这里自由被解释为权威的对立物。为了获得自由，人们必须摆脱权威的束缚。普罗米修斯，那个宣称憎恨所有神的人，在马克思那里成为自我解放的典范。后来，当马克思成为一名共产主义者时，他试图证明无神论是走向共产主义的第一步，尽管它仍然不是共产主义。普罗米修斯声称他憎恨所有的神，当马克思援引他的时候，在马克思的心目中，神不仅指天上的神，还指涉地上所有的神，它包括政治权威、任何起源于习俗的权威以及个体应该遵守的规范和规则的权威。每一个"必须"、每一个"应该"不断地叠加在个人意志之上。如果人类想真正地自由地生存，就必须抛弃"必须"和"应该"的权威。

在详尽地阐述了历史唯物主义概念后，我们知道，历史唯物主义认为是限制（必然性）而不是权威被认为是自由的对立面。然而，权威一直是马克思主要的批判对象，即使以不同的方式进行。第一，各种权威规则现在由限制和必然性来解释，前者成为后者的表达。第二，这很重要，马克思相信资本主义是"世界历史性"的行为。就像他在《共产党宣言》中所表达的那样，资本主义已经废除了传统权威、规范法规以及在所有"前资本主义生产方式"下奴役人们的信仰体制。人类解放难以克服的障碍已经扫除，限制以赤裸裸的形式显现为经济限制。因此，资本主义不仅在发展工业生产力——这个充裕的绝对前提，而且在破坏传统力量、规范权威上，都为共产主义扫清了道路。家庭和宗教、规范制度等权威如今都处于废墟之中。这两个成就，使得资本主义成为一种反对所有前资本主义（又称为前现代社会）的现代生产方式和现代社会体制。

事实上，马克思是启蒙运动最忠诚的继承者，他分享着启蒙运动的所有价值，即使并不是所有的信条，也带有一种几乎教条式的坚定的信仰。起初，他从奴役人们、他律的权威中去除了科学知识和普遍科学。科学从来不属于意识上层建筑的组成部分，在一定程度上，马克思把它称为"普遍的智力"。这种"普遍的智力"是一种固有的与自律，也就是说自由相连，而不是与异质、限制和不自由相连的"人类能力"。马克思从来没有考虑科学成为意识形态的可能性，更不要说占统治地位的意识形态。因为他相信阻碍个人发展的权威总是非理性的和规范性的，他不能想象理性的、不承认任何规范的知识体系能够作为一种手段服务于一种新权威的建立。马克思清醒地意识到这个事实：现代科学的发展促成了人们对"这个世界的觉醒"，他毫无保留地欢呼这种觉醒。觉醒是自由的条件，是一个成熟的人类到来的前提。

马克思构想现代辩证法的尝试绝不能简化为一种"启蒙辩证法"。在后者那里，在启蒙学说的主要部分存在着矛盾的观点，与此不同，马克思试图在学说和信仰的主体部分与资本主义生产方式的动力学之间展现这种矛盾。更进一步说，他把启蒙运动的主要信条和信仰，以及它的中心价值——自由，看作本质上是反规范的。由此可以得出两个结论。第一，马克思对为数很少的规范性断言缺乏一定的敏感度。尽管马克思认为它们是那个时代的反规范的读物，但事实上，在启蒙运动期间它们已经被详细地阐述，尤其是那些与民主的制度化相关的规范。这就是为什么民主的自由概念，一个政治概念，甚至没有进入他的理论视野。这只能说明马克思的自由概念接近于自由的（liberal）解释。第二，他必须摒弃和忽视作为解放过程和对资本主义超越过程中决定性的，或者说是次要因素的道德动力。那里，一方面没有规范性的权威需要废除，另一方面，主导性的价值（自由）也没有规范的力量，道德动力不能扮演任何角色。共产主义的必然是科学地建立的，它是以理性为目标行动的结果。当然，所有以理性为目标的行动都需要有动力。马克思在他的激进需要理论中解决了动力的问题。资本主义创造了在资本主义社会不能满足的需要。为了满足需要，无产阶级将打碎资本主义生产关系，建立一个新的社会（共产主义社会），在那里，所有被资本主义创造的需要因此而得到满足。这儿，我们绕了一个圈子，又回到了充裕的问题。共产主义社会不但会满足那些资本主义创造的需要，而且它还会满足所有单纯而简单的需要——这就是卡尔·马克思故事的结尾。解放的动力和自由的状态通过需要理论交织在一起。这里，我们能够看到马克思以最清楚的形式把自由主义激进化了。传统的自由主义把利益和需要结合起来，这样就能确保自由作为个体利益需要的现实化而被显现。因此，个体自由受到其他个体自由的限制。然而，如果考虑到需要与利益不同，而且需要的满足不受他者需要满足的限制，因为所有的需要都能同时被满足，那么自由就能是绝对的，没有一个人的自由能限制他人的自由。因此，解放以一种极其独特的方式被激进化了，但是，产生的问题比解决的问题要多得多。

马克思综合了两种自由概念，两种自由的起源分别是：脱离所有权威和各种束缚的自由；作为个体所有能力和才能全面发展的自由。然而两种概念的激进化最后只合成一个思路：充裕。马克思为解决充裕问题、为解决如何获得充裕的尚未解决的问题付出了极大的努力。他在《资本论》第3卷、在《政治经济学批判》和《哥达纲领批判》中，提供了两种不同的方案，但是没有一个证明是令人满意的。在这篇论文中，我不想介入马克思不同方案的讨论，我只想关注一些基本问题。充裕相对于需要而言是一个相对的范畴。如果等待满足的需要比满足需要的手段多的话，就会存在匮乏，这与积累的社会财富的数量无关。如果等待满足的需要比满足需要的手段少的话，即使社会财富极其有限，也会出现充足的现象，这仍然与积累的社会财富的数量无关。即使我们忽视这些条件，如所有需要的满足并不仅仅依靠社会、个体的全部能力和才能的全面发展可以实现，也还是存在一个根本性的问题。自然资源不是无限的。同一生产过程一方面能够产生更多的财富，另一方面也能降低财富（例如，通过减少我们的自然资源或对我们的环境产生不可挽回的危害）。需要结构的性质是由价值来决定的。如果说自由，作为绝对的自由是唯一的价值的话，那么需要结构的性质将只能由这种价值来决定。然而，自由作为唯一的和绝对的价值，只能以一种方式来决定我们的需要结构的性质，那就是：使需要结构成为无限的。然而，如果需要结构是无限的，而自然资源必然是有限的，那么将不存在充裕，而只有匮乏。其结果是，如果自由是绝对的，那么这个极端自由的条件一定是不存在的。

为了有一个相对充裕的社会，除了绝对的自由，其他价值必须决定我们的需要体系，它们必须有一种规范性的力量，从而与自由的价值连在一起。如果仍然存在规范的话，需要体系就必须有权威。这种权威可以是自治的表达，在一定程度上，这些规范是被人们一致接受的，但是，权威，道德权威必须保持。如果不认可任何道德的（或伦理的）权威，那么马克思的整个乌托邦的构想就会坍塌。但是如果绝对的自由成为不自由的（恰恰是因为它的绝对性），如果未来的自由意味着较多或者更多的自由的话，换句话说，如果自由包含有数量的因素，并且如果较多或更多的自由包含有对某种作为权威的规范的认可，那么，在社会主义的未来中，如果不接受这种我们试图普遍化的规范，人类解放的进程，无论它意味着什么，都不会实现。总之，一种民主的自由概念应该是与开放的（liberal）自由概念相联的。

三 一种民主的自由概念：个体解放的可能性

让我再一次回到马克思的共产主义的乌托邦社会。当马克思拒绝规范权威时，他并没有因此拒绝道德。在一定程度上，他把异化的范畴同样应用于道德。正如我们被告知的，人类所有的能力都与创造它们的人们逐渐疏离，类的发展伴随着个体贫困的增长。类的本质以权威、统治和限制的形式反对着个体的存在。道德规范被看作是类的力量来呈现权威的形式，它们被宗教神圣化，并以此来反对个体，征服和奴役人们。然而，道德规范的废除不是故事的终结，真正的结局将是个体与类在脱离异化的过程中的重新统一。因此，马克思发明了一种人类学的并且不仅仅是一种社会的方法来解决道德问题。或者，更清楚地表述是，这种社会的方法注定是导致这种人类学方法的过程。马克思从来就没有接受康德把人分成现象界的人和本体界的人的分类方法，更确切地说，他认为这种划分方法恰恰是一种异化的结果。他选择把康德的两种"人"统一成一种人，选择理智的类与自然的类的结合。就像我们所知道的，对于康德来说，"理智的类"是由以需要和渴望为动机的人组成的。对于马克思而言，脱离异化意味着一种在理论上简单的过程，尽管在现实中让人难以想象。脱离异化被设想为一个过程，在那里，每个单个人的每种需求和渴望用康德的话来说，都是"理智的"：不仅是完全理性的，而且同时也是人类的表达。如果每一个个体都是类，如果他或她的所有需要都表达了这个类，那么事实上就不需要任何规范了，因为所有的规范都命令我们做或不做一些事情，如果人类的声音仅仅来自内部，那么就没有规范从外部来命令我们做任何事情：一种外部的权威将会是多余的。康德曾经说，道德律不会把绝对命令看成是天使。马克思相信这句话同样适合未来的人们。

对马克思人类学转向的观点的简短阐述使得问题的情况变得清晰完满

了。很明显，马克思保持了未察觉到的"充裕状态"的伦理学内涵，因为很早以前在他着手探讨充裕—匮乏二者对立的思想之前，他已经发现了解决道德二难境地的方法。避开许多马克思的解释者注意的是这样一个显著的事实：在《巴黎手稿》，那个异化理论和脱离异化理论的最重要的核心地方，充裕不是作为共产主义的先决条件而被提及的。同样，个体全部能力和才能的展现的观点也没有像后来在《政治经济学批判》中那样明显地说明。因此，自由的传统只是通过历史唯物主义概念的表达才进入马克思的理论的。尽管马克思浪漫的人类学概念的转向没有被抛弃，只不过是降到了背景当中。然而，这种人类学概念仍然极为强大，足以捍卫充裕理论免受来自怀疑的批评和打击，同时增强对绝对自由的承诺，作为一种纯质的自由来反对诸如复数的自由（liberties）或"较多的"自由等量化的妥协。

一旦人们接受了这个整个人类学转向、彻底脱离异化、类与个体结合的浪漫乌托邦，什么都不需要讨论或考虑了。从不现实的观点列举一些论据来反对这个特殊的观点是毫无意义的，因为这样一个乌托邦不仅是不能实现的，而且也是不能渴望的。自我封闭的原子彼此之间相互环绕，就像伊壁鸠鲁宇宙中的自由的神，它们既不是非常仁慈的也不是非常有吸引力的，至少对我不是，最终，马克思的设想甚至都追不上自己理论的暗示。但是如果道德问题不能通过完全脱离异化的乌托邦而得到解决，如果个体与类不能实现统一，如果类并不只从内部来说话，还从外部来说话的话，那么，个体还是应该在某种特定的外在权威的指导下被社会化。即使没有一点顺从的意见，我也坚持这种观点。因为即使接受了几条规范，它的有效性也会被一个人类共同体中的每个成员都认可，这是与强烈的，甚至是极端主义的自由的解释而不是民主的自由的解释相矛盾的。就一个人有平等权和有平等地参与关心和影响他或她的城市、州、民族和社区事务的决定过程的可能性而言，他或她就是自由的。在公众作出决定的过程中，人们必须遵守共同体的规范和规则。这些规范和规则可以被检验或质疑，也可以被新的规范和规则代替。也就是说，它们必须是可被检验、可被质疑和可被替代的。民主的自由概念并不与外在道德权威的存在和接受相矛盾。这里问题的中心是：不是拒绝所有的权威，而是拒绝权威的性质和权威被建立、被遵守和被检验的程序。那样，"人类的解放"就可以在民主的自由概念的引导下被解释。如果自由可以这样被理解，那么"自由的人类"就可以简单地意味着民主的普遍化和激进化。如果每个人都有权利和平等的可能性，在某些普遍的规范指导下来参与影响人类现在和未来的决定过程，那么人类就会是"解放的"。那样，要使这种自由起作用就将不需要"充裕"。人们会很容易想象到：在这样一个社会群体里，并不是所有的需要都能被同时满足，根据他的或她的需要，并不是每个人都会得到酬劳或感到满意。但是，每个人仍然会是自由的，因为满足需要的优先权是可以在所有相关人的理性的讨论中作出决定的，而且理性的讨论是在某种普遍接受的规范的指引下的行为。

我是在对自由绝对化的批评中开始我的讨论的。或许听起来很奇怪，在我重申对民主的自由的解释中，我已经得出结论：那就是，在某种意义上，民主的自由也是绝对的。根据民主的自由概念，没有比平等权和参与决策过程的平等的可能性更多的自由了。但是少得多的自由是可能的。根据民主的自由概念来解释，每个人在每个政策决定的过程中，拥有的权利和参与的可能性越多，他们就越自由。因此，解放可以被设想为一个漫长的过程，在那里每个人都有参与的权利和不断增加的参与的"平等可能性"。这就是关于民主的自由的全部内容。复数的权利和复数的自由仅仅是梯子上众多的横木，它导致民主的自由的实现。然而，对民主的自由概念的接受，并没有使开放的自由概念不相关，或者至少不应该。我认为，马克思的自由概念，开放的自由概念的激进化，仍然传递了一个重要的信息。曾经，马克思在谈到中世纪庄园的时候，提及了"不自由的民主"，并且这里他不只是在玩文字游戏。发展人类全部才能和能力的想法并不属于民主的自由传统。在民主制下，人的能力是否能自由地发展，或者是否被缩减，这依赖于规范本身的质量。这里，"质量"并不仅仅代表实质，规范有多抽象或多具体这都促成了它们的质量。如果说规范是具体的，那么个人对规范的解释就是不被允许的，而且通过这些规范而被社会化的个人就会成为"心胸狭窄的"、"愚昧的"（borniert，用马克思对这个词的理解）。如果说这些规范是比较抽象的，那么人们就可以自由地对它们进行解释，并按照他们的能力和习惯以不同的方式遵守这些规范。"不自由的民主"是一种原教旨主义的民主，从对自由的开放的解释来看，它确实是不民主的。因此，在讨论重新引入民主的自由概念作为人类解放的相关的和可行的观点中，我也一直论证把量的术语如"较多"或"较少"（也在开放的意义上）重新引入有关自由的话题。即使民主的自由是"绝对的"，即使每个人都有平等的权利和可能性来参与政策决定的过程，开放的自由（liberal freedom）仍然可能是"较多"或"较少"的。而且，当我们希望民主的自由应该尽可能地保证更多开放的自由的时候，绝对的自由，按照自由的传统来理解，也仍然会是不可能的。

当我强调民主的自由概念并不与接受道德权威相矛盾时，即使我暗示了，但我并没有详细地说明，它也不与限制相矛盾这个事实。如果社会不充裕，如果满足需要的优先权必须由公众讨论来决定的话，就会有各种限制。很明显，有限的自然资源就是这样一种限制。如果自由的男人和女人们知道这些限制，那么他们就仍然是自由的，而且同时他们在那些限制中行动和作出决定。自由并不等同于对必然的认识，但是自由的人仍然能够认识必然性并能相应地采取行动。就自由本身而言，如果每个限制、每个义务都被看作是不自由的，那么人类将永远不会被解放。因此，如果我们认为马克思的精神是正确的话，如果我们仍然相信人类能够被解放，尽管不是以一种决定性的姿态而是以一种连续性的过程，那么，我们就必须放弃马克思有关自由和权威、自由和限制对立的观点。

"人类的解放"不可能意味着从所有种类的限制中解放出来，而仅仅意味着从特定种类的限制中解放出来；它不能意味着从各种异化中解放，而仅仅意味着从某种异化中解放；最后，它也不意味着从各种权威、规范和责任中解放，而只能意味着从某种外在的权威、规范和职责中解放出来。

人类应该解放的那种异化（除了统治之外）是个体对长期的社会劳动分工功能的征服，因为这种征服是剥削的来源，因为它促成了参与决定过程中的不平等的可能性，所以人类应该从这种异化中解放出来。然而，其他种类异化的废除（包括自愿）却不属于"人类解放"的过程。

人类应该解放的外在的权威、规则和责任是那些使得我们把他人仅仅当作手段来使用的东西，是命令我们实践统治、武力和暴力的规则。人类解放并不取决于对任何其他规范、规则或责任的废除，它们或者是宗教的，或者是世俗的。对于马克思而言，人类是由单个的个体组成的。但是人类并不是由各种人组成的，它是由不同的文化、不同的历史组成的，所有这些都具有它们规范的传统。人类从这些传统、这些生活方式中解放出来，几乎根本不能叫作解放。自由的人或许根据他们个人的需要、才能、信仰和希望停止一种而加入另一种生活方式。但是只有一种可能性的人类不仅是不令人渴望的，而且甚至是不能想象的。如果没有作为不同文化的生活方式的话，那么各种个体选择应该出现在什么地方？为什么所有的人都应该像普罗米修斯？为什么他们所有人都憎恨诸神？甚至可以说，人们生活在有较多或较少的开放性自由选择的世界里，要比根本不存在选择的世界里更是自由主义的。为什么要因为这方面或那方面的不自由就排除了自由的选择？

马克思，启蒙运动的坚定的子孙，梦想超社会的充分自律的人的存在。那是一个雄心勃勃的、美好的梦想。他相信庄严的科学理性会引导我们进行选择。但是从那个年代起，我们就已经知道庄严的理性是统治的仆人。我们也逐渐明白，人类的尊严必须在量上去寻找，而不是绝对的自治，因为，如果没有规范，每件事情事实上都是允许的，而且自治将不是绝对的，更确切地说，它将永远地消失。我们也逐渐地懂得自由不是解放的大洪水过后的奇迹。我们可以选择我们的自由，尽管不是绝对的，因为我们无论何时总是在某种限制之中。与限制保持距离，无论在哪里遭遇统治，不管它是政治的、经济的或私人的，我们都要谴责它。不要使我们的个性屈从于劳动分工中履行的职责。平等地与每个愿意与我们平等地交谈的人交谈，赋予我们生活的意义，我们已经生活在自由的王国里，尽管被各种必然性所包围。未来或许是，也或许不是自由的王国，但是我们仍然把我们自己托付给它。

（原载《马克思主义与现实》2012 年第 2 期）

历史唯物主义方法论视阈下的
科学无神论探析

石金丽

一　历史唯物主义方法论是进行科学
无神论研究的出发点

　　人类社会无神论的发展经历了古代朴素无神论、近代唯物主义无神论、唯心主义无神论和当代马克思主义科学无神论阶段，马克思主义无神论以辩证唯物主义和历史唯物主义为哲学基础，对社会存在的宗教问题和现象及其发展规律进行了定性研究，充分运用当代科学研究成果，采取批判性、继承性、创新性和开放性的研究精神，给予宗教有神论现象科学、透彻及深刻的阐释，它是进行无神论研究的最高阶段。因此，我们称马克思主义的无神论为科学无神论，科学无神论即指马克思主义科学无神论。

　　马克思主义科学无神论批判继承了费尔巴哈宗教是关于"人的本质的异化"的基本思想[①]，费尔巴哈从人本主义异化论角度对宗教进行批判，他认为：神是人的自我异化，其本质就是人的本质，即人的"类"，这个本质突破了显示个体的局限被对象化并形成一个与自身不同、独立的本质并受现实个体敬仰和崇拜。在揭示人与神的关系的过程中，指出人是神的创造者，人们凭借抽象思维并在自己没有意识到的情况下把自己对象化，对实质上是人的属性、欲望的影子虔诚信仰。沿袭这一内在逻辑，人的本质为何被异化？费尔巴哈提出是人们把世界二重化为一个现实的世界和一个宗教的世界的原因，前者可被感知，后者只存在于人们的幻想之中，这

----

　　① ［德］费尔巴哈：《宗教的本质》，大庆译，人民出版社1999年版，第8页。

个"虚幻世界"在归因于世俗世界之后人才能从宗教中解脱出来，并主张建立"爱"的宗教来解决一系列宗教问题。可以肯定的是，费尔巴哈人本主义异化论的主要观点突破了原有"神本"的束缚，但却是不彻底的、狭隘的和矛盾的，以自然主义的观点考察人并认为"人的本质"凝固不变，实质上就是唯心的，没有进一步探究世俗基础为什么使自身与自身相分离的问题，这也为马克思和恩格斯思想的转变提供了新的研究切入点。

在继承和批判费尔巴哈人本主义宗教观的基础上，马克思发现人并不是孤立的人，人具有自然属性和社会属性，二者相互区别、相互联系统一于人现实的客体之中。没有前者不能称其为人，没有后者人就是与世隔绝的个体。因此，对人的本质的研究应转向社会历史领域，即对产生宗教世俗基础的原因进行研究才是解决一系列宗教问题的关键所在。到此，马克思并没有像费尔巴哈那样停止不前，他认为"人的本质的异化"在转向社会历史领域的同时，对于世界二重化的研究也应转向研究现实世界二重化，宗教世俗基础产生的原因正是在于世俗基础本身的自我矛盾和分裂，这样才能真正理解宗教、看清宗教进而改造宗教。这种世俗基础的自我矛盾和分裂既要受到理论批判又要受到革命改造，通过政治解放和人类解放使人真正成为人并从宗教中彻底解脱出来。

通过上述问题的对比我们不难发现，作为关于社会发展一般规律、研究社会现象一般关系、被恩格斯认为是马克思一生之中的两大重大发展之一的历史唯物主义，贯穿研究科学无神论的逻辑始终。正是因为运用了历史唯物主义方法论，马克思才能从离不开社会的人的角度去探寻人的"类"本质以外的社会历史领域的人，才能进一步找到"人的本质的异化"的世俗基础及其自身的矛盾与分裂，才能看到人类是以社会生产和劳动作为全部社会生活的基础，才能以整个人类社会为研究对象探寻到物质生活资料和使用工具从事劳动的本质，并在此基础之上进一步研究现实社会历史领域人的活动、人活动的目的性和创造性，进而进一步阐明宗教的发展、灭亡等一系列规律。

二　历史唯物主义方法论为科学无神论基本问题的研究指明了方向

关于人与神的关系是研究宗教现象必须解决的基本问题，它是区分有神论和无神论的凭借因素之一，对其的不同回答直接关系到对宗教的本质、功能、发展规律和作用的观点和看法。宣扬是神创造的人并在虚幻世界里探寻神之来源的观点是有神论，相反，坚信是人创造的神并在社会历史领域探寻神之来源的观点属于无神论。

第一，马克思运用历史唯物主义方法论中社会存在决定社会意识的基本原理，剖析得出宗教观念是社会存在的反映。人们之所以心甘情愿地信奉和崇拜某种自然物或社会现象，并不在于其本身就是神灵或神圣的，而是与个体所处社会生产力发展水平密切相关，人们在生产力发展不充分的现实之中无法在现实面前寻求未知的理解及对自身生与死问题的探寻，从而通过抽象思维形成对有限世界的超越和无限世界的期盼。但是，这种幻想逃不过建立在唯物主义基础之上的历史唯物主义方法论的拷问，它采用本体论与方法论相结合的原则对宗教问题进行深入研究，指出宗教属于唯心主义性质并阐明了它是对现实世界虚幻、歪曲、颠倒和超人间化了的事实，明确指出宗教确立的过程就是异化人的本质、人格化大自然、神圣化世俗基础、神秘化彼岸世界的过程，但在历史唯物主义方法论的指导下，无论这种被异化、人格化、神圣化和神秘化了的神圣之源多么超感觉、超力量、超人间化，其本质都是社会存在的反映。

第二，在历史唯物主义方法论的指导之下，我们要进一步探寻，既然是人创造了神，既然宗教观念是社会存在的反映，那么我们能否通过宗教认识自身和世界并最终战胜神和我们如何认识的问题。

马克思主义科学无神论认为，认识和实践中人与神关系的统一性问题是解决宗教现象更为重要的问题，二者之间内在地包含了认识和被认识、改造和被改造的关系。在认识与被认识的过程中，要正确理解宗教得以产生的客观基础，明确只有通过客观世界和人类自身才能正确认识宗教，但我们也必须认识到科学不能穷尽对"世界无限性的证明和有关人的终极关怀的研究"[①]，同时没有科学的指引宗教只能盲目前行；在改造与被改造的过程中，作为意识形态领域的宗教远离人类社会的经济基础，并且是人类尚未被认识的领域，所以对其虚幻性、歪曲性和颠倒性的本质探寻是一个曲折而漫长的过程，对它的改造不是一朝一夕的事。

第三，历史唯物主义方法论引导我们看清宗教不断修正和充实内容的

---

① 李士菊：《科学无神论研究》，人民出版社 2002 年版，第 6 页。

真实原因。我们知道神圣之源的内容及本质并不是本身固有的真实存在，不能在神灵和人的本质之中去究根问底，宗教的产生、发展及完善是每一历史阶段社会存在的反映，只有在其发展的每一历史具体发展阶段及其与之相对应的现实物质生活、物质世界中才能找到根源。同时，随着社会变迁，宗教观念和形式也与之相适应日益复杂化、多样化，这就不可避免地使得人们对虚幻色彩之下宗教本来真实面目的认识更加模糊和困难，对于宗教信仰者而言，他们并不能看透布满外在装饰物宗教的真实色彩，这种外在装饰物不但没有使人洞察出宗教的真实目的，反而使其成为更加神秘的至高无上，使信仰它的人更加坚定，不信仰它的人意识迷惑甚至迷失，这是认识宗教和改造宗教过程中进一步要解决的问题。

三 历史唯物主义方法论有利于我们全面而辩证地认识宗教问题

历史唯物主义方法论从整体上认识和把握宗教，从一分为二的角度辩证地看待宗教有利于我们全面而科学地认识宗教，进而不断完善马克思主义科学无神论体系。

第一，历史唯物主义方法论要求人们要善于分析事物的具体联系进而确立整体性和开放性观念。其一，整个世界是相互联系的统一整体，宗教作为整体中的有机组成部分不是孤立存在的，与社会其他各部分相互联系、制约并最终统一于世界统一体中。因此，我们要在社会统一体中对其进行科学定位，确立宗教在上层建筑中的地位，明确上层建筑是由生产关系及其总和构成的一定社会的经济基础所决定，进而找到生产力发展是社会前进的真实动因。以此，我们不难理解宗教的真实面目，进而正确认识宗教、解释宗教并力图改造宗教；不难读懂为什么在社会发展的不同时期会衍生出不同的宗教观念和宗教形态；不难明白通过一系列中间环节才与社会生活发生关系的宗教如此神秘和虚幻的真实原因，这些不仅为科学无神论的确立奠定了夯实的理论基础，更为其不断解决新的宗教问题提供了思路。其二，任何事物都有内在的结构性，其不同部分和要素是相互联系的，宗教作为社会统一体的组成部分具有自身得以存在的相对独立性，这要求我们在研究社会有机统一体的基础上进一步走进宗教本身，研究它的产生、结构、要素、根源、发展规律、发展趋势等一系列问题，只有这样才能达到对宗教问题的全面理解、科学认识，不断丰富科学无神论的理论宝库。

第二，历史唯物主义是关于一般社会发展规律的理论，是一种研究社会问题的基本方法，它内在地包含了辩证法的基本原则。其一，我们不可否认宗教在一定历史时期、特定历史条件下对社会发展起过积极作用，但我们必须认清，就社会发展整体趋势而言，宗教不时地扮演着个人"精神鸦片"和社会阶层"精神棍棒"的角色，总体上它的作用是消极的；其二，人类社会发展是不以人的意志为转移的历史潮流和过程，宗教在一定的社会历史条件下产生并伴随社会历史的发展而不断发展，是历史大浪中的一朵浪花，它不会永远存在，其产生、发展和灭亡是一个历史过程。正如恩格斯所言："一个伟大的基本思想，即认为世界不是既成事物的集合体，而是过程的集合体，其中各个似乎稳定的事物同它们在我们头脑中的思想映像即概念一样都处在生成和灭亡的不断变化之中，在这种变化之中，尽管有种种表面的偶然性，尽管有种种暂时的倒退，前进的发展终将会实现。"①

综上所述，历史唯物主义方法论唯物地、辩证地、历史地、科学地揭示了宗教的产生过程、内在逻辑及其发展规律，对马克思主义科学无神论的形成具有举足轻重的地位，是其不可或缺的科学研究方法。

（原载《学理论》2012 年第 21 期）

---

① 《马克思恩格斯选集》第 4 卷，人民出版社 1995 年版，第 244 页。

教育与宗教相分离

新时期党和国家文献中有关宗教与教育相分离的论述研究

何虎生

十一届三中全会以来,中国共产党深刻总结了新中国宗教工作的经验教训,纠正了"文化大革命"的错误,恢复和进一步明确了党对宗教问题的基本观点和基本政策,并根据改革开放和现代化建设的新形势和新情况,提出了依法管理宗教事务、积极引导宗教与社会主义社会相适应等新认识,开创了我国宗教工作的新局面。其中,坚持宗教与教育相分离,是新时期宗教工作的重要组成部分,也是中国特色社会主义宗教理论的一个重要内容。

一　坚持宗教与教育相分离,是党对宗教问题的基本观点和基本政策之一

中国长期处于封建社会和半封建半殖民地社会,宗教与教育有着紧密的关系,在全员信仰宗教的少数民族中更是如此。不可否认,宗教对于各民族文化的形成和发展曾起过积极的作用,但是在近代科学发展的大背景下,宗教对教育的阻碍作用越来越突出。新中国成立后,中国共产党实行了宗教与教育相分离的原则。这一点在改革开放新时期得到坚持和进一步发展,已经成为党对宗教问题的基本观点和基本政策之一。

首先,坚持宗教与教育相分离,是党对宗教问题的一贯主张。

1981 年 6 月 27 日,十一届六中全会通过的《中国共产党中央委员会关于建国以来党的若干历史问题的决议》明确指出:"坚持四项基本原则并不要求宗教信徒放弃他们的宗教信仰,只是要求他们不得进行反对马列

主义、毛泽东思想的宣传，要求宗教不得干预政治和干预教育。"①1982 年
3 月 31 日，中共中央印发的《关于我国社会主义时期宗教问题的基本观点
和基本政策》，即我们通常所说的 19 号文件也强调指出："社会主义的国
家政权当然绝不能被用来推行某种宗教，也绝不能被用来禁止某种宗教，
只要它是正常的宗教信仰和宗教活动。同时，绝不允许宗教干预国家行
政、干预司法、干预学校教育和社会公共教育，绝不允许强迫任何人特别
是十八岁以下少年儿童入教、出家和到寺庙学经，绝不允许恢复已被废除
的宗教封建特权和宗教压迫剥削制度，绝不允许利用宗教反对党的领导和
社会主义制度，破坏国家统一和国内各民族之间的团结。"②1982 年 12 月 4
日，五届全国人大第五次会议通过的《中华人民共和国宪法》第三十六
条，在国家根本大法上明确规定："国家保护正常的宗教活动。任何人不
得利用宗教进行破坏社会秩序、损害公民身体健康、妨碍国家教育制度的
活动。"③这三份文献在全党工作中都具有重要的地位，由它们来规定宗教
与教育相分离的原则，表明了党对这个问题的高度重视和明确态度。

其次，坚持宗教与教育相分离，是政教分离原则的应有之义。

新中国成立后，党领导了宗教制度的民主改革，坚决实行政教分离原
则。将宗教与教育相分离，则是贯彻政教分离原则的重要方面。1990 年 7
月 14 日，《中共中央关于加强统一战线工作的通知》强调指出："要坚持
政教分离的原则。国家保护正常的宗教活动，宗教不得干预国家行政、司
法、学校教育和社会公共教育，不得恢复已被废除的宗教封建特权和宗教
压迫剥削制度，不得利用宗教反对共产党的领导和社会主义制度，破坏国
家统一和民族团结。"④1990 年 9 月，江泽民在新疆考察工作期间也明确指
出："按照政教必须分离的原则，国家要求一切宗教都不得干预政治，干
预政府事务，包括司法、教育、婚姻、计划生育等，都不得进行反对四项
基本原则的宣传。"⑤可见，在论及宗教不得干预政治的时候，相应地就会
谈到宗教不得干预教育。也可以这样认为，不坚持宗教与教育相分离，就
违反了政教分离原则。

———————————

① 《新时期宗教工作文献选编》，宗教文化出版社 1995 年版，第 52 页。
② 同上书，第 60 页。
③ 同上书，第 77 页。
④ 同上书，第 178—179 页。
⑤ 同上书，第 184 页。

最后，坚持宗教与教育相分离，是建设中国特色社会主义的重要一环。

建设中国特色社会主义，是包括政治、经济、文化、社会四位一体的系统工程。其中，每个方面都离不开教育的支撑，缺不得合格人才的培养。这就要求坚持宗教与教育相分离，为社会主义事业不断输送人才。1983年1月15日，教育部在《关于正确处理少数民族地区宗教干扰学校教育问题的意见》中指出："解放前，藏、傣族中的佛教寺院既是宗教机关，又是那个封建社会的文化教育机关，宗教同教育是合一的。在维吾尔族、回族等民族中，情况稍有不同，既有专设的宗教学校，也有普通学校。解放后，我们实行教育同宗教分离的原则，经过大量工作，大部分宗教学校逐步解散，一般学校中的宗教课也早已取消，这是改革旧教育的重要成果。"①进而，教育部在该《意见》中强调指出："现在摆在全国各族人民面前的根本任务，是把我国建设成为现代化的高度文明、高度民主的社会主义国家。全国各地，包括少数民族地区在内，要进一步发展科学文化教育事业，逐步普及小学教育，培养造就各类人才，不断提高人民的科学文化水平。"②因此，我们要从建设中国特色社会主义的大局出发，充分认识坚持宗教与教育相分离的重要性。

二　坚持宗教与教育相分离，是贯彻党的宗教工作基本方针的必然要求

全面贯彻党的宗教信仰自由政策、依法管理宗教事务、坚持独立自主自办原则、积极引导宗教与社会主义社会相适应，是党的宗教工作基本方针的主要内容。联系这个基本方针来认识宗教与教育相分离，不难发现它是贯彻党的各项宗教政策的必然要求。

第一，全面贯彻党的宗教信仰自由政策，必然要求坚持宗教与教育相分离。

1982年19号文件对宗教信仰自由政策做了比较完整的界定，指出："每个公民既有信仰宗教的自由，也有不信仰宗教的自由；有信仰这种宗

① 《新时期宗教工作文献选编》，宗教文化出版社1995年版，第81页。
② 同上书，第82页。

教的自由，也有信仰那种宗教的自由；在同一宗教里面，有信仰这个教派的自由，也有信仰那个教派的自由；有过去不信教而现在信教的自由，也有过去信教而现在不信教的自由。"① 因此，我们在贯彻执行宗教信仰自由政策的过程中，必须要做到："在强调保障人们信教自由的同时，也应当强调保障人们有不信仰宗教的自由。这是同一问题的两个不可缺少的方面。任何强迫不信教的人信教的行为，如同强迫信教的人不信教一样，都是侵犯别人的信仰自由，因而都是极端错误和绝对不能容许的。"②显而易见，如果宗教干预教育，就侵犯别人的信仰自由，是与宗教信仰自由政策相违背的。

第二，依法管理宗教事务，必然要求坚持宗教与教育相分离。

1983 年 2 月 17 日，中共中央办公厅、国务院办公厅转发教育部《关于正确处理少数民族地区宗教干扰学校教育问题的意见》时，强调指出："通过民主程序，制定必要的行政性法规或地方性法规，认真加以解决。对于极个别披着宗教外衣，借机进行煽动破坏社会主义教育事业和其他反动活动的反革命分子，则必须坚决予以揭露和打击。"③ 1983 年 12 月 31 日，《中共中央关于在清除精神污染中正确对待宗教问题的指示》在强调"必须把正常的宗教活动同超出宪法、法律和党的政策规定范围的非法活动区别开来"时指出："在保护宗教信仰和正常的宗教活动的同时，也要保障人们有不信教的自由，不得强迫不信教的人信教，特别是不得强迫十八岁以下的少年儿童入教、出家、到寺庙学经。不允许宗教干预国家行政、干预司法、干预婚姻、干预学校教育和社会公共教育。不得利用宗教进行破坏社会秩序的活动，反对煽动宗教狂热。"④可见，通过建立健全法律法规来保障宗教与教育相分离，是依法管理宗教事务的重要内容之一。

第三，坚持独立自主自办原则，必然要求坚持宗教与教育相分离。

1990 年 4 月，陈云在给江泽民写的《关于高度重视宗教渗透问题的信》中说："最近看到几份有关宗教渗透日益严重，特别是在新形势下披着宗教外衣从事反革命活动日益猖獗的材料，深感不安。利用宗教，同我们争夺群众尤其是青年，历来是国内外阶级敌人的一个惯用伎俩，也是某

---

① 《新时期宗教工作文献选编》，宗教文化出版社 1995 年版，第 59 页。
② 同上书，第 60 页。
③ 同上书，第 78 页。
④ 同上书，第 102 页。

些共产党领导的国家丢失政权的一个惨痛教训。"江泽民在对此信的批示中指出:"陈云同志提出的问题很重要,确实需要引起各级党委和政府重视和警觉,千万不能麻痹大意,要及早采取有力措施,否则会酿成严重后果。"① 这份珍贵的文献,反映了一个重要事实:利用宗教来干扰教育,是境外敌对势力进行宗教渗透的主要手段之一。对此,我们必须充分认识到,坚持宗教与教育相分离,事关独立自主自办的原则,事关反宗教渗透的大局。

第四,积极引导宗教与社会主义社会相适应,必然要求坚持宗教与教育相分离。

2001 年 12 月 10 日,江泽民在全国宗教工作会议上指出:"积极引导宗教与社会主义社会相适应,不是要求宗教界人士和信教群众放弃宗教信仰,而是要求他们热爱祖国,拥护社会主义制度,拥护中国共产党的领导,遵守国家的法律法规和方针政策;要求他们从事的宗教活动要服从和服务于国家的最高利益和民族的整体利益;支持他们努力对宗教教义作出符合社会进步要求的阐释;支持他们同各族人民一道反对一切利用宗教进行危害社会主义祖国和人民利益的非法活动,为民族团结、社会发展和祖国统一多作贡献。"②可见,积极引导宗教与社会主义社会相适应,对宗教方面提出的要求,没有干涉宗教内部事务,也没有违背宗教信仰自由政策,仍然是坚持"政治上团结合作、信仰上互相尊重"的一贯原则,要求宗教遵守已经在实践中得到检验的法律法规和方针政策,包括宗教与教育相分离等。

三　坚持宗教与教育相分离,对党员干部、教育界、宗教界、学术界的不同要求

坚持宗教与教育相分离,涉及党政管理者、教育工作者、宗教界人士等各个方面。具体到原则执行中的要求,也各有不同。就历史经验和现实要求来看,党和国家文献中反复强调的以下几点,需要高度重视和切实落实。

第一,共产党员不得信仰宗教,不得参加宗教活动。

---

① 《新时期宗教工作文献选编》,宗教文化出版社 1995 年版,第 177 页。
② 《江泽民文选》第 3 卷,人民出版社 2006 年版,第 387 页。

共产党员是有共产主义觉悟的先锋战士，世界观应该是马克思主义的世界观，必须坚持无神论。如果党员干部做不到这一点，就不是真正的共产党员，就无法坚持宗教与教育相分离。有鉴于此，党的组织和领导经常强调党员的无神论要求。1990 年 9 月，江泽民在新疆考察工作期间，强调进行马克思主义宗教观教育，而且要求特别注意坚持无神论和无神论宣传。他指出："共产党人是无神论者，任何时候都要坚持无神论，宣传无神论。对一些党员中存在的非无神论思想，要进行耐心细致的教育和深入的思想工作，帮助他们解决好世界观问题。"① 1991 年 1 月 28 日，《中共中央组织部关于妥善解决共产党员信仰宗教问题的通知》明确规定："对于丧失共产主义信念，笃信宗教，或成为宗教职业者，经教育不改的，应劝其退党，劝而不退的予以除名。""对于共产主义信念动摇，热衷于组织或参加宗教活动，经过批评教育，有转变决心和实际表现，本人要求留在党内的，可作限期改正处理；经过批评教育不改的，应劝其退党。"② 1991 年 6 号文件也明确指出："对那些参与煽动宗教狂热、支持滥建寺观教堂的，要严肃地进行批评教育，经教育仍不悔改的要开除党籍。"③因此，我们必须始终牢记，共产党员信仰宗教，参加宗教活动，违背党的性质，削弱党组织的战斗力，降低党在群众中的威信，也不利于正确贯彻执行包括宗教与教育相分离在内的宗教政策。

第二，对人民群众加强马克思主义宗教观和无神论的宣传教育。

共产党员不但不能信仰宗教，而且必须要向人民群众宣传科学的世界观。如果人民群众树立了马克思主义宗教观，坚持宗教与教育相分离就有了广泛的群众基础。1979 年 9 月 13 日，中共中央批转的全国统战工作会议文件《新的历史时期统一战线的方针任务》明确指出："在新形势下，要加强对宗教活动的管理，认真做好对信教群众和宗教界人士的思想教育工作。在人民群众中，要进行无神论的宣传教育。"④ 1982 年 19 号文件再次指出："保障信教自由，不但不应妨碍而且应当加强普及科学教育的努力，加强反迷信的宣传。"⑤ 因此，加强马克思主义宗教观和无神论的宣传

---

① 《新时期宗教工作文献选编》，宗教文化出版社 1995 年版，第 184 页。
② 同上书，第 206 页。
③ 同上书，第 221 页。
④ 同上书，第 12 页。
⑤ 同上书，第 60 页。

教育，以及加强宗教基本知识、基本政策的教育，应成为思想政治教育的重要组成部分。与此同时，我们也要认识到，"对群众进行无神论宣传教育，要同对党员的要求区别开来，并同社会主义两个文明建设的具体实践结合起来。要善于用唯物主义观点说明宗教信仰的根源，下功夫提高人们的科学文化素质，防止简单从事而伤害信教群众的宗教感情，防止用行政命令的方法强迫人们不信教"①。1990 年 12 月 7 日，江泽民同全国宗教工作会议部分代表座谈时，对此进行了深入的阐述："对我们共产党人来讲，既要坚持马克思主义的世界观，同时也要认真贯彻国家宪法规定的宗教信仰自由政策，就是说，每个公民既有信仰宗教的自由，也有不信仰宗教的自由。不能因为我们共产党人相信无神论，就用'左'的态度对待宗教信仰。反过来，又不能因为有了宗教信仰自由政策，对无神论，对培育'四有'新人就不宣传了，这也是不行的。应该说明，共产党员必须是无神论者，这并不违反宗教信仰自由政策。不能说因为宗教信仰自由，就对共产党员信教问题缩手缩脚，不敢进行教育。但是，对非共产党员信教我们不能随便去干预。否则，很容易损害党同信教群众之间的关系，影响安定团结。一句话，就是我们要用马克思主义的宗教观作指导，防止宗教工作中的两个片面性。"②

第三，对宗教界人士加强爱国主义和社会主义教育。

坚持宗教与教育相分离，离不开宗教界人士的密切配合。这就需要对宗教界人士进行教育和引导，让他们知道宗教与教育相分离是社会发展的必然要求，对宗教界自身也非常重要。关于宗教界人士的教育问题，党和国家文献中的论述很多。比如 1982 年 19 号文件指出："对于一切宗教界人士，首先是各种宗教职业人员，一定要予以应有的重视，团结他们，关心他们，帮助他们进步。必须坚持不懈地和耐心地对他们进行爱国守法、拥护社会主义、拥护祖国统一和民族团结的教育，在天主教和基督教中还要加强独立自主、自办教会的教育。"③ 1983 年 5 月 11 日，习仲勋在庆祝中国伊斯兰教协会成立 30 周年的讲话中也指出："继续办好伊斯兰教经学院，有计划地培养和教育年轻一代的宗教职业人员；要办好进修班，对现

---

① 《新时期宗教工作文献选编》，宗教文化出版社 1995 年版，第 184 页。

② 同上书，第 201 页。

③ 同上书，第 61—62 页。

有的阿訇、毛拉进行培训，不断提高他们的爱国主义和社会主义觉悟，提高文化水平和宗教学识，认真执行党和国家的宗教政策。"①1984 年 3 月 28 日，《西藏工作座谈会纪要》指出："要加强对宗教人士的爱国守法的教育，保证宗教职业者和活佛从事正常宗教活动的合法权益，特别是要充分发挥宗教界爱国人士的积极作用。对于严重危害生产，影响群众生活，甚至危及人民生命的教规陋习，应在同宗教界人士充分协商和耐心教育群众的基础上，推动他们自愿地、逐步地加以改革，并且依靠他们，由他们主持进行。"②1991 年 2 月 5 日，《中共中央、国务院关于进一步做好宗教工作若干问题的通知》指出："一切爱国宗教团体都应当接受党和政府的领导，遵守国家法律，发扬自我教育的传统，经常对教职人员进行爱国主义、社会主义、时事政策、国家法律、法规等教育，不断提高维护国家和民族利益，坚持独立自主自办原则的自觉性。"③毫无疑问，在上述教育中都包含着宗教与教育相分离的内容。

第四，教育界必须坚持宗教不得干预教育的基本要求。

1983 年 1 月 15 日，教育部在《关于正确处理少数民族地区宗教干扰学校教育问题的意见》中，提出："在普通学校应当明确规定：（1）不得在学校向学生宣传宗教，灌输宗教思想；（2）学校不得停课集体进行宗教活动；（3）不得强迫学生信仰宗教，不得强迫他们当和尚、喇嘛或满拉等；（4）不得以任何形式在学校开设或讲授宗教课；（5）不得利用宗教干扰或破坏学校的正常教学秩序；（6）不得以任何形式干扰或阻挠学校向学生进行马列主义、毛泽东思想教育和科学文化教育。"④这几条意见，都是从实践中得到的宝贵经验，务必坚持和落实。

第五，加强宗教问题的科学研究。

坚持宗教与教育相分离，也需要理论上的支撑。所以，学术界要以马克思主义为指导，加强宗教问题的研究，为现实工作服务，同时防止以"文化"或"学术"为名的宗教渗透。对此，1982 年 19 号文件强调指出："用马克思主义立场、观点、方法对宗教问题进行科学研究，是党的理论工作的一个重要组成部分。用马克思主义哲学批判唯心论（包括有神论），

①《新时期宗教工作文献选编》，宗教文化出版社 1995 年版，第 92 页。
② 同上书，第 114—115 页。
③ 同上书，第 218 页。
④ 同上书，第 81—82 页。

向人民群众特别是广大青少年进行辩证唯物论和历史唯物论的科学世界观（包括无神论）的教育，加强有关自然现象、社会进化和人的生老病死、吉凶祸福的科学文化知识的宣传，是党在宣传战线上的重要任务之一。建设一支用马克思主义武装起来的宗教理论研究工作队伍，努力办好用马克思主义研究宗教问题的研究机构和大学的有关专业，是党的理论队伍建设的一个不可缺少的重要方面。"①

综上所述，坚持教育与宗教相分离，任何组织和个人不得利用宗教进行妨碍国家教育制度的活动，是中国共产党对宗教问题的基本观点和基本政策之一，也是全面贯彻党的宗教信仰自由政策、依法管理宗教事务、坚持独立自主自办原则、积极引导宗教与社会主义社会相适应的必然要求。当然，在实践中坚持教育与宗教相分离，也非易事，需要党员干部、教育界、宗教界、学术界的共同努力。

（原载《科学与无神论》2012 年第 1 期）

---

① 《新时期宗教工作文献选编》，宗教文化出版社 1995 年版，第 72 页。

简论近代中国教育与宗教相分离的历程

习五一

在近代中国，教育与宗教相分离的问题，主要是针对西方来华传教势力兴办的基督教教会学校。在近代中国新式教育体制的建设中，世俗化大学占据主导地位，在国立大学中没有宗教神学的位置。因此，在各种近代中国教育史中，很难找到教育与宗教相分离的相关论述。以往，近代教育史研究的学者，将教会学校归入私立学校教育章节中，略涉及这个命题。

教育与宗教相分离的原则，是西方国家在近现代化发展进程中逐步形成的。

众所周知，中世纪的欧洲社会，基督教占据主导地位，上层建筑，当然包括教育体系，是在基督教的统领下生存的。这就是西方发达国家的著名大学基本上源于教会大学的历史背景。随着现代化的历史进程，大学校园中思想自由发展日益蓬勃，要求摆脱神学统治的呼声日益强烈。随着西方国家政教分离的体制逐步建立，教育与宗教相分离的原则，逐步成为历史发展的主流。当今世界，西方著名大学都已经实现世俗化。

2006年，中国无神论学会代表团到美国访问时，一位美国圣经大学的校长告诉我说，美国最重要的高等学府已经全部世俗化。目前，教会系统的大学属于中小型学院。其影响正在日益萎缩，生源主要来自发展中国家。这位校长说，目前，韩国进修基督教神学博士的学生最多，可能后来居上的是来自中国的学生。

从宏观角度考察，如果说，西方基督教大学世俗化的动力中，自由思想家的作用比较突出的话，那么，近代中国基督教教会学校世俗化的因素，更多地来自社会变革运动的冲击。

西方传教士在中国兴办传教事业，其办学的目的是为了培训传教人才。一句话是为宣教事业。进入民国时期，特别是在五四新文化运动以后，基督教教会学校的办学宗旨受到日益严峻的挑战。国民政府教育部制定的现代教育法规，国立大学的竞争，特别是非基督教运动和收回教育权运动，推动了中国基督教教会学校的世俗化进程。

在这些波澜壮阔的社会运动中，有三大高峰，即现代教育体制的确立与五四新文化运动、民族主义高涨中的非基督教运动、矛头直指基督教教会学校的收回教育权运动。

一　建立早期现代教育体制：神圣与世俗的博弈

近代中国，在建立早期现代教育制度过程中，外国基督教会势力与中国世俗社会势力的博弈，随着社会现代化的发展，相互影响，此起彼伏。

（一）教会办学的宗旨是"为基督征服中国"

鸦片战争后，列强在华基督教会依仗不平等条约的特权，迅速掀起一场"为基督征服中国"的传教运动①。为了培养传播福音的人才，各国差会（西方宣教会），引入西方教育制度，相继成立了许多教会学校。

19 世纪末到 20 世纪初，是近代中国走向现代化的重要时期。无论政治体制、经济结构、文化价值、社会风俗都发生了深刻的变革。从变法维新失败以后，西方基督教差会将"为基督征服中国"的重点，逐渐转向文化教育事业。

义和团运动失败后，帝国主义列强迫使清政府签订《辛丑条约》，使中国进一步陷入半殖民地的深渊，教会势力得以迅速扩张。1901 年至 1920 年，是近代中国基督教发展最迅猛的时期。1918 年，教会学校比 1900 年增长了 4 倍，共 1.3 万所，包括 14 所教会大学，其中天主教大学 1 所，基督教大学 13 所。这些教会学校没有一所经过中国政府批准，其成立是侵犯中国教育主权的非法行为。

在教会大学中，美国势力独占鳌头。美国政府以庚子赔款办教育的政策，是采纳传教士明恩溥的建议。1906 年 3 月 6 日，传教士明恩溥到白宫劝说罗斯福总统。他认为，如果要防止义和团反帝斗争再度爆发，最好的办法是传播基督教，多多开办教会学校。罗斯福总统十分赞成。

---

① 《基督教在华传教士大会纪录，1877 年》（上海，1878 年），第 32 页。

1908 年美国国会通过法案，将庚子赔款半数退还中国用于办学，并兴办留美预备学校——清华学堂（后改称清华大学）。基督教会系统的中华教育会宣称：

"教育是传教最得力的助手……现在中国的新教育制度实际上是在代表各教会团体的基督教徒控制之下。这事实上就是人类大家庭中的四分之一的青年都受到基督教会的控制。"[1]

所有的教会学校都以福音传播为首要宗旨，规定学生必须参加礼拜仪式和读经班。依据教会学校的宗旨，传授西方的科学技术，只是传播福音、"摧毁异端"的手段。[2] 美国传教士狄考文宣称："如果科学不是作为宗教的盟友，它就会成为宗教最危险的敌人。"他要求教会不要让"异教徒或基督教的敌人来开动这个强大的机器"。[3]

而对于绝大多数的中国人而言，学习西方的科学技术，必须皈依基督教是难以接受的条件。如：清朝末年，湖广总督张之洞倡导"中学为体、西学为用"，想送孙子到一所教会学校——文华学堂读书，学习西方的语言和数学，表示愿意捐助巨额资金。他提出唯一的条件是孙子不参加礼拜。但是，张之洞的要求遭到校方拒绝。[4]

（二）建立新式学堂：中外势力的博弈

20 世纪初，清政府为维持其摇摇欲坠的统治，开始推行新政，其中包括教育制度的改革。1901 年开办京师大学堂；1902 年颁布张百熙草拟的《钦定学堂章程》；1904 年颁布了张之洞编订的《奏定学堂章程》。这两部学制结束了传统的儒学教育和科举制度，是近代中国教育史上的里程碑。

1905 年，清廷发布诏令"废除科举考试"，仿照欧美现代教育制度，建立新式学校。清政府公布的这些教育章程，在新式教育学堂中，除教授儒家伦理外，禁止传播外国宗教。在《奏定学堂章程》中明文规定：

"外国教员不得讲授宗教。此时开办学堂，教员乏人。出版之师范学堂及普通中学堂以上，势不能不聘用西师。如所聘西师系教士出身，须于

---

① 《教育杂志》1902 年第 12 期，第 619—621 页。
② 《中华教育会（基督教）第三次周年会议记录》（上海，1899 年），第 67 页。
③ 《基督教在华传教士大会纪录，1877 年》（上海，1878 年），第 171—180 页。
④ 《文华大学五十周年纪念册》，第 4 页。

合同内订明：凡讲授科学，不得借词宣讲涉及宗教之语，违者应即辞退。"①

1906 年，清政府颁布诏令，大力推广建立新式学堂。"现今振兴学务，各省地方筹建学堂，责无旁贷；极应及时增设，俾使国民得有向学之所。"对于外国教会设立的学堂，"并无允许之文，除已开设学堂暂听设立，毋庸立案外，嗣后如有外国人呈请在内地开设学堂者，亦均毋庸立案"。②

日益衰败的清政府，在列强威逼下，委曲生存，自然无力管制教会学校，只能采取鸵鸟政策，即不承认、不理睬的"毋庸立案"。但是，执政当局对教会学校的芥蒂之心仍是显而易见的。如：清政府招考官员不准教会大学毕业生参加考试。③

教会学校依仗不平等条约的特权，无视中国政府的主权，自成一体。教会大学虽然建立在中国土地上，但是在外国注册立案。如：苏州东吴大学于 1902 年在美国的田纳西州注册；上海圣约翰大学于 1906 年在美国哥伦比亚州注册；南京金陵大学于 1911 年在美国华盛顿州注册。在半殖民地的中国，国权沦丧，教会大学对中国法律不屑一顾。这些教会大学被称为是在中国领土上享受治外法权的"外国文化租界"。

20 世纪初科举考试被废除后，各种新式学堂如雨后春笋。当时中国兴办的新式学堂，新式师资力量严重不足，教育课程仍以传统文化为主。相形之下，教会学校最先引入西方教育制度，开创了现代女子高等教育和现代医学教育的先河。因此，教会学校成为没有能力出国留学的青年人选择的目标之一。教会学校规模不断扩大，许多学生入学是为了学习西方科学技术，并不是来聆听福音的。这些青年学子对教会学校强迫学生参加宗教仪式的制度，提出越来越多的挑战。

二 现代教育思潮和五四新文化运动

在近代中国，基督教教会学校面临真正意义上的第一次挑战是，现代教育思潮和五四新文化运动。

---

① 《奏定学堂章程 学务纲要》，载舒新城编《中国近代教育史资料》上册，人民教育出版社 1981 年版，第 207 页。

② 舒新城：《收回教育权运动》，中华书局 1927 年版，第 15 页。

③ 李佳白：《中国政府与教育》，《教育季刊》第 2 卷（1909 年），第 5—6 页。

（一）蔡元培的现代教育思想："以美育代宗教"

在近现代中国教育史上，蔡元培先生堪称旗帜性人物。辛亥革命，结束千年封建帝制，建立民主共和制度。1912 年南京临时政府刚一成立，便任命蔡元培为教育总长。他走马上任时，教育部只有职员三人。临时政府存在的时间短暂，还来不及制订新的教育方针，但是教育总长蔡元培提出的教育思想，反映出教育变革的时代要求。

1912 年 4 月，蔡元培在《东方杂志》上发表《对于新教育方针之意见》一文，奠定了民国初年教育方针的思想基础。他指出：

"教育有二大别。曰隶属于政治者，曰超轶乎政治者。专制时代（兼立宪而含专制性质者言之），教育家循政府之方针以标准教育，常为纯粹之隶属政治者。共和时代，教育家得立于人民之地位为标准，乃得有超轶政治之教育。"

蔡元培认为，专制时代的教育标准隶属于专制的政治，而共和时代的教育标准应立足于"人民之地位"。因此，新教育方针必须变革清末学制。蔡元培说："忠君与共和政体不合，尊孔与信仰自由相违。"他提出五项教育方针，即"军国民教育"、"实利主义教育"、"公民道德教育"、"世界观教育"、"美感教育"。他认为，"军国民主义为体育；实利主义为智育；公民道德及美育毗于德育；而世界观则统三者而一之"。[1] 他认为，新教育的主旨就是养成科学的头脑、劳动的能力和艺术的兴趣。蔡元培主张的"五育"说，基本上揭示了现代教育的方针和内容，对近代中国的教育发展产生了深远的影响。

其后，蔡元培担任北京大学校长十年（1917—1927），身体力行，贯彻其教育方针，影响至今。蔡元培校长提出"思想自由、兼容并包"的方针，使北大成为新文化运动的重镇，也为早期马克思主义的传播提供了平台。

与本文命题相关的是，1917 年 8 月，蔡元培校长提出的"以美育代宗教"的思想。为什么要提出"以美育代宗教"说呢？蔡元培应邀发表演说指出，现在有许多人"误听教士之言"，将西方社会的进步，"一切归功于宗教，遂欲以基督教劝导国人"。还有些人"以孔子为我国之基督，遂欲

---

[1] 蔡元培：《对于新教育方针之意见》，《蔡元培选集》，中华书局 1959 年版，第 8—15 页。

组织孔教，奔走呼号，视为今日重要问题"。①

蔡元培认为，古代社会，宗教与知识、意志和感情相关。近代社会随着科学的发达，文化的进步，知识和意志皆脱离宗教。生物进化论批判神创论，是知识脱离宗教的证据；生理学、心理学的发展，是意志脱离宗教的证据。而与宗教关系最密切的情感，即美感，也出现脱离宗教的趋势。

蔡元培指出：宗教的排他性，特别是一神教强烈的排他性，引发激烈的宗教战争，如果美育依附宗教，则宗教的弊端使美育失去陶养人生的教化作用。他说：

"美育之附丽于宗教者，常受宗教之累，失其陶养之作用，而转以激刺感情。盖无论何等宗教，无不有扩张己教，攻击异教之条件。回教之谟罕默德，左手持《可兰经》，而右手持剑，不从其教者杀之。基督教与回教冲突，而有十字军之战，几及百年。基督教中又有新旧教之战，亦数十年之久。至佛教之圆通，非他教所能及，而学佛者苟有拘牵教义之成见，则崇拜舍利受持经忏之陋习，虽通人亦肯为之。"②

蔡元培认为，为避免宗教冲突带来的伤害，应当"舍宗教而易之以纯粹之美育。"如何解释"劳动与艺术"、"情感与宗教"等命题，众说纷纭。分析"以美育代宗教说"的哲学思路，不是本文的核心命题。笔者认为，在民国初年，蔡元培高唱"以美育代宗教说"，是为了发挥美育的德育功能，以"自由平等博爱"的公民道德和美育的感化，取代以宗教为核心的传统道德。"以美育代宗教说"的社会作用，反映出人类社会日益非宗教化的历史趋势。

（二）五四新文化运动：高扬人权，批判神权

从思想文化史的视角考察，新文化运动和非基督教运动是中国近代史上紧密相连的启蒙运动。

1915 年 9 月，陈独秀在上海创办杂志，批判锋芒指向封建传统文化，新文化运动由此发端。现在历史学家将新文化运动的旗帜概括为"科学"与"民主"。我们打开历史文献一看，思想家最初的口号是"人权"与"科学"。《新青年》第 1 卷第 1 号的《敬告青年》一文提出"当以科学与

---

① 蔡元培：《以美育代宗教说》，《蔡元培选集》，中华书局 1959 年版，第 53 页。
② 同上书，第 55 页。

人权并重"。①

新文化运动以意大利的文艺复兴和法国的启蒙运动为榜样，本质上是一场人文主义运动，是一场世俗化运动。它必然要高扬人权，批判神权。科学与民主成为批判宗教的思想武器。科学质疑超自然的神秘力量，民主则倡导尊重人权。激进的陈独秀专门撰写《偶像破坏论》。文中说："天地间鬼神的存在，倘不能确实证明，一切宗教都是一种骗人偶像；阿弥陀佛是骗人的；耶和华上帝也是骗人的；玉皇大帝也是骗人的；一切宗教家所尊重的崇拜的神佛仙鬼，都是无用的骗人的偶像，都应该破坏。"② 新文化运动是一场重新评估一切价值的运动。这种标榜怀疑一切的批判精神，必然使他们喊出"一切宗教都是一种骗人的偶像"。

此时，他们批判的锋芒主要指向中国的封建礼教，只是顺势地说了几句批判基督教的话。而到少年中国学会发起对宗教问题的讨论时，对基督教的批判成为主要议题。学会在北京举行三次宗教问题演讲大会，于1921年春出版三期《宗教问题号》，形成新文化运动以来第一次研讨宗教的热潮。

批判宗教者占大多数。恽代英的《我的宗教观》带有战斗的无神论气息，显示出其马克思主义的价值取向。周太玄则有明显的学者特点，他的《宗教与人类的将来》和《宗教与中国的将来》，塑造出无神论思想家和科学家的形象。周太玄认为，"人不是宗教的动物，人类的将来是无宗教的"③。李璜的《社会主义与宗教》是一篇锋芒犀利的讨伐宗教的檄文。文中引述了许多马克思的言论，但其理论基调是无政府主义。他的论述闪耀着许多思想的火花。他说，社会主义的产生，"全靠18世纪要求解放的哲学思潮"开路，而18世纪的哲学是"一致反对宗教的"。它将人类思想从基督教教义的束缚中解放出来。科学的发明，揭示出宇宙不是神创造的。因此，人类"依靠神的心便冷了，依靠自己和同类的心便切了"。于是，人类"本着这个平等自由和同类互助的道理，创造出社会主义来"。他认为，社会主义赖以产生的条件注定它必然反对宗教。"社会主义的精神全放在此世界，宗教的精神全放在天堂。"④

---

① 陈独秀：《敬告青年》，《新青年》第1卷第1号。
② 陈独秀：《偶像破坏论》，《新青年》第5卷第2号。
③ 周太玄：《宗教与人类的将来》，《少年中国》第3卷第1期。
④ 李璜：《社会主义与宗教》，《少年中国》第3卷第1期。

有趣的是，正在中国访问讲学的英国哲学家罗素积极参与这场争论。他发表一系列的演讲，批判宗教。罗素特别推崇中国的传统文化。他说："中国的运气真好。"其好运为：（1）远离欧洲，避免了宗教战争的影响；（2）有史以来没有产生过"和欧洲一样险毒的宗教"。他希望中国能保持这种没有宗教的文化传统。①

少年中国学会发动的关于宗教的争论，引起了广泛的社会影响。《新青年》《觉悟》《学衡》《新潮》等一批报刊纷纷载文批判宗教，形成规模巨大的批判宗教的热潮。五四新文化运动高举科学与民主的旗帜，以知识精英为领袖，以青年学生为骨干，是中国近代史上一次重要的思想启蒙运动。

三　现代民族主义高涨中的非基督教运动

20世纪20年代，中国社会的现代民族主义思潮空前高涨，对基督教会发起的挑战空前激烈。《剑桥中国晚清史》的作者评论说：

"从前的反对基督教，象征着一个古老文明决心抵御有毁灭它危险的外来势力。20世纪的反对基督教，则表现出一个年轻的国家急于寻找新的自尊基础。排外主义仍延续下来，但是，它是在新环境中延续下来的。这个环境与其说形成于畏惧，不如说形成于愤怒；与其说形成于旧式仇外情绪，不如说形成于现代的民族主义。"②

（一）教会学校"建立上帝之国"的挑战态势

1922年春天爆发的非基督教运动，原因十分复杂。除新文化运动的启蒙外，20世纪20年代基督教在中国传教事业的挑战态势，也刺激了中国知识界。

著名的教育家、国民党人蒋梦麟在《西潮》中的一段话，具有代表性。他说："基督教以兵舰做靠山的商业行为结了伙，因而在中国人心目中，这个宣扬爱人如己的宗教也就成为侵略者的工具了。""中国人也实在无法不把基督教和武力胁迫相提并论。""如来佛是骑着白象来到中国的，

① 《罗素先生的演讲》，《少年中国》第2卷第8期。
② 费正清主编：《剑桥中国晚清史》，中国社会科学出版社1985年版，第635页。

耶稣基督却是骑在炮弹上飞过来的。"①

20 世纪 20 年代，基督教在华的传教事业出现两个重要倾向：一是集中力量在城市传播，二是重点发展高等教育。20 世纪 20 年代，66% 的基督教传教士集中在 5 万人以上的城市中。1920 年基督教教会学校学生总数达 245049 人。以 1909 年为基数，到 1920 年增长了 3.25 倍，15 年平均每年增长 28%。1922 年春，中外教会联手调查在华传教事业的报告发表。英文书名为 *The Christian Occupation of China*，中文本书名为《中华归主》。

《中华归主》的姐妹篇是《基督教教育在中国》一书。1921 年 9 月，由美、英、中三国教育家、神学家、传教士组成的中国教育调查团，受基督教差会和洛克菲勒财团的资助，在美国芝加哥大学神学院教授巴敦（Ernest D. Burton）团长的率领下，对包括教会学校在内的中国各级各类学校进行调查。调查团将部分调查报告编成《基督教教育在中国》出版发行。关于基督教教育的目的和作用，该书论述道：

"基督教教育对在华教会全部工作的特殊贡献在于，运用教育手段实现基督教差会的目标，即通过引导人们直接与耶稣基督接触，缔造一个基督教社会秩序，以建立上帝之国。"②

基督教在华教育事业的宗旨是"建立上帝之国"。教会学校的传教士们认为，西方文明就是基督教。输入西方的科学知识，是使中国基督教化的手段。山东齐鲁大学的创办人狄考文认为，传教士应先教授科学和艺术，然后再传播福音，这样才能"摧毁异端，使基督教信仰和道德渗透到整个社会的结构中"③。

（二）从非基督教运动到非宗教运动

到 1922 年春，世界基督教学生同盟第十一届大会在北京举办前后，中国民众的愤怒如同火山一样爆发了。

这场运动首先在基督教教会势力最强大的城市上海爆发。1922 年 2 月，上海一批青年学生发起成立"非基督教学生同盟"。其宣言指出："基

---

① 蒋梦麟：《西潮》，台北中央日报社 1957 年版，第 3—4 页。
② "the Report of the China Educational Commission of 1921—1922", *The Christian Education in China*, Shanghai, 1922, p. 361.
③ 《基督教在华传教士大会记录，1877 年》，第 179 页。

督教会"是资本主义"经济侵略的先锋队"。① 同时向北京的清华学校暨全国各地学校发出通电,号召抵制在清华校园召开世界基督教学生同盟大会。通电强调指出,清华是国立学校,"非教会所立",且北京"不乏耶教会场"。如果坐视这一大会在清华召开,则外人将讥讽"中国无人"。②

世界基督教学生同盟是美国人穆德于 1895 年创办的基督教国际性组织。这次穆德选择在中国举办第十一届大会,因为他认为"那时中国是反基督教运动斗争的重要据点"。穆德有意识地到中国来挑战,而且选定在北京的清华大学。

上海点燃的火炬传到北京。3 月 11 日,北京大学一批青年学生宣布成立"非宗教大同盟"。宣称:

"我们自誓要为人类社会扫除宗教的毒害。我们深恶痛绝宗教之流毒于人类社会十倍于洪水猛兽。有宗教可无人类,有人类应无宗教。宗教与人类,不能两立。人类是进化的,宗教偏说'人与万物,天造地设'。人类本是自由平等的,宗教偏要束缚思想,摧残个性,崇拜偶像,主乎一尊。人类本是酷好和平的,宗教偏要伐异党同,引起战争,反以博爱为假面具骗人。""好笑的宗教,与科学真理既不相容;可恶的宗教,与人道主义,完全违背。"③

这番慷慨激昂的批判成为非宗教运动中的代表作。其思想之锐利,言辞之激烈,有振聋发聩的威力。在今天看来,其中有些主观武断的言论,存在着非理性的因素。比如"有宗教可无人类,有人类应无宗教。宗教与人类,不能两立"。这样的命题就难以成立。当代世界宗教区域性复兴表明,人类精神生活是极为复杂的,在科学日益昌盛的当代社会,宗教依然具有相当的生命力。从更广阔的视野来看,信仰是人类社会生存发展的精神支柱。

同日,北京的非宗教大同盟向全国发出通电,号召各界人士"依良心之知觉","本科学之精神",抵制世界基督教学生同盟第十一次大会在清华校园召开。李石曾、萧子升、李大钊等师生签名,随后,学界名流蔡元培、王星拱、吴虞等"加入注册",汪精卫、胡汉民、陈独秀等纷纷加盟。

---

① 《非基督教学生同盟宣言》,《先驱》第 4 号,1922 年 3 月 15 日。

② 同上。

③ 《北京非宗教大同盟宣言》,载张钦士辑《国内近十年之宗教思潮》,燕京华文学校 1927 年版,第 193—195 页。

3 月 28 日，非宗教大同盟公布简章规定："专以解脱宗教羁绊，发挥科学真理为宗旨。"科学成为解脱宗教束缚的思想武器。

在抗议声一浪高过一浪中，世界基督教学生同盟大会在抗议声中如期举办。4 月 4 日至 9 日，北京政府派大批军警到清华大学保护会场，会议主题是"基督在世界重建中"[①]。北京政府总统接见全体代表。

会议开幕当天，北京非宗教同盟致函清华大学学生，抗议以国立大学的资源为宗教服务，指出此举违反政教分离的原则。信函中的名言"金钱与枪炮奴役我们的肉体，基督教的福音奴役我们的灵魂"[②]，在非基督教运动中流行一时。

这场非宗教运动以科学为号召，以知识界人士为领袖，以青年学生为主力，坚持启蒙主义的方向，对宗教发动了猛烈的冲击。运动中虽有激烈言论，但主流是理性的，行动是克制的。与义和团运动激愤抗争，依仗"神术"排外，有质的区别。

北京与上海两地运动有明显的差异。其一，北京的宗旨扩大为反对一切宗教，而上海仅仅针对基督教；其二，北京的大同盟包容各界人士，而上海仅仅是"学生同盟"；其三，北京的宣言以科学、民主的口号代替马克思主义宣传。上海的青年学生在资本主义经济发展的城市生存，政治倾向日益激进。而北京大同盟社会成分多元，新文化运动的精神有更加广泛的社会基础。正是因为北京大同盟的精神理念更具有包容性，使这场运动迅速波及广东、湖南、福建、山西、浙江等地，形成全国性的思想运动。

（三）非宗教运动：教育必须与宗教分离

在这场非宗教运动中，现代教育必须与宗教分离成为重要的议题。封建帝制崩溃后，思想界充满春天的生机，新型的知识分子趋向科学和理性的价值观。这种潮流导致了近代中国思想启蒙运动的兴起。大多数知识分子倾向无神论，否认存在超自然的现象，有非宗教的倾向。他们认为科学和理性可以使人们摆脱宗教的束缚，增加人类利用和控制自然的能力，从而增进人类的福祉。

1922 年 4 月 9 日，在世界基督教学生同盟大会闭幕的当天，非宗教大

---

① 马泰士：《穆德传》，伦敦，1933 年，第 387 页。
② 戴遂良：《现代中国》，第 3 卷，第 42—43 页。

同盟在北京大学召开第一次大会，北京大学校长蔡元培发表演说，从信仰自由的角度，阐述教会学校"诱人入教"是侵犯"人权"。他指出：

"因为现今各种宗教都是拘泥着陈腐主义，用诡诞的仪式、夸张的宣传，引起无知识人盲作的信仰，来维持传教人的生活。这完全是用外力侵入个人的精神世界，可算是侵犯人权的。我尤所反对是，那些教会的学校的青年会，用种种暗示，来诱惑未成年的学生去信仰他们的基督教。"

在演说中，蔡元培重申日前发表的《教育独立议》一文的主张，提出教育与宗教相分离的三项措施：（1）大学中不必设神学科，仅于哲学科中设宗教史、比较宗教学等；（2）各学校中均不得有宣传教义的课程，不得举行祈祷式；（3）以传教为业的人，不必参与教育事业。①

教育与宗教分离，是近代先进教育家的共同思想主张。1922年7月，中华教育改进社在济南召开第一届年会，讨论教育革新问题。到会人士共370人，会议收到议案122件。在会上，胡适提议："凡初等学校（包括幼稚园）概不得有宗教教育（包括理论与仪式）。"陶孟和、丁文江附和此议。他们的理由如下：

"儿童当此时间受感力最强，而判断力最弱，教育家不应利用这个机会，灌输'宇宙中有神主宰'、'上帝创造世界'、'鬼神是有的，并且能赏善罚恶的'等不能证实、或未曾证实的传说；也不应该利用这个机会，用祈祷、礼节、静坐、咒诵等仪式来做传教的工具。总之，学校不是传教的地方，初等学校尤不是传教的地方，利用儿童的幼弱无知为传教的机会，是一种罪恶。"②

胡适等人的主张在议案表决后，即以中华教育改进社的名义，"一面函达各教会学校及悟善社、同善社等宗教团体所设的学校，一面文字的鼓吹此意"③。此议案的提出意义重大。从此，主张教育脱离宗教的影响，逐渐成为教育界有识之士的共同认识。

批判教会教育的先锋仍是少年中国学会。1923年10月，少年中国学会在苏州开会，制定新纲领明确提出"提倡民族性的教育，以培养爱国家、保种族的精神。反对丧失民族性的教会教育及近于侵略的文化政

<hr>

① 蔡元培：《教育独立议》，《新教育》第4卷第3期，1922年3月。
② 《新教育》第5卷第3期。
③ 《中华教育界》第14卷第8期。

策"①。学会评议员余家菊撰写了著名的《教会教育问题》一文。他对教会教育进行了空前猛烈的攻击。他在开篇写道:"于中华民族之前途至大的危险的,当首推教会教育。教会在中国取得了传教权与教育权,实为中国历史上之千古痛心事。"文章揭露教会教育的三大危害:(1)"教会教育是侵略的",(2)"基督教制造宗教阶级",(3)"教会教育妨碍中国教育之统一"。余先生在文章中明确提出"收回教育权"的问题。他认为,教会学校"托庇于治外法权","背后挟有无数兵舰",试图把中国"变作一个基督教国家"。在这种情况下,"教育权之收回实为一紧急问题"②。这是国内学者第一次明确表示要收回教育权。

四　收回教育权运动

1924 年,国共两党实现合作,中国的反帝运动出现高潮。中国知识分子对政治舞台上的新生力量充满希望,政党、知识精英与民众运动密切结合,中国革命出现崭新的局面。正是在这一年,非基督教运动再次兴起,众矢之的是教会学校,"收回教育权"成为运动的主要目标。

(一) 矛头直指基督教教会学校的"收回教育权运动"

1924 年年初,随着民族主义思潮的日渐高涨,反对基督教的宣传开始在教会学校发生反响。教会学校当局对学生的高压政策已经引起学生的不满。《中国青年》刊登一篇教会学校学生撰写的文章,题为《可怜监狱条件下的学生》,很有代表性。文中写道:

"我是徐州培心中学——一个教会学校的学生,且将我们所受的待遇,报给读者诸君听听:我们学校洋大人……他们来中国办学,完全是利用耶教来灭中国。圣经、祈祷,是杀我们的灵魂底利器,青年学子的精神,完全被它消磨了。可恨的牧师,天天还来讲什么'天国奥秘'、'灵祷'……青年为了天堂福气,竟然要将国家完全忘掉了。……洋大人有时还要发脾气,骂学生是'Shangdung Robber'(因山东临城劫案),将土匪

---

① 《1923 年苏州大会宣言》,《少年中国》第 4 卷第 8 期,1923 年 12 月。
② 余家菊:《教会教育问题》,载张钦士辑《国内近十年之宗教思潮》,燕京华文学校 1927 年版,第 335—338 页。

名词加在我们身上。五月十一日，又骂我们和教员，比 Animal 都不如。……因他们这样辱骂我们，而他们底教育又并没有什么教育底意味，所以我们已经开始与之开仗了！"①

到 20 年代中期，随着国内民族主义思潮的增长，教会学校已犹如一堆干枯的柴草，任何一个突发事件，都足以引燃一场足以给教会教育带来灭顶之灾的熊熊大火。以广州圣三一学校（The Anglian Trinity College）的学潮为起点，以收回教育权为主要内容的第二阶段的非基督教运动正式爆发。

广州，圣三一学校是一所由英国圣公会创办的学校。由于受国立学校学生自治运动的影响，1924 年 3 月下旬，该校部分学生决定成立学生会，以促进学生自治，并着手准备举行"五·九"国耻纪念活动。该校校长（英国人）获悉此事，严厉制止。校方提前放暑假，逼迫学生离开学校，禁止在校内集会，并开除了几名比较活跃的学生。校方的粗暴举措激怒了学生。4 月 22 日，该校学生发表宣言：要求争回教育权，反抗帝国主义的侵略，获得社会各界广泛的声援。由于学生大批退学，圣三一学校名存实亡，不久校方只能宣告停办。各地教会学校迅速掀起罢课、退学的浪潮。许多国立学校也卷入运动。两股力量相互激励，形成全国规模的反对教会教育运动。

在非基督教运动的第二阶段中，8 月 13 日，非基督教同盟在上海重建。廖仲恺、汪精卫、吴稚晖、师复、邹鲁等一批政治人物加盟，同盟宣布"秉爱国之热忱，具科学的精神，以积极的手段，反对基督教及其所办一切事业"②。随着国共合作，民族解放运动的高潮迭起，各地纷纷效仿上海，非基督教同盟如雨后春笋，大量涌现。这一阶段的运动具有明确的政治目的。各地的非基督教同盟一边继续鼓动学潮，促进收回教育权运动，一边大力批判基督教及其在华的传教事业。并在圣诞节前后发起"非基督教周"活动。

第二阶段的非基督教运动具有强烈的政治色彩，思想文化运动的色彩大为减弱。最重要的因素是国民党、共产党等政党的参与指导。国民党重量级人物有蔡元培、汪精卫、戴季陶、吴稚晖、胡汉民、廖仲恺等。而共

---

① 觉我：《可怜监狱条件下的学生》，《中国青年》第 2 集第 33 期。
② 《非基督教同盟简章》，《觉悟》1924 年 8 月 19 日。

产党对运动的影响更为积极。如，1924 年 8 月上海非基督教同盟重组，被推举的 5 个执行委员中，有 3 人是共产党员。参与第二阶段非基督教运动的中共领导人有陈独秀、瞿秋白、邓中夏、恽代英、萧楚女、蔡和森、毛泽东、周恩来等众多的领袖人物。政党在非基督教运动中的作用日渐显赫。非基督教运动融入中国民族民主革命的大潮。

（二）"收回教育权运动"：教育与宗教相分离

在收回教育权运动中，教育与宗教相分离是重要的议题。

1924 年 7 月，中华教育改进社在南京召开第三届年会，与会人士 1040 人，盛况空前，重点讨论"收回教育权"。由陶行知提出的第一案修正案，逐条表决通过。同年 10 月，全国教育联合会第十届年会在开封召开，共有 19 个省区的 35 名代表出席。会议表决通过了《取缔外人在国内办理教育事业案》和《学校不得传布宗教案》。

鉴于一些外国传教士"假办学名义，于校内传布宗教，强迫学生讲读经文，举行宗教仪式，颠倒错乱，失学校教育之本意"，大会一致通过《学校内不得传布宗教案》。[①] 该案制定了三项措施：（1）各学校内，概不得传布宗教，或使学生诵经祈祷礼拜等事；（2）各教育官厅应随时严禁各种学校，如遇有前项事情，应撤销其立案或解散之；（3）学校内对教师学生，无论是否教徒，一律平等待遇。[②]

1925 年 2 月，《中华教育界》出版《收回教育权运动专号》，刊登蔡元培、舒新城、陈天启等教育家的论文。他们指出，教育与国家民族"主权所关，生命所系"，务必收回自办，不可"让外人攘夺"。教会教育不符合信教自由的宪法原则。"信教自由是近代各国宪法上的一个通则，保障这个通则的根本办法，是要教育独立于各宗教势力之外，即无论何种宗教，不得借教育做宣传的工具；无论何级学校，不得含有宗教的臭味、设有宗教的课程、举行宗教仪式，才能办到。"[③]

笔者认为，应当指出，"信仰自由"的前提是宗教与政治、教育分离。国家行政的力量必须超脱于各种宗教之外，不许任何宗教以教育作为宣传

---

① 《全国教育会联合会第十届年会概略》，《教育杂志》第 16 卷第 12 号。

② 同上。

③ 陈天启：《我们主张收回教育权的理由与办法》，《中华教育界》第 14 卷第 8 期。

的手段。一旦传教享有绝对的自由，个人的信仰自由，包括信仰某种宗教，或不信仰某种宗教的自由就难以真正实现。

（三）收回教育权运动与基督教大学的世俗化

在近代中国民族民主革命史上，"五卅运动"是一个重要的转折点。从民族革命考察，这场运动显示出中国民族主义的全面高涨，其唤起的民众力量震撼了整个社会。在"五卅运动"掀起的民族主义的浪潮中，非基督教运动再次复兴，加速了收回教育权运动的进程。

非基督教运动第三阶段的标志事件是全国学联的宣言。1925 年 7 月，全国学联在上海召开第七次代表大会。决议案指出："基督教是帝国主义侵略中国的工具。""现在全国的反基督教的运动，已经形成公然反帝国主义的奋斗。"① 全国学联制定一整套非基督教运动的行动方案，深入城乡基层社会，继续推动收回教育权运动。

在收回教育权运动中，许多教会学校的师生踊跃响应爱国主义号召，积极参与罢课和示威活动。教会学校传播的西方科学知识，没有成为奴化中国知识分子的工具，反而成为启迪思想的源泉，成为民族主义的催化剂。

在第三阶段的非基督教运动中，真正居于指导地位的是政党。国共两党合作，掀起反帝运动高潮。国民党第二次全国代表大会通过的青年运动议案指出："一切反基督教运动，应站在反帝国主义的观点上。"② 在这场反帝运动中，共产党的作用尤为显赫。如，在广东汕头地区，周恩来发起建立"收回教育权运动委员会"，成功地推动了当地 20 多所教会学校，与英国长老会（English Presbyterian）终止了联系。③

在强大的舆论压力下，1925 年 11 月 16 日，北京政府教育部颁发《外国人捐资设立学校请求认可办法》，明确规定"学校不得以传布宗教为宗旨；学校的课程设置必须符合部颁标准，不得以宗教科目为必修课"。收回教育权运动要求教会学校必须向中国政府注册立案，遵守中国相关教育法令。

---

① 《全国学生总会议决案》，载张钦士辑《国内近十年之宗教思潮》，燕京华文学校 1927 年版，第 396 页。

② 招观海：《国民政府下之基督教》，《文社月刊》第 2 卷第 7 期，1927 年 6 月，第 24 页。

③ 《汕头收回教育权之激进》，《教育杂志》第 18 期，1926 年 2 月，第 7—8 页。

　　南京国民政府成立后，加强了对私立学校的管理。1929 年，教育部颁布《私立学校章程》。章程规定学校要以教育为主。只准许自愿性性质的宗教活动。根据这个章程，教会学校要向政府注册，必须符合两个条件：一是"不得以宗教科目为必修科目"，二是"以中国人担任校长"。①

　　经历非基督教运动和收回教育权运动，外国传教士控制教会大学的局面逐步被打破。30 年代，大多数教会大学向国民政府注册。教会学校不再是外国传教士掌控的培养宣教人才的基地。多数教会大学校长由中国人担任。教育成为学校的主要目的，废除学生必须参加礼拜的规定，圣经课程只能是选修科。正如一位研究教会大会的学者所指出的：神学教育从基督教大学"核心位置转向边缘位置"，"从王子转变成为贫儿"。②

　　中国化和世俗化成为教会大学发展的趋势。在民族民主革命大潮的洗礼下，教会大学涌现出一批爱国领袖人物。教会大学的毕业生绝大多数成为各行各业的专门人才，担任基督教牧师的平均只有 5%。基督教会悲哀地评价说，能使基督教本土化的"伟大的中国神学家则一个也没培养出来"③。

　　收回教育权运动是近代中国社会与基督教教会最后一次大规模的公开冲突。30 年代以后，在中国共产党领导的新民族主义革命中，国民党与外国侵略势力之一的基督教会建立合作关系。随着日本侵略危机日益深重，国际力量发生新的组合，英美成为中国反法西斯的盟友。基督教教会成为共产党统一战线中团结抗战的对象。但是，在西方列强影响下的基督教教会与中国社会的矛盾依然存在。在剑与火的解放战争中，这种矛盾更多地凸显在政治领域。文化建设难以成为激烈动荡社会中的主题。

（原载《科学与无神论》2012 年第 1、2 期）

---

　　① 《第二次中国教育年鉴》第 2 编第 6 章，第 126—127 页。

　　② 参阅 Hg, Peter Tze Ming, *Chang Paradigms of Christian Higher in China*, 1888—1950, Lewiston, New York; The Edwin Mellen Press, 2002, 载吴梓明《基督宗教与中国大学教育》，中国社会科学出版社 2003 年版，第 99 页。

　　③ ［美］杰西·格·芦茨：《中国教会大学史，1850—1950 年》，曾钜生译，浙江教育出版社 1988 年版，第 479 页。

论清政府对基督教在公立学校传播的政策

盛 华

鸦片战争后，西方列强用坚船利炮强行打开中国的大门，传教士们更是蠢蠢欲动，英国海外布道会伦敦会总部特别为《南京条约》的签订通过一项决议："邀请全世界的基督会，为对华战争的结束，为合约所获致的传教的方便，为中国皈依基督的光明前景而同心感恩称颂上帝。"[1]伴随着一系列不平等条约的签订，清廷实行了100多年的禁教政策开始解冻，西方传教士蜂拥进入中国并逐渐站稳脚跟，他们设立教会，开办教会学校，大肆传教，给中国教育的主权地位带来了冲击。目前，学界有关晚清基督教教育的研究主要集中在政府对基督教政策、教会学校教育上，对于公立学校的教育宗旨则鲜有专文论及。[2] 本文即从近代公立学校[3]的教育宗旨入手，考察基督教在公立学校的传播状况，梳理晚清时期清政府对待基督教在校园传播的政策，并对其原因作一分析。

一　清末公立学校

一般而言，公立学校是指由政府财政拨款所建的学校，有国立、省立、市立学校几种。

---

① 洛维特：《伦敦布道会的历史》第 2 卷，第 1394—1395 页。

② 代表性的论文有王立新：《晚清政府对基督教和传教士的政策》，《近代史研究》1996 年第 3 期；杨大春：《1861—1899 年清政府对基督教的管理政策》，《镇江师专学报》1996 年第 1 期；何华伟、钟海涛：《晚清教会学校的特点》，《首都师范大学学报》2004 年第 S3 期；陈建华：《清末基督教会教育研究》，《纪念〈教育史研究〉创刊二十周年论文集（7）——中外教育交流史研究》，2009 年。

③ 清末公立学校有蒙学堂、小学堂、中学堂、高等学堂、大学堂等多个等级，不同时期亦有变化。本文主要指高等学堂和大学堂。

中国近代成立最早的公立专科学校是京师同文馆。1860 年清政府设立总理各国事务衙门,作为总理洋务的中央机关。1862 年,在恭亲王奕䜣等人的建议下,清政府在总理衙门下设京师同文馆,以培养通晓外语的洋务人才,译印西方近代科技、世界历史和外国法典等书籍。由于京师同文馆采用完全不同于中国传统教育方式的班级授课制,被视为中国近代新式学校的开端。1863 年,上海广方言馆设立;1864 年,广州同文馆设立;1868 年,江南制造局附设翻译馆。

在近代中国早期,中国的西学人才奇缺,为了学习洋务、翻译西学,洋务学堂不得不聘请了众多的掌握西学的传教士担任教习。以下是曾受聘于京师同文馆、上海广方言馆、广州同文馆及江南制造局翻译馆的信教传教士名单。

受聘于洋务学堂和翻译机构的传教士①

京师同文馆	傅兰雅、包尔腾、丁韪良、德贞、司默灵、满乐道等
上海广方言馆	林乐知、金楷理、玛高温等
广州同文馆	谭训、哈巴安德、俾士等
江南制造局翻译馆	傅兰雅、伟烈亚力、玛高温、林乐知、金楷理、秀耀春、卫理、李佳白、罗亨利等

这些传教士来自不同的国家和差会。比如,傅兰雅、包尔腾来自英国圣公会,德贞来自英国伦敦会,秀耀春来自英国大英浸礼会,俾士来自英国循道会,丁韪良、满乐道、李佳白和哈巴安德来自美国长老会,玛高温和金楷理来自美国浸礼会,林乐知来自美国监理会,卫理来自美国基督会,司默灵来自荷兰遣使会。另外,不少传教士为所属国政府的外交官。如卫理先后担任美使馆参赞、美驻天津总领事、美国国务院远东司司长等职,李佳白曾担任美国驻华使馆翻译。

1898 年 6 月 11 日,光绪帝颁布《定国是诏》,正式宣布变法。7 月 3 日,光绪帝批准了由梁启超代为起草的《奏拟京师大学堂章程》,这是中国近代高等教育最早的学制纲要。吏部尚书孙家鼐被任命为管理大学堂事务大臣,总理各国事务衙门大臣许景澄、英国传教士丁韪良分别出任中学

---

① 王立新:《美国传教士与晚清中国现代化》,天津人民出版社 1997 年版,第 342 页。

总教习和西学总教习。不久，戊戌政变爆发，随后义和团运动爆发，八国联军趁机侵华，大学堂难以维持，于 1900 年 8 月 3 日被下令停办。1902年，京师大学堂复建，吏部尚书张百熙任管学大臣，洋务运动期间的京师同文馆被并入大学堂。京师大学堂是中国近代史上第一所国立综合性大学，既是全国最高学府，也是国家最高教育行政机关，统辖各省学堂。1903 年，张百熙辞退丁韪良等西文教习，另聘日本学者服部宇之吉、岩谷孙藏、高桥作卫为教习，在教学上优先向日本学习，在教务上也更为偏重日本教员。同年，天津中西学堂改名为北洋大学堂。

总的来说，19 世纪中国新式教育仍处在逆境中。据不完全统计，到甲午战争，中国人开设的新学堂不过 25 处，维新浪潮在 1895—1899 年五年间也仅仅推出 150 所学堂。义和团运动的惨败震惊了世界，也警醒了国人，举国上下各阶层人士怀着不同的动机和目的在兴学问题上形成某种共识。特别是 1905 年正式废止科举后，新式学堂取得长足发展，学生人数从 1902 年的 6912 人猛增到 1638884 人，1912 年更达到 2933387 人。①

二　清政府对待校园传教的政策

在侵略军队和不平等条约的庇护下，基督教来华传教士与日俱增。从马礼逊于 1807 年窜入广州起到 1840 年，只有 20 人，到了 1853 年已增加到 618 人，1889 年达到 1296 人。1907 年在华基督教传教士在上海举办百年纪念大会时，已高达 3833 人。②

传教士来华的直接目的就是宣传宗教，发展教众。教育被西方基督教会看作传播教义、扩大影响的重要媒介，是"教堂、学校、医院"这一福音布道三位一体的重要组织部分③。早在 1877 年在华传教士第一次传教大会上，美国传教士狄考文就作了题为《基督教会与教育的关系》的长篇演讲，提出"青年教育"是争取更多人皈依基督教的"具有重要地位的一种

---

① 桑兵：《晚清学堂学生与社会变迁》，广西师范大学出版社 2007 年版，第 2 页。
② 李清悚、顾岳中：《帝国主义在上海的教育侵略活动资料简编》，上海教育出版社 1982 年版，第 1 页。
③ 史静寰、王立新：《基督教教育与中国知识分子》，福建教育出版社 1988 年版，第 41 页。

手段"①。在某种程度上，高等教育更是主导着精英的思想，影响一国之发展。狄考文强调："不论在哪一个社会，受高等教育的人们，都是有势力的人们。……一个受高等教育的人是一枝燃着的烛，别的人就要跟着他的光走。就中国来说，比其他的异端的国家更真实，作为儒家思想的支柱者是受高等教育的士大夫阶级，如果我们要取儒学的地位而代之，我们就要准备好自己的人们，用基督教和科学来教育他们，使他们能胜过中国的旧士大夫，因而能取得旧士大夫所占的统治地位。"②

第二次鸦片战争后，中国门户全面洞开，传教士获得了在中国全境自由传教的特权。清政府签订条约是万不得已之举，对传教士采用"明为保护，暗为防范"的方法，以达到"不禁之禁"的目的。面对来势汹汹的基督教，清政府在公立学校的教育宗旨上坚持以儒学为圣教，明令禁止校园传教。

（一）以汉文为根底，以儒学为圣教

在教学方针上清政府坚持"中体西用"，十分注重学生汉文根底的培养。1898 年（光绪二十四年）同文馆章程对学生学习汉文作出规定："各学生除午节、秋节、年节放学时免其画到外，其每月洋教习息伏期内，及每月外国礼拜洋教习不到馆日，除准两日假期外，各学生均令住馆学习汉文，照常画到，违者按日罚膏火，无膏火学生照迟到馆办法。"③校历中有"夏季自初伏起，除汉文功课外，其余功课，皆停止一月"④ 的条款。张之洞在湖北设立的自强学堂章程中也规定"学生必须以华文为根底，以圣道为准绳。儒书既通，则指授西文，亦可收事半功倍之效。此次挑取学生，非华文精通义理明白，根基已立者，断不能收录"⑤。上述规定都说明清政府十分重视学生汉文能力的培养，将汉文的学习作为学生学习的最主要科目之一。

除了注重汉文的能力的培养外，清政府还十分重视学生思想的教育，

---

① 陈学恂主编：《中国近代教育史教学参考资料》（下），人民教育出版社 1987 年版，第 5 页。
② 《在华新教传教士 1890 年大会记录》，第 458—493 页。
③ 朱有瓛主编：《中国近代学制史料》第 1 辑（上），华东师范大学出版社 1983 年版，第 22 页。
④ 同上书，第 25 页。
⑤ 同上书，第 308 页。

要求学生尊孔重教。1902年8月15日"壬寅学制"颁布。《钦定高等学堂章程》第19节规定:"凡开学散学及每月朔,由总理、教习率学生诣至圣先师位前行礼;礼毕,学生向总理、教习各三揖退班。"第20节:"每岁恭逢皇太后皇上万寿圣节,皇后千秋节,至圣先师诞日,仲春仲秋上丁释奠日,皆由总理、教习率学生至礼堂行礼如礼。"清政府认为"欧美日本所以立国,国各不同,中国政教风俗亦自有所以立国之本",因此,"所有学堂人等,自教习、总办、提调、学生诸人,有明倡异说,干犯国宪,及与名教纲常显相违背者,查有实据,轻则斥退,重则究办"①。同样,《钦定京师大学堂章程》堂规也要求学生"一律遵奉《圣谕广训》,照学政岁科试下学讲书宣读御制训饬士子文例,每月朔,由总教习、副总教习传集学生,在礼堂敬谨宣读《圣谕广训》一条"②。

对此,张之洞这样解释:"中小学堂宜注重读经以存圣教,外国学堂有宗教一门。中国之经书,即是中国之宗教。"③ 1904年,中国近代第1个以教育法令公布并在全国实行的学制《奏定学堂章程》颁布,对办学宗旨的阐述更为明确:"无论何等学堂,均以忠孝为本,以中国经史之学为基,俾学生心术壹归于纯正,而后以西学沦其知识,练其艺能,务期他日成材,各适实用,以仰副国家造就通材,慎防流弊之意。"④

(二)节制洋教员权利,禁止校园传教

为了学习西方语言、科学技术,公立学校聘请了诸多洋教习。京师同文馆在开创时期设英、法、俄文馆,各请外国教师1人,均言明"只准学习语言文字,不准传教"⑤。清末新政,《光绪二十八年七月十二日(1902年8月15日)钦定京师大学堂章程》第6章《聘用教习》规定:"明确学问之与宗教本不相蒙,西教习不得在学堂中传习教规。"⑥

---

① 朱有瓛主编:《中国近代学制史料》第2辑(上),华东师范大学出版社1987年版,第753页。

② 同上书,第768页。

③ 同上书,第83页。

④ 《张之洞全集》第3册,武汉出版社2009年版,第1591页。

⑤ 朱有瓛主编:《中国近代学制史料》第1辑(上),华东师范大学出版社1983年版,第191页。

⑥ 朱有瓛主编:《中国近代学制史料》第2辑(上),华东师范大学出版社1987年版,第767页。

在 1903 年 3 月 9 日《张之洞致管理大学堂张尚书书》中，张之洞注意到洋教习干预中国教育权，主张对其加以节制："向来学堂用洋员充总教习，往往多所干预，以揽我教育之权，不无流弊。湖北各学堂洋教习，皆受制于学堂总办。惟师范学堂，有一洋教习，系日本实任视学官，资望较深，故优以总教习之名，然仍订明归该学堂监督节制诸事，皆不能专擅。窃谓各处学堂总教习，不宜轻假洋员，必不得已，亦宜订明归总办监督等员节制，以限其权。"① 次年，《癸卯学制》颁布。《奏定学堂章程·学务纲要》设立多项条款对公立学校的外国教员加以限制："一、外国教员宜定权限。各省中学堂以上，有聘用外国教员者，均应于合同内订明：须受本学堂总办监督节制。除所教讲堂本科功课外，其全学事务，概由总办监督主持，该教员勿庸越俎干预。""一、外国教员不得讲宗教。此时开办学堂，教员乏人。初办之师范学堂及普通中学堂以上，势不能不聘用西师。如所聘西师系教士出身，须于合同内订明：凡讲授科学，不得借词宣讲涉及宗教之语，违者应即辞退。"②

此外，省立学校亦明令禁止学堂传教。如袁世凯在聘用美国北长老会传教士赫士任山东省立高等学堂总教习的合同书内载明"总教习遵守学堂章程暨不准传教"③。1897 年，江南储材学堂延订洋教习合同写明："该教习不得教导耶稣天主教中事理。"④ 1909 年，《青岛特别高等专门学堂章程》有"凡在本堂传教者在严禁例"⑤ 的条款。

三　政策出台效果

从基督教在公立学校传播的情形看，清政府限制公立学校传教的政策取得了一定效果。

美国传教士丁韪良博士在《同文馆记》中对基督教在同文馆的遭遇进行了详细的描述。丁韪良原先在总理衙门翻译一本关于国际公法的著作，

---

① 璩鑫奎、唐良炎编：《中国近代教育史资料汇编·学制演变》，上海教育出版社 1991 年版，第 139 页。

② 朱有瓛主编：《中国近代学制史料》第 2 辑（上），华东师范大学出版社 1987 年版，第 89 页。

③ 李刚己：《教务纪略》卷 40，第 12 页。

④ 《皇朝经文新编》（学校上）第 6 册，第 40—42 页。

⑤ 《学部官报》第 97 期本部章奏，第 4—6 页。

因为同文馆传教士傅兰雅的辞职，被派往暂代英文班教习。可是他就职几个月后就"觉得没有什么大出息，于是请求辞职"。总理衙门对此并不许可，还派了两位大臣前去挽留。以下是丁韪良和两位清朝大臣的对话以及丁韪良的心理活动：

"老实说"，我（指丁韪良）答道，"十个学生，仅仅学点英文，这宗事业在我看来太没出息了。我的光阴等于白费了。""假如是这个缘故"，他们（指清廷大臣）说，"那你便想错了。学生并不一定永远只有十个，而且即是这十个学生的前程也未可限量。我们一天天的老了；他们十人之中说不定还有可以继承我们的位置的。将来皇上也许要学外国语言，难道你的学生便不会被召去教他吗？"这倒是一句大可注意的预言。那时我本决定求去，并且已和古德立（Mr. Goodrich）说过，请他替我；但是我是一个以积极为善为人生第一目标的人，听了这番乐观的议论，便又留任了。古德立对于这个位置也不愿意担任，他觉得教了书便不能传教。我之所以留任，是认为同文馆将来的影响要比北京道旁教堂的力量大。①

事实上，丁韪良任教后仍千方百计寻找机会宣传基督教。比如，教室里有布告订有规则数条，禁止教授《圣经》，在丁韪良任校长之后，馆中提调便把它去了，教否一任其自由。以同文馆的性质而论，正式讲授宗教本是不允许的，但丁韪良却"常常和学生谈到宗教问题，并且要求别的教授，如教本中遇到有关宗教的课文时，尽可不必删去"。

洋教习向学生传教的现象不仅存在于京师同文馆，其他省立学堂也有此类现象。如陆殿舆在《四川高等学堂纪略》中回忆其英语老师哈弗曼先生利用职务之便向学生传教："我们为了课外练习英语谈话或请他改作文，常常接近他。他便利用这种机会宣传基督教。他叫我们买英文圣经，间周开一次查经会。但我们在于练习谈话，并不相信神话。"②

然而，传教士的良苦用心收效甚微。以同文馆学生为例，他们对于基督教的反应可分为三类：第一类，是怕受社会上的攻击，怕做官受到影响，不敢改信基督教的。第二类，是在理智上同情基督教，常常在文字中表示出来，或是相信基督教终有一天会取代佛教、道教，但不相信基督教

---

① 朱有瓛主编：《中国近代学制史料》第 1 辑（上），华东师范大学出版社 1983 年版，第 170 页。

② 政协四川省委员会文史资料研究委员会：《四川文史资料》第 20 辑，四川人民出版社 1980 年版，第 156—167 页。

可以代替孔教，因为"他们都是孔教的信徒。他们常常笑一般人迷信，可是他们深深崇拜他们的至圣，认为他是一位天谴的先知。来中国一旦信了耶教，孔教是会减色的，但是不会消灭"①。这类学生占了大多数。第三类，是对基督教将信将疑，一旦耶稣不能帮其解决世俗问题便断然否定耶教。对此，丁韪良曾形象地讲述一个事例：有一天一个学生到我（指丁韪良）房里，求我代延一位西医为他母亲看病。他双膝跪下，叩头宣誓，说如果上帝救了他母亲的命，他便"信教"。后来他母亲死了，他也没有"信教"了。他在出国赴使馆翻译的前夕特来辞行，我的太太警告他，说巴黎多罪恶，多诱惑，劝他当心。他答道："难道我没有读过关于约瑟的故事吗？""难道你还以为我会被那种诱惑所屈服吗？"②中国公立学校学生普遍不信基督教可见一斑。

传教士来华的主要目的就是宣传基督教，清政府的禁令自然引起他们的不满。1902年12月，即《壬寅学制》颁布后的4个月，"中华基督教会"举行了第四届年会，会上传教士集中讨论了"中体西用"的教育宗旨，福开森对此忧心忡忡："危险在于以下的潜在可能性，以这种无法容忍的宗旨设立的学校，在传授西学时松松垮垮，缺乏纪律约束，以至于对学生心灵不会产生很大的影响。学生的心灵将受水平较高的中国经典教育的影响。"③福开森的担心不是没有道理的。官僚、士绅和知识界对基督教有着很大敌意，梁启超这样表示："耶教之入我国数百年矣，而上流人士从之者稀，其力之必不足以易我国明矣。"④《剑桥中国晚清史》在论述西方在华传教事业时也明确指出："很多中国受教育者对基督教反映冷淡。"⑤

当然，与近代教会学校在中国的发展势头相比，清朝公立学校的发展显得滞后且缓慢。1902年以前，基督教教士在中国设立了几百所各级各类的教会学校，而中国人自设的新学堂仅75所，学生数在5000上下，参加教育工作的传教士的人数很多，仅加入"中华教育会"这个组织的，就达249人。⑥在官员腐败、列强威逼利诱、基督教传教咄咄逼人的背景下，

① 朱有瓛主编：《中国近代学制史料》第1辑（上），华东师范大学出版社1983年版，第188页。

② 《教育杂志》，第27卷第4号。

③ Records of Triennial Meeting of EAC 1902, p. 41.

④ 葛懋春等编：《梁启超哲学思想论文选》，第98页。

⑤ 费正清主编：《剑桥中国晚清史》上卷，第601页。

⑥ China and Educational Autonomy, pp. 215, 218.

晚清政府自然不能完全遏制基督教对国家教育的渗透，同文馆中不少学生同情基督教就是很好的例子。

四 政策出台原因

在传播基督教的过程中，传教士经常感到力不从心，美国传教士杜卡西抱怨说，在美国用三四周的时间就可以使该城镇全部皈依基督，"可是在中国，改变一个城市的信仰需要三四个世纪"①。多年在长江流域布道的传教士杨格非甚至宣称："中国人似乎是我所见到的和了解到的最漠不关心、最冷漠、最无情、最不要宗教的民族。"② 在中国，即使是注重向西方学习的维新人士也漠视基督教，郑观应即认为："彼佛老浮游之论，天主天方荒唐牵强之辞，何足与我中土之圣道王言互相比拟?"③

那么，晚清政府为何要限制基督教在公立学校传播，基督教又为何没能在公立学校迅速传播呢？究其原因，笔者以为主要有以下三点：

第一，教育主权问题。教育属于文化范畴，根据国家主权的三种属性：政治属性、经济属性和文化属性，教育主权的属性当来自国家主权的文化属性。教育主权是文化主权重要的组成部分。④ 教育主权是国家主权的一部分，关系一国之安危。庚子之乱后，清政府实行新政，诏谕《光绪二十七年八月初二日谕于各省、府、直隶及各州、县分别将书院改设大、中、小学堂》指出"人才为政事之本。作育人才，端在修明学术"的同时也强调学堂"教法当以'四书'、'五经'纲常大义为主，以历代史监及中外政治、艺学为辅，务使心术纯正，文行交修，博通时务，讲求实学，庶几植基立本，成德达材，用副朕图治作人之至意"⑤。之后，刘坤一、张之洞在《江楚会奏》中详细论述了变法的具体举措，但依旧强调"中华所以立教，我朝所以立国者，不过二帝三王之心法，周公孔子之学术"，"改

---

① Paul A. Varg, Missionaries, Chinese and Diplomats: Americal Missionary Movement in China, 1890—1952, Princeron Univeersity Press, 1958, p. 22.

② 顾长声：《从马礼逊到司徒雷登》，上海人民出版社1981年版，第189页。

③ 夏东元编：《郑观应集》上，上海人民出版社1980年版，第491页。

④ 梁嘉顺：《国家主权与教育主权》，《学术问题研究》2007年第2期。

⑤ 璩鑫奎、唐良炎编：《中国近代教育史资料汇编·学制演变》，上海教育出版社1991年版，第6页。

章大旨，总以讲求有用之学，永远不废经书为宗旨"①。究其原因，还是主权问题。1904 年，张百熙、荣庆、张之洞在《学务纲要》中就强调："若学堂不读经书，则尧舜禹汤文武周公孔子之道，所谓三纲五常者尽行废绝，中国必不能立国矣。"② 因此，清政府在人才培养上坚持以儒家文化为正统，学子要进入仕途必须学习儒学，摒弃基督教。

然而，弱国无外交，清政府在教育主权维护上是被动、防御的。张之洞在《劝学篇》中主张对待西方基督教"要在修政不在争教"，认为"中外大通以来，西教堂布满中国，传教既为条约所准行，而焚毁教堂又为明旨所申禁。此因山东盗杀教士一案，德借口遂据胶州，各国趋机要术，而中国事变日亟。有志之士但当砥砺学问，激发忠义，明我中国尊亲之大义，讲我中国富强之要求。国势日强，儒教日彰，则彼不过如佛寺道观，听其自然可也，何能为害？如仍颓废自甘，于孔孟之学术、政术不能实践力行，学识不足以济世用，才略不足以张国威，而徒诉厉以求胜，则何益矣？岂惟无益，学士倡之，莠民乘之，会匪游民借端攘夺，无故肇衅，上贻君父之忧，下召凭陵之祸，岂志士仁人所忍为者哉？"③ 这就解释了清末公立学校基督教传播禁而不止的原因。

第二，中国传统文化的影响。基督教教育在中国最强劲的对手是近代民族主义，这不仅仅是一种教育主权之争，而且更重要的是一种教育宗旨之争。中国是一个高度世俗化的国家，中国教育政策的世俗主义性质使其对任何宗教教育均持排斥和限制的态度。④ 孔子对鬼神采取存而不论、敬而远之的态度，"子不语怪、力、乱、神"，"敬鬼神而远之"，"未能事人，焉能事鬼？""未知生，焉知死？"⑤ 1910 年蒋维乔在《教育杂志》上发表《论教育与宗教不可混而为一》一文，指出"国人杂奉多神教，其始本不甚与教育相混，而沦浃亦非至深。孔子之为教也，纯以修齐治平为本，实明人与人之关系，与宗教家言，绝不相类，亦无所祈祷之仪式"⑥，

---

① 张之洞、刘坤一：《江楚会奏变法三折)，文海出版社 1977 年版，第 15 页。
② 朱有瓛主编：《中国近代学制史料》第 2 辑（上），华东师范大学出版社 1987 年版，第 83 页。
③ 李刚己：《教务纪略》卷 4 下，第 415 页。
④ 胡卫清：《近代中国基督教教育评价新论》，《兵团教育学院学报》1999 年第 4 期。
⑤ 语出《论语·述而》、《论语·雍也》、《论语·先进》。
⑥ 李楚材主编：《帝国主义侵华教育史资料——教会教育》，教育科学出版社 1987 年版，第 543 页。

国人祭祀鬼神，与其说是信仰，不如说是为了祈福、寻求心理慰藉，完成伦理责任，这也是中国封建社会伦理秩序的重要组成部分。基督教讲众生平等、其性质是泯灭人伦，这与中国传统文化特别是儒家学说是完全不一样的说教，因此为传统士大夫所不容。

第三，近代科学理性精神影响。自从 19 世纪 60 年代清政府官员以"求强"、"求富"为招牌推行洋务运动以来，在 30 多年时间里，中国开始出现了数以百计的大小工厂和矿山，也出现了一批传播西方科学的译书馆和学堂，西方近代科学借此机会开始进入中国社会和文化的深层。[①] 中国士大夫和西方传教士接受科学技术的目的也存在差异。前者用它来"制夷"、"自强"，后者将它当作宣讲福音的手段。传教士爱菲尔就说："如果哲学和科学知识背离了基督教，那就会使人们自大和自信。……只有使哲学和科学的研究浸润于基督教的教义之中，才能使人们的内心谦卑，使人们在宇宙的创造主面前低头。"[②] 中国士大夫对待西方科技的务实态度也为科学理性精神的渗透提供了条件。此外，受到科学启蒙的知识分子更是用科学来审视基督教。洋务时期，徐建寅从物理学的角度指出上帝创世不可信，邵作舟也觉察到神学与科学的矛盾，杨象济更是以近代天文学、力学、声学、光学的理论层次否定了基督教教义中魔鬼、天使等说，指出"格致之学多证实"、"教会之言多凭虚"[③]。正因为此，梁启超在《保教非所以尊孔论》中对基督教的前途表示悲观："科学之力日盛，则迷信之力日衰；自由之界日张，则神权之界日缩。近日耶稣教势力之在欧洲，其视数百年前，不过十之一二耳。""若是乎耶稣教之前途可以知矣。"[④]

（原载《科学与无神论》2012 年第 2 期）

---

① 李建军：《影响中国近代科学发展的科学价值观》，《自然辩证法通讯》2000 年第 6 期。

② 《基督教在华传教士大会记录》，1890 年，第 471 页。

③ 《皇朝经世文续编》卷 112，第 9 页。

④ 葛懋春、蒋俊编选：《梁启超哲学思想论文选》，北京大学出版社 1984 年版，第 97—98 页。

北洋政府统治时期基督教的校园
传播及政府对策

　　鸦片战争后，西方的基督教势力随着列强的大炮进入中国，开始了对中国有史以来最大规模的传教活动。他们通过各种形式传教，其中最主要的方式之一就是通过教育途径传播宗教，企图从青少年人群中发展教众，为基督教在中国的传播奠定基础。为此，传教士陆续在中国创办了一些教会学校。北洋政府统治时期，政府腐败、军阀混战，教会学校乘机获得了较快发展，教会学校的数量及学生人数迅速增加，教会教育在国民教育中的影响力越来越大。同时，世俗学校中基督教的影响也乘机获得了较大的发展。

一　民国初年的学校教育与教会学校的发展

　　中华民国成立前，中国实行的是封建教育。民国成立后，如何从封建教育过渡到现代教育是民国政府亟待解决的问题。蔡元培就任教育总长后，采取了一系列教育改革的措施。1912 年 1 月 19 日，"政府颁布了《普通教育暂行办法》和《普通教育暂行课程标准》，这两个文件是民国初年改革封建教育的纲领性文件"①。1912 年 9 月，教育部正式公布了民国教育系统的结构框架，称为"壬子学制"，后来政府又对"壬子学制"进行了修改，称为"壬子癸丑学制"。在"壬子癸丑学制"的构架下，学校系统分为初等教育、中等教育、高等教育、师范类、实业教育类 5 种。1912年，全国临时教育会议还通过了民国教育方针，即"注重道德教育，以实

---

① 孙培青、杜成宪：《中国教育史》，华东师范大学出版社 2009 年版，第 361 页。

利教育、军国民教育辅之，更以美感教育完成其道德"①。通过道德教育培养具有健全人格的国民，通过实利教育发展中国实业，通过军国民教育以对抗军阀和外国列强。这个教育方针和晚清时期的封建教育有着本质的区别，更加符合新时期民主共和以及发展社会经济的现代精神，中国现代教育事业由此蓬勃发展起来。

从办学主体看，民国初期的学校可以分为公立学校和私立学校两部分。教育部规定："凡学校由中央行政机关设立者，为国立；由各地方行政机关或地方公共团体设立者，为公立；由私人或私法人设立者，为私立。国立学校为数甚少，与公、私立无可比例，故公、私立学校比较图，系将国立并入公立之内。公立学校在各省有省立、道立、县立、城镇乡立或区立之分。"② 文件对私立学校界定得比较笼统，具体来说，私立学校包括私人创办的学校、旧式的私塾③、教会学校等。

这一时期，私立学校是一个庞大的系统，尤其是教会学校的影响很大。据统计，1914年，"基督教在华开办的学校共有4100所，学生人数为11.3万名，加上天主教学校和学生，共有教会学校1.2万多所，学生2.5万名左右。官立学校④共有5.7万多所，学生约163万名，官立学校和教会学校的比例是5:1，学生是6:1"⑤。到1918年，"基督教学校增至7382所，学生达到21万名，加上天主教的学校和学生，教会学校占当时中国学校总数的7%，学生占全国学生总数的5%"⑥。

从上面的统计可以看出，北洋政府统治初期，作为中国教育主体的公立学校发展迅速，教会学校数量及学生人数也有了不小的发展。虽然由于公立学校的发展，教会学校在全国学校中的比例下降，但绝对量是增大的，而且发展很快。

---

① 陈学恂：《中国近代教育史教学参考资料》（中册），人民教育出版社1987年版，第178页。
② 《教育部公布全国各省学务统计表》，见第二历史档案馆编《中华民国史档案资料汇编》（第3辑　教育），江苏古籍出版社1991年版，第884页。
③ 旧式的私塾在民国时期一直存在着，在偏远的乡村地区较多。
④ 这里的官立学校指公立学校。
⑤ 顾长声：《传教士与近代中国》，上海人民出版社2004年版，第334页。
⑥ 李桂林：《中国教育史》，上海教育出版社1989年版，第405页。

二 基督教在私立学校的传播及政府对策

私立学校尤其是教会学校是基督教传教的重镇。基督教学校主要通过宗教课、每日祈祷、礼拜、忏悔等形式向学生灌输宗教理念。另外,基督教学校通常会设立一些基督教团体来扩大宗教的影响,如青年会、查经班、基督教团契等。从 20 世纪初到中国政府收回教育权的 20 多年间,基督教在学生中进行宗教教育的成效显著。教会学校大量吸收了来自非基督教徒家庭的学生,并且成功地将其拉入教会中。以初等教育为例,"基督教小学来自非基督徒家庭的学生,入学一段时间后,几乎全部被吸引入教"[1]。基督教中学的宗教课程以及宗教活动是强制性的,虽然一些学校并未强制要求学生入教,但学生耳濡目染,无不深刻地受到神学思想的影响。

为了遏制基督教在私立学校传播,北洋政府开始陆续颁布整顿私立学校的法令。1921 年 4 月 19 日教育部训令第 138 号《教会所设中等学校请求立案办法》规定:"学校名称应冠以私立字样;关于学科内容及教授方法,不得含有宗教性质;对于校内学生,无论信教与否,应予以同等待遇。"[2] 1924 年 12 月,教育部规定"凡教会学校未经核准备案者,其毕业生投考国内各大学概不收录"[3]。1925 年 11 月 16 日教育部布告第 18 号《外人捐资设立学校请求办法》规定:"学校名称上应冠以私立字样;学校之校长,须为中国人,如校长原系外国人者,必须以中国人充任副校长,即为请求认可时之代表人;学校设有董事会者,中国人应占董事名额之过半数;学校不得以传布宗教为宗旨;学校课程,须遵照部定标准,不得以宗教科目列入必修课。"[4] 1926 年 10 月大学院公布《私立学校规程》和《私立学校校董会设立规程》。《私立学校规程》规定:"私立学校须受教育行政机关之监督及指导;私立学校不得以外国人为校长,如有特别情形者,得令聘外国人为顾问;私立学校一律不得以宗教科目为必修课,亦不得在课内作宗教宣传;私立学校如有宗教仪式,不得强迫学生参加。"《私

---

① 高时良:《中国教会学校史》,湖南教育出版社 1994 年版,第 60 页。
② 《政府公报》,第 1844 号,1921 年 4 月 12 日。
③ 《民国十三年教育大事总记》,《中华教育界》第 14 卷第 7 期。
④ 《政府公报》,第 3459 号,1925 年 11 月 20 日。

立学校校董会设立规程》规定：“外国人不得为校董；但有特别情形者，得酌情充任，惟本国人董事名额占多数；外国人不得为董事长。或董事会主席。”① 1927 年 11 月 19 日，北洋政府教育部颁布 187 号部令《修正外人捐资设立学校请求认可办法》，新办法在原办法“学校不得以传布宗教为宗旨”的基础上，进一步规定“教会学校不得施用宗教仪式”，将原办法“不得以宗教科目列入必修课”改为“不得以宗教科目列入课程之内”。新办法与原办法相比大大前进了一步，实际上已经禁止了教会学校可能有的与宗教仪式、宗教课程、宗教活动有关的任何行为。可谓北洋政府颁布的最严厉的对教会学校的限制规定。

上述法令均明白无误地宣示了政府的导向和限制基督教在校园传播的意图，对于遏制基督教的传播产生了一定作用，并且对于其后的政府产生了示范效应。1927 年以革命政府自居的南京国民政府成立后，又重申了这些法令，继续执行限制乃至禁止基督教在学校传播的政策。这表明北洋政府的这些法令确实符合中国社会实际，并且有不断严格执行之必要。

北洋政府虽然以法令形式对包括教会学校在内的私立学校的基督教传教加以限制，但最初执行并不十分严格。例如民国成立之初，北洋政府规定，凡正式立案学校的“小学毕业生有选举本地行政人员或代表之权，中学毕业生有选举一省行政人员及代表之权，大学毕业生有选举国会代表及应国家考试出洋留学等权利”②，但是很多教会学校并不申请立案，而是擅自办学传教，企图规避政府的管理。这类没有申请立案的教会学校一般而言为非法的学校，这些学校的毕业生自然就不能享受上述政治权力。但“政府虽有基督教学校毕业生不得享受应得权利的限制，但事实上毕业生仍得应各种考试，及在政府机关服务，当时学校的立案问题，并不十分紧迫，因之在民国七年以前，没有一校向政府立案”③。

20 世纪 20 年代初期，非基督教运动爆发，北洋政府从其自身利益出发，明确反对非基督教运动，“北京政府总统徐世昌公开接见世界基督教学生同盟大会代表，表明了支持世界基督教学生同盟、反对非基督教运动的态度……北京政府的地方当局，则公开压制非基督教运动，在安徽，非

① 《大学院公报》，第 1 年第 1 期，1928 年 1 月。
② 《中华基督教教育季刊》，第 1 卷第 3 期，1925 年。
③ 《中华基督教教育季刊》，第 5 卷第 4 期，1929 年。

基督教学生同盟举行会议，遭到地方当局强行干涉；在福建，地方官绅曾多次阻止非基督教运动的进行；在湖南，'湘政府竟唯外人之命是听，饬令警察厅严禁此种非基督教运动，并密开从事此种运动者三十余人，令警厅随时缉拿'"①。

上述政府态度显然是与其颁布的一系列法令抵牾，这是为什么呢？综而观之，北洋政府法令的出台与民间的呼声带给政府的压力有关。

1922 年 2 月，"非基督教学生同盟"在上海成立后，很快得到各地的响应，京津、华北、华中、华东等地先后成立了同类组织。中国共产党的早期领导人李大钊、陈独秀、邓中夏、缪伯英等都投身到运动中去。运动开始朝反帝斗争的方向发展，并于 1923 年以后演化为收回教育权运动，强烈主张收回国家主权之一的教育权，并提出设立学校必须注册以及不得在学校内举行宗教活动的要求。

国民党也积极投入了非基督教运动和收回教育权的运动。1924 年，国民党"一大"召开，大会通过的《宣言》中指出："一切不平等条约，如外人租借地、领事裁判权、外人管理关税权以及外人在中国境内行使一切政治的权利侵害中国主权者，皆当取消，重订双方平等、互尊主权之条约。"② 外国教会在中国设立学校的权利源于条约制度，从这个层面上讲，国民党主张把教会学校纳入本国教育体系管理之下。1926 年的国民党"二大"《宣言》将教会势力看成是"对于殖民地、半殖民地之奴隶，不仅有摧残的能力，而且有麻醉的作用"③，并主张将收回教育权作为政府的政策之一。

1925 年"五卅"惨案爆发后，国内民族主义情绪高涨，反帝斗争更加高涨，北洋政府感觉到了极大压力。于是，一系列有关私立学校和教会学校法律规定出台。

在华教会学校在政府的限制，以及舆论压力和教会学校学生退学的压力下，不得不为了获得政府认可开始考虑向政府立案。1924—1927 年，众多在华教会学校陆续向中国政府立案，"到 30 年代初，所有的教会大学，

---

① 转引自杨天宏《中国非基督教运动（1922—1927）》，《历史研究》1993 年第 6 期。
② 荣梦源：《中国国民党历次代表大会及中央全会资料》（上），光明日报出版社 1984 年版，第 20 页。
③ 同上书，第 100 页。

除圣约翰以外，都已履行了注册手续"①。

三 政府对基督教在公立学校传播的限制

随着公立学校的不断发展，基督教开始重视在公立学校发展教众。统计显示，北洋时期，教会和青年会用了大量的人力做国立学校学生的工作。以北京为例，"北京的六个基督教团体，每个团体至少有一名职员从事国立学校的男生工作。差会之中，三个差会有外国干事用全部时间做国立学校男生工作。若干北京教会正在筹划增设女职员在国立学校女生中进行工作。天津的一些差会已经委派了干事用全部时间做这项工作"②。在组织工作上教会的工作也极其严密。在北京，各教会和男女青年会联合成立了"北京基督教学生工作联合会"，"全市分为若干区，各区内的教会干事负责深入发展本区高等学校中的工作，同时他们又负责促进本区各教会的学生工作。每个教会学生工作者又充当全程学生工作某一方面的负责人，例如，有人负责查经班工作，有人负责社会服务工作，有人负责布道工作，等等"③。

教会和青年会主要通过组织一些活动，如查经班、交谊会、体育班、英文班、演讲会等活动与国立学校的学生建立联系。"经过查经班和个人工作，许多学生已经被说服来参加基督教生活并成为教会的积极会友。男女青年会所办的种种年会对于学生的正义行为和深刻的灵性生活已经产生了有力的影响……在华北，我们最好的学校青年会是在天津南开、税务专门学校、清华学校和国立北京大学等国立学校。在别的学校，由于基督徒人数太少而没有组织学校青年会的可能，但已经组成了一些核心小组，这些小组在说服同学皈依基督方面正做着很有希望的工作。"④ 对于在学生中开展工作，教会还总结了一些经验："每所公立大学都有它自己的社团生活。我们应当认识这种学校意识，并在宗教方面利用它，如同在社交生活、体育和其他活动方面利用它一样。大体上每所高等学校的学校生活都

---

① 何晓夏、史静寰：《教会学校与中国教育近代化》，广东教育出版社1996年版，第71页。
② 《1901—1920年中国基督教调查资料》（下册），中国社会科学出版社1987年版，第936页。
③ 同上书，第939页。
④ 同上书，第934页。

可以加以最有效的影响，使它有利于有活力的基督教，办法是尽早在校内争取到一群基督教学生和教师，让他们为该校的道德和灵性生活负一定的责任。"①

面对基督教势力不断强化的传教活动，某些公立学校采取了一些抵制措施。以高等教育为例，在课程设置上，不设神学科，把宗教知识纳入哲学范畴讲授。1917 年的北京大学文科本科课程分为哲学、文学、史学三类，其中哲学课程分为通科和专科，通科课程包括认识论、哲学史、人类学等，专科课程包括中国哲学史、印度哲学史、西洋哲学史、教育学、宗教学等②。在其他国立学校如山西大学等也都是把宗教课纳入哲学范畴。

除了在课程设置上加强管理外，很多学校还加强了对外籍教师的管理。这一时期，很多公立学校都存在数量不等的外籍教师。1917 年北京大学各种教员总数为 217 人③，外教人数没有具体的统计数字，但是有资料显示了 1918 年部分外教的情况。以下是 1918 年各科部分教员及研究所教员的统计表：

1918 年各科部分教员及研究所教员（外教）④

职 务	姓 名	籍 贯
文本科兼法预科教授、兼英文门研究所教员	威尔逊	美国
文本科讲师	梅殿华	英国
文本科讲师	文纳（仁亭）	英国
理本科教授兼化学门研究所教员	巴台尔	德国
理预科教授	纽伦	英国
工本科兼理本科教授	亚当士	美国
法预科兼文本科教授	梅尔慈	德国

上表所列外籍教师仅为北京大学外籍教师的一部分，但已可见外教在

---

① 《1901—1920 年中国基督教调查资料》（下册），第 937 页。

② 陈元晖主编：《中国近代教育史资料汇编》（高等教育），上海教育出版社 2006 年版，第 391 页。

③ 朱有瓛主编：《中国近代学制史料》（第 3 辑，下册），华东师范大学出版社 1992 年版，第 81 页。

④ 同上书，第 76—80 页。

高校执教之端倪。为了防止外籍教师通过课堂向学生传教，北大专门颁布了限制外籍教师传教的校规。北京大学《1914 年聘请（外国）教员合同书》第 15 条明确规定："该教员不得将涉及宗教之事传授学生。"①

在非基督教运动和收回教育权运动的推动下，北洋政府也开始重视基督教在公立学校的传播问题，并制定了相应规章予以限制。1924 年 4 月，奉天省教育厅厅长谢荫昌在全省教育年会上宣布：非中国公民在中国学校中担任小学教师的应该退出。1926 年 8 月，东北特别行政长官张焕相规定，中国学校的教学管理，只能依据中国法令施行②。1925 年广东省教育厅规定："宗教应与一般学校分离，无论公私立学校，一律不得以宗教经典列为学校正课课目。"③ 上述规定显然是针对基督教在各类学校的影响的，目的在于限制基督教在公立学校的传教行为。

从北洋中央政府的角度看，笔者目力所及，没有发现北洋政府对于基督教在公立学校传播的明确的限制性规定，但透过其颁布的各类教育法令还是可以看出其端正教育的目的，限制基督教传播的意图。

从 1912 年 7 月教育部公布的民国"四育"教育宗旨看，其指向是现实社会的利益问题，其军国民教育的民族主义目的十分明确，其道德教育是中国传统伦理道德的养成，其实利教育则与实业救国有密切关系，最后一项美感教育则注重学生对事物的美好感受与积极人生态度的培养，是对中国情感下的美感的培养。这样的教育宗旨的目的是要培养一批能满足社会政治经济需要的人才，与基督教的来世彼岸追求完全不一样。由此培养出的人才当然是与基督教精神背道而驰的。

在 1912—1913 年颁布的"壬子癸丑学制"中，北洋政府还详细规定了各级各类学校、各学科的教育宗旨和教学要旨。如"小学校教育以留意儿童之身心发展，培养国民道德之基础，并授以生活所必需之知识技能为宗旨"④，小学修身课的要旨"在涵养儿童之德性，导以实践。初等小学校，宜就孝悌、亲爱、信实、义勇、恭敬、勤俭、清洁诸德，择其切近易

---

① 朱有瓛主编：《中国近代学制史料》（第 3 辑，下册），华东师范大学出版社 1992 年版，第 73 页。

② 杨思信、郭淑兰：《教育与国权——1920 年代中国收回教育权运动研究》，光明日报出版社 2010 年版，第 88—90 页。

③ 《粤教厅取缔教会学校之办法》，《教育杂志》第 17 卷第 7 期。

④ 《教育部公布小学校令》，1912 年 9 月 28 日部令第 12 号，《中国近代教育史资料汇编·学制演变》，上海教育出版社 1991 年版，第 653 页。

行者授之；渐及于对国家、对社会之责任，以激发进取之志气，养成爱国、爱群之精神。高等小学校宜就前项扩充之"。历史课"本国历史要旨，在使儿童知国体之大要，兼养成国民之志操"。"地理要旨，在使儿童略知地球表面及人类生活之状态，本国国势之大要，以养成爱国之精神。""教授各科时，常宜指示本国固有之特色，启发儿童之爱国心，并引起其审美观念。"① 中学修身课要旨"在养成道德上之思想情操，并勉以躬行实践，完具国民之品格。修身宜授以道德要领，渐及对国家社会家族之责任，兼授伦理学大要，尤宜注意本国道德之特色"。历史课的"历史要旨在使知历史上重要事迹，明于民族之进化、社会之变迁、邦国之盛衰，尤宜注意于政体之沿革，与民国建立之本"。"法制经济要旨，在养成公民观念及生活上必需之知识。"对于中学教育，北洋政府教育部还特别规定"中学校教科用图书，由校长就教育部审定图书择用之"②。从上述教育宗旨和教学要旨可以看出，其表述均为中国传统文化语境下的表述，其目的指向在于培养具有中国文化底蕴，具有爱国心，对国家、民族未来之发展负有责任心的公民。这种公民的养成，最终将会与基督教精神格格不入。

对于各类高等教育，教育部也有相应的详细规定。由于大学的教学内容深奥、课目众多，教育部特别规定"大学讲座之种类及数目，由校长提出评议会决定，呈请教育总长认可"③。也就是说，大学的教授内容不能由学校随意规定，必须按照教育部颁布的大学规程实施。如欲开设讲座必须呈报教育部批准方能实施。对此，教育部有审查之权力，如果其教授违背了教育宗旨，教育部自然可以不批准或者取缔。这样的规定即使在今天看来也是相当严厉的，其中具有某种限制学术发展的韵味，但在遏制基督教借各种名目进入校园方面显然有一定的作用。

通过上述以国家法令面目出现的各种规定，北洋政府实际上是在中国教育方针的规定性下对基督教在公立学校的传播实施了一定的限制，使得基督教不能任意地在公立学校随意传播，在一定程度上减缓了其传播

---

① 《教育部订定小学校教则及课程表》，《中国近代教育史资料汇编·学制演变》，上海教育出版社1991年版，第690—697页。

② 《教育部公布中学校令施行规则》，《中国近代教育史资料汇编·学制演变》，上海教育出版社1991年版，第669—673页。

③ 《教育部公布大学规程》，《中国近代教育史资料汇编·学制演变》，上海教育出版社1991年版，第710页。

速度。

结　语

北洋政府时期，基督教在校园比较广泛地传播，原因是多方面的。最重要原因之一显然与政府监管的乏力有关。北洋政府虽然通过各种教育法令对基督教在公立学校的传播加以限制，对于私立学校也通过注册等方式予以监督和限制。但是由于政府态度不够明朗，实施力度也不够，其效果并不明显。导致基督教在校园的传播依然有蔓延之势，基督教教会以及信徒人数都有大幅度增加。

政府监管的乏力，又与北洋政府的无能和其自身的反动性质有关。北洋政府是由一批在清末崛起的军阀执掌的政权，他们代表的是大地主、大资产阶级的利益，代表了中国社会中最黑暗、最反动势力的利益。他们对内军阀混战，搜刮民脂，维护各自的私利。对外不能摆脱对帝国主义的依赖，靠帝国主义的扶植生存。在精神上一方面尊孔读经，一方面又对帝国主义抱有幻想。因此，从根本上讲，他们是不可能完全撇清与教会学校的关联的，这就必然导致他们不可能在基督教校园传播问题上有明确、坚决的态度。

从历史发展的阶段看，尽管当时人们已经充分意识到帝国主义文化侵略的危害性，社会上主张科学教育、国家主义教育、军国民教育的呼声一浪高过一浪，但由于中国社会仍处在由中古社会向现代社会过渡的时期，国家行政样式还包含有很多古代的因素，因此，政府对社会的控制能力还很有限。政府对教育的管理也就比较松散，不能有效控制基督教在校园的蔓延。

北洋时期政府对待基督教校园传播的态度和管理效果启示我们，在禁止基督教校园传播的管理方面，政府的作用非常重要，一个高效、有力的政府及其有针对性的政策是实现宗教与教育分离的重要保障。

（原载《科学与无神论》2012 年第 3 期）

南京国民政府限制校园传教
政策研究（1927—1937）

李志英　郑慧钦

基督教教育在中国将近有百年的历史。自晚清至北洋时期，政府都对教会教育及校园传教有一定的限制，但由于政权衰微、局势动荡、社会混乱等原因，收效甚微。1927年南京国民政府成立后，加强了对教育事业和基督教传教的管理。国民政府制定了一系列教育法律法规，不断强化对教会团体校园传教的管理，并取得了一定成效。目前，学界关于民国时期基督教的研究主要集中在基督教政策、教会学校发展上，而政府对校园传教的政策方面却鲜有专门研究。本文拟对1927年至1937年间南京国民政府时期对基督教的校园传教政策进行较为全面系统的考察与研究，以期对当代校园传教问题的解决路径提供借鉴。

一　南京国民政府时期的学校教育

1927年南京国民政府成立到1937年抗日战争爆发前的10年间，政局相对稳定，社会亦相对安定，政府控制力加强，南京国民政府对文化教育事业的管理力度加大，是教育事业相对稳步发展、趋于定型的时期。

（一）学校教育发展概况

1927年，南京国民政府成立，形式上完成了国家统一。为了加强对社会的统治，国民政府全面加强教育立法，系统制定了教育宗旨、教育政策，颁布了各项教育法令、法规纲领，从而确定了较为稳定的学制系统，使教育建设法制化、规范化，逐渐进入稳定和统一管理的轨道。

1928年5月，大学院召开全国第一次教育会议，以1922年的壬戌学制为基础，通过了《整理中华民国学校系统案》。1929年至1932年，国民政府又先后颁布了《大学组织法》、《专科学校组织法》、《小学法》、《中学法》、《师范学校法》、《职业学校法》等教育法令，作为政府规范各级各类学校教育的法定文件。紧跟其后，教育部相应颁布了各级各类学校规程，如《大学规程》、《专科学校规程》、《小学规程》、《中学规程》等，并针对部分类别的学校颁布了课程标准，如《小学课程标准》、《中学课程标准》等。以这些法令、规程、标准为基础，国民政府统治时期完整的学校教育制度基本形成，以后虽有过调整，但基本上没有大的变化。中国各级各类教育渐趋定型，稳步发展。初等教育在稳定中发展，除个别年份外，学校数和学生数均呈逐年增长趋势。中等教育同样取得明显发展，其中1928年至1930年，中学校数由1339所增至2992所，学生数由234811人增至514609人，增速均达一倍左右。1930年后，因国民政府采取限制普通中学、扩充职业学校的方针，中学各项数量指标有所起伏，但总体趋势仍是上升的。高等教育也呈现稳步发展趋势，从1928年至1936年，全国大专以上学校从74所增到108所，在校学生数从25198人增加到41922人。除学校数量增长外，这一时期国民政府高等教育还注重发展实科，压缩文科，使文科比例渐趋合理，并加快工科发展；注重教育质量，加强师资队伍建设，严格考试制度，改组大学研究院，使这一时期成为民国高等教育发展的黄金时代。

（二）私立学校立案

公立、私立学校，是相对而言的。公立教育是指由国民政府出资举办的学校教育，包括省立、市立、县立学校，私立教育是指在国民党统治区由私人创办的学校教育，包括国人自办与传教士所办之私立学校。私立学校尤其是教会学校，自晚清以来一直独立于中国学校教育系统之外。1906年清学部颁布《咨各省督抚外人设学无庸立案文》，教会学校成为了不受中国政府教育部门约束的教育机构，这种状况一直延续到民国成立之后很长一段时间。北洋政府时期，曾先后于1917年、1920年、1921年、1925年四次发布通告，规定外国教会学校须向中国政府注册立案，但收效甚微。

南京国民政府建立后，针对私立学校的乱象，先后颁布了《私立大学及专门学校立案条例》与《私立中等学校及小学立案条例》、《私立学校条例》和《私立学校校革会条例》、《私立学校规程》和《修订私立学校规程》等多部有关教会学校的教育法规，严格要求私立学校尤其是教会学校向政府注册立案，接受政府的指导监督①。

《私立大学及专门学校立案条例》与《私立中等学校及小学立案条例》两个条例于 1927 年 12 月 20 日由大学院公布，对私立学校立案所设置的门槛甚高，从办学经费、学校设备、师资队伍等方面均有严格规定。而且学校在呈请立案时还要准备"校名"、"学校种类"、"校址校地校舍"、"开办经过"、"经费及预算表"、"组织编制、课程及各项规划"、"图书仪器、标本教具、体育卫生及各种设备"、"教职员履历表"、"学生一览表"多达 9 大项的书面材料。呈请立案后，相关教育行政部门要派员"就地调查"，核实无误后才准立案。《私立学校条例》和《私立学校校董会条例》两个条例囊括了私立学校开办、课程设置、校长人选、董事会设立、监督检查等各方面的要求。在关系教会学校的一些关键问题如校长人选、董事会中外籍人士的比例构成、宗教课程及宗教仪式的限制等方面，都做了规定。《私立学校规程》和《修正私立学校规程》两个法规对各级学校宗教教育的限制更为严格，将前述"小学不得举行任何宗教仪式"的规定，修改为"外国人不得在中国境内设立教育中国儿童之小学"。这可以说是收回教育权运动兴起以来在法律层面上所取得的最富积极意义的一项成果，体现了国民党政府收回教会学校的决心。

同时，国民政府对所颁法令严厉执行，态度坚决，对不立案学校采取严厉措施进行处置。国民政府、教育部、各省教育厅等，多次发布通告、训令要求私立学校限期遵章注册立案，过期未立案或有意观望者予以严厉取缔。到 1936 年，已经立案或备案的学校，"虽无详细调查，教会学校，无论小学、中学、大学，立案的总在十分之九以上"②。

国民政府利用全国的收回教育权运动，通过要求教会学校立案注册来对其进行管理，并尽可能地限制宗教在教会学校中的影响，将教会学校纳入国家统一管理的私立学校体系中，使教会学校成为国家教育体制框架的一个组成部分。

二　南京国民政府对基督教校园传教的控制

南京国民政府成立后，制定了一系列文化教育法律法规，对基督教传

---

① 杨思信：《民国政府教会学校管理政策演变述论》，《世界宗教研究》2010 年第 5 期。
② 廖秋笙：《最近十年之基督教学校》，《中华基督教教育季刊》1936 年第 1 期。

教事业进行指导与监督，将其纳入社会文化团体组织中统一管理，不断强化对教会团体校园传教的管理和约束。为加强对学校的管理和控制，通过训育制度、教材审定等对各级各类学校教育进行严格的思想和行为控制，在学校中进行三民主义教育来抵制宗教的影响力。对于基督教校园传教重镇的私立学校尤其是教会学校，则通过立案注册将其纳入国家统一教育体系中进行管理监督，严禁其宗教教育宣传，尽可能的限制宗教的影响与传播，力图使教会的教育事业摆脱宗教色彩，"以重教育而保国性"。

（一） 对基督教校园传教的政策

由于民国时期继承了晚清以来的不平等条约，传教士仍享有在中国的传教自由权。但国民政府致力于把教会教育从传教活动中分离出来，以利于政府对青年一代的教育，以及在校园传教方面的管理和控制。

在革命蓬勃发展的时代，许多国民党人将基督教视为帝国主义文化侵略的工具，他们曾旗帜鲜明地反对基督教的传播，并且有意将教会的教育事业与教会的传教工作分开。为此教育部于 1929 年 4 月特别颁布了《宗教团体兴办教育事业办法》，指出"宗教团体兴办教育事业，或为捐资设学，以造就人才，或为集合徒众，以研究传习其教义。此二者之目的，本属不同"，宗教团体必须根据不同的目的分别立案，"一、凡以宗教团体名义，捐资设立学制系统内之各级学校者，应遵照私立学校规程办理。其设立各种补习学校，或民众学校者，应遵照教育部所定关于是项之法令办理。二、凡宗教团体为欲传播其所信仰之宗教，而设立机关，招致生徒者，概不得沿用学制系统内各级学校之名称。三、凡宗教团体集合会社，研究教义，或其他学术者，得依照关于学术集会结社之手续办理"。教会学校、研究社归各级教育机关管理，传教机构归各地方政府管理。"自经此次明白规定，嗣后各宗教团体兴办教育事业，务须认明宗旨，切实办理，免遭驳斥。其以前所兴办之事业，有名称不合者，亦即分别改正，是为至要。"① 1930 年 8 月，浙江省教育厅"呈请解释该办法第二项内'机关'二字之意义"，教育部明确指出"所谓机关二字之意义，系指教堂、寺、观，或各教信徒因布道讲经而设立之会社讲习所，旨在传习教义者而

---

① 《宗教团体兴办教育事业办法》，载宋恩荣《中华民国教育法规选编》，江苏教育出版社 2005 年版，第 106—107 页。

言"。又因"近查各宗教团体，仍有自立名目，设立机关。表面虽不沿用学校名称，实际仍是学校组织，殊属不合"①。1934年9月，教育部重申限制宗教团体设立学校的规定："凡宗教团体设立学校应遵照修正私立学校规程办理；如或设置机关传习教义，概不得沿用学校名称，并不得仿照学校规制，编制课程，招收学龄儿童及未满十八岁之青年，授以中小学应有之科目，以杜假借而免混淆。"② 至此教育部已经明确把宗教团体对其信徒传播宗教教义，同宗教团体设立的普通学校区别开来。教会的传教活动有条约的保障，政府当时无法进行过多干涉，但是，若把教会学校与传教划分开来，将其视为普通的教育工作，那么这就只是中国的内政，国民政府就可以进行全权的监督和管理。正是根据这个原则，国民政府强调学校是传授知识，造就人才的地方，不允许在学校中传播宗教。③

（二）对学校教育的思想控制

第一，为了加强对学校教育的控制，国民党确定三民主义党义教育为根本教育宗旨。1927年6月，南京国民政府教育行政委员会起草了《国民政府教育方针草案》，8月，又制定了《学校施行党化教育办法草案》，提出："我们所谓党化教育就是在国民党指导之下，把教育变成革命化和民众化，换句话说，我们的教育方针要建筑在国民党的根本政策之上。国民党的根本政策是三民主义、建国方略、建国大纲和历次全国代表大会的宣言和决议案，我们的教育方针应根据这种材料而定，这是党化教育的具体意义。"④ 1928年5月，大学院在南京举行第一次全国教育会议。会议决定废止党化教育名称，改称三民主义教育。大会宣言提出："此后中华民国的教育宗旨，就是三民主义的教育。"⑤ 1929年3月，国民党第三次全国代表大会上，正式通过了《三民主义的教育宗旨及其实施方针》，并于同年4月由国民政府正式公布。这个方针规定："中华民国之教育，根据

---

① 《呈为据东阳、丽水等县呈为对于宗教团体兴办教育事业之办法发生疑义仰祈核示令遵由》，《教育部公报》第2卷第36期。

② 《限制宗教团体设置学校令》，载宋恩荣《中华民国教育法规选编》，江苏教育出版社2005年版，第133页。

③ 陈显：《民国政教关系互动的演变（1924—1933）》，华中师范大学硕士学位论文，2007年。

④ 《教育杂志》第19卷第8号，《教育界消息》，1927年8月。

⑤ 《第一次全国教育会议》，《第二次中国教育年鉴》第2编，第37页。

三民主义，以充实人民生活，扶植社会生存，发展国民生计，延续民族生命为目的。务期民族独立，民权普遍，民生发展，以促进世界大同。"① 从上述宗旨出发，1931 年 6 月，国民政府公布《中华民国训政时期约法》再次明确规定 "三民主义为中华民国教育之根本原则"②。1931 年 9 月国民党中央常务会议发布《三民主义教育实施原则》，对初等教育、中等教育、高等教育、师范教育、社会教育、蒙藏教育、华侨教育、留学教育等各级各类教育的教育目标及课程、训育、设备等，作出详尽的实施规定。

第二，实施政治控制与强化传统伦理教育。1930 年 2 月，为了整顿教育，蒋介石自己兼任教育部长，颁布了《整顿学风令》和《告诫全国学生书》，要求学生以三民主义为唯一宗旨。为厉行思想统治，教育部规定各中小学必须一律课授党义，要求各学校必须每星期一举行总理纪念周，教授党义精神，组成一个系统的党化课程。与此同时，国民政府还强调中国传统文化，进行传统伦理道德教育，把传统伦理道德作为学校训育的基本内容。

第三，建立严密的训育制度。训育制度是国民政府在学校里进行常规政治思想教育，进行管理的基本形式。国民政府通过训育制度，加强对各级各类学校的严格管理。国民政府在中、高等学校都设有训育处或训导处，由训育主任或训导长一人负责，且他们必须是国民党员。他们在训育员的辅导下，领导各年级组的导师，对学生进行思想政治教育，严密控制学生的思想和行为。

第四，强化对学生的军事训练。以 "三民主义" 培养青年，对小学及初中阶段的学生实施童子军训练，对高中以上学生实施军事训练，其目的除了锻炼意志、强健体魄外，还有控制学生思想的意图。

第五，实行教科书审查制度。为贯彻党化教育，1927 年南京国民政府规定从速审查和编写教科书，以求与 "党义" 相合，并通过了《组织教科书审查会章程》。大学院时期，政府设立专门编审机构，公布了《教科图书审查条例》，规定，非经大学院审定，所有教科书不得发行和采用，明确强调以国民党的党纲、党义和 "三民主义" 为审查教科书的标准。1929年，国民政府教育部又先后公布了《教科图书审查规程》及《审查教科图

---

① 宋恩荣：《中华民国教育法规选编》，江苏教育出版社 2005 年版，第 35—36 页。
② 同上书，第 37 页。

书共同标准》，明确规定各级各类学校采用的教科书必须经过教育部审查，否则不得发行和采用，特别强调教科书必须"适合党义、适合国情、适合时代"的政治标准。1932年6月，南京国民政府设立国立编译馆，会同教育部普通教育司代表政府办理中小学教科书的编纂审定事宜。

以上一系列措施均是国民党为实行其文化专制政策、实行精神独裁而设置的，加强了对学校师生的思想和精神控制，当然也在无形中抵制了宗教等其他思想的影响。

对于宗教教育重镇的教会学校，国民政府通过立案来对其进行有效的监督与控制。通过立案注册，各教会学校虽然获得了与其他私立学校同等的地位，但同时也意味着政府因素逐渐渗入各教会学校。这种渗入主要通过以下方式：一是政府官员参加教会学校董事会，参与学校有关重大事务的决策和审核。二是在教会学校建立国民党及"三青团"基层组织，积极发展党团员。三是在教会学校设立训育处，开设训育课，加强对师生的思想监督和控制。四是由政府对各种学校统一安排军事教育。五是日常教学事务的统一规范管理，包括中央及省市县各级教育行政部门派出的督学视察，监督，统一考试，会考，添设公民课程、党义课程及有关教师、使用统一教材、举行总理纪念周和升旗活动等。教育部还于1930年2月发布训令考查教会学校，要严密查察其"对于党义教育，是否实施？所有党义教员及训育主任，是否曾受检定合格？"① 足见政府对于教会学校控制之严厉。

国民政府竭力加强对教育的控制，极力确立三民主义在学校里的主流意识形态，也就在很大程度上抵制了宗教在学校的影响。因为，"宣传宗教，暗行文化侵略情事"，乃属于"违反三民主义之教育"，"若不严行查禁，影响国民革命前途，实匪浅鲜"。因而要严禁学校宗教宣传，"务期三民主义教育得以推行尽力"②。这种党化教育的做法反映了国民党的文化专制政策，也表明国民党不仅要严密控制公立学校，还要尽可能地控制包括教会学校在内的私立学校，并且加以改造。1930年2月3日，国民党中央常委会第70次会议通过《社会团体组织法》，规定各种社会团体不得有违

---

① 《为对于教会学校应行注意各点令饬严密查察随时取缔由》，《教育部公报》第2卷第7期。

② 《湖北教育厅公报》1930年第1卷第3期，载殷梦霞、李强《民国教育公报汇编》，国家图书馆出版社2009年版，第146册，第483—484页。

背三民主义的言论和行为，要接受国民党的指导。无论公立还是私立学校，都必须开设三民主义党义课程，配备国民党指定的党义教员和训育主任。教育部则命令各省市教育厅局，要严防教会学校里的宗教宣传行为，同时要检查教会学校的三民主义教育是否实施，党义教员和训育主任是否合格。①

（三）严禁私立学校的宗教教育和宗教宣传

国民政府通过私立学校立案注册将其纳入国家统一的教育体制中，又以收回教育权运动为契机，在私立学校立案过程中，国民政府先后颁布了一系列严禁私立学校的宗教宣传的法律法规，并得到了有效的执行，取得了较好的效果。

对于私立学校校园传教的限制，国民政府时期前后颁布了 3 个法律规定，主要是通过宗教科选修、课内宗教宣传和宗教仪式自由参加这三个方面来进行限制的。1928 年 2 月 6 日，国民政府大学院公布的《私立学校条例》第一、第八条规定，"凡私人或团体设立之学校为私立学校，外国人及教会设立之学校均属之"。"私立学校，不得以宗教科目为必修科，亦不得在课内作宗教宣传。私立学校如有宗教仪式，不得强迫学生参加。"② 相应地，1928 年 4 月 25 日上海特别市公布《上海特别市私立中小学校条例》，也明确指出"私立学校不得以宗教科目为必修科，亦不得在课内作宗教宣传；如有宗教仪式，不得强迫学生参加"。可以说，国民政府禁令上行下效。1929 年 8 月 29 日，教育部颁布《私立学校规程》，第五条明确规定，"私立学校，如系宗教团体所设立，不得以宗教科目为必修科，亦不得在课内作宗教宣传，学校内如有宗教仪式，不得强迫或劝诱学生参加，在小学并不得举行宗教仪式"③。对于宗教仪式的限制，将过去"不得强迫学生参加"变为"不得强迫或劝诱学生参加"。"劝诱"一词，凸显了各教会学校对于教育部规定的阳奉阴违。

对于《私立学校规程》中关于初级中学及小学不得开设宗教课程，小

---

① 《教部严防教会校传宗教通令各省市教育厅局查核》，载朱宝探辑《关于教会之政府法令及其他文件》，《中华基督教会年鉴》第 11 册（5），1929—1930 年，第 103 页。

② 《大学院公报》第 1 年第 3 期，载殷梦霞、李强《民国教育公报汇编》，国家图书馆出版社 2009 年版，第 6 册，第 308—309 页。

③ 多贺秋五郎：《近代中国教育史资料民国编》中编，文海出版社 1976 年版，第 573 页。

学不得举行任何宗教仪式的规定，当时基督教教育界不无异议。中华基督教会代表范定九等人曾具呈教育部，要求"准许教会各级学校得设宗教选修科目，在小学并得举行宗教仪式"。对此教育部予以严词驳斥："教非一教，任其各自藉学为名，而竟作宗教之宣传，则门户互分，势必纠纷不已。本部为防患未然起见，自不得不加以限制。此非对基督教亦然。所请初级中学得设宗教选修科目，小学并得举行宗教仪式各节，碍难照准。并仰善体本部限制学校宣传宗教之微意，勿再争持。"教育部的这篇批文，透露出国民党政府限制教会学校宗教教育的"微意"，根本在于希望保持教育的人文主义传统与国家主义属性，不希望它变成各种宗教利用的工具。以上一系列法令前后相继，不断加以完善，并能做到令行禁止，体现了国民政府严禁学校宣传宗教的态度与决心。

除以上重要法令外，教育部和全国各教育厅局还颁布了其他一些相关训令或布告。1929 年 9 月教育部训令第 1241 号，"为令饬严厉制止外国人及教会所设之学校作宗教宣传由"，并指出，学校若违背法令，"主管教育行政机关得撤销其立案或解散之"。1930 年 2 月训令第 129 号，"为对于教会学校应行注意各点令饬严密查察随时取缔由"，教育部要求各教育厅局对已立案和未立案的教会学校，严密查察："中等以上学校，是否已遵章不以宗教科目为必修科？其有设选修科者，有无强迫选修等情弊？""小学本无所谓选修科，是否尚有以选修为名，而令儿童修习宗教科目之实？""课外有无强迫学生参加宗教仪式情事？"遇有指定各情事发生时，即行取缔，"以重教育而保国性"。1930 年 7 月训令第 675 号，指出"查教会学校在图书馆中陈列宗教书报及画片，希图麻醉青年思想，自应严行查禁"。要求各教育厅局"此后各校所有宣传宗教之图画，应予一律禁止陈列或悬挂；其关于宗教之书籍报章及杂志等，除在大学及高级中学限于与选修科目有关，及堪备哲理上参考者，得酌量陈列外，其余并应一律禁止"。1930 年 11 月教育部训令第 1192 号，"为严令取缔各宗教团体所设立之学校宣传教义由"，要求各省教育厅、各市教育局"应督促所属，于各宗教团体所设立之学校宣传教义一端，切实注意，如有违背情事，应即严加取缔，并须随时呈报，毋得玩忽"①。除教育部所发布告、训令外，各省市也有相关法令不断出台。教育部还不断责成各级教育行政机关对教会学校进

---

① 以上分别参见《教育部公报》第 1 卷第 10 期，第 2 卷第 7 期、第 27 期、第 47 期。

行检查，特别注意教会学校内在课程设置，宗教仪式方面是否有违背法令，给教会学校的宗教教育及宗教活动造成很大的限制。

　　教育部门特别注意宗教对儿童的影响，严厉控制教会对儿童的宗教教育，禁止向儿童传教，尽可能不让中国儿童接触基督教。除《私立学校规程》明确规定不得在小学举行宗教仪式外，《修正私立学校规程》进一步规定在小学及其同等学校不得举行宗教仪式。至于宗教选修科，教育部也规定初中低年级及小学不得有宗教选修科。1929 年 2 月，中华圣公会总议会代表院主席郑和甫呈请"准教会中小学学生于父兄同意之下得以宗教课程为必修科及遵守宗教仪式"。教育部态度坚决地回复，"批示所请应毋庸议"①。1933 年，根据教育部所订《审查儿童文学课外读物标准》，则"思想含有封建意味或宗教色彩者"之儿童文学课外读物，即"应予修正或禁止发行"。② 对于基督教所设小学儿童义务学校，教育部也严格限制其对儿童的宗教宣传。1930 年全国教育会议上有人提出议案，小学、幼稚园的创办者、教职员都必须是中华民国的公民或组织。这一议案最终写进了 1933 年教育部颁布的《修正私立学校规程》。其第六条更规定，"外国人不得在中国境内设立教育中国儿童之小学"③。这可以说是收回教育权运动兴起以后在法律层面上所取得的最富积极意义的一项成果。

　　对于高级中学的宗教教育，教育部亦严格限制，严格规定宗教科目应由学生自由选修，宗教仪式不得强迫或诱惑学生参加。《私立学校规程》颁布后，山东基督教教育会对其第五条所规定的限制宗教教育及宣传条款有所疑问，并函请山东省教育厅予以解释，山东省教育厅遂转呈教育部请示，教育部训示道，"惟中学内得设宗教科目为选修科，应限于高级中学。又宗教仪式，不得以任何方法威迫或利诱学生参加，并不得于校内一般的集会时举行"④。又在浙江省教育厅据私立蕙兰暨秀州两中学请核示关于教会学校宗教科目疑义呈请教育部核示一案中，教育部明确指出，"宗教科目，系属选修科，应由学生自由选修，不得稍有限制。凡选修科目，皆绝对自由，并不得有宗教替代字样；或于选修上，冠以任何字样"。在教育

---

① 《教育部民国十八年二月份工作报告表》，《教育部公报》第 1 卷第 3 期。
② 《审查儿童文学课外读物标准》，《教育部公报》第 4 卷第 8 期。
③ 宋恩荣：《中华民国教育法规选编》，江苏教育出版社 2005 年版，第 125 页。
④ 《为准基督教教会函请解释私立学校规程第五条一案请训示只遵由》，《教育部公报》第 1 卷第 11 期。

部及各省市教育厅局的强硬态度及严厉执行下，大部分中学的宗教选修及宗教活动自愿参加原则基本得以实现。

对于大学的宗教限制，教育部除了严格规定宗教科选修及宗教活动自由参加，还取缔了大学的宗教系及神学、圣经科。对未立案学校，只有做到上述要求才能予以立案，并在立案过程中督促其实行，否则不予立案。如 1930 年教育部训令第 732 号 "为私立岭南大学准予立案由"，"案查私立岭南大学呈请立案一节……应即准予立案。……惟据视察员报告，该大学……关于训育党义于军事训练之实施章程，学校宣传宗教之取缔，及大学预科之废止，均经通令在案，并仰查照前令督促遵办"。1931 年教育部训令第 2119 号 "为私立齐鲁大学准予立案令列各点应切实改善仰转饬知遵由"，"查私立齐鲁大学呈请立案……应即准予立案。惟该校神科，既已分立，其校址应早日划清，并另定名称，以免混淆。宗教科目，不得强迫或劝诱学生修习"①。而著名的上海圣约翰大学因宗教教育问题，校方及圣公会与政府多次冲突，数次立案均告失败，故迟迟未能立案，直至 1947 年，圣约翰大学才完成向国民政府的立案事项。而之江大学在立案过程中，坚决主张 "凡学校课程之无关于宗教者，皆遵照大学院条例办理。惟对于宗教学科及礼仪，则请求政府承认学校有自行规定之权"。"但政府否决立案及新计划"，而宣布停办，时人即认为是 "三民主义教育与基督化教育冲突之结果"。② 对已立案学校，教育部则严密考查，如有违背则严令改正或予以取缔。1930 年 3 月，教育部查知 "私立金陵、沪江大学所刊金陵、沪江大学文理科概况（十七年至十八年）一览（十八年至十九年），该校仍设有宗教学系、宗教系及神学系"。系 "与法令不符"，要求南京、上海特别市教育局 "详细确查，该校现时如仍设有前项科系或以宗教科目为必修科，务即饬令停止；倘复故违，即呈由本部依照私立学校规程第六条办理"③。6 月，教育部 "据报载北平私立燕京大学招收新生广告内，列有宗教事业与社会服务专修科"，指出 "该项科目，显有宣传宗教作用，碍难准予开办"。要求北平特别市教育局 "转饬该校迅将前项广告内，关

---

① 以上见《教育部公报》第 2 卷第 30 期，第 3 卷第 50 期。
② 《之江大学之停办》，载李楚材《帝国主义侵华教育史料——教会教育》，教育科学出版社 1987 年版，第 610 页。
③ 《为饬查私立金陵、沪江大学现时是否设有宗教学系及神学系由》，《教育部公报》第 2 卷第 12 期。

于宗教事业与社会服务专修科一节，即日撤销，并由该局随时查察该校是否确将该科停止进行，并仰将该校社会服务专修科课程编制，详细确查，一并具报备案"①。同时，教育部发布训令第 640 号下令江苏省教育厅，南京、北平、上海市教育局复查"该管境内已立案之私立大学究竟有无违背私立学校规程第五条所定各项，仰即查明具复，以备考核"②。1932 年 6 月，教育部再次查知燕京大学"确仍设有宗教学系。该校文学院课程一览，亦将宗教史、宗教心理学、宗教哲学经典、宗教艺术等详为规定门类及学分"。虽"据校长吴雷川声称，关于宗教学科，均系选修，并不与私立学校规程抵触"，但教育部指出"查大学规程第七条，曾规定'大学各学院或独立学院各科学生，从第二年起，应认定某学系为主系，并选定他学系为辅系'。因此，各学系必须按其性质，视其需要，厘定若干基本课程，审订若干必修科目，以为研究之基础。该大学既设有宗教学系，按照大学规程第七条之规定，学生即可认定该学习为主系或辅系，顾名思义，即无异以宗教科为必修科目"。又认为"倘一学系而不设置必修科目，则其学系，根本即无成立之必要。且该大学历次所送学生报告表，宗教学系，并无学生，既无学生，又未设必修科目，自可不必专设一系"。因此，下令"该大学所设之宗教学系应即取消"③。

　　国民政府对于各学校采用的教科书控制得也极为严格，"含有宣传宗教意义或仪式之教科书在取缔之列"。教育部明令"禁止采用宗教教科书"。1931 年，教育部据福建省教育厅所呈"福州仓前山发行小学校初级用宗教教科书内容宣传宗教一案"，指出"福州仓前山某国圣书协会出版之宗教教科书……内容多系宗教宣传，殊与国民教育之宗旨，大相违背"。且"查本部颁行之小学课程暂行标准，并无宗教一科之规定，该圣书协会出版宗教教科书，并于书面注明小学校初级用字样，实属荒谬已极。查其内容，不独宣传宗教，抑且包含政治色彩"。"亟应严禁发行，停止采用。并将已印书籍封存，印板销毁，以杜流传而免贻误。""通令全国各小学

---

　　① 《为令仰转饬私立燕京大学撤销招收新生广告中关于宗教事业与社会服务专修科一节由》，《教育部公报》第 2 卷第 26 期。

　　② 《为仰查复已立案之私立大学有无违背私立学校规程第五条所定各项由》，《教育部公报》第 2 卷第 26 期。

　　③ 《为私立燕京大学宗教学系应即取消令仰转饬遵照由》，《教育部公报》第 4 卷第 25、26 期合刊。

校，一律禁用该书"，要求各教育厅局"转饬所属各小学校一律禁止采
用"①。1935 年，浙江省教育厅以"上海广学会出版之初级农民宗教读本，
未经审定，其内容均系宣传教义，并引诱儿童举行宗教仪式，均属不合"
上呈教育部"请通令禁止"。教育部回复云："该项农民宗教读本，既系宣
传宗教，违反规程，自应严予取缔。"命令"将该项读本，从严查禁，勿
任发售及采用"②。宗教教科书的禁止使用，对基督教传教事业不啻是一个
重大打击。

此外，教育部对教会学校的名称也有一定的限制，校名不得直接冠以
宗教团体名称，严格区分学制系统内之学校名称与传教机关名称。1930 年
3 月，因《私立学校规程》中对于"校名能否冠以宗教团体之名，或涵有
宗教意义"未明确，上海特别市教育局以"上海各宗教团体设立之学校，
颇多以宗教团体命名，或校名涵有宗教意义者"呈请教育部核示，教育部
即指示，"查各级学校，若冠以宗教团体名义，如佛教居士林第一小学等，
显系以宗教为标榜，涵有宣传意义，应即令饬更改"③。6 月，教育部又训
令"江苏句容县桥头镇社会有基督复临安息日会中华三育学校，当以该校
冠以宗教团体名称，令由该厅转饬更改"及"下蜀桥头镇设有中华神道学
校，校名竟用神道字样，显有宣传宗教作用，兹应饬令更改"④。

三　南京国民政府政策的分析与评价

近代以来，伴随着西方传教士的大量涌入，基督教传教的脚步遍布中
华各地，宗教在校园里的传播亦愈来愈盛，教会事业由此深入到了中国教
育系统中。晚清和民初时期，政府都对校园传教活动进行过限制，但效果
不明显。1927 年南京国民政府成立后，采取一系列措施，通过督促私校立
案，颁布一系列法令限制校园传教等措施，比较好地控制了基督教在校园
的传播。分析其原因，与以下几个方面的因素有关：

第一，收回教育权运动的推动。早在 1917 年，蔡元培就提出了"以

---

① 《禁止采用宗教教科书》，《中华基督教教育季刊》第 7 卷第 2 期，国内教育新闻。
② 教育部训令第 6023 号《为查农民宗教读本》，《教育部公报》1935 年第 7 卷第 19、20 期
合刊。
③ 《呈各级学校以宗教团体命名应否更改请令遵由》，《教育部公报》第 2 卷第 13 期。
④ 《为仰饬中华神道学校更改名称由》，《教育部公报》第 2 卷第 26 期。

美育代宗教"的主张，这是我国正式提出非宗教教育的开端。1922 年 4 月，第 11 届"世界基督教学生同盟"大会在清华大学召开，讨论"如何宣传基督教于现代之大学生"、"学校生活基督化"等问题，引起了中国社会的强烈反响，在中国社会主义青年团的倡议下，北京、南京及上海等地先后组成了"非基督教大同盟"及"非宗教学生同盟大运动"，揭露基督教的反动本质和教会利用学校所进行的文化侵略。从而引发了中国社会对于基督教在中国影响的广泛讨论，这场讨论最后变成对在华基督教会的声讨，史称"非基督教运动"。

1923 年，余家菊在《教会学校问题》一文中，从国家主义教育的立场出发，首次提出了"收回教育权"的口号。1924 年以后，随着中国革命出现了新的高潮，各地反对帝国主义文化侵略的斗争日益激烈，这场运动逐步演变为以教会教育为对象的收回教育权运动。此后，收回教育权的呼声日益高涨，收回教育权思想亦日益深入人心。收回教育权，不仅是学界、教育界、青年学生的一致呼声，而且连绝大多数中国基督教教育人士与基督徒也赞成将教会学校收回自办。正是在此大背景下，1927 年南京国民政府成立后，即顺应形势颁布一系列法律法规，采取严厉措施，收回国家教育权，获得了普遍的社会赞誉。收回教育权运动，上承五四新文化运动与非基督教运动之余绪，从南京国民政府建立前即已开始，直到 1933 年 10 月国民政府发布《修正私立学校规程》为止，前后波及达 10 年之久，对国民政府实行教会学校立案，控制宗教教育，限制校园传教都起到了很大的推动作用。

第二，国家主义教育思潮的影响。国家主义教育思想，最初产生于 18 世纪末的欧洲，当时德国、法国相继建立了国家主义精神的教育制度。20 世纪 20 年代初国家主义教育思潮在中国兴起，并在收回教育权运动中推向极致。国家主义教育思潮认定外国在中国办教育怀有政治和文化侵略目的，从国家生存、文化生存和社会安宁考虑，必须收回教育权。因此，"教育上之国家主义勃然而兴，于是教会学校之外国色彩，遂发生了严重问题"①。"这种主义，弥漫全国；无论在哪一方面，都有充分的表现。尤其在教育方面，公认教育为国家事业与责任，不容外人参加；故此对于教会学校，攻击不遗余力。"认为"教会学校侵犯我国教育主权，违反我国

_____

① 程湘帆：《基督化教育与党化教育》，《中华基督教教育季刊》第 5 卷第 2 期。

教育本义，危害我国学生之国家思想，忽视我国学校应有之学科"①。因此，"收回教育之呼声日高一日，亦日遍一日"。国家主义教育思潮的传播，增强了国人关于教育为国家主权的认识，为收回教育权运动奠定了思想基础，并成为了国民政府收回教会学校教育权的重要法理依据。

第三，教育与宗教分离思想的影响。近代以来，作为近现代世界各国公认的一种教育公理，教育与宗教分离的思想逐渐被中国人民接受。清末民初，时人便大力宣传这种思想，提出"教育与宗教不可混而为一"②。按照这一原则，教育与宗教应彻底分开，学校应在各宗教中保持中立，应当取消宗教教学内容，增加科学知识教育，只能教授一般宗教知识而不能强迫或诱导学生信仰宗教，宗教组织、宗教团体也不得举办国民教育系列学校，同时亦不能干涉学校教育权。这一思想为 20 年代后中国政府处置教会学校及一般学校的宗教教育问题，提供了重要的学理支撑。20 年代中期以后，教育和宗教分离的观点已成为学界和政府的共识。可以说，南京国民政府禁止校园传教、维护教育主权的政策符合了宗教与教育分离的时代潮流，因而得到人民的广泛响应。

第四，三民主义教育宗旨的影响。国民政府以三民主义为根本教育宗旨，以三民主义来统领整个教育事业，确立了其在教育领域的主流意识形态地位。国民政府要求各级学校实施党义教育，制定了考查各级学校党义教育成绩的办法。还进行各级学校党义教师的检定，规定各级学校教职员研究党义办法等。而"教会学校为外国人的教育机关。党化教育的本旨既以唤起青年觉悟而为救国之运动，自然对于假借条约保障之外国主管、不受本国法律裁判的外国教育机关，不能两立。且此项教育机关必不利于党化教育之施行"。因此，在实施三民主义的党化教育中，必然会抵制阻碍其发展的基督化教育。在外人传教"未便明令禁止"的情况下，国民政府正是利用三民主义来抵制宗教的影响力，控制基督教的校园传播。

总的来说，南京国民政府时期对基督教的校园传教进行了较为有效的控制。通过颁布外人传教团体的办法等，指导并监督基督教的传教，将其纳入社会文化团体组织中统一管理；通过三民主义的党义教育、训育制度、教科书审查制度等，对各级各类学校教育进行严格的思想控制，利用

① 廖秋笙：《最近十年之基督教学校》，《中华基督教教育季刊》第 12 卷第 1 期。
② 蒋维乔：《论教育与宗教不可混而为一》，《教育杂志》第 1 卷第 10 期。

二民主义来抵制宗教在学校的影响；颁布一系列法律法规，作为限制基督教校园传教的法定性文件，并强制实行，严格禁止学校的宗教教育及宣传。从实施效果看，国民政府对校园传教的限制政策，针对性强，执行严厉，也在实际上取得了较好的效果。宗教必修科的取消及礼拜自由的实行，对教会传教事业可以说是一种致命打击，难怪当时宗教界人士感叹学生对于基督教，"现在最普遍的态度，就是对于宗教是冷淡的、怀疑的、漠不关心的"①。对校园传教的限制，对广大青年学生来说，也是一大福音。大部分学生在思想意识上摆脱了宗教的束缚而获得了解放，同时也有更多的时间去学习科学文化知识、参与社会活动。随着对宗教宣传的限制，教育成了教会学校的主要目的，传教只能在中国政府允许的范围内进行。教会学校如果违反政府关于限制宗教的规定，政府将"随时取缔，以重教育而保国性"。此后，教会学校至少在形式上实现了教育与宗教的分离。

必须指出的是，对于基督教传教事业，南京国民政府自己都承认，"在中外传教条约未取消或修正以前，未便明白禁止"。而且国民政府在政治上和经济上严重依赖英、美等基督教国家，因此对校园传教的限制政策并不彻底，也未能真正限制基督教在校园的传播。而且，国民政府对教会学校的管理仍然存在许多漏洞，如在宗教选修课、校内宗教仪式、校长与董事人选、办学宗旨等，政府仍然过多地赋予教会学校灵活处理的自由；立案后，教会及外籍人士仍然在实质上掌握着学校的大权；某些教会学校，也仍然不顾教育部三令五申而变相实施宗教强迫教育；后期国民党政府对包括圣约翰大学在内的一批拒绝立案的非法教会学校，也没有坚决予以取缔，等等。在这种情况下，想要完全限制教会学校的宗教教育、真正控制基督教在校园的传播显然是不可能的。基督教教育界人士在政府颁布关于限制学校宗教教育及宣传的法令之后也指出"质言之，教育部所限制者，只是'挂在必修课程上的宗教科目'而已。这也并非排拒宗教科目本身，更并非排拒宗教生活。有许多宗教科目，原来可以移置别门，一样可以作为必修科"。且"教育部绝对没有钳制教职员的私人行动。所以此后基督教教育的使命，须由热心的教职员负起来"。"今后基督教教育的活动

---

① 《基督教中学校宗教教育的研究》，《中华基督教教育季刊》第5卷第4期。

中心，宜由课室移至教职员的家中。"① "上有政策，下有对策"，无论政府如何禁止学校宗教教育及传教，传教士们总有各种办法应对，或阳奉阴违，或明目张胆地宣传宗教，使得校园传教活动难以完全遏制。

虽然南京国民政府时期没能完全阻止校园传教事业，但国民政府毕竟做出了努力，并付诸实践，也取得了较好的效果，一定程度上遏制了自晚清以来基督教迅速传播的势头。因此，南京国民政府时期限制校园传教政策还是值得肯定的，具有一定的积极意义。

（原载《科学与无神论》2012 年第 6 期）

---

① 谢扶雅：《教会学校要关门吗?》，李楚材：《帝国主义侵华教育史料——教会教育》，教育科学出版社 1987 年版，第 263—264 页。

宗教对新疆高校的渗透、影响及对策

李建生

改革开放以来，随着国外敌对势力对我国加紧实施"西化"、"分化"和"演化"策略，利用宗教向学校渗透并干扰和破坏正常的教育教学秩序的活动一刻也没有停止过，特别是在新疆高校，自 20 世纪 90 年代以来，这种渗透破坏活动还呈现出许多新的特点，必须引起我们高度警惕，认真加以研究并制定相应对策，在大学生中加强马克思主义宗教观和科学无神论教育，抵御宗教对新疆高校的渗透和影响，保证社会主义办学方向和办学目标的实现。

一　当前宗教对新疆高校渗透和影响的一般特点

在新疆，宗教对高校的渗透和影响往往通过部分在校学生的宗教意识和宗教活动表现出来，虽然一般说来，学生本身不属于社会上的宗教势力，他们的世界观和人生观正处在形成过程中，具有极大的可塑性，但他们的思想意识及所从事的宗教活动却从一个侧面反映宗教对学校教育的干扰和影响。目前新疆高校部分学生从事宗教活动表现出以下几个主要特点：

（一）信教和参与宗教活动的人数呈上升趋势

据对新疆高校各族学生调查发现，约有 20% 的学生去宗教活动场所进行过宗教活动。其中有相当一部分学生认为，"宗教能拯救我们的灵魂"；还有一部分学生认为"在我苦闷时，似乎感到宗教能为我解脱"，"我相信宗教能为我们带来好运"等。应当特别指出的是，持这些观点的不是特指某一个民族的学生，其中包括相当大一部分汉族学生在内。不少汉族学生以过圣诞节为"时髦";以进教堂做礼拜为"高雅";以接受宗教组织的生日祝福为"荣耀"。可见,宗教对高校的影响已使许多学生对宗教产生模糊或错误认识,严重干扰学校对学生进行正常的辩证唯物主义和历史唯物主义科学世界观和人生观的教育。

(二) 由一般对宗教的模糊认识发展成为在宗教意识支配下的公开的宗教活动

20世纪80年代以来,随着宗教信仰自由政策的落实,新疆地区非法宗教活动泛滥,部分学生的宗教意识开始萌发,特别是20世纪90年代前后,不仅公开宣扬自己的宗教观点,甚至还出现了在课堂上公开与教师进行辩论的现象,某高校有些学生公开声称:"现在我们是一个班,毕业后我们要占领50个班!"在学生中宣传"只掌握宗教不掌握科学知识的人是瘸子,只掌握科学知识不掌握宗教的人是瞎子"等极具蛊惑性的言论,煽动大学生信仰宗教。公开进寺作礼拜、在学校封斋、传播非法宗教书籍、穿着具有宗教色彩的服饰等行为都呈上升势头,使思想教育工作的难度增大。

(三) 除过去受宗教影响较大的学生从事宗教活动外,来自边远贫困乡村的学生从事宗教活动人数增加

这部分学生过去一般学习较刻苦,现在信教和从事宗教活动人数有增长势头,许多女学生表现更为虔诚。这部分学生抵触心理严重,某些高校还发生过数名学生为从事宗教活动集体逃离学校和集体退学事件,其中有相当一部分学生来自边远贫困地区,思想教育工作极其难做。

(四) 学生的宗教活动往往与民族风俗习惯绞合在一起,在民族风俗习惯的幌子下进行

如有些学生以穿着民族特色的服装为名穿着带有浓厚宗教色彩的服饰;以过民俗节日为名进行封斋、进寺做礼拜等,使很多政策界限难以掌握和界定,也增加了思想教育工作的难度。

二 造成宗教向新疆高校渗透和影响的原因

造成新疆高校当前部分学生信教和从事宗教活动呈增长势头的原因是

多方面的，我们认为主要有以下几点：

（一）国内外敌对势力利用宗教对学校的渗透和社会上非法宗教活动泛滥对学生的影响，是高校宗教活动呈上升势头的社会原因

20 世纪 80 年代，新疆民族分裂主义势力的头目艾沙就声称："过去我们没有利用宗教联络群众，发展力量，这是个失误，今后要利用宗教唤醒群众，实现我们的愿望。"从 1996 年开始每年查获由国外流入新疆的具有强烈民族分裂意识的非法宗教书刊和传单 8000 多册（份），反动音像制品 10000 余盒（盘），其中相当一部分流入学校，通过各种渠道在学校秘密传播。在高校学生中还查获有由清真寺直接插手控制的非法宗教组织。在新疆这些非法宗教组织往往是滋生新的民族分裂主义分子的温床和土壤。近年新疆曾破获一个以宗教为掩饰的非法组织，其成员涉及新疆 10 多所高校的在校学生 100 余人。严峻的现实告诉我们，国内外敌对势力利用宗教对我实行"分化"和"演化"图谋，越来越集中地表现在和我们争夺下一代问题上。江泽民同志在分析近些年一些地区的形势时指出："西方一些敌对势力与我国一些分裂主义势力加紧勾结，利用民族、宗教问题，不断挑起事端，就是企图在中国打开一些缺口，进而实现'西化'、'分化'中国的政治图谋。"① 在这种严峻形势下，再加之我们高校思想教育工作薄弱，敌对势力和社会上的非法宗教组织乘虚而入，散布流言蜚语进行蛊惑、拉拢腐蚀青少年，造成高校宗教活动上升势头。

（二）家庭和学生所处小环境是宗教影响学校教育的直接原因

20 世纪 80 年代中期以来，新疆一些地区非法宗教活动泛滥。一些学生的家庭处在这些地区，特别是一些边远乡村，非法宗教活动的鼓吹者利用寒暑假、家庭教育等各种途径加紧对学生施加影响。在我区，许多贫困地区和经济欠发达地区农牧民的科学文化素质普遍较低，物质文化生活贫乏，宗教活动和他们的日常生活结合在一起，对学生发生着潜移默化的作用，使他们把这种影响带到学校中来，自觉不自觉地干扰学校正常的教学

---

① 该文写于 1999 年，曾获 1999 年新疆高校思想政治工作研究会一等奖。自治区法学会二等奖。在青岛召开的全国第四届高校德育研究会上获优秀论文奖。现在看来仍未过时，因此仍作为会议论文提交中国无神论学会 2011 年学术年会。

和生活秩序。

（三）学校的思想政治工作薄弱，思想教育和抵御防范措施不力，对学生进行马克思主义宗教观和无神论的宣传教育不够，是宗教向学校渗透和施加影响的重要原因

邓小平同志在 1989 年总结 "6·4" 风波时说："十年最大的失误是教育，这里我主要是讲思想政治教育。"① 现在普通高校的大学生大多数是 80 年代末到 90 年代初出生的孩子，他们中的许多人虽然有较宽的知识面，但由于缺乏政治锻炼，往往只从经济上看问题而很少从政治上看问题，很少从国际阶级斗争的大环境和国内阶级斗争的小环境把握阶级斗争的动向、表现和特点，缺乏应有的政治敏锐性和警觉性。虽然 90 年代以来，高校思想政治工作比 80 年代有所加强，但我们还应看到："一手硬，一手软"错误的影响还存在，整个教育还未从应试教育转到素质教育轨道上来，思想政治工作队伍素质还不高，完全否认阶级斗争存在的社会氛围对学生还有严重影响，思想政治工作中还存在不少形式主义的东西，学生思想中的许多深层次认识问题还不能得到及时有效地解决，这都给社会上敌对势力利用宗教和宗教意识向学校渗透造成了可乘之机。

（四）宗教本身是一种很复杂的社会现象，具有极大的诱惑力，使不少青年学生很难一下子认清宗教的本质，这是宗教能向高校渗透和施加影响的理论原因

恩格斯曾说过：对宗教 "应该从科学方面来克服它⋯⋯"② 像佛教、基督教和伊斯兰教这样一些世界性宗教，经过一两千年的长期发展和完善，都有一套较完整的理论体系，必须要以辩证唯物主义、历史唯物主义和马克思主义宗教观的基本原理为指导，才能认清其本质。长期以来，新疆各高校对大学生进行马克思主义民族观和民族团结教育抓得较紧，但对大学生进行系统的、经常的马克思主义宗教观和无神论的教育却不够重视。2002 年年底虽然科学无神论课程进入课堂，但课时很少，教学质量不

---

① 《江泽民论中国特色社会主义导读》，载《高度重视民族和宗教工作》，九州出版社 2002 年版，第 107 页。
② 《邓小平文选》第 3 卷，人民出版社 1993 年版，第 306 页。

高的现象普遍存在。许多教师马克思主义宗教观和科学无神论专业知识缺乏，对宗教与民族、宗教与科学、宗教与迷信、宗教与民族文化、宗教与风俗习惯等的关系认识不清，使一些学生遇到具体问题时，很少有人能对他们从思想上加以正确引导，以致他们往往受到宗教假象的迷惑。如有些学生给老师提出这样的问题："宗教信仰是宪法赋予公民的权利，为什么我们大学生不应该信仰宗教和从事宗教活动？""在高校只要不违法，为什么不可以从事宗教活动？""宗教与科学又不是对立的，我们为什么不能一手抓学习，一手抓宗教，两手抓，两手都硬？""穿着什么服装是个人的自由，为什么我们不能穿带宗教色彩的服装服饰？"如此等等。对这些问题许多教师本人也还搞不清楚，更谈不上给学生去做思想教育工作。甚至有个别教师本身就有极浓厚的宗教意识，利用讲坛宣传宗教，有部分教师认为，既然宗教中有不少积极因素，为什么不能把"宗教中好的东西引进到学校教育中来？"直接或间接地向学生传播宗教思想。可见，要教育学生自觉抵制宗教渗透和宗教影响，必须要建立一支政治坚强、思想过硬、业务精湛的教师队伍，首先帮助学生从思想深处解决认识中的许多疑惑，这样才能使思想教育收到应有的效果。

三 抵御宗教渗透和影响是改革开放条件下新疆高校的一项长期任务

宗教渗透和宗教影响已成为改革开放条件下新疆高校思想政治工作面临的一个新问题。对这一问题我们必须要制定相应的对策，旗帜鲜明地坚决加以反对和抵制：

（一）必须充分认识新疆高校抵御宗教渗透和影响工作的长期性和艰巨性

宗教向新疆高校渗透是一个新问题，但却不是一个小问题和短期就可以得到解决的问题。自从 20 世纪 50 年代美国前国务卿杜勒斯提出"和平演变"策略以来，从尼克逊的"不战而胜"到克林顿的"人权外交"、"网络渗透"策略，无不是为了推行他们的这一方针服务的。改革开放以来，国际反华势力利用宗教，加紧对我国进行政治渗透的活动空前加剧。美国前国务卿舒尔茨说："从宗教信仰到政治行动只有一小步距离。"1980

年国外某个宗教组织还专门就如何向新疆进行宗教渗透问题作出所谓"决议"，声称要"努力使新疆的穆斯林获得更多的自由"，要不断地派代表团来新疆"加强联系"，要使新疆的"伊斯兰信仰及文化知识活跃起来"。1983 年 11 月新疆一些流亡国外的分裂主义分子在美国纽约成立了所谓"东土耳其斯坦美国协会"，公开出版发行他们鼓吹宗教渗透和分裂的书籍，大肆向国内贩运传播。可见，利用宗教，通过宗教实现其"分化"和"演化"图谋是他们的既定方针和一贯手法，这就决定我们所进行的这场反渗透、反分裂的斗争将是长期的、复杂的。在新疆，自 20 世纪 80 年代以来，宗教不仅开始向农村基层组织渗透，而且向工矿、机关、学校渗透，为了和社会主义争夺接班人和阵地，宗教向学校渗透和影响表现得尤其明显突出。以上我们列举的宗教向我区高校渗透的种种表现和特点说明，这种渗透和影响在相当长一段时期内不仅会存在，而且还可能有增强的势头，对此我们一定要有足够地重视，充分认识这一斗争的长期性和抵御宗教渗透和影响工作的艰巨性。

对宗教向高校渗透和影响这一问题我们应该采取的态度一是不怕，不要惊慌失措，过于夸大问题的严重性。要看到在改革开放条件下和在当前的国际环境中，出现这类现象是不奇怪的，从一定意义来说，也是正常的。应该看到绝大多数青年学生是具有自觉抵御宗教渗透和影响能力的；看到随着全国高校德育工作的加强，是能够有效抵御宗教渗透和影响的；看到马列主义、毛泽东思想和中国特色社会主义理论，在与各种反马克思主义的思想意识角逐较量中，是有力量的，这是我国历史发展的大趋势。我们应该增强做好这一工作的信心和力量。另一方面也必须看到做好这一工作的难度，也不可掉以轻心。看到在当前的国际大背景和新疆具体小环境影响下，国内外敌对势力还会利用宗教通过各种渠道不断向学校进行渗透和施加影响，特别是在信息、网络社会，宗教渗透和影响的渠道和手段会更加多样化和现代化，形式会更加隐蔽，工作难度会更加增大。由于我国社会主义时期宗教本身具有"五性"，我们接受宗教影响的一些学生都是掌握有一定现代科学文化知识的大学生，对他们进行思想工作，需要我们进行思想政治工作的教师具有较高的理论政策水平和广博的科学文化知识，否则就难以进行有效的说服教育工作。因此，必须看到做好这一工作的艰巨性。当前我们不少思想政治工作者和"两课"教师还难以适应这一形势的要求，需要我们不断地提高自己的能力和思想水平，逐步地、有理有节地做好这一工作。

（二）要把抵御宗教向高校渗透和影响作为一项思想建设的系统工程抓紧做好

抵御宗教向学校渗透不仅是学校自身的事，也是全社会的事，必须作为一项系统工程加以建设。这一系统工程可分为学校内部和外部两个子系统。从学校外部来说，各种新闻媒体、电视、广播、报刊杂志、文艺、出版部门以及网络等都应加大科学无神论和科学思想的宣传力度；各宗教事务管理部门要依法加强对宗教事务的管理，坚决制止在宗教幌子下进行的各种形式的非法活动；公安、安全部门要加大对"三股势力"（宗教极端主义、民族分裂主义和暴力恐怖主义）的打击取缔力度；社会其他各部门要加强精神文明建设，反对封建迷信和邪教侵入。要从社会这一层面上优化全社会育人环境，确保宗教人士和信教群众不向自己的在校子女传播宗教思想，不强迫他们读经学经；要完善有关法制，加强网络管理，保证学校教育教学秩序的正常进行。这样才能为学校的思想政治工作营造一个良好的氛围和科学、文明、健康的社会环境。从学校内部来说，首先要注意发挥党、团组织，广大党员、团员和积极分子的作用，组成以党、团组织为核心的抵御宗教渗透和影响的坚强堡垒。党员和团员在大学生总人数中约占95%以上，如果能做好这部分人的思想工作，充分发挥他们的先锋模范作用，坚决抵御宗教渗透和影响就有了坚强可靠的中坚力量。其次，大力宣传科学无神论，帮助学生树立科学的世界观和人生观，培养科学精神，抵御宗教渗透和宗教影响。思想政治工作学校宣传部、马列部、学生处要管，各部门和各科教师也要管。科学是抵御宗教渗透的最有力的武器，传授各门科学知识，特别是自然科学知识的教师都可结合具体的讲授内容，帮助学生划清宗教、迷信和科学的界限，认清其实质和区别。其他各文科专业，都可有针对性地选择一些无神论思想家的名著和思想向学生进行讲授。目前由于许多专业教师自身素质的限制和有关制度不健全，还没有形成有效的学校内部自觉抵御宗教渗透和影响的网络系统，需要从提高教师自身理论政策水平和自觉抵御宗教渗透必备的科学文化知识水平抓起，逐步形成全校上下齐抓共管，共同进行思想教育、进行科学无神论和科学精神宣传教育的强大攻势，只要这样做了，宗教对高校的渗透和影响是完全可以抵御的。

（三）进一步加强和提高现有学校思想政治工作队伍的素质，增强思想政治工作的科学性、针对性和说服力

建设一支高水平、高素质的思想政治工作和"两课"师资队伍是高校思想理论战线上的一项基础性的具有战略意义的重大任务。目前新疆高校这支队伍远不能适应形势变化的需要，急需提高和加强。国家教育部、自治区教育厅和高校党委都应加强对思想政治工作的投入，特别是对马克思主义宗教观和科学无神论学科的建设和宣传教育投入，要在稳定现有队伍的基础上进一步调整、充实和提高，通过专业培训、实践锻炼等方式帮助他们提高思想理论和政策业务水平，提高马克思主义宗教观和科学无神论的理论政策水平，掌握思想政治工作的实践艺术，提高马克思主义宗教观和科学无神论教育的效能，增强思想政治工作的科学性、针对性和说服力，使抵御宗教向高校的渗透和影响工作不至于落空和流于形式。

（四）逐步完善和加强高校抵御宗教渗透和影响的制度建设

目前，自治区教育厅和不少高校针对学校的实际情况，根据国家的有关法律、法规已出台了一些在高校禁止从事宗教活动的规定和文件，这是一个良好的开端。但仅有一两个文件是不够的，还不能够形成制度方面的配套体系。要在高校形成一个抵御宗教渗透和影响的制度体系，要在思想政治教育、学生在校表现、考核以及对教师的行为和授课要求，教学质量评估等方面都要有一套制度和考核办法。各级党、团组织也应根据客观情况的变化，对党、团员加强马克思主义宗教观和科学无神论的教育，提出相应的任务要求，形成制度。已有的制度缺少这方面内容的要在总结经验的基础上充实这方面的内容，使之进一步完善并落实。

以上四点措施在现实中是有机结合在一起的整体，只要引起新疆高校各级领导的高度重视，逐步建设，稳步推进，一定能有效地抵制宗教向学校渗透，不断地巩固社会主义的教育阵地，培养出合格的又红又专的社会主义现代化建设人才！

（原载《科学与无神论》2012 年第 3 期）

教育与宗教相分离[*]

——以伊斯兰教为例

戚甫娟　　邓小华

一　提出问题

18 世纪前后，西方殖民主义扩张，侵略战争蔓延、扩大至广大伊斯兰地区，导致伊斯兰国家四分五裂，互不统一，人民被掠夺、奴役，自然经济遭到破坏，宗教信仰遭受质疑。战后，伊斯兰国家纷纷独立，国家政府和人民在谋求经济发展的过程中，伊斯兰复兴运动或政府倡导或民间自发的各种思潮悄然兴起。"伊斯兰主义"、"伊斯兰原教旨主义"、"泛伊斯兰主义"等复兴思想，对我国政治、经济、文化、宗教信仰产生了巨大影响。特别在祖国的大西北新疆，在一定程度上严重阻碍了现代化民族教育的跨越式发展，更危险的是在"双泛"思想影响下的伊斯兰教极端势力在新疆活动猖獗，对伊斯兰教极端笃信行为以及部分人对伊斯兰教的误解，加剧了宗教好战分子的极端顽固和新疆非穆斯林群众的恐惧，已对新疆各民族之间的良性互动和社会稳定造成了严重影响。因此，以伊斯兰教为例，清醒客观地认识教育与宗教相分离的历史必然趋势是十分必要的。

二　伊斯兰教及其对教育的影响

关于宗教的起源，学者们已经无法找到现存的鲜活古老宗教体例，只

＊　本论文是 2010 年国家社科基金西部项目《南疆民族关系现状调查及加强民族团结教育研究》［10XMZ036］的阶段性成果之一。

能从零碎的有关文献或壁画中寻找研究根据。在宗教起源研究方面尤以西方的"认知理论"、"情绪理论"、"意动理论"、"人性理论"最为突出，影响深远，也被我国很多宗教学者所接受。这四种宗教起源理论尽管着力点不一，各有缺陷，但究其根本没有离开人及其实践活动。这正如马克思所阐述的："要知道，宗教本身是没有内容的，它的根源不是在天上，而是在人间。"① 原始宗教萌芽与崇拜涵盖了当时人类对客观世界认识的所有意识内容，使得原始宗教经验认识在生产、生活、劳动过程中口声相传、模仿，或者宗教与生产生活、教育三者紧密结合，在宗教活动过程中，宗教活动的内容、形式、操作规程及其过程就是对下一代的教育。正是这种宗教活动传递、延续、发展过程中的特殊教育形式实现了教育与宗教的交融。

6 世纪末至 7 世纪初，处于历史大转折时期的阿拉伯半岛社会关系发生了剧烈变化，原始的混乱的神灵崇拜已经不能满足人们的要求和统治阶级的意志，不能很好地适应社会发展。公元 610 年生于麦加城古莱什部落哈希姆家族时年 40 岁的阿拉伯人穆罕默德，响应社会底层呼唤新的宗教给予帮助和心理慰藉的呼声，顺应阿拉伯半岛社会经济变动和政治统一的要求，于公元 7 世纪创立了伊斯兰教，即与教育紧密相结合。最初的教育只是通过宗教学校，传授教义，没有实质的内容，这不至关重要，重要的是这时的简单明了易于传播的伊斯兰教教义的确教化了当时的百姓。发展到伊斯兰教壮大阶段，为了更好地实施其教育功能，当时的宫廷学校、清真寺教育和学校教育所开设的诵经学、注经学、圣训学、教义学和教法学的教育内容基本是《古兰经》中的原则和先知的圣训。早期的教法学家就是用《古兰经》体现的伊斯兰教原则和价值观来教化信徒和管理社会的，此时的民族教育与宗教是相互交融的，也就是说，在科学和教育还十分不发达的这个时期，如现代教育、科学还没有很好地满足培养和加强人的社会性，保证人类集体活动和社会活动的要求之前，宗教尤其是宗教道德教化对人的行为规范、习惯养成是具有重要意义的，宗教在公共生活的重要性，在维护家庭价值中的重要性是深受人们认可的。由此，宗教在孕育民主观念、法制意识、私有观念方面，发挥了无可替代的作用，推动了人们意识的形成，尤其它广泛地同哲学、政治思想、法律思想、道德、文学、

① 《马克思恩格斯全集》第 27 卷，人民出版社 1972 年版，第 436 页。

艺术发生密切的关系，形成了独特的宗教文化现象。此外，宗教思想对于天文学、医学、航海贸易、社会科学、教育的发展无疑是一种鼓励。伊斯兰教历859年，摩洛哥卡拉维因教育中心成立，它是世界第一所著名的高等教育机关，最古老的大学。值得一提的是，伊斯兰教历700年，倭马亚王朝在大马士革建立了世界最早的天文台，17世纪以后，伊斯兰文明在历史、哲学、逻辑、天文学和医学等各个领域是优于西方文明的。尽管如此，我们也必须清醒地认识到宗教与政治与教育合一的属性，特别是宗教控制教育的情况，在很大程度上是严重阻碍世俗教育和现代化教育的跨越式发展的。

三 我国伊斯兰教与教育两者关系的发展演变

伊斯兰教的产生与信仰给阿拉伯世界带来了文明，同样也给伊斯兰教接受之地带来了知识和文化，伊斯兰教自传入我国后，早期的民族教育和社会管理基本也是通过伊斯兰教得以实现的，在一定程度上推进了当时生产实践中的知识探索。9世纪末10世纪初，新疆阿图什大清真寺的建立和喀喇汗王朝的王室成员萨图克·布格拉汗接受伊斯兰教，是伊斯兰教传入新疆的两大标志。当时的喀喇汗王朝、叶尔羌汗国都陆续创办了一批伊斯兰教经学院，为汗国各地区培养了大批各类人才。《突厥语大辞典》的作者穆罕默德·喀什葛尔、《福乐智慧》的作者优素甫·哈斯哈吉甫，都是喀喇汗王朝皇家经学院的高材生。另外，一些笃信伊斯兰教的有钱人建立了许多宗教学校，也吸纳穷人的孩子来宗教学校学习，这就使得穷人的孩子也有了受教育（有神论）的机会，因为这些学校的教材基本都是《古兰经》。随着时代变迁，社会生产力纵深发展，使得宗教简单的神学教育形式和内容明显落后于社会发展要求，变革时机悄悄来临。明嘉靖年间，为适应社会经济发展和解决宗教人才缺乏的问题，陕西经师胡登洲开创经堂教育先河。经堂教育采用宗教教育与私塾教育相结合，学馆设在清真寺大殿北侧厢房，以有学、有传、有德、有言、有守为规条和目的。[①] 20世纪初、中期，中国穆斯林投入变革的浪潮，掀起了一股伊斯兰新文化教育运动热潮，改宗教、设学校、创团体、办报刊和派留学生。从清末民国初年

---

① 《中国伊斯兰百科全书》，四川辞书出版社1993年版。

以来，受近代中国民族资产阶级"教育救国"、"科技救国"潮流的影响，一批穆斯林学者、经师，提倡改革宗教教育，实行"经书两通"，创办新式学堂，促进了中国穆斯林寺院经堂教育向现代教育的转化，变革扭转了穆斯林群众对汉文化盲目排斥心理，消除了族群隔阂，加强了民族团结。民国时期，在中国历史上第一次建立了现代学校教育制度，在法律法规上制定了适合我国情形的宗教与教育分离、宗教信仰自由政策。

1953 年 5 月 11 日，中国伊斯兰教协会在北京成立，其宗旨和任务就是协助人民政府贯彻宗教信仰自由政策，发扬伊斯兰教优良传统，爱国爱教。但是，"文化大革命"运动使全国各族人民对传统文化产生了恐惧感，人们对宗教的关注只从批判的角度出发，教育与宗教相分离在此期间体现得淋漓尽致。20 世纪 80 年代，改革开放以后，宗教势力在新疆抬头，在新疆特别是信仰伊斯兰教群众集中的南疆出现了以学习阿拉伯语、教训《古兰经》为主要内容的学校，严重违背了我们国家的教育方针。尽管国家治理、取缔了一些这样的学校，但是地下讲经点还是存在。90 年代，受国际环境影响和与新疆接壤的五个斯坦独立的刺激，一小撮民族分裂主义分子为掩盖其把新疆从祖国大家庭分裂出去的目的，披着宗教外衣打着宗教的旗帜，断章取义地解读、极端地宣传伊斯兰教教义，毒害绝大多数温良的穆斯林大众思想和心灵，造成在新疆民族分裂主义和非法宗教活动猖獗，严重影响了社会稳定和族际和谐，新疆的维稳局势举世关注。为在法律和政策范围内依据伊斯兰教经典，对伊斯兰教教义教规作出权威性的符合时代发展要求的准确解释，2001 年 4 月 23 日，中国伊斯兰教务指导委员会在北京成立，这是中国伊斯兰教协会的专门委员会，主要是编写讲经范本，提高伊斯兰教教职人员水平，正本清源，剔除误解，规范讲经内容，反对利用伊斯兰教搞宗教极端主义，反对宗教势力干预学校教育和司法，同时，宗教学界提出和论证了"积极引导宗教与社会主义社会相适应"的观点。

四　教育与宗教相分离

（一）生产力发展历史必然

大家都清楚在阶级社会后期宗教及其教育改良，孕育了哲学、科学、艺术萌芽，促进生产力的发展和科学技术进步，近代科学发展更是使人们的思想更新，科学无神论思潮让上帝与真主再也无处安身，"神"的观念逐渐淡化，世俗观念逐步兴起。尤其在被西方殖民者殖民的伊斯兰教盛行的中东国家，渴望改变国将不国和民不聊生现状。由此，在伊斯兰教世界，有奥斯曼土耳其帝国的凯末尔反对政教合一体制，废除哈里发制度，进行的一系列西化改革；有阿富汗阿马努拉终止宗教势力控制教育，在各大城市兴办许多新式学校的教育改革。欧洲更是经过文艺复兴和宗教改革，在人的才能和创造力得到了发展的情况下，西方文明赶超了伊斯兰文明。拿破仑执政时期，法国就着手世俗教育计划，1880 年，在其督促下，教育部长朱尔·费里主持通过法案限制天主教干预学校教育的权利和教士担任教师的特权，并通过义务教育法案，力争课程内容和教师队伍排除宗教干扰。在科学进步和人类文明高度发展的今天，国家政权与宗教、教育与宗教相分离的方针政策已在世界绝大多数国家得到认可，并以法律的形式得以确立。这是人们文化素质、文明水平提高的必然结果，是社会经济发展、文明进步的客观与必然。

（二）现代民族教育的基本要求

随着宗教学研究领域的拓展和研究不断深入，对宗教的定义日趋多元，但是，都离不开核心概念"神"，所以有专家认为无条件地对"神"的相信即宗教，有条件地对客观事实的相信是科学，科学的世界观与宗教的世界观是对立的，宗教传授给学生的世界观、人生观方面的知识是与我们的现代化民族教育相互冲突的。

我国的文化是多元的，指导思想是一元的，从而构成中华民族多元一体的文化结构。我们的教育必须适应中国特色社会主义发展的需要，培养学生以人为本，为祖国服务的价值观，实事求是，拒绝鬼神迷信的科学精神，同时要具备一定的文化知识和专业才能。这些原则适用全国各地各个民族，因为它符合现代教育的基本性质，符合全国各地各个民族的基本利益，符合全国各族人民共同富裕和发展的需要，对全国都是普遍适用的。联系新疆地区的实际，还需要强调马克思主义民族观、宗教观和正确的政治方向的教育，必须高举爱国主义旗帜，宣传科学唯物主义世界观（包括无神论）。要旗帜鲜明、立场坚定地反对民族分裂和非法宗教活动，维护祖国统一和民族团结。所以《中华人民共和国教育法》明确规定我们"国家实行教育与宗教相分离"的原则，这对我们新疆地区的教育来说，具有特殊的重要意义，可能也是新疆宗教改革的一项重要内容。这是贯彻国家的教育方针，确保人才培养目标的顺利实现的重要保障，不可等闲视之。

（三）抵御与防范宗教向学校渗透的现实要求

新疆由于地缘政治、民族结构、语言文化等原因，伊斯兰教极端势力在此活动猖獗，宗教向学校渗透的形势严峻。尽管布道宣讲、口口相传等传统的宗教传播方式已经不在校园出现了，但是，网络信息时代的今天，用手机寻找、定位圣地方向、接收到部分古兰经经文，对穆斯林手机用户来说是比较平常的事。虽然这些都是比较隐性和神秘的，但是对新疆教育系统开展科学无神论教育却造成了非常大的冲击，学生身份在网上被屏蔽或隐匿，学生游离于教育与宗教相分离制度管理之外，导致大学生接收宗教有神论思想意识的频率增加，学校科学无神论的教育力、说服力和影响力被弱化，造成个别学生宗教意识更加强烈。如何有效地抵御与防范宗教向学校渗透是我们亟待解决的一个重大课题。

五　结语

通过以上论述，在教育与宗教的关系上，我们可以看出不论是宗教把控教育、教育与宗教交融，还是教育与宗教相分离都是历史社会发展的必然产物。在人们对伊斯兰教的认识问题上，认同宗教在培养人和加强人的社会性方面有很大的利用价值，民族教育与宗教存在共振点。鉴于此，我们如何实事求是去处理教育与宗教的关系，趋利避害，无疑需要宗教内部积极与社会主义社会相适应，同时更需要外部对其民族性、群众性、长期性和复杂性有足够地认识和对待，做到内外形成合力让伊斯兰教保持温和和常态。

（原载《科学与无神论》2012 年第 3 期）

北京大学生宗教信仰调查研究综述

黄艳红

　　自20世纪80年代开始，出现了所谓"宗教热"的社会现象，引起了社会各界的关注。自20世纪90年代开始，在有关主管部门的主导下，开始有学者进行相关的调查研究。据统计，仅2008年至2010年这三年间，在中国期刊网全文数据库收录的期刊上一共就发表了近两百篇相关论文。涉及大学生宗教信仰问题的硕士学位论文有数十篇，博士论文数篇，其中有不少学位论文直接以大学生宗教信仰问题作为研究主题[①]。近年来，针对大学生宗教信仰研究方面的综述也已发表数篇[②]。此外，还应有相当数量的未公开发表的课题研究报告，其中不乏真知灼见，但我们无法获知其确切的数据，在此只能对已经公开发表的调查研究结果进行评述。北京是高校和大学生最为集中的地方，北京大学生信教状况也较早地受到关注。本文仅就涉及北京地区大学生信教状况的调查研究进行综述[③]。

---

　　① 有代表性的包括：杨越：《大学生佛教信徒宗教信仰的心理动机研究》，中国青年政治学院硕士论文，2011年；苏杭：《北京市大学生基督徒聚会点个案研究》，中央民族大学硕士论文，2007年；华桦：《上海大学生基督徒的身份认同及成因分析》，华东师范大学博士论文，2007年；谢明：《当代中国基督教传播方式研究》，中国社会科学院研究生院博士论文，2010年；侯澧君：《大学生基督徒宗教信仰的形成及宗教实践的特征》，华东师范大学硕士论文，2007年。

　　② 如，陈彬：《当前大学生宗教信仰调查研究的回顾、批判与反思》，《中国城市经济》2011年第1期；王康：《当代大学生宗教信仰问题的研究综述》，《中国青年研究》2010年第1期；孟兆怀：《近十年来大学生宗教信仰研究谫论》，《四川文理学院学报》（社会科学）2009年第4期；华桦：《我国青年和大学生信教现象研究综述》，《理论观察》2009年第3期；孙琼如：《大学生宗教信仰问题研究回顾与展望》，《中国青年研究》2008年第11期；宋海燕：《我国当前大学生宗教信仰的研究论述》，《社会心理科学》2007年第1—2期。

　　③ 本文只考察以实际调查结果为内容的研究，文献分析和综述性论文等不在此列。

一 研究概况

关于北京地区的宗教信仰状况，早在 20 世纪 80 年代就有立项进行研究。但涉及大学生宗教信仰问题的，目前所见最早的是 1998 年开始的北京青年政治学院李素菊和刘绮菲承担的北京市教委人文社科"九五"项目《改革开放以来北京青年宗教信仰调查及对策研究》，其关注的重要群体之一就是大学生，因此对大学生宗教信仰状况进行了调查研究①。以北京地区大学生宗教信仰状况为主题的项目研究是始于 2001 年启动的北京市哲学社会科学"十五"规划项目《北京地区大学生宗教与信仰问题研究》，该项目由北京联合大学应用文理学院的郭淑敏负责②。此外，同时启动的项目还有《北京市基督教现状调查》，由北京科技大学文法学院的左鹏承担，该项目进行了问卷调查和深入访谈，其中专门讨论了北京市大学生基督教信仰状况③。另外，自 2002 年起，中国社会科学院世界宗教研究所高师宁开展了一项题为《信仰与生活》的研究，在北京市"三自"教会内的五所教堂和家庭教会聚会点向基督教信徒发放了问卷，还对一个家庭教会进行长时间参与观察，并深入访谈了部分信徒，其中有部分信徒为大学生④。

2003 年、2005 年和 2008 年，北京师范大学的李志英领导的调查组对大学生的思想状况进行了三次调查，其中非常关注大学生宗教信仰状况，尤其还针对大学生党员信教状况进行了调查分析⑤。自 2008 年开始，该调查组针对北京基督教家庭教会中的大学生信徒进行了调查，采用的方法为结构化访谈、跟踪调查、参与观察以及问卷调查⑥。人民大学杨慧林领导

---

① 李素菊、刘绮菲：《青年与"宗教热"》，中国青年出版社 2000 年版。
② 经搜索，未见有该课题成果的论文公开发表。
③ 左鹏：《北京基督教现状调查》，北京市哲学社会科学"十五"规划项目研究报告，2005 年。
④ 高师宁：《当代北京的基督教与基督徒》，道风书社 2005 年版。
⑤ 李志英：《大学生党员信教问题调查（一）——大学生党员信教的人群特征及成因分析》、《大学生党员信教问题调查（二）——大学生党员信教的特点》，《科学与无神论》2006 年第 3 期、第 4 期。
⑥ 北京师范大学历史学院调查组，《北京高校大学生家庭教会信徒情况调查》，《科学与无神论》2011 年第 1 期。

的课题组于 2001 年和 2007 年两次对大学生基督教信仰状况进行了调查，主要采用的是问卷调查和访谈①。2007 年、2008 年，团中央组织在北京 15 所高校、上海 7 所高校、陕西 3 所高校进行了"大学生宗教信仰调查"②。教育部和社科基金等资助的一些项目也涉及对北京地区大学生宗教信仰方面的调查。此外，还有少量硕博士论文针对北京大学生宗教信仰的情况进行了田野调查。如中央民族大学的苏杭对北京市大学生基督徒的一个家庭聚会点进行了参与观察③。

就调查范围而言，有的以某一所大学作为调查地点，有的以北京地区多所高校的学生作为调查对象，还有的在北京和京外多所高校进行调查④。就调查对象而言，有针对一般公众宗教信仰的调查中涉及对大学生的宗教信仰状况的调查，也有专门针对大学生的调查。就调查内容而言，有包括基督教、佛教、伊斯兰教等多种宗教信仰的综合调查，也有针对某一种宗教如基督教信仰情况的调查。就调查研究的主旨而言，有对大学生宗教信仰状况的总体调查，包括信教人数比例，信教原因、途径，信教后的影响，等等；也有针对某一个方面的调查，如信教的心理过程的调查，还有以信仰问题、思想状况或心理压力等为主旨的调查中涉及宗教信仰状况的调查。就调查的信徒活动地点而言，有的主要观察"三自"教会的信徒，有的不仅观察在"三自"教会参加活动的信徒，也关注家庭教会的信徒，还有的以观察家庭聚会点的大学生信徒为主。

自 2008 年以来，针对北京地区的大学生信教状况调查结果的发表没有明显增多，倒是有不少课题对其他省份的大学生宗教信仰状况进行调研，发表的调查研究结果也越来越多。

---

① 参见杨慧林《当代中国大学生对基督教信仰的理解特征》，维真网 http://www.regentcsp.org/list_ bbs.asp? id = 287，叶林：《大学生基督信仰调查》，《新世纪周刊》2009 年第 29 期。

② 沈桂萍：《从大学生宗教信仰看高校宗教工作》，《上海市社会主义学院学报》2010 年第 5 期。

③ 苏杭：《北京市大学生基督徒聚会点个案研究》，中央民族大学硕士论文，2007 年。

④ 张淑雯、王雪：《当代大学生宗教信仰状况——以京内外三所大学为例》，《黑龙江民族丛刊》2009 年第 5 期。

二 研究内容

从已有的对北京地区大学生宗教信仰状况的调查研究来看，主要包括以下五个方面的内容：

（一）大学生宗教信仰的基本状况

学者们通过问卷调查，对目前北京地区大学生中具有宗教信仰者的人数比例及其分布等基本状况进行了考察。根据学者们现有的调查结果来看，拥有宗教信仰的大学生人数比例呈上升趋势。1998 年北京市教委人文社科"九五"项目《改革开放以来北京青年宗教信仰调查及对策研究》调查显示，北京市大学生中明确表示有宗教信仰的人数占 13.4%，其中信仰基督教的占 5.2%，信仰佛教的占 4.5%，信仰道教的占 2.3%，信仰天主教的占 0.7%，信仰伊斯兰教的占 0.7%[①]。根据李志英 2003 年对北京地区 10 所高校 2820 名大学生进行的调查，信奉各种宗教的大学生占 9.2%[②]，2005 年秋季，她又再次进行调查，在北京十所高校发放问卷 3200 份，收回 2887 份，被调查对象中共有信教大学生 392 人，占调查总样本的 13.58%，与 2003 年相比上升了 4.38 个百分点[③]。2009 年，教育部在马克思主义大众化的专项任务项目中专设了一个"青年大学生信仰问题"的研究课题。该课题选择北京三所高校和京外一所高校作为调查地点。调查显示，大学生选择信仰"基督教、天主教"的占 4.3%、"佛教"占 12.5%、"道教"占 0.7%、"伊斯兰教"占 1.1%、"其他宗教"占 1.3%，共计占 19.9%[④]。最近的一项调查是对北京市数十所高校的部分大学生进行的"北京市大学生宗教信仰"问卷调查[⑤]，该调查显示，80.9%的学生明确表示自己不信仰宗教。这就表明，约有 20%的大学生信仰或可能信仰宗教。民族大学由于少数民族学生较多，有宗教信仰者的比例更

---

① 李素菊、刘绮菲：《青年与"宗教热"》，中国青年出版社 2000 年版，第 108 页。
② 李志英：《关于当前大学生信教的调查与思考》，《理论前沿》2004 年第 8 期。
③ 李志英：《信教大学生的思想倾向及成因分析》，《当代世界与社会主义》2007 年第 1 期。
④ 荆学民、林雪原：《目前大学生信仰问题的调查与分析》，《北京教育·德育》，2010 年第 6 期。
⑤ 刘成运、韩宇：《当代大学生宗教信仰调查——以北京为中心的考察》，《人民论坛》2010 年第 12 期。

高。2009 年在中央民族大学开展的一项调查表明，在回收的 832 份有效问卷中，信仰佛教的 78 人、伊斯兰教的 70 人、道教的 13 人、基督教的 12 人、民族民间信仰的 6 人、天主教的 3 人、其他宗教的 3 人，共计约 22.2%①。

就宗教派别而言，大学生信仰基督教的情况比较受关注。调查结果显示，大学生信仰基督教的人数比例约为 3%—5%。2001 年，杨慧林在中国人民大学本科生中进行了一次关于基督教信仰的调查。此次调查样本共 306 例。调查显示，在接受问卷调查的学生当中，明确信基督教的大约占 3.6%；同时还有大约 61.5% 的学生表示"不信仰基督教、但对基督教有兴趣"②。2008 年，杨慧林领导的中国人民大学基督教调查课题组在北京地区 37 所高校进行了再一次的调查。此次调查共回收有效问卷 12404 份，其中有 437 份即 3.52% 的受调查者信仰基督教③。2004 年左鹏的调查通过推算表明，他所调查的学校的大学生基督徒占该校大学生总数的 1.8%④。而李志英通过 2003 年、2005 年和 2008 年开展主旨为大学生思想状况和精神世界的三次调查研究认为，信教大学生的总比例约为 10%，信基督教的约占大学生总人数的不足 4%⑤。

大学生信教者在家庭背景、性别、年级和专业等方面存在一定的差异性。有调查表明，从绝对量来看，来自农民家庭的信教大学生较多，从家庭背景与信教人数之比看，来自个体户家庭和私营企业主家庭的大学生较多。从性别的角度看，女生较多。从年级看，低年级的较多，但硕士研究生和博士研究生呈上升趋势⑥。对大学生基督徒的调查发现，男生基督徒具有更多的攻击性；家庭因素的影响多重而复杂；教育、心理类大学生信徒的个体性、独立性和反抗性最突出；外语类大学生基督徒参加宗教活动

---

① 温英杰：《民族高校大学生宗教信仰现状及教育对策研究》，《民族教育研究》2011 年第 3 期。

② 杨慧林：《当代中国大学生对基督教信仰的理解特征》，维真网 http：//www. regentcsp. org/list_ bbs. asp？id = 287。

③ 叶林：《大学生基督信仰调查》，《新世纪周刊》2009 年第 29 期。

④ 左鹏：《北京基督教现状调查》，北京市哲学社会科学"十五"规划项目研究报告，2005 年。

⑤ 李志英：《关于大学生信教的若干问题》，《科学与无神论》2010 年第 3 期。

⑥ 同上。

最为频繁、受宗教的影响也最大，一般是大学生基督徒中的中坚分子①。此前有调查显示，大学生基督徒除了在性别上女性占多数（64.6%）之外，在生源地、月均生活费用、学习成绩等与大学生总体的构成状况并无显著差异②。一项在民族大学进行的调查显示，民族大学家庭经济条件对民族高校大学生信教的影响呈 U 形分布，家庭经济条件"富裕"和"贫困"、"比较贫困"的大学生中信教比例偏高③。

尽管宗教组织和活动具有社会建制，但很多时候，宗教信仰属于公民个体的私人领域，是一种精神现象，所以，与一般的社会调查相比，在进行大规模的问卷调查时，通常会在调查对象的选择、抽样方式和程序等方面存在较大的困难。

（二）大学生接触宗教的途径和信教的原因

就接触宗教的途径来说，已有的调查研究主要关注的是基督教和佛教。有人总结了大学生接触基督教的一般途径，包括：家庭的宗教背景，阅读宗教书籍，观瞻宗教礼仪，熟人、朋友的介绍和传教人士的引导，等等④。但是哪些途径是更主要的呢？已有的调查数据表明，大学生接触基督教的信息和知识的途径主要来自书籍和亲朋好友，而不是从教会或神职人员那里得到的。杨慧林 2001 年的调查显示，关于"接触基督教及其文化的途径"一项，选择"读书"的学生最多，选择"课程和讲座"的其次，通过"教会"接触基督教的学生则最少。调查表明，大约有 50% 是"通过学习西方文化、艺术或者哲学"而对基督教产生兴趣；大约 30% 是"在思考世界观、人生观问题的过程中"对基督教产生兴趣。该调查还表明，信仰基督教的学生绝大多数是在入校之后才开始他们的信仰历程⑤。杨慧林 2007 年的调查显示，大学生基督徒接触基督教的途径中，选择最

---

① 北京师范大学历史学院调查组，《北京高校大学生家庭教会信徒情况调查》，《科学与无神论》2011 年第 1 期。

② 左鹏：《北京基督教现状调查》，北京市哲学社会科学"十五"规划项目研究报告，2005 年。

③ 温英杰：《民族高校大学生宗教信仰现状及教育对策研究》，《民族教育研究》2011 年第 3 期。

④ 左鹏、何进：《大学生信教的原因、影响及对策分析》，《思想教育研究》2009 年第 1 期。

⑤ 杨慧林：《当代中国大学生对基督教信仰的理解特征》，维真网 http://www.regentcsp.org/list_bbs.asp?id=287。

多的是亲戚、同学、朋友或其他人的介绍，依次是家庭影响，读书和课堂，家庭教会，等等①。可见，大学生基督徒接触基督教的途径发生了变化。我们还可以用田野调查的观察结果进行对比。最近的一项田野调查显示，在60个调查对象中，有29个人表示，他们是由于"对西方文化感兴趣"而开始接触基督教，大约50%是"通过学习西方文化、艺术或者哲学"而对基督教产生兴趣；60个人中有11个是来自基督教家庭，但这11个人中，也只有7个是从小就受父母的影响开始接受基督教的，其余53个人都是在进入大学之后才开始接受基督教②。一项关于大学生佛教信徒的调查显示，被访大学生50%以上都是通过书籍、光盘、网络等方式来接触和了解佛教的③。可见，大学生基督徒主要是在大学期间受西方文化吸引而通过读书、课堂或他人介绍等接触到基督教，大学生佛教信徒也主要是通过自己学习来接触佛教的。

大学生接触宗教或对宗教产生兴趣后，又是哪些原因促使他们最后选择了宗教信仰呢？一般认为，这既有外部环境的原因，也和大学生本人的经历和状况密切相关。外部环境因素主要包括：西方国家和地区的宗教势力对我国进行的宗教传播和渗透，中国社会转型时期的社会急剧变化对价值观念的影响，学校思想政治教育的不足，家人和朋友的传教，等等。大学生自身的原因主要包括：对宗教文化的好奇心、心理需求和精神依托，等等。

关于境外宗教势力进行的宗教传播和渗透，有调查明确指出，一些教育工作者在教育教学过程中向学生传播"亲宗教"的思想。认为"学术界的宗教研究持续升温，客观上为提升宗教的社会影响力起到了推波助澜的作用"。该调查还指出，境内外加强了对高校等文化领域的宗教渗透，其中通过大学讲坛公开宣传宗教思想已是不争的事实。国外宗教势力通过"英语角"、外籍教师家庭聚餐等活动，灌输宗教信仰④。另一项对北京市数十所高校的大学生抽样进行的"北京市大学生宗教信仰"问卷调查发现，大学生信

---

① 叶林：《大学生基督信仰调查》，《新世纪周刊》2009年第29期。

② 谢明：《当代中国基督教传播方式研究》，中国社会科学院研究生院博士论文，2010年，第87页。

③ 杨越：《大学生佛教信徒宗教信仰的心理动机研究》，中国青年政治学院硕士论文，2011年。

④ 沈桂萍：《从大学生宗教信仰看高校宗教工作》，《上海市社会主义学院学报》2010年第5期。

仰宗教的主要原因是社会环境的急剧变化和西方宗教势力的有意渗透。该调查显示，在对"在你接触过的外国人或境外人士中，是否遇到过向你宣传宗教的人"这一问题的回答中，选择"有"的比例为45.5%①。

已有的问卷调查对大学生信教的原因进行了量化研究。较早的调查显示，在信教以前吸引大学生接近基督教并成为慕道友的最主要原因是两个：一是"身边基督徒的道德品质和精神面貌"，二是"父母家人的信仰"。在被调查的82位大学生基督教信徒中，有69人承认家中有人信仰基督教②。还有研究也有类似的调查结果。该调查显示，有宗教信仰的同学皈依宗教的原因中，家庭影响和本民族文化传统的影响最大，选此两项的比例分别高达42.9%和33.3%③。然而，另一项研究却有不同的看法。该研究认为，青年学生对基督教的接受与家族影响关系极小，而更多地是为了寻求个人的精神慰藉或者是通过自己的思考走向基督教④。对于皈依宗教的原因，不同宗教信仰的大学生信徒之间也存在差异。有调查显示，对于皈依基督教的原因，54.0%的被调查者认为"所信的乃真理"。在信奉佛教、伊斯兰教和道教的学生中，这个比例仅为17.3%，大大低于基督教家庭教会的信徒，他们信教的原因更多是为了寻求"心理安慰"，占43.61%。另外，该调查还显示，大学生信徒中高达90%以上人的入教均与宗教组织的活动有关，家庭的宗教背景并不是大学生是否信奉基督教的主要原因⑤。大学生信仰宗教的精神动因也是值得分析的。有调查认为，大学生之所以信基督教，主要是为了实现自己的精神追求⑥。但也有调查认为，尽管在书面调查中大多数学生会选择"追求精神价值去信仰基督"，而实际生活中有很多学生带有功利性需求。但同时也认为，大学生基督教

---

① 刘成运、韩宇：《当代大学生宗教信仰调查——以北京为中心的考察》，《人民论坛》2010年第12期。

② 左鹏：《北京基督教现状调查》，北京市哲学社会科学"十五"规划项目研究报告，2005年，第96页。

③ 张淑雯、王雪：《当代大学生宗教信仰状况——以京内外三所大学为例》，《黑龙江民族丛刊》2009年第5期。

④ 杨慧林：《当代中国大学生对基督教信仰的理解特征》，维真网 http://www.regentcsp.org/list_ bbs.asp? id=287。

⑤ 北京师范大学历史学院调查组：《北京高校大学生家庭教会信徒情况调查》，《科学与无神论》2011年第1期。

⑥ 左鹏：《北京基督教现状调查》，北京市哲学社会科学"十五"规划项目研究报告，2005年，第98页。

信徒的精神追求不仅仅是心灵的安顿，而是包含着更多的理性和理想①。关于这些矛盾存在的原因，没有见到调查者的深入分析。

（三）大学生的宗教观念和信仰活动特征

多数调查显示，目前多数大学生对宗教持宽容态度。有调查显示，当代中国大学生对基督教的态度相当开放。尽管是"不信仰基督教、对基督教及其文化没有兴趣"，但其中仍有 70.6% 的大学生肯定基督教具有"丰富社会文化"、"有利于中国人理解西方"、"加强中西文化交流"的作用。在被问及"对信仰基督教的同学会采取何种态度"时，不信仰基督教的大学生中80%以上的都认为是"属于个人私事，不予干涉"。调查者还认为，至少在大学生的群体内，意识形态对基督教信仰的压力基本上并不存在②。另外一项调查也发现有类似现象：绝大部分大学生（90%以上）对于身边有宗教信仰者持理解态度③。另有调查表明，大学生虽然对宗教抱宽容态度，对宗教内涵的理解失之偏颇。同时，多数学生拥护党和国家的宗教政策，但对国家管理宗教事务的法规了解不多④。2008 年进行的一项调查发现，大学生对宗教的态度近年来也有一定的变化，有部分学生对基督教信仰的抵触和排斥相当明显⑤。

大学生信徒的宗教知识和认识值得分析。有调查显示，大学生基督徒对有关教义、教理的理解和接受程度，总体上要高于其他阶层的信教群众。但是，通过对具体说法的具体表态进行分析发现，大学生基督徒作出正确判断的主要是那些基本的教义、教理。而对于一些貌似合乎教义、实则与教义不符的说法，部分大学生基督徒还是存在模糊乃至错误认识⑥。

大学生信徒参加宗教活动热情高，更倾向于团契活动。已有的调查表

---

① 叶林：《大学完全可以有这个底气》，《新世纪周刊》2009 年第 29 期。

② 杨慧林：《当代中国大学生对基督教信仰的理解特征》，维真网 http: // www. regentcsp. org/list_ bbs. asp？id = 287。

③ 张淑雯、王雪：《当代大学生宗教信仰状况——以京内外三所大学为例》，《黑龙江民族丛刊》2009 年第 5 期。

④ 刘成运、韩宇：《当代大学生宗教信仰调查——以北京为中心的考察》，《人民论坛》2010 年第 12 期。

⑤ 叶林：《大学完全可以有这个底气》，《新世纪周刊》2009 年第 29 期。

⑥ 左鹏：《象牙塔中的基督徒——北京市大学生基督教信仰状况调查》，《青年研究》2004 年第 5 期。

明，大学生基督徒对参加宗教活动表现出很高的热情，参与活动十分频繁。杨慧林 2001 年的调查显示，大学生基督徒"有规律地参加教会活动"的信仰者比例高达 80%，但参加"家庭聚会"者占 50%，去教堂和"其他场所"者各占 25%①。左鹏的调查显示，当被问及"您平日参加的宗教活动有哪些"时，84.1% 的人选择了"家庭聚会"，65.6% 的人选择了"教堂礼拜"，二者都选的有 35.1%。进一步的调查表明，教堂里的宗教活动难以满足大学生的情感需求，散布在大学校园及周边的家庭聚会点对他们的强烈吸引，实际上已成为大学生基督徒更愿意参加"家庭聚会"的直接原因②。最近的田野调查表明，大学生基督徒一般很少参加正式的教会活动，其组织形式社团化③。

对于大学生基督徒参加的家庭聚会点，有田野调查作了较为深入的观察。家庭聚会点通常比较隐蔽，到这些家庭聚会点参加活动通常需要同学、朋友或认识的人的带领。左鹏对北京某大学校园内基督教聚会点进行了调查，对聚会点的基本情况、带领者、参与者和活动都进行了较为详细的观察，发现这些家庭聚会点的带领者多为租住在校园里的留学生或在华工作的外籍人士④。另一项田野调查也有类似发现。苏杭对以北京某两所高校的大学生所组成的团契以及这些大学生信徒们在礼拜日分别固定参加的家庭教会进行观察，对家庭教会的资金来源进行了考察，认为"由外国人出资并负责组织聚会点的情况是在很多高校基督徒团契或家庭教会中普遍存在的现象"。不仅如此，他还对家庭教会的人员功能结构及其活动方式和内容进行了全面的考察，尤其观察了教会中的带领者外籍人士（主要是该校的留学生、外教和其他一些工程技术人员）的态度和行为，包括他们对中国政府的警惕及其应对策略，认为他们是"受命于本国的专门对华传教的某些差会，经过培训，有备而来"⑤。另有调查表明，由于大学生处在人生中面临多种选择的阶段，无论是学习、工作还是精神信仰方面，

---

① 杨慧林：《当代中国大学生对基督教信仰的理解特征》，维真网 http://www.regentcsp.org/list_bbs.asp?id=287。

② 左鹏：《象牙塔中的基督徒——北京市大学生基督教信仰状况调查》，《青年研究》2004年第 5 期。

③ 谢明：《当代中国基督教传播方式研究》，中国社会科学院研究生院博士论文，2010 年。

④ 左鹏：《象牙塔中的基督徒——北京市大学生基督教信仰状况调查》，《青年研究》2004年第 5 期。

⑤ 苏杭：《北京市大学生基督徒聚会点个案研究》，中央民族大学硕士论文，2007 年。

正处于摸索时期，因此这一群体的基督徒也表现出流动性强的特点①。此外，还有学者注意到，在境外敌对势力主导的向高校的宗教渗透中，文化宣教已成为一种隐性形式。一些宗教团体和非政府组织打出"学术交流"的旗帜，资助国内一些高校和研究机构的学者建构教会之外的"文化神学"，翻译出版以宣教为宗旨的图书，以"请进来"、"走出去"的方式举办带有宣教性质的研讨班，开设"知识性"、"学术性"的宗教课程和讲座②。

（四）信教对大学生的影响

关于大学生信仰宗教后的变化，有调查表明③，多数（75.6%）大学生信仰基督教后自认为变化很大，在对他们信教前后的十个方面的看法或做法的态度看出，变化最大的是认为"我们要寻找一切机会向他人传播上帝的福音"，也就是说，对于传播福音这件事情，信教后的看法改变最大。此外，信教前认为"在现实生活中经常感到困惑和郁闷"的人数比例在信教后大大下降。这些表明，信教对大学生的价值观念和行为模式的改变是非常大的。当然调查者也指出，这些变化也是有消极和负面影响的。

普通大学生和信教大学生存在哪些方面的差别，有调查对信教大学生和普通大学生进行比较发现，信教大学生在国家政治、民族利益和价值观等方面的选择，呈现了比较多的消极倾向，在思想倾向上存在消极性。比如，对于"金钱是人生幸福的决定性因素"的说法，选择同意的无宗教信仰的大学生的比例为18.8%，信教大学生的比例为32.1%，比前者高13.3%；选择不同意的无宗教信仰的大学生的比例为62.2%，信教大学生的比例是49.5%，比前者低12.7%④。

另有一项心理学测试显示，大学生基督徒的完美主义倾向低于普通的无具体宗教信仰的大学生群体，被试均为大学本科一年级到四年级的学

---

① 谢明：《当代大学生基督教传播现状调查——以北京市某高校大学生团契为例》，《民族教育研究》2010 年第 6 期。

② 左鹏：《宗教向高校渗透的隐性形式：文化宣教》，《科学与无神论》2010 年第 6 期。

③ 左鹏：《象牙塔中的基督徒——北京市大学生基督教信仰状况调查》，《青年研究》2004年第 5 期。

④ 李志英：《信教大学生的思想倾向及成因分析》，《当代世界与社会主义》2007 年第 1 期。

生，其中普通大学生 104 名，基督徒 64 名，男生 84 人，女生 84 人①。

总的来说，对于大学生信徒信教前后的变化以及和普通大学生的差别的调查研究结果目前还比较匮乏。

（五）对策建议

学者们在对北京地区大学生信仰宗教状况进行调查分析后，很多都提出了对策和建议。主要包括：加强马克思主义宗教观的教育，开展无神论宣传教育，加强思想政治理论课的教学工作，提高该课程教师的相关知识水平，增强大学生的理想信念，等等。还有提出加强大学生心理健康教育，包括加强校园文化建设，培养学生的科学精神和开展心理问题干预工作，等等。

值得注意的是，有学者提出要加强对非法传教活动的管理。早在 2004 年，左鹏就观察到，在大学校园里活跃着一支以留学生为主的外国人传教队伍。他们以"交朋友"、"学外语"为诱惑，吸引大学生参加基督教团契，宣扬教义，培养和发展信徒。因此他提出，学校有关部门对此应依法加强管理②。后来他通过参与大学校园的基督教聚会点观察后提出，宗教事务等有关部门应与高校协同行动，按照国家有关法律，采取有效措施，取缔校内外的各种非法宗教活动③。另有一项研究也提出，除了开展马克思主义宗教观教育和加强大学生心理健康教育外，还要加强宗教事务管理，重视抵制非法宗教活动和宗教渗透④。

除了上述措施之外，还有人提出开设相关的课程，既可以让大学生掌握马克思主义宗教观的基本内容，也能满足大学生在文化层面上对宗教的浓厚兴趣⑤。另有调查显示，对大学期间开设宗教学选修课，70.2% 的学

---

① 胡娟等：《普通大学生与基督徒大学生完美主义差异的研究》，《首都师范大学学报》（社会科学版）2009 年增刊。

② 左鹏：《象牙塔中的基督徒——北京市大学生基督教信仰状况调查》，《青年研究》2004 年第 5 期。

③ 左鹏：《大学校园中的基督教聚会点》，《北京科技大学学报》（社会科学版），2009 年第 1 期。

④ 刘成运、韩宇：《当代大学生宗教信仰调查——以北京为中心的考察》，《人民论坛》2010 年第 12 期。

⑤ 左鹏：《大学校园中的基督教聚会点》，《北京科技大学学报》（社会科学版），2009 年第 1 期。

生认为这种做法"有助于学生认识宗教的本质，正确选择自己的信仰"①。

三 研究的不足

从上述对已有的调查研究的梳理可以看出，学者们对北京地区大学生宗教信仰状况进行了多方面的调查研究，得出了很多有价值的调查结果和分析结论。与针对其他地区大学生的类似调查相比，有较多深入的田野调查结果。但是，目前这些研究还存在一些不足或缺失，在进一步的研究时需要考虑。

1. 已有调查中科学无神论视角缺失。从目前已有调查者的学科背景来看，不少是思想政治教育理论课或从事思想政治教育实际工作的教师，还有一些是宗教学领域的研究者以及个别的心理学研究者。这种学科背景很大程度上影响了他们对调查内容的设计、调查结果的分析和判断。总的来说，尽管在有的调查研究中有科学无神论思想的体现，但还没有见到从科学无神论视角出发来展开的调查研究。这主要是因为，多年来科学无神论学科都处于濒危状态，使得该学科在这一研究领域里几乎处于失语状态。宗教现象作为有神论的具体体现，自然是科学无神论的研究对象，因此，科学无神论视角的缺失不能不说是这一领域研究的重大缺憾。尽管有的研究结论中提出要加强大学中马克思主义无神论（或宗教观）的宣传教育，但是如果缺乏从该学科的视角出发的具体研究，恐难以提出进行科学无神论宣传教育的有效措施。

2. 部分研究缺乏客观中立的立场。有部分研究套用西方宗教学理论，对中国的宗教现象包括大学生宗教信仰状况进行研究，难免会出现偏颇。如有的研究套用"宗教市场论"进行研究，尽管观察到很多有价值的现象，却无法进行解释，从而难以形成客观深入的分析。有的研究仅站在西方宗教学的立场上，对我国的文化传统、社会主义价值体系和意识形态安全等缺乏考量，因此也就难以正视和客观评价大学生宗教信仰现象。此外，目前多数研究基本上都是以信徒自己的描述为主，缺乏他者的视角，独立的观察分析和判断不够。比如，关于大学生信教后在学习、生活和人

---

① 温英杰：《民族高校大学生宗教信仰现状及教育对策研究》，《民族教育研究》2011 年第 3 期。

际关系等方面发生的变化，是否确实存在？是否有引起变化的客观原因？他们是否隐瞒了对信仰不利的变化情况？他们周围的人（包括家人、老师、同学和朋友等）如何看待？这些情况都需要进行综合分析和判断。

3. 部分研究对研究对象的深入了解不够。的确，宗教信仰作为一种精神现象，很难量化进行研究。因此，在进行调查研究时需要对宗教信仰本身有十分清楚的了解，才能把握其现象背后的实质。还有一些问题如家庭教会的经费来源渠道等比较敏感，在实际观察中要弄清楚存在很大困难。许多调查者都是以传统的思想政治教育理念出发，宗教知识相对不足，社会学调查方法的掌握也不够熟练。因此，他们的调查中，研究问题缺乏针对性和有效性。如，关于大学生对教义的理解和在其生活中实践的情况。现有的调查多是采用问卷调查的方式，一般认为大学生对教义有较深的理解。但是，没有深入观察和分析他们对教义中某些重要议题如"罪"的理解，以及这种理解对他们的价值观念和行为方式的影响。大学生信仰宗教更多的是对"真理"的追求还是为了获得"心理安慰"？是以功利性的还是价值性的动机为主？此外，对于该现象的研究还需要宽阔的视野。如关于文化宣教现象，大学校园中外籍教师和留学生传播宗教的情况，有的大学聘请神学人士作为专业授课教师，让有宗教信仰的人在大学课堂兜售自己的宗教学理论，等等，这些需要进行详细考察。更广泛地说，我国一些大学已经开展的宗教知识课程内容和师资情况等也都需要进行详细的考察。

总之，我们还需要对大学生信教现象进行进一步的深入研究，既要正视这一现象的客观存在，在充分尊重大学生宗教信仰的基础上，引导其宗教信仰与社会主义核心价值体系相适应，更要积极地开展科学无神论的研究和宣传教育，坚持教育与宗教相分离的原则，尤其抵御境外宗教向大学的渗透，引导大学生在人文主义关怀下度过美好的大学生活。

（原载《科学与无神论》2012 年第 6 期）

高校教育与宗教相分离探讨

魏庆东

当今世界，实行"教育与宗教相分离"是现代化国家的一个普遍共识。宗教的传播在西方发达国家的公共教育体系中也基本绝迹。然而近些年来，随着宗教的升温，宗教在学校特别是高等学校，逐渐由秘密转向公开，尤其是基督教进入大学讲堂和国家研究机构，宣传教义，建构神学，聘请国外神学教授，培养神学和传教人士，吸引了相当一部分高校大学生对宗教的兴趣甚至皈依了宗教，成为迷途的羔羊。这一现象还在波动起伏的发展中。不少大学生信仰宗教的调查表明了其趋势令人担忧。①

一 宗教向高校的蔓延和渗透及大学生 对宗教政策的误解

我们遇到过的很多大学生有以下的思想倾向：对宗教信仰自由的误解。他们片面地强调信仰宗教的自由，没有认识到不信仰宗教和宣传无神论的自由，他们把宗教信仰自由曲解成不受法律限制的"宗教活动自由"。岂不知，非法宗教活动和利用宗教活动进行渗透活动，就是依据上述所谓的"宗教活动自由"②。我们知道，宗教信仰自由在一定范围内要通过宗教活动表现出来，在一定范围宗教活动的自由是宗教信仰自由的外在表现形式。但宗教活动的自由度不可能等于宗教信仰的自由度，这是由社会自由与思想自由的不同特点所决定的。中共中央〔1982〕19 号文件指出："绝不允许宗教干预国家行政、司法，干预学校教育和社会公共教育，绝不允

---

① 编辑部讯：《"教育与宗教相分离"座谈会在京举行》，《科学与无神论》2011 年第 1 期。
② 李建生：《科学无神论教程》，新疆教育出版社 2002 年版，第 175 页。

许强迫任何人特别是十八岁以下少年儿童入教、出家和到寺庙学经。"近年来,有些人以宗教信仰自由为幌子,利用宗教向学校渗透,强迫和变相强迫青少年参加宗教活动,完全是一种利用宗教进行的非法活动,必须加以警惕。这既违背国家的教育方针和培养学生的宗旨,也痛伤家长送子女上学的期盼之心,属违法行为。1995 年公布的《中华人民共和国教育法》明确规定:"教育活动必须符合国家和社会的公共利益。国家实行教育与宗教相分离。任何组织和个人不得利用宗教妨碍国家教育制度的活动。"2007 年 11 月,中共中央统战部、教育部、公安部、国家宗教事务局联合下发了《关于教育与宗教相分离》的文件,可见国家的立场是一贯的,关键是落实。面对宗教向校园的渗透和宣传,如在美国的北美华人教会"大使命中心"就专门对中国宣传,特别针对大陆知识分子。除了直接受命于海外的网络宣传人上,还号召境内的一般基督徒也利用网络进行宣传。另外也招募大学生在网络上对有关宗教方面的讨论进行跟帖,以营造一种浓厚的宗教氛围。① 有部分大学生甚至是教师曲解了宗教信仰自由政策:宗教信仰自由按其本性和主要含义来说是思想自由,是不能用行政命令或法律来管理和约束的;而宗教活动自由是社会自由,要涉及社会各方面的关系,属社会事务范畴,处理不好,会影响社会生活各方面的正常进行,是可以而且必须用法律加以规范和约束的。凡是在法律允许范围内进行的宗教活动是自由的,凡是违背法律、法规和政策规定进行的宗教活动是不允许自由的。宗教活动的自由不可能等于宗教信仰的自由,这取决于社会自由与思想自由的不同特点。超出宪法、法律和法规政策等范围之外的宗教活动,就是利用宗教从事非法活动的自由。从个性化与法制化出发,我们说青年学生享有宗教信仰自由权利,但是我们又要说,青年学生不应该信仰宗教。

二 宗教向大学校园传播与渗透的原因

从总体上来分析,当前宗教对大学校园的蔓延和渗透原因趋于多样化,是多种政治社会文化因素交织作用的结果。

高校大学生是先进科学文化知识的接受和受教育者,是科学真理与力

---

① 编辑部讯:《"教育与宗教相分离"座谈会在京举行》,《科学与无神论》2011 年第 1 期。

量的化身与代言人。大多数的当代大学生具有坚定的科学无神论信仰，而相信宗教有神论的大学生毕竟是少数的。"全部社会生活在本质上是实践的。凡是把理论引向神秘主义的神秘东西，都能在人的实践中以及对这个实践的理解中得到合理的解决。"① 对于有神论的思想，绝大多数大学生持否定的态度。

我国已进入改革发展的关键时期，经济体制深刻变革，社会结构深刻变动，利益格局深刻调整，思想观念深刻变化。社会的急剧转型，导致一定程度的社会"失范"，引起大学生的信仰危机，从而为宗教传播提供了某种"空间"。随着我国改革开放的深入发展，中西方文化也在更广泛、更深入地进行交流碰撞，包括基督教文化在内的西方价值观念开始影响大学生。近年流行的"后现代主义"，因为怀疑一切，也对现有主流价值体系产生某种解构作用。文化价值多元化容易引发道德危机、信仰危机，很多传统的伦理道德和价值观都受到挑战和冲击。美国著名学者麦金泰尔指出："从传统的意义上，德性已经发生了质的变化，并从以往的社会生活中所占据的中心位置退居到生活的边缘。"因此，在当代的道德变化中，便没有绝对的合理权威，从而导致道德危机。文化价值多元化的影响，动摇了一些人的无神论意志。学校教育是帮助大学生树立正确的人生观、价值观、世界观的重要途径。不可否认，目前的高校思想政治教育存在某些不足，主要表现在重灌输、轻教育、方法简单化，一定程度上脱离学生的思想实际和需要，缺乏亲和感，对社会上各种错误思潮缺乏有效抵制，没有起到引导学生树立正确人生观、价值观的应有作用。思想政治教育，尤其是马克思主义教育，不能简单地采取课堂灌输的方式，应该将它融入大学生的日常生活学习和各种社会实践之中，通过生活化和社会化教育方式的创新，达到潜移默化的效果。

宗教道德与文化独特"魅力"的吸引对大学生对宗教和有神论的看法产生了新鲜感。不可否认，宗教文化有其独特的魅力：首先，宗教作为意识形态的一种，对人生、世界、自然有其独特的诠释，这对那些厌倦教条灌输、有逆反心理的大学生颇具吸引力，他们在历史和文化的视野中审视宗教、接近宗教，甚至进入宗教。其次，大多数宗教都宣称是"善"的事业，劝善行善，利己利他。宗教与道德的混同，对一些具有社会正义感和

---

① 《马克思恩格斯选集》第 1 卷，人民出版社 1995 年版，第 54—57 页。

责任感的大学生也有吸引力。他们认为在宗教中可以寻求到社会人际关系间难得的宽容、慈悲和公正。特别是宗教具有一定的心理调适功能，能给人安全感和归属感，而这恰恰是当代大学生最为需要的。

再次，大学生处在人生发展的关键时期，尤其需要与他人保持顺畅的交往。但在现实中，由于主客观因素的影响，交往的过程不可能总是一帆风顺，经常会遇到这样那样的障碍，产生这样那样的困惑。在此情况下，一般人都会强烈地希望从周围他人那里获得支持、理解、同情、援助。有了这样的心理需求，又因新鲜、好奇参加了宗教聚会，亲眼目睹聚会者如何敢于暴露自己的软弱并从他人那里得到鼓励、支持，如何述说自己在信仰方面的困惑并同他人一起探讨、交流。在这个过程中，一些大学生由衷地感受到了"教会的平安与喜乐"，亦即宗教团体与外部社会迥然不同的宽松、和谐的人际氛围。正是这样的人际氛围，使他们中的个别人对宗教产生了强烈的归属，进而在其信徒的影响下，由全面接触宗教到最后皈依宗教，寻求心理抚慰的实现。当代大学生出生于改革开放新时期，大多是在父母和老师的呵护下相对安稳地生活、学习、成长。进入大学后，迈上了人生发展的新台阶，生活、学习、成长的诸多问题呈现出来，并需要他们独自处理，但这时他们的心理发育尚未完全成熟，自我调节和控制的能力还不够强。面对突如其来的压力，当他们无法解决、无法承受、无法发泄而又缺少来自社会各方面的关爱时，常会引发内心激烈的矛盾和冲突。在此状态下，他们和所有人一样需要一种依赖感，一种在惯常方法之外能够解决问题并减缓紧张的方法，而上帝全能、慈爱的形象和耶稣为人受难的壮举，恰好能为他们提供心灵的寄托和人生的楷模。把自己的一切交托给神，把生活中的苦难看作神对个人意志的磨练，这样就可超脱于现实之外，以一种稳定的心态，坦然面对人生的各种问题与各种磨难，把握人生存在的意义。人是有理性的高等动物。千百年来，人在探索自然界奥妙的同时，也一直在思考着自己——"我从哪里来"、"我到哪里去"、"我是谁"。大学生作为一个思想活跃的人群，更是经常思考这些问题，但从小到大的学校教育提供的"标准答案"似乎并不能令他们完全信服，他们百思不得其解，甚至为此陷入无端的烦恼之中。在对这些终极问题的追寻和探究中，接触一些宗教的思想，参加一些宗教的活动，了解到关于世界本原的另外说法，认识到人生苦难的根源和解脱苦难的方法，这对他们中的一部分人来说，一下子就有了一种豁然开朗的感觉，所有问题都得到了圆满解答。接受了这种解答，也就获得了一种超越现实的崇高感、神圣感，这对拥有激情并正在寻找人生意义的大学生来说，无疑具有很强的吸引力。"宗教里的苦难既是现实的苦难的表现，又是对这种现实的苦难的抗议。宗教是被压迫生灵的叹息，是无情世界的心境，正像它是无精神活力的制度的精神一样。宗教是人民的鸦片。"①

最后，宗教典籍，文学作品，形式新奇、内容丰富的宗教活动等，对有着强烈求知欲、充满热情和富于想象的大学生产生了一定的影响，引发了一部分人的兴趣。

三 高校要坚定马克思主义无神论教育主导地位

尽管改革开放以来大学生的宗教观呈现出多元化和多样性的特点，但马克思主义宗教观在我国大学生中仍然处于主导地位。出现这种状况主要来自两方面的原因：一是社会主义制度大环境和主流意识形态对大学生的影响；二是社会主义教育制度对大学生的要求。这两方面的大环境对大学生形成科学正确的宗教观和无神论思想营造了良好的客观环境，尽管有各种消极因素的干扰，但只会对大学生宗教观的多样性产生这样那样的影响作用，而不会改变马克思主义宗教观和科学无神论意识主导地位的总格局。因此，马克思主义宗教观和科学无神论教育必须主动适应社会主义及其教育制度和主流意识形态的大环境，为具有中国特色的社会主义伟大事业服务，更自觉地用马克思主义宗教观和科学无神论思想教育学生，而不能用别的什么宗教观或宗教意识去侵蚀影响学生。"对于社会主义无产阶级的政党，宗教并不是私人的事情。我们的党是争取工人阶级解放的觉悟的先进战士的联盟。这样的联盟不能够而且也不应当对信仰宗教这种不觉悟、无知和蒙昧的表现置之不理。我们要求教会与国家完全分离，以便用纯粹的思想武器，而且仅仅是思想武器，用我们的书刊、我们的言论来跟宗教迷雾进行斗争。"② 要求我们把握住高校大学生宗教观的思想主流，坚定不移地用马克思主义宗教观和科学无神论教育引导学生；另一方面要求

① 《马克思恩格斯选集》第 1 卷，人民出版社 1995 年版，第 1—16 页。
② 列宁：《社会主义和宗教》（1950 年 12 月 3 日），《列宁全集》第 12 卷，人民出版社 1987 年版，第 133 页。

作为上层建筑的马克思主义宗教观和无神论教育，必须自觉地服从和服务于社会主义经济基础和社会主义上层建筑的要求，在校园中坚决抵御各种宗教和迷信思想对大学生的渗透和影响。

四 大学校园开展无神论教育的原则与方法

根据上述大学生宗教观的特点，我们认为做好高校的马克思主义宗教观和科学无神论的教育工作需要掌握以下三条重要原则：

首先，掌握马克思主义宗教观教育的反复性原则。我们正处于剧烈的社会转型时期，多元文化并存，各种社会思潮和价值观念均不约而同地对大学校园和大学生的思想观念进行冲刷与涤荡。同时，大学生的世界观、人生观尚未成熟与稳定，加之有交往与探索未知世界的强烈愿望。因而，高校大学生宗教观是可变和可塑的，塑造的性质或方向与学校教育和学生本人所接受的社会环境影响密切相关。因此，马克思主义宗教观和科学无神论教育要适应大学生宗教观变化的这一特点，具体、深入、经常、反复地进行。我们可以把这一原则称作马克思主义宗教观和科学无神论教育的反复性原则。这一原则不但反映了大学生马克思主义宗教观的形成是一个有曲折和有变化的反复过程，而且突出了马克思主义宗教观和科学无神论教育的反复性特点，不能够一劳永逸、一次完成，要经常反复地进行。这进一步表明，进行马克思主义宗教观和科学无神论教育需要反复进行。在具体的马克思主义宗教观和科学无神论教育中，必须运用好上述原则，不断提高教育效果。掌握反复性原则，按照大学生宗教观的特点和形成规律做好教育工作，树立对大学生进行科学宗教观和科学无神论教育的信心。由于大学生的宗教观具有不稳定性、可变性、可塑性和反复性的特点，受各种复杂因素的影响，部分大学生的宗教观会受到非马克思主义宗教观的影响，有的甚至公开信仰宗教或邪教，这都是不奇怪的。我们要坚定信心，坚持教育与宗教相分离，不在青年学生中区分信徒与非信徒、有神论与无神论者。要坚持用说服教育的方法，耐心细致地做好大学生的思想教育工作，即使对那些受有神论思想影响较深，一时误入宗教有神论迷雾中的学生，我们也要坚信他们是可以转变的，要反复进行耐心的思想工作，不应当歧视他们，更不能将他们推到有神论的队伍中去。如果在学生中做有神论者与无神论者、信徒与非信徒的区分，其结果只能形成对部分受宗教影响较深的学生的歧视和精神压力，最终使他们到宗教中去寻求精神解脱，在宗教迷雾中越陷越深。"无产阶级专政应当坚持不懈地使劳动群众真正从宗教偏见中解放出来，为此要进行宣传和提高群众的觉悟，同时注意避免对信教者的感情有丝毫的伤害，避免加剧宗教狂。"[1] 教育与宗教相分离原则，本身就包含有对学校来说，教徒与学生相分离的含义。教育与宗教相分离的基本含义是说，宗教信仰是学生个人的私事，对学校来说，学校不承认有作为特殊群体的教徒学生，学校对所有学生一视同仁，平等对待，不满足信教学生特殊的宗教需求，在学校不设宗教活动场所，不组织宗教活动，不开设宗教神学课程等。这部分学生不得以个人信仰宗教为由，拒绝接受辩证唯物主义和历史唯物主义包括马克思主义宗教观和科学无神论的教育。

其次，掌握好协调性原则，坚持马克思主义科学无神论教育的大方向，坚决抵御和反对各种宗教有神论思想对学生的影响。我们的大学是社会主义大学，是传播先进科学文化知识，培养科学精神的地方。如果在社会主义大学宣传非马克思主义宗教观甚至传播有神论和各种迷信思想，这不但与社会主义大环境所决定的主流意识形态和社会主义的教育制度不协调，而且与社会主义和谐文化的建设要求也不协调。当前有部分教师认为，我们党对宗教的方针是宗教信仰自由，并且宗教中也确实存在着一些积极因素，为什么在课堂上不能用这些积极因素来教育学生呢？我们不否认，宗教中确实存在着一些合理因素，特别是宗教道德中，有许多还与社会主义道德要求相一致。但同时我们也不应忘记，宗教也是一个体系，宗教理论体系中存在着的"合理因素"，孤立抽象地看有其合理性，但放进整个宗教理论体系中去，其最终目的都是使人更好地服从神的统治，只要这种"合理因素"不脱离宗教信仰体系，都会具有"二重性"。因此，对宗教中的"合理因素"只有纳入到马克思主义宗教观和科学无神论的教育中，用历史唯物主义的基本观点进行批判性的分析，使其从神学体系中"剥离"出来，才能真正更好地发挥其积极的现实作用。所以，离开马克思主义宗教观和科学无神论教育，孤立地用所谓"宗教的合理因素"教育学生，其结果只能是对学生进行宗教教育。因此，对宗教中的某些合理因素和一些知识性的因素，我们只有将其纳入到马克思主义宗教观和科学无

---

[1] 《列宁全集》（第36卷），人民出版社1985年版，第86—87页。

神论教育中来，帮助青年学生用辩证唯物主义和历史唯物主义的科学世界观和方法论进行分析，才能够真正汲取人类文明进步的一切成果。

最后，掌握实效性原则，采用多种方式有针对性地开展对大学生的马克思主义宗教观和科学无神论教育，帮助大学生树立科学正确的宗教观和人生观。青年学生的马克思主义宗教观存在反复性，往往是一时认识清楚了，一遇到具体问题，认识又模糊了；对这个问题认识清楚了，在那个问题上又糊涂了；并且随着知识和信息量的增大，在正确世界观和方法论还没有牢固确立的时候，更容易产生这种现象。出现这种现象是青年学生世界观形成过程中反复性的体现。我们不但要对大学生反复进行教育，而且更要结合实际，搞清楚他们在哪些问题上遇到了困惑，有针对性地帮助他们释疑解惑，使他们逐步学会用辩证唯物主义和历史唯物主义的科学世界观和方法论分析问题，牢固地确立马克思主义宗教观和科学无神论的世界观。有针对性地进行马克思主义宗教观和科学无神论的教育，特别是对少数民族大学生更要进行耐心细致的思想教育工作，要做到入情入理、细致入微。少数民族学生大部分有宗教信仰的家庭背景，从小受家庭的影响，对马克思主义宗教观和科学无神论难免会产生各种各样的思想疑惑和误解，要转变他们的思想更是一个艰苦的过程，更不能期望"毕其功于一役"。要弄清他们的思想困惑所在，分析产生的原因，有针对性地进行耐心细致的思想教育工作。

五 如何对大学生开展科学无神论教育，坚定马克思主义信仰

现在许多人一谈到大学生的信仰教育问题，就盖上了"信仰危机"的帽子，这是不符合客观事实的。所谓的信仰危机应该是信任危机，他们不是不信仰马克思主义，而是对现实的某些人与某些事产生不信任，加之信仰教育内容僵化、方法简单而对信仰持不信任或怀疑态度，向我们传统教育提出严峻挑战。所以，有必要对大学生信仰教育提出重新认识：首先是转变教育思想观念，把简单的、机械的、说教式的信仰教育转变为生动的、灵活的与实际相联系的信仰教育方式上来；其次是改革教育内容，马克思主义已经在我国社会主义实践中得到发展、丰富和创新，信仰教育内容也应随之进行改革；再次是改革教育方法，多在教育的新方式、新途

径、有效载体上进行研究、探索和实践使信仰教育真正做到实效；最后，信仰不是与生俱来，而是后天形成的，是知识、环境、教育陶冶的结果，自由通过个体与社会相互作用才能逐渐形成社会生活实践是信仰形成和发展的基础。"环境的改变和人的活动或自我改变的一致，只能被看作是并合理地理解为革命的实践。"①

（原载《科学与无神论》2012 年第 5 期）

---

① 《马克思恩格斯选集》第 1 卷，人民出版社 1995 年版，第 55 页。

科学无神论宣传教育工作

当前党政领导干部有神论信仰
状况的调查与分析*
——以南京地区为例

邹玉香　刘爱莲

一　研究背景与方法

　　近些年来，随着经济实力不断增强，国际地位不断提高，开放程度不断加深，中国文化发展多元化趋势也日益明显。但在尊重知识，崇尚科学的大潮中，也不时涌动着愚昧迷信的浊流，拜神、风水、占卜和各种宗教迷信等有神论在不断蔓延。尤为引人注目的是，有神论在我国党政领导干部中的影响力有所增强，部分党政领导干部思想价值取向发生偏离，不信科学信神灵，这已成为一种不可忽视的社会现象。为了准确把握当前我国党政领导干部的有神论信仰现状，我们在南京市范围内对党政干部群体进行了集中调研。本次调研的宗旨是通过实地调查的方式，达到全面了解当前党政领导干部的有神论信仰状况，分析有神论对党政领导干部价值观取向的影响程度及原因，并提出因应策略。本次调查时间为 2009 年 9 月 22 日至 29 日，调查对象是中共江苏省委党校干部培训班学员及部分江苏省级机关党政领导干部，调查方法采用的是问卷调查法，由调查员深入到各党校培训班及各省级党政机关，对其中的党政领导干部进行问卷调查。并在此基础上，对有效问卷进行统计分析。本次调查共发放问卷 210 份，收回 204 份，回收率为 97.1%；有效问卷 200 份，有效率为 95.5%。数据处理采用 SPSS 17.0 软件。

　　* 基金项目：国家社会科学基金资助项目（09BZX073）。

二 调查结果分析

本次调查问卷设计共有 15 道选择题，包括：性别、年龄、民族、政治面貌、学历、身份，工作或生活的区域，是否相信鬼神等超自然力量，是否信仰宗教，信仰宗教的原因，宗教给个人带来的改变，不信仰宗教的信奉什么，宗教的作用是什么，是否了解科学无神论，了解科学无神论的途径等问题。课题组通过 SPSS 17.0 软件处理相关数据，形成若干表格，得出以下结果。

（一）调查对象的基本情况

调查对象中，男性党政领导干部相对居多，占总数的 77.5%；同时，被调查者的年龄主要集中在 30 岁到 60 岁，占总数的 86.5%；调查对象中，大部分是汉族党员，汉族人占总数的 98.5%，党员占总数的 90.5%；样本资料还显示调查对象的文化程度普遍较高，87.0% 的被调查者拥有本科及以上学历，有 11.0% 的拥有大专学历，另外，被调查者大都生活在城市，占总数的 87.0%。

（二）当前党政领导干部有神论信仰现状

1. 部分党政领导干部对封建迷信态度模糊，对宗教包容度呈上升趋势。调查结果显示，部分党政领导干部对封建迷信态度模糊，既不支持也不反对，见表 1。

表 1　　　　　　　是否相信鬼神、风水、星座、占卜等超自然的力量

回答情况		问卷比例			
		频率	百分比	有效百分比	累积百分比
选项	相信	10	5.0	5.0	5.0
	不相信	111	55.5	55.5	60.5
	信则有，不信则无	79	39.5	39.5	100.0
	总计	200	100.0	100.0	

调查资料还表明，被调查者中，多数人能理性认识到宗教作用的两面

性，但也能从中看出党政领导干部对宗教的包容度呈上升趋势。有占总人数的88.5%的党政领导干部认为宗教既有积极作用也有消极作用，占总数2.0%的党政领导干部认为宗教只有消极作用。但绝大多数信教的党政干部认为宗教会给自己带来好处，比例高达84.6%，只有15.4%的人认为没什么改变。可见党政领导干部对有神论的态度中庸，有很多人存有既不鼓励也不反对的心态。见表2、表3。

表2   **宗教的作用**

回答情况		问卷比例			
		频率	百分比	有效百分比	累积百分比
选项	积极作用	19	9.5	9.5	9.5
	消极作用	4	2.0	2.0	11.5
	积极、消极作用都有	177	88.5	88.5	100.0
	总计	200	100.0	100.0	

表3   **如果信仰宗教，宗教带给个人的改变（可多选）**

回答情况		问卷比例		
		频率	百分比	个案百分比
选项	身心健康心情舒畅	6	25.0	46.2
	家庭和睦与人关系融洽	6	25.0	46.2
	运气好	1	4.2	7.7
	关心社会公益事业乐于助人	9	37.5	69.2
	没有任何改变	2	8.3	15.4
	总计	24	100.0	—

2. 多数党政领导干部不信仰宗教，但了解科学无神论的比例不高。调查资料显示，虽然多数党政领导干部不信宗教，但大部分党政领导干部对马克思主义科学无神论也并不了解。因为缺乏科学世界观的指导，不少党政领导干部对宗教等有神论的实质不能进行理性地辨别，对宗教等有神论的消极或积极作用不能很好地作出权衡，进而对有神论的抵抗力被弱化。可见那些不了解科学无神论的党政领导干部选择信仰或不信仰宗教等有神

论，带有一定盲目性。见表4、表5。

表4   是否信仰宗教

回答情况		问卷比例			
		频率	百分比	有效百分比	累积百分比
选项	相信	13	6.5	6.5	6.5
	不相信	187	93.5	93.5	100.0
	总计	200	100.0	100.0	

表5   是否了解科学无神论

回答情况		问卷比例			
		频率	百分比	有效百分比	累积百分比
选项	了解	116	58.0	58.0	58.0
	不了解	84	42.0	42.0	100.0
	总计	200	100.0	100.0	

3. 宗教对党政领导干部的吸引力主要体现在精神文化生活层面。调查资料显示，被调查者信仰宗教的原因虽呈多样化特点，但综而观之可以发现，党政领导干部信仰宗教主要是出于精神文化生活的需要。见表6。

表6   信仰宗教的原因（可多选）

回答情况		问卷比例		
		频率	百分比	个案百分比
选项	承袭家庭传统	1	5.0	7.7
	强身健体	4	20.0	30.8
	精神需要	4	20.0	30.8
	祈求神灵保佑	1	5.0	7.7
	宗教文化的独特魅力	10	50.0	76.9
	总计	20	100.0	—

　　可见党政领导干部信仰宗教的主要目的就是获得精神愉悦和心灵抚慰。党政领导干部一般都具有较高学历，相应地有较高层次的精神文化生活需求。同时，党政领导干部属于知识阶层，他们大多都比较注重修身养性，涵养道德。宗教在某种程度上能满足部分党政领导干部的精神需求，对他们的心灵起到了一定的慰藉作用。

　　4. 党政领导干部的价值观取向出现多元化。调查结果表明，虽然大多数党政领导干部仍然以马克思主义为信仰对象，但是其他非主流意识形态对党政领导干部的思想观念也产生了一定影响，党政领导干部的价值观取向出现多样化特点。见表7。

表7　　　　　　　　　不信仰宗教而相信其他选项（可多选）

回答情况		问卷比例		
		频率	百分比	个案百分比
选项	马克思主义	146	70.2	78.1
	西方价值观	21	10.1	11.2
	金钱与权力	9	4.3	4.8
	什么都不信	20	9.6	10.7
	其他	12	5.8	6.4
	总计	208	100.0	—

　　可见，全球化形势下的中国，思想文化多元化，主流意识形态教化功能弱化使得党政领导干部更易受到各种落后腐朽思想的影响和腐蚀，这种以马克思主义为主导意识形态，多元思想相互补充的形态和趋势，给各种有神论侵入党政领导干部思想领域以可乘之机。

　　5. 有神论对党政领导干部的马克思主义信仰产生冲击。将党政领导干部对有神论和马克思主义认同状况数据进行交互分析得知，在信教信神的21个党政领导干部中，只有3个党政领导干部还信仰马克思主义，只占其总数的14.3%；在对迷信思想态度模糊的79个党政领导干部中，有32人不信仰马克思主义，其比例高达40.0%。可见，有神论对党政领导干部的马克思主义信仰产生了一定冲击，相信有神论的党政领导干部，其马克思主义信仰发生了动摇。见表8。

表8　　　　　相信超自然力量与信仰马克思主义人数比较

问答二		问答一			合计
		是否信仰马克思主义			
		信仰宗教	是	否	
是否相信鬼神、风水占卜等超自然的力量	相信	2	3	5	10
	不相信	0	95	16	111
	信则有，不信则无	11	48	20	79
	合计	13	146	41	200

三　对策与建议

　　党和国家的指导思想是马克思主义，而处于执政地位的中国共产党担当着崇高的角色，"它是无产阶级阶级意识的支柱，是无产阶级历史使命的良知"①。党政领导干部作为各级党政机关的负责人，应当拥有坚定的马克思主义信仰，并应具有履行职责所需要的马克思列宁主义、毛泽东思想、邓小平理论的水平，努力用马克思主义的立场、观点、方法分析和解决实际问题。虽然一般说来党政领导干部应该有着较强的政治思想觉悟，坚定的政治立场，但事实上还是有部分党政领导干部不可避免地受到形形色色有神论的影响，其马克思主义信仰均不同程度地发生动摇。分析其成因，主要是与党政领导干部自身疏于科学理论学习，放松世界观改造，思想政治素质下降有关，也同社会政治环境和我们在干部选拔和管理方面存在的弊病有着紧密的联系。要杜绝各种有神论对党政领导干部的侵蚀，必须坚持标本兼治，教育是基础，环境是条件，制度是保证。为此，本文试图从党政领导干部群体的基本特征出发，在调查实证的基础上，针对当代党政领导干部有神论信仰状况，提出因应策略。

（一）强化思想政治和科学理论教育，用马克思主义武装党政领导干部

　　思想是行动的先导，马克思在《〈黑格尔法哲学批判〉导言》中说过："批判的武器当然不能代替武器的批判……但是理论一经掌握群众，也会

———————

　　① 卢卡奇：《历史与阶级意识》，杜章智、任立译，商务印书馆1992年版，第95页。

变成物质力量。"① 虽然在马克思主义理论是不是精英化理论问题上有很多
争论，但作为党政机关负责人，党政领导干部应属于精英阶层，既有能够
接受认同正确与科学思想的能力，也应有提升自身科学理论素养，抵制有
神论思想侵蚀，充分展示主流意识形态吸引力、公信力的义务。因此，对
信神拜佛的党政领导干部进行思想转化显得尤为重要，而改造思想的基本
途径是教育。

1. 强化党政领导干部的思想道德和理想信念教育，提高其抵制有神论
的自觉性。随着市场经济的发展，政府在经济建设领域投入了比较多的精
力，而对意识形态领域的教育却存在不同程度的忽视。领导干部的思想意
识不坚定以及理想信念缺失迷茫导致其思想道德领域的"信念寻租"。上
文问卷资料反映出马克思主义意识形态功能有弱化之势，虽然有 78.1% 的
党政领导干部信仰马克思主义，但另外还有 11.2% 的人信奉西方价值观，
4.8% 的人相信金钱与权力，6.4% 的人相信其他，还有 10.7% 的党政干部
什么都不信。少数党政干部求神拜佛，沉迷于香火之中，正是与此有关。
很显然，党政领导干部的人生观、价值观、世界观直接对其思想观念、社
会意识和认知判断产生影响。不解决"三观"问题，党政领导干部对有神
论的理性判断力将会弱化。因此，必须加强领导干部的马克思主义理论、
共产主义理想和中国特色社会主义信念教育，使其树立正确的"三观"，
提高其抵制有神论错误思想的自觉性。正如邓小平所说："党员尤其是党
的高级负责干部，就愈要高度重视，愈要身体力行共产主义思想和共产主
义道德。"② 必须通过教育使全体党员特别是党的高级干部坚持共产主义的
理想和信念。

2. 强化党政领导干部的马克思主义科学无神论教育，制定灵活多样的
学习培训方案。习近平同志在《领导干部要爱读书读好书善读书》的讲话
中指出："我们党历来重视学习，是一个勤于学习、善于学习的马克思主
义政党。"③ 然而我们的调查资料显示，在参与调查的党政领导干部中有近
半数不了解科学无神论，占总数的 42.0%，而且对科学无神论的认知途径
少，主要是通过传统学校教育和大众传媒获得科学无神论知识的，各占总

① 《马克思恩格斯选集》，第 1 卷，人民出版社 1995 年版，第 9 页。
② 《邓小平文选》第 2 卷，人民出版社 1994 年版，第 367 页。
③ 习近平：《领导干部要爱读书读好书善读书》，《学习时报》2009 年 6 月 2 日第 5 版。

数的 44.7% 和 30.2%。根据问卷资料反映出来的问题，结合党的十七届四中全会提出的"建设马克思主义学习型政党"的要求，党政领导干部应当加强科学无神论的理论学习，提高个人的科学理论素养。各级党政干部学校应设立专门教研科室及课程，对学员进行科学无神论的教育，把科学无神论教育列为思想品德和素质教育的重要内容，并根据他们的实际情况，制定灵活多样的学习培训方案。

首先，科学无神论理论学习和培训要定期和有计划。可以制定短期、中期、长期计划，并分阶段进行科学无神论理论学习，保证其长期性，结合各级党校和各大专院校、科研所的资源，有计划地开展无神论理论的系统学习和培训。

其次，学习和培训的内容要有针对性。尽可能地提高党政领导干部管理和组织能力及岗位工作需要，按工作性质和地区特征划分学习培训班次，不同班次设置科学无神论的学习内容，同时还要将年龄、性别等具体个人差异在制定学习计划时尽量加以考虑，以提高培训学习的针对性。

（二）加强党政机关的精神文明建设，打造积极健康的政治生态

调查资料显示，党政领导干部信仰宗教的原因呈多样化特点，但主要还是出于精神文化生活的需要。其具体情况为：因为宗教文化的独特魅力而信仰宗教的占信教者总数的 76.9%，因为强身健体需要的占总数的 30.8%，因为精神需要的占总数的 30.8%，因为承袭家庭传统和因为祈求神灵保佑的各占总数的 7.7%（多选题，数据有重合）。可见党政领导干部信仰宗教主要是为求得精神愉悦和心灵抚慰。宗教神学在一定程度上是能够为人们提供某种终极意义的，因此它对人的精神控制力量是强大的，正如康德在《历史理性批判文集》中所述，人类摆脱不成熟状态"主要是放在宗教事务方面"，因为它是"一切之中最有害的而又是最可耻的一种"[1]。但是，任何精神因素都有其现实根基。列宁认为，宗教的根源不在于"愚昧无知"，因为它"不够深刻，不是用唯物主义观点而是用唯心主义的观点来说明宗教的根源"[2]。如果我们仅用愚昧、受欺骗来解释当今学历普遍较高的党政领导干部信神问题，那显然是不客观的。当前，部分党

---

[1] 康德：《历史理性批判文集》，何兆武译，商务印书馆 1965 年版，第 30 页。
[2] 《列宁选集》，人民出版社 1972 年版，第 250 页。

政领导干部信神，主要原因是对社会现实的无为、无力和无知，一些党政领导干部因丧失了马克思主义信仰，变得精神空虚，心态失衡。部分党政领导干部由于精神文化生活单一，内心困惑没有很好的平台得以疏解，便转而求助神灵来获得心理安慰。我们倡导科学无神论，就必须重视机关精神文明建设，丰富党政领导干部的精神文化生活，净化政治环境。

1. 党政领导干部要严格自律，健康交往，培养积极向上的生活圈。党政领导干部因其身份特殊，社会交往面广，面对的诱惑相应较多，再加上他们多是各种错误落后思想腐蚀的重点对象，因此更应保持清醒和警惕，谨慎交友，培养积极向上的生活圈。首先，党政领导干部要严格自律，坚持原则，健康交往，净化自己的社交圈，坚决不与有着各种落后腐朽思想的人来往，正所谓"道不同，不相为谋"。其次，党政领导干部要放下身段地位，积极参加各种社区公益活动，加强与群众联系。最后，党政领导干部要提升个人业余生活品位，多读好书，多交益友，多进行体育锻炼，使自己的身心保持健康。

2. 实现重政治关怀向人文关怀转变，加大机关文化设施投入，丰富党政领导干部精神文化生活。"信神拜神的社会心理是伴随着无知和恐惧而生的，人们因为无法解释他们不能掌控的社会现实，而心生恐惧，因恐惧而祈祷，进而借助神力来解决困惑，这是信神拜神的心理机制。[1]"因此，要抵制有神论对党政领导干部的侵蚀，必须关注党政领导干部的精神生活，实现重政治关怀向人文关怀转变。精神文化生活是党政领导干部社会生活的重要组成部分。精神文化氛围在观念和行动上都影响着党政领导干部的行为取向，有着极强的渗透力和凝聚力，因此党政机关必须重视机关文化建设。党政机关除了要充分利用党校、行政学院等集中教育平台之外，还可以在做好评估规划的基础上，加大机关文化设施建设投入，在领导办公室附近设置图书室、心理咨询室、情感交流室、体育锻炼室等，拓宽党政领导干部交流思想，沟通感情，进行学习、讲座、报告及竞赛等活动的空间和平台。同时，抓好政工队伍建设，为营造科学健康的政治生态提供组织保证。

---

① 陈甲标：《信神：领导干部的信仰背叛》，《领导科学》2004 年第 19 期。

（三）加强激励和约束相结合的制度建设，落实长效机制

党政领导干部信仰宗教等有神论削弱了社会主义核心价值体系的公信力。调查结果显示，有 20.2% 的党政领导干部认为党内存在的腐败、迷信等失范行为直接影响了公众对社会主义核心价值体系的接受与认可。因此，鉴于党政领导干部的群体身份特质及影响力，抵制有神论的侵蚀，光靠科学无神论的理论宣传是不够的，必须要有一定的制度保障。列宁曾经指出："同宗教作斗争不应该限于抽象的思想上的宣传，不能把它归结为这样的宣传而应该把这一斗争同消灭产生宗教的社会根源的阶级运动的具体实践联系起来。"[①] 制度建设主要体现在制度改革和制度供给两个方面，制度改革是在原有的制度基础上进一步完善，而制度供给是建立新的制度规范。前者是后者的基础，后者是前者的升华。

1. 改革党政领导干部监督制度，加大对党政领导干部参与迷信、宗教活动的监督力度。人具有两面性和不稳定性，马克思在《关于费尔巴哈的提纲》中说道："人的本质不是单个人所固有的抽象物，在其现实性上，它是一切社会关系的总和。"[②] 因此，个体的改变是与其社会境遇的变化有直接关系的。走上领导岗位后，很多原本优秀的党政领导干部，因为权力、地位的变化，使得其本来坚定的政治立场和理想信念发生了偏移，甚至不少党政领导干部带头参与各种迷信活动。对于这种思想变化的准确把握和预防，需要依靠监督制度得以保障。但由于当前各类针对党政领导干部相信有神论现象的监督形式缺乏有效的实施措施，收效甚微。因此，改革党政领导干部的监督制度，采取有效措施保障各种监督形式的落实显得尤为重要。首先，面对党政领导干部信神拜神、参与迷信现象泛滥的新形势，理应顺势改革监督内容，将党政领导干部是否参与封建迷信活动及信神拜佛归入监督范围。其次，确定专门的监督职能部门及职责，分工协作，相互配合，形成监督合力，建立科学的监督机制。再次，切实加强上级监督，定期听取下级思想汇报，并建立党政领导干部信仰问题备案，还可以设置不定期督察员岗位。同时加强领导班子的内部监督，突出副职的监督地位和作用。最后，要特别注重群众监督的作用，定期召开民主生活

① 《列宁选集》，人民出版社 1972 年版，第 378 页。
② 《马克思恩格斯选集》第 1 卷，人民出版社 1995 年版，第 56 页。

会，要求上级领导及群众代表参加，对党政领导干部的信仰问题进行民主测评，听取群众意见。也可在相关地点设立举报点，鼓励群众对党政干部的迷信行为进行举报。

2. 创新考核制度，将宣传科学无神论，辟谣除昧作为党政领导干部工作考核重要内容。干部考核是全面正确识别干部，用好干部的关键环节。因此，考核制度对党政领导干部有一定约束力。而任何考核的重要原则是权利和义务的平衡，党政领导干部享有较大权力，相应就应当承担更大的义务。在对待有神论问题上，党政领导干部不仅要按党章和相关纪律要求坚持唯物主义，不信仰宗教，还应承担起带头倡导科学无神论，向群众解疑除昧的义务，发挥主导垂范作用。国务院于 2004 年 11 月颁布的《宗教事务管理条例》在充分体现了保障公民宗教信仰自由精神的同时也"按照依法行政，建设法治政府的要求，规范了政府有关行政管理部门的行政行为"[1]。这一规定就体现了党政机关在处理宗教事务上的主导性作用，因此，政府应将倡导科学无神论，辟谣除昧作为考核党政领导干部政治意识强弱的重要指标。一方面，细化目标任务，落实党政领导干部的科学无神论宣传教育职责。党政领导干部在加强自身学习的同时，要履行一岗双责，深入基层，在调研的基础上，提出宣传措施和方案，加大对群众进行科学无神论的宣传力度。另一方面，带头弘扬正气，破除迷信旧俗，树立科学新风。党政领导干部在自身坚决抵制迷信思想腐蚀和消除有神论消极作用的前提下，要担当起向公众"辟谣、沟通"的角色。特别是基层党政领导干部要主动介入群众较大规模参与封建迷信活动的各种公共事件，用科学的方法，解疑释惑。另外，党政领导干部还要自觉树立马克思主义宗教观，正确理解和贯彻宗教政策法规，了解宗教知识，增强处理宗教工作的能力。同时，要在实际中真正将考核结果落到实处，突出其权威性，建立考用相结合的配套管理制度，在干部调整中，无论升降还是调整、交流，都应该与考核结果挂钩。

3. 严肃党纪党规，加大对党政领导干部参与宗教迷信活动的查处力度。宗教信仰谢绝绝对自由。就涉及共同体利益的事物而言，我们需要有一定的机器，以保持一种一致性，即要有服从，这个机器就是一种纪律、制度。邓小平曾说过："我们过去发生的各种错误，固然与某些领导人的

---

① 魏立帅：《中国特色马克思主义宗教观》，《马克思主义文摘》2009 年第 11 期。

思想、作风有关，但是组织制度、工作制度方面的问题更重要。……如果
不坚决改革现行制度中的弊端，过去出现过的一些严重问题今后就有可能
重新出现。"① 而制度一旦出台就必须得到落实，否则毫无意义。党政领导
干部作为国家公职人员，拥有人民赋予他们的权力，相应地人民会对他们
有更高的思想政治要求。因此，党政领导干部的思想自由是要受到其特殊
的职务特征所限制的。康德说过，一个人私下运用自己的理性自由是"在
其所受任的一定公职岗位或者职务上所能运用的自己的理性"②。尽管党章
中已明确规定，共产党员必须是无神论者，不能信仰宗教、从事宗教活
动，但这些规定在现实生活中并没有得到很好的落实。因此，必须加大对
党员干部参与迷信、宗教活动的查处力度，狠抓落实，严格执行共产党员
不得信仰宗教的规定，对情况严重者应该清除出党的队伍，以保证党的思
想纯洁性；对情节特别恶劣，后果特别严重的，还应撤销职务直至受到法
律惩处。必要时还可以将公务员不得信神拜佛纳入公务员法条例之中，在
录用公务员时也可将此作为考察的条件，以确保在源头上把好关，这样就
将党政领导干部中的非党员也纳入管理范围之中。

（原载《武汉理工大学学报》（社会科学版）2012 年第 4 期）

---

① 《邓小平文选》第 2 卷，人民出版社 1994 年版，第 333 页。

② 康德：《历史理性批判文集》，何兆武译，商务印书馆 1965 年版，第 25 页。

坚持无神论是保持党的思想
纯洁的重要保证*

胡锦涛同志在党的十七届中央纪委七次全会上的重要讲话，深刻阐述了保持党的纯洁性的重要性和紧迫性，并对在新的历史条件下始终保持党的纯洁性提出了明确要求。保持党的纯洁性，必须要求广大党员牢固树立马克思主义世界观，坚持辩证唯物主义和历史唯物主义，坚持无神论，永远保持思想的纯洁。

一　无神论是马克思主义的理论前提

马克思主义唯物论和无神论是人类优秀文明成果的结晶，科学无神论是马克思主义世界观的理论前提和基石，是无产阶级和劳动人民认识世界、改造世界的强大武器，是科学的世界观。没有科学无神论，就不会有马克思主义。

马克思主义是在对有神论的批判中确立的。马克思主义正是在西方19世纪反对基督教有神论的启蒙思想高潮中形成的，因此，它不可避免地具有明显的无神论的人文主义特征。在马克思主义的思想体系里，无神论是与批判有神论的宗教传统紧密联系在一起的。所以，它在揭示宗教产生的社会根源和宗教所产生的社会、历史功能方面是继承和发展了启蒙主义无神论的思想传统，在这个过程中，马克思主义的创始人也阐述了自己无神论的科学的宗教观点。马克思继承了17—18世纪英国和法国唯物主义，

　　* 基金项目：本文为天津市哲学社会科学重点学科建设工程课题《加强无神论教育构筑防范和抵御邪教的精神支柱研究》（项目编号：TJSKGC－ZJ1106）的阶段性成果。

并对 19 世纪德国费尔巴哈人本主义等人类优秀成果进行了深刻的分析。在马克思之前，具有唯物主义倾向的启蒙思想家费尔巴哈就认为，宗教传统中关于神或上帝的一切属性和本质都是人类把自己的属性和本质自我异化的结果，不是上帝按照神的形象创造了人，而是人按照自己的形象创造了上帝。人对现实苦难的社会环境越是束手无策，就越积极地投入宗教的造神活动之中。马克思继承了这个观点，并把它准确陈述为"人创造了宗教，而不是宗教创造了人"。他采取了研究有神论思想产生、演变及变化规律，通过唯物主义历史观和剩余价值论的发现而展示出来。他们发现，宗教作为颠倒的世界观，其产生的根源是有一个颠倒的世界，即人剥削人、人压迫人的社会。马克思指出，单纯批判宗教不能克服宗教异化，只有进一步消灭产生宗教异化的社会制度和社会条件，才有可能克服宗教异化，从而对人类的信仰问题进行了思考，也对鬼神观念中的虚幻不实和欺骗性进行了考察，从而把人们从这种思想观念的束缚中解放出来，把人们的思想和行为建立在坚实可靠的现实基础之上。马克思、恩格斯从对宗教的批判，转向对政治、法律和社会的批判，从理性主义的启蒙无神论，发展为辩证唯物主义和历史唯物主义的科学无神论。马克思主义唯物论把无神论提高到一个全新的哲学基础上，并进入科学社会主义运动的实践中，成为马克思主义学说的理论基础。

辩证唯物主义把世界看作是多样性统一的物质世界，而"物质是某种既有的东西，是某种既不能创造也不能消灭的东西"，是独立于人的意识之外的客观实在。在这个问题上，恩格斯有过精辟的论述。他指出，哲学基本问题从一开始就是以质疑有神论的"尖锐的形式"提出来的，是"针对着教会"、针对着"世界是神创造的"观点提出的。马克思主义坚持从物质世界本身去说明世界，不附加任何外来的成分。这一根本立场已经排除了任何世外造物主存在的可能性，是同一切有神论的观点不相容的，恩格斯说，"凡是断定精神对自然界说来是本原的"人，"组成唯心主义阵营"，在这里，他明确提出了唯心主义同有神论之间的本质联系。这就表明，坚持无神论、反对有神论，是马克思主义哲学的本质，是辩证唯物主义与生俱来的一种科学精神。所以，马克思主义经典作家对唯物主义根本观点的阐述，对唯心主义的批评，历来就是直接同坚持无神论、批评有神论联系在一起的。无神论和有神论是两种根本对立的世界观。马克思主义科学世界观坚持唯物主义，反对一切唯心主义，而有神论则与唯心主义形影相随；马克思主义科学世界观是对自然科学和社会科学的高度总结和概括，而有神论则与科学毫不相容，是尖锐对立的。马克思主义科学世界观是人们正确认识世界和改造世界的强大思想武器。

马克思主义诞生 100 多年来，得到实践的不断检验，始终保持着生机与活力，并随着时代的发展，被不断充实、丰富和完善。马克思主义唯物论和无神论不仅是一种科学知识，更是一种科学的方法、科学的态度。马克思主义是指导我们党的思想的理论基础，也是我们国家的立国之本，进行无神论教育是坚持马克思主义的必然要求，科学无神论是马克思主义世界观的理论前提。没有科学无神论，就不会有马克思主义，不具备科学无神论的世界观，就不可能是一个马克思主义者。恩格斯当年曾经建议把 18世纪法国唯物主义者的著作广泛向工人群众传播，列宁在十月革命以后重申恩格斯的建议，并且指出，党的宣传工作，仅仅宣传"纯粹的马克思主义"是不够的。坚持无神论，也是我们党三代中央领导核心历来强调的重大原则问题。毛泽东同志在 1941 年《关于农村调查》一文中就明确指出："我们是信奉科学的，不相信神学。"《在莫斯科共产党和工人党代表会议上的讲话》进一步指出："要用唯物论代替唯心论，用无神论代替有神论。"邓小平同志指出："我们建国以来历来实行宗教信仰自由，当然，我们也进行无神论的宣传。"江泽民同志指出："共产党人是无神论者，任何时候都要坚持无神论，宣传无神论。对一些党员中存在的非无神论思想，要进行耐心细致的教育和深入的思想工作，帮助他们解决好世界观问题。"

二　无神论是共产党员的基本要求

《中国共产党章程》明确指出："中国共产党以马克思列宁主义、毛泽东思想、邓小平理论和'三个代表'重要思想作为自己的行动指南。""中国共产党党员是中国工人阶级的有共产主义觉悟的先锋战士。"我们党是中国工人阶级的先锋队，同时是中国人民和中华民族的先锋队，是中国特色社会主义事业的领导核心，代表中国先进生产力的发展要求，代表中国先进文化的前进方向，代表中国最广大人民的根本利益。作为共产党员，毫无疑问应当是坚持马克思辩证唯物主义和历史唯物主义、坚持彻底的无神论的先进分子。马克思主义是科学的世界观，同任何唯心论、有神论在世界观上是对立的。我们党的基本理论、基本路线、基本纲领和方针、政策，都是在这一科学世界观的指导下产生和制定的。所以，这个科学的世界观是我们的基石，动摇了这个基石，就动摇了我们的信念，动摇了我们事业的根基。

党的性质要求它必须以辩证唯物主义和历史唯物主义作为自己的哲学基础。1945 年，毛泽东在党的七大政治报告中说："我们的党从它一开始，就是一个以马克思列宁主义的理论为基础的党，这是因为这个主义是全世界无产阶级的最正确最革命的科学思想的结晶。"胡锦涛同志在回顾总结我国改革开放 30 年的成就和经验时说，30 年来的宝贵经验，"闪耀着马克思主义的真理光芒，是辩证唯物主义和历史唯物主义的胜利"。其实，我们也可以说，我们党多年来走过的道路和取得的成就，无不闪耀着马克思主义真理的光芒，都是辩证唯物主义和历史唯物主义的胜利。唯物主义的无神论一直伴随我们党的建立和发展。毛泽东曾明确指出，共产党员可以和某些唯心论者甚至宗教徒建立政治行动上的反帝反封建统一战线，但是决不能赞成他们的唯心论或宗教教义。我们共产党人的根本政治信仰是社会主义和共产主义，世界观是马克思主义的辩证唯物主义和历史唯物主义，这是任何时候都丝毫不能动摇的。一个党员特别是领导干部，如果在思想上动摇了这些根本的东西，也就动摇了共产党人的根本政治立场，就必然会偏离正确的政治方向。江泽民多次要求全党同志特别是领导干部要不怕鬼，不信邪，坚持真理，维护党的原则，旗帜鲜明地同各种错误思想、不良倾向和邪恶势力作斗争，他指出："共产党人是无神论者，共产党人的世界观应该是马克思主义的世界观。共产党员不但不能信仰宗教，而且必须要向人民群众宣传无神论、宣传科学的世界观。"

我们党的发展和社会主义建设的历史也是一直伴随着对迷信的破除和对科学的弘扬。1955 年 3 月 1 日，中共中央在各级党刊上颁布《关于宣传唯物主义思想批判资产阶级唯心主义思想的指示》，明确要求全党"在尊重宗教信仰自由的原则下，认真进行自然科学常识和无神论思想的通俗宣传，认真进行马克思主义关于社会发展规律的宣传，关于总路线的宣传，关于劳动人民必须在工人阶级政党共产党领导之下才能得到解放、才能达到社会主义的宣传"。由此，在中国大地上再次掀起了反对封建迷信，弘扬无神论的思想运动，使无神论世界观在新中国迅速普及，其作用影响至今。

邓小平指出："一个党，一个国家，一个民族，如果一切从本本出发，思想僵化，迷信盛行，那他就不能前进，他的生机就停止了，就要亡党亡国。"胡锦涛总书记在中纪委第三次全体会议上号召全党大力弘扬求真务实精神，大兴求真务实之风，指出"求真务实是辩证唯物主义和历史唯物主义一以贯之的科学精神"。坚持辩证唯物主义和历史唯物主义世界观的一个重要方面，就是坚持科学无神论。

列宁说，就国家而言，革命的无产阶级力求使宗教成为真正的私人事情，但对于社会主义无产阶级的政党，宗教并不是私人的事情。我们党是争取工人阶级解放的觉悟的先进战士的联盟，这样的联盟不能够而且也不应当对信仰宗教这种不觉悟、无知和蒙昧的表现置之不理，"对我们来说，思想斗争不是私人的事情，而是全党的、全体无产阶级的事情"。我们党也明文规定，共产党员不得信仰宗教，不得参加宗教活动。共产党员绝不能具有两重性：政治上是共产党员，思想上是有神论者；又想当共产党员，又想信仰宗教。作为中国共产党的一个成员，必须是坚定的无神论者。共产党员不能成为真正的无神论者，就会从宗教中去寻求虚幻的幸福，去寻求虚假的精神安慰，将会腐蚀自己的思想，消磨自己的斗志，妨碍正确认识自然发展规律和社会发展规律，妨碍正确地进行主观世界和客观世界的改造，妨碍中国特色社会主义共同理想和共产主义远大理想的实现。

三　无神论是保持共产党员思想纯洁的基础

保持党的纯洁性，是党的建设的永恒主题。思想纯洁是最根本的纯洁，保持党的纯洁性，必须要把思想纯洁摆在首位，将思想纯洁作为保持党的纯洁性的首要任务。胡锦涛同志在十七届中央纪委第七次全会上强调，要将"大力保持党员、干部思想纯洁"作为保持党的纯洁性的首要任务，充分表明思想纯洁在保持党的纯洁性中的重要作用。思想纯洁是保持党的纯洁性的根本。从思想上建党、立党、兴党，始终保持思想上的纯洁和先进，是马克思主义政党保持纯洁性的根本，也是我们党始终立于不败之地的法宝。

对一个共产党员来说，思想纯洁是立身之本、从政之基。因为思想是行动的先导和动力。人们无论做任何事情，都是在思想的指导下进行的，只有正确的思想才能有正确的行动，有健康的思想才有积极的行动。只有思想纯洁，才能有坚强的精神支柱和正确判断是非的标准；才能始终保持头脑清醒，知道应当坚持什么，反对什么；才能保持高尚情操，自觉抵御各种诱惑和腐蚀。如果思想不纯洁，就会使精神支柱坍塌，人生失去方向，进而在作风上、廉洁上出现问题。

保持思想纯洁，不是一劳永逸的，要成为我们每一个党员干部必须常修的功课。要从自身的"纯洁性"做起，在思想上不断省，不断改造自我、净化心灵、提高素质，更加坚定理想信念，坚守共产党人精神家园，让自己真正成为一个清正廉洁、务实、高效、为民的党员领导干部，以每个党员自身的纯洁性来确保党的肌体纯洁健康，让我们党更加坚强有力，赢得人民群众的拥护和信赖，并带领全国人民实现全面小康社会的目标。所以，我们必须加强思想建设，教育引导广大党员、干部坚定理想信念、坚守共产党人精神家园，认真学习马克思主义基本理论，坚持不懈加强党性修养和党性锻炼，牢固树立正确的世界观、权力观、事业观。作为马克思主义政党，要保持党的纯洁性，必须坚持以马克思主义为指导思想，坚持辩证唯物主义和历史唯物主义。共产党员必须树立科学的世界观，坚持无神论，不信仰任何宗教、不迷信、不信任何伪科学的东西。

然而，近些年来，有神论、封建迷信活动沉渣泛起，反科学、伪科学的东西频频出现。有些共产党员已经完全忘记了自己的政治信仰，不信马列信鬼神。一些党员和党的领导干部信神、信风水、信宗教，热衷于求签问卜、修坟建庙，甚至把迷信手段引入机关场所和公务活动之中，利用迷信手段预测自己的"官运"。如广东某镇政府大院内，供奉一尊土地神像，神像前香火旺盛，俨然成了一尊土地神庙；河北省原副省长丛福奎想谋省长的位子，对一个女"大师"言听计从，为所谓的修庙积福大肆索贿受贿；湖南省政府原副秘书长唐见奎，从省财政拨出 200 万元，为和尚居住的庙宇修了条水泥路；沈阳市中级人民法院原院长贾永祥，在法院新办公大楼即将落成时，花费 3 万元从澳门请来风水先生，推算"乔迁吉日"；宜阳国土局在门前搞了一个大大的太极图；胡建学为了当上副总理，听信大师之言，要增加一个桥，不惜劳民伤财，把已经设计好的道路改道穿过水库上边；最近落马的原铁道部部长刘志军在家里烧香拜佛，在办公室竖立"风水石"，甚至重大项目的开工竣工都要请大师推算吉日。这些案例，俯拾皆是，党政干部迷信于烧香拜佛，与保持党的先进性、纯洁性格格不入，必须引起我们的深思。党员领导干部烧香拜佛，烧掉的是党性，烧毁了党在群众中的形象和威信，所以，有人称为"腐拜"。

人总是要有所信仰的，没有信仰的人就如同行尸走肉。但我们究竟应当有什么样的信仰，如果忽视了对马克思主义基本理论的学习，缺失了共产主义信仰，就必然会受到其他信仰侵蚀，就会丧失党的凝聚力和战斗力，失去党的先进性和纯洁性。我们党是以马克思列宁主义、毛泽东思想、中国特色社会主义理论武装起来的无产阶级政党，要求共产党员必须坚持唯物论和无神论，绝不能信仰任何神鬼，也不能信仰任何宗教，这也是做一个合格共产党员的最起码的条件。我们党明确要求"对于共产主义信念动摇，热衷于组织或参加宗教活动，经过批评教育，有转变决心和实际表现，本人要求留在党内的，可作限期改正处理；经过批评教育不改的，应劝其退党"。"对于丧失共产主义信念，笃信宗教，或成为宗教教职人员者，经教育不改的，应劝其退党，劝而不退的予以除名。"胡锦涛总书记曾尖锐地指出："理想的滑坡是最致命的滑坡，信念动摇是最危险的动摇。"保持党的纯洁性，加强党员、干部思想建设，必须注重理想信念坚定，加强世界观的教育，让每一个党员成为真正的无神论者，永远保持共产党员的思想纯洁，从而保证党的纯洁。

（原载《中共福建省委党校学报》2012 年第 7 期）

认知失调理论在科学无神论
教育中的应用*

何桂宏　夏　醒

　　新中国成立以来，面向广大基本群众的马克思主义科学无神论教育一刻也没有停止过，从学校到社会再到各级组织，马克思主义科学无神论教育伴随思想政治教育一道进行，这从来都是社会主义精神文明建设的题中之意。然而，悖论在于马克思主义科学无神论教育一直毫不松懈，有神论及其活动却不断扩大。通常，人们把这种悖论理解为马克思主义科学无神论教育效果的负面效应。如何克服这种负面效应呢？怎样才能提高马克思主义科学无神论教育的科学性、合理性和有效性呢？笔者仅从个体受教育的认知心理出发，对这一重大的现实课题做出反思，以就教方家。

　　在认知心理学看来，人们在接受外部信息的过程中，个体内在的认知结构起着至关重要的作用，表现在两个方面。一是，个体认知结构对输入的信息具有一定的筛选功能。换言之，并非所有发生在个体周围的信息都能对个体形成有效作用。二是，对于作用于个体并对个体形成有效作用的外部信息，必须通过个体认知结构的"内化"、"顺应"、"平衡"，形成新的认知结构。瑞士心理学家皮亚杰说过："图式的形成和变化的过程就是心理发展的过程，通过同化和顺应而导致的不断发展着的平衡状态，实际上就是心理的发展。"[1] 可见，心理发展是认知结构不断变化的过程。认知结构的发展，是发生在每一个个体内部的，经过同化和顺应的交替作用而发生的连续建构过程。这一过程在"不平衡——平衡——新的不平衡"的

本文系教育部人文社科研究规划课题"高等院校推进科学无神论教育的创新发展研究——基于心理动力学视角"的成果，批准文号 12YJA710029；首都大学生思想政治教育研究重点课题"大学校园宗教渗透问题研究"的阶段性成果，批准文号 BJSZ2009ZD02。

[1]　冯忠良等：《教育心理学》，人民教育出版社 2000 年版，第 205 页。

循环中得到不断丰富、提高和发展。这种平衡不是静态的力的平衡，而是动态的平衡，具有自我调节作用。"我们相信心理平衡甚至生物平衡意味着主体的一种能动性。这种能动性存在于指向补偿的一种调整之中。"① 人们在认知结构的动态平衡过程中学习新的知识，形成新的认识，产生新的行为。

美国著名心理学家费斯汀格在研究人类态度转变的过程中，提出了著名的"认知失调理论"。该理论认为，人都倾向于维持认知的协调或心理的平衡状态，一旦出现不协调或不平衡，人就会主动调整。诸多因素影响认知结构的动态平衡。其中，旧认知与新认知之间、认知与行为之间、认知与态度之间容易产生矛盾对立。对立的认知、行为和态度，使人产生矛盾心理，这就是"认知失调"。但是，正常人的心理不可能永远处在不协调状态中，因为个体的认知各成分之间出现不协调状态时，就会出现焦虑、紧张等负性心理感受，久而久之就会产生心理疾病。所以，一旦产生认知不协调，这种负性感受引发的压力，会转化为个体努力减轻或消除这种不协调的动力，人的认知结构就会主动调整，或接纳或拒绝或降低矛盾状态，以使心理平衡，获得新的认知。因此，认知不协调状态成为推动人类有目的性的意志行为的重要内驱力。

这一理论为反思当前我国科学无神论教育面临的困惑提供了有益启示：为什么"正面教育"会收效甚微？为什么"正面教育"十几年甚至几十年，个体却会在不经意间被有神论颠覆？为什么在"挽救教育"进程中科学无神论教育收效甚微？除了机制、制度和教育模式等方面需要不断完善外，从技术层面，利用好科学无神论认知失调技巧，加强针对性和有效性教育，是改善和提高马克思主义科学无神论教育的必由之路。

马克思主义科学无神论教育面对的是各具生活背景、知识背景的鲜活个体，个体的生活背景和知识背景无不在其认知结构中打上深刻烙印，从而决定无神论的认知信息是否能被个体接受，是否在个体的旧有认知结构中产生不协调。遗憾的是，马克思主义科学无神论教育，无论是在教育的内容上还是在形式上，或者方式上，几乎没有什么差别。差别不是目的，而是达到目的的手段。我们把马克思主义科学无神论教育作为老少咸宜的灵丹妙药，结果却成为一剂颜色纯正却没有防病治病功能的红糖水。克服

① 张爱卿：《现代教育心理学》，安徽人民出版社2001年版，第54页。

这样的弊病，就必须加强针对性，制造认知矛盾，打开个体认知结构的闸口。首先，在正面教育层面，必须考虑个体的年龄特点和心理特征，充分考虑认知结构能够接受、能够理解的水平，激发在"无神"与"有神"之间产生认知不协调。只有激发其认知的逻辑矛盾，因势利导，才能不断更新其相关的认知结构，在更高水平上形成无神论的认知。其次，在挽救教育层面，马克思主义科学无神论教育面对的是复杂的个体，更要充分考虑个体的知识背景、生活背景和个体经验，着力打破个体业已形成或正在形成的认知体系。如果我们的教育不能有针对性地激发个体的认知矛盾，无论教育多久，无论采取何种方法，都不会产生预期的教育效果。最后，无论是正面教育还是挽救性教育，教育者要学会"制造矛盾"、"利用矛盾"，形成受教育者的认知不协调，科学推进马克思主义科学无神论教育的实际效果。这里有两个层面的问题。其一，如果教育者面对的受教育者是一直受马克思主义科学无神论教育影响，且认知结构的基本框架是正面指向无神论的，那么，教育者在施教过程中就要根据受教育者业已形成的无神论思想，引发受教育者对更高层次无神论思想的好奇、兴趣，传输新的更高层次的教育内容，巩固和发展对无神论思想的理解和实际践行能力。其二，如果教育者面对的是对无神论思想半信半疑，甚至受有神论思想影响较为严重的受教育者，就要设法使受教育者产生心理矛盾，打开其接受无神论思想的认知结构缺口，形成新的、受无神论思想引导的认知结构。具体做法在于让受教育者在旧认知与新认知之间产生不协调，即以无神论的观念引发受教育者质疑有神论思想；让受教育者的有神论的旧认知和无神论的新行为之间产生不协调，如故意安排受教育者践行某种无神论的活动，让他的认知与行为之间产生矛盾，形成不协调；让受教育者的旧认知和新态度之间产生不协调，如通过创设一定无神论的情境，让受教育者身临其境，产生对无神论态度的变化，从而激发其认知不协调，进而打开马克思主义科学无神论教育的认知缺口。

马克思主义科学无神论教育内容面临着与时俱进的改革，马克思主义无神论思想是我们旗帜鲜明必须坚持的指导思想和方针。但是，在具体的教育内容上必须分清传统文化习俗和迷信思想的区别；坚持在已知的科学成就基础上对有待探索的未知领域的科学信心，分清马克思主义科学无神论教育和现实生活之间易于模糊的灰色中间地带，把"无神"和"有神"在观念上先期加以处理。当个体在面临复杂的生活情境和认知情境时，产生泾渭分明的认知界限。一旦跨越这种界限，个体认知结构就会产生逻辑上的矛盾和"难受"的认知心理，从而持续正面教育带来的教育效果。同时，增强个体认知无神论，对人生意义的积极指导作用和对有神论的消极作用。需要强调的是，这种"个体认知"必须是每个个体切实认知的，而不是因为说教产生的没有切肤之痛的所谓口头"认识"。在深刻体悟基础上产生的无神论个体认知，在面对形形色色有神论的具体情境时，个体旧有的认知结构才能自我排斥、自我防御有神论带来的各种侵蚀和毒害。这就要求我们在进行马克思主义科学无神论教育的过程中，有意识地增加和有神论的"对立"，而且这种对立必须得到受教育者的深刻体悟。

任何教育过程都是认知结构由不协调到协调，再由协调到新的不协调的动态过程。马克思主义科学无神论教育是面向个体心灵和思想的教育活动，比之纯粹的科学知识教育、人文素养教育要复杂得多。其中的复杂性在于，无神论思想和有神论的观念在人们的日常生活中几乎每天都会产生碰撞，而且目前有神论思想在一定的人群中具有相当广阔的存在空间和土壤。因此，激发个体参与，训练受教育者认知协调能力，自觉协调和抛弃有神论思想的侵扰显得尤其重要。有鉴于此，马克思主义科学无神论教育在教育的策略上必须充分考虑影响个体主动参与的要素，训练和强化无神论思想的认知结构能力。

首先，要让受教育者多一些选择性。所谓选择性，不是指在无神论和有神论之间选择，而是让受教育者在马克思主义科学无神论教育过程中增加选择感，是"我选择了这种思想"，而不是"这种思想选择了我，让我接受这种思想"。自我选择的一个重要防御机制在于自尊。一旦个体自我选择某种思想或者行为时，就会对其后产生的对立的思想或行为进行自我抵触。这种抵触和个体的思想境界没有关系，却和个体的自尊心有关。自尊心会抵制外来的思想或者行为，对自己的选择做出否定性的评价，人们会想方设法强调自己当初自我选择的正确性，降低后来的信息对自我选择的否定作用。马克思主义科学无神论教育的目的是明确的，就是通过教育确立受教育者正确的世界观、人生观和价值观。但是，教育过程中的选择性，通过受教育者的自尊作用，强化了马克思主义科学无神论教育的效果，可以提升即时的教育效果，对教育效果的延伸和防止有神论思想的侵蚀，也具有相当强的积极防御作用。

其次，让受教育者自己做出决断。在思想政治教育领域，灌输是必要的，但是一味地灌输，教育效果必然受到消极影响。最重要的是，灌输带来的消极因素随处可见。其中，当无神论的思想受到有神论思想或者行为侵蚀的时候，灌输的马克思主义科学无神论教育面对活生生的有神论情境时，难以形成有效的心理防御。因此，在马克思主义科学无神论教育过程中，让受教育者自我决断是必要的也是必需的。受教育者的自我决断，意味着在无神论的教育过程中其无神论的认知结构是自我形成的，是在一个个观点、观念和思想叠加的基础上，自觉形成的无神论思想体系、态度和行为。个体的自我防御机制随着越来越多无神论观点的接受和观念的确立，外在的有神论思想难以引发内在的新旧认知失调。即便因为重大事件或者重要影响源对个体无神论思想形成暂时的冲击，个体也会在认知结构的自我调适过程中加以排除，甚至直接"忽略"，这对强化和提高个体无神论自我教育能力有莫大的助益。

再次，注重受教育者的满足感。个体的某种认知、行为或态度，与接受相应的认知、行为和态度后的结果成正相关。换言之，一种认知带来积极的个体体验，就会强化这种认知；一种认知带来消极的个体体验，就会弱化甚至颠覆这种认知。因此，马克思主义科学无神论教育过程中受教育者的正面体验是非常重要的。问题在于，马克思主义科学无神论教育不能像科学知识的教育那样产生即时性效果，也不能像科学教育那样，因为搞清某个问题而产生成就感或愉悦感，这是马克思主义科学无神论教育的短板。但是，应该看到无神论思想博大精深，既有其历史的渊源，也有其生活的素材。无神论关于"人—神关系"的探索历来已久，几乎和人类思想文明同步；马克思主义科学无神论对"人—神关系"的解决等，不仅和其他人类重要思想一样给人带来精神享受，而且无神论和有神论之争关乎每个个体的日常生活，对每个受教育者而言，应该具备很强的吸引力。教育者应有意识注意无神论思想的历史纵深，和无神论思想对个体生活的实际指导意义，努力使受教育者在受教育过程中获得满足感。

最后，形成和强化受教育者的责任感。无神论和有神论是对立的"人—神关系"，它们均对个体的生活具备实际的指导和影响作用。马克思主义科学无神论教育的目的，是通过无神论思想的传输实现个体思想的飞跃，进而改造客观世界。在马克思主义科学无神论教育过程中，形成和强化受教育者的责任感，不仅有助于巩固马克思主义科学无神论的教育效果，也对自觉形成个体无神论的行为和态度起到制约和指导作用。在实施马克思主义科学无神论教育的过程中，要使受教育者对自己的思想和行为产生责任感，这就要把马克思主义科学无神论教育和个体的生活目标和实际结合起来。对个体而言，接受正确的思想指导，产生正确的人生行为和预期的人生结果；接受错误的思想指导，产生错误的人生行为和预期结果。需要指出，思想和结果之间不存在完全机械的对应关系。更需要指出，在过去和当下的马克思主义科学无神论教育过程中，脱离实际的教育方式和照本宣科的教育策略，在于没有把马克思主义科学无神论教育和个体实际结合起来，给个体无神论思想和实际生活产生"两轨制"的错觉，即既然无神论不能影响我的生活，我接受或不接受无神论思想都没有关系。显然，无神论不能为个体的生活负责，个体也不会为这种思想负责。

"在科学的推进下，一支又一支部队放下武器，一座又一座城堡投降，直到最后，自然界无边无沿的领域全部被科学征服，不再给造物主留下一点立足之地。"① 我们相信，马克思主义科学无神论代表着人类认识世界总的科学的发展方向。只要旗帜鲜明地坚持马克思主义科学无神论思想，坚持科学的教育方法，马克思主义科学无神论教育就一定能够在推动人类文明的历史进程中，发挥越来越大的作用。

（原载《教育评论》2012 年第 2 期）

---

① 《马克思恩格斯选集》第 4 卷，人民出版社 1995 年版，第 309 页。

科学无神论与宗教研究

马克思主义宗教心理学
基本理论建设论纲

陈永胜

在马克思主义宗教学的学科体系中，马克思主义宗教心理学是其中的一个有机组成部分。然而长期以来，以马克思主义宗教观为指导的宗教心理学基本理论研究非常薄弱，这就在一定程度上影响到马克思主义宗教学学科体系的整体性建设。本文拟从马克思主义宗教心理学学科建设的角度，对与此有关的几个基本理论研究问题略抒己见，不当之处还望学界前辈和同仁指正。

一　苏联宗教心理学研究的历史经验及教训

从 20 世纪 60 年代起，苏联便开始运用马克思主义的立场、观点和方法探讨宗教心理学问题，但在 20 世纪 80 年代前，这些探讨仅仅停留在宗教心理学的个别侧面。直到 20 世纪 80 年代中期，才开始出现系统探讨宗教心理学问题的学术专著。下面便以德·莫·乌格里诺维奇著的《宗教心理学》（1986 年俄文版，1989 年中文版）[1] 为例，对苏联马克思主义宗教心理学基本理论研究的历史经验及教训进行简要剖析。

（一）苏联马克思主义宗教心理学基本理论研究的主要经验

在笔者看来，苏联马克思主义宗教心理学基本理论研究的经验大体可概括为三个方面。

第一，初步构建了马克思主义宗教心理学的学科框架。乌格里诺维奇

---

① 德·莫·乌格里诺维奇：《宗教心理学》，沈翼鹏译，社会科学文献出版社 1989 年版。

构建的马克思主义宗教心理学学科框架主要包括四大部分。(1)马克思主义宗教心理学的研究对象。在乌格里诺维奇看来,教徒心理和无神论心理是马克思主义宗教心理学的研究对象,其中教徒心理是马克思主义宗教心理学和非马克思主义宗教心理学的共同研究对象,而对于无神论心理以及帮助教徒摆脱有神论束缚的心理条件的研究,则构成马克思主义宗教心理学的鲜明特色。(2)马克思主义宗教心理学的研究任务。按照乌格里诺维奇的观点,研究教徒的心理不是马克思主义学说的目的,而只是改进旨在克服宗教谬误的无神论工作的手段,所以马克思主义宗教心理学的根本任务"无疑地是同无神论教育的实践联系在一起的"①。(3)马克思主义宗教心理学的研究方法。乌格里诺维奇认为,马克思主义宗教心理学的方法论基础是马克思列宁主义经典作家关于宗教和无神论问题的著作、党的文献、苏联心理学家 Л. С. 维戈茨基等人的研究成果。其具体研究方法包括两个层次。首先,是从理论上分析个人或群体的宗教心理。其次,利用各种实证方法对教徒心理进行经验研究。只有在理论与实践有机综合的基础上,才可能有效地发展科学的宗教心理学。(4)马克思主义宗教心理学的学科性质。乌格里诺维奇指出,马克思主义宗教心理学是介于心理学和宗教学之间的一门交叉学科。心理学体系中的宗教心理学以社会心理学的影响最为直接和深刻;宗教学体系中的宗教心理学则注重研究宗教意识的社会心理层面。

第二,非常重视对西方各种有神论心理学思想的批判。通观乌格里诺维奇的《宗教心理学》一书,可以发现,全书各章均注意运用马克思主义的立场、观点和方法,对西方各种有神论心理学思想的虚幻、荒谬之处进行批判。例如,在第四章论述西方有神论心理学思想的主要概念"宗教经验"时,乌格里诺维奇指出,无论是神学家还是观点与之接近的唯心主义宗教学家,"都把宗教经验看成是一种来自神、来自超自然物的东西。C. G. 荣格的观点也与这种观点近似,按他的看法,'集体无意识'中的某些原型是宗教经验的基础。至于说到西方最流行的解释宗教经验的传统,那么这种传统则来源于 W. 詹姆斯,他是从主观唯心主义的观点来解释这种经验的。外国大多数心理学家视宗教经验为在人的心理深处形成的一种

---

① 德·莫·乌格里诺维奇:《宗教心理学》,沈翼鹏译,社会科学文献出版社 1989 年版,"前言",第 3 页。

主观的和个体的东西,如美国心理学家 W. 克拉克写道:'……宗教经验是内心的主观的东西,而且是最具有个人特点的东西'"①。依据社会存在决定社会意识的马克思主义基本原理,乌格里诺维奇对有关"宗教经验"的上述种种解释进行了有力驳斥。他特别强调,"无论是个体的或是群体的宗教意识,都不可能脱离人们在社会化过程中所掌握的某些神话、形象和思想而存在。所以试图把宗教经验说成是独立于社会环境而产生的一种纯个人的现象,是根本站不住脚的"②。

第三,视无神论教育为马克思主义宗教心理学的核心。乌格里诺维奇的《宗教心理学》一书共七章,其中"无神论教育的心理学问题"被安排在最后一章,似乎无神论教育在马克思主义宗教心理学中的地位并不突出。但仔细通读全书后可以发现,在乌格里诺维奇勾勒的马克思主义宗教心理学的学科框架和内容体系中,无神论教育既是马克思主义宗教心理学科学研究的出发点和最终归宿,又是马克思主义宗教心理学的主要研究内容,因而在马克思主义宗教心理学中占有重要地位。在《宗教心理学》第一章"马克思主义宗教心理学的方法论原理和对象"的引言部分,乌格里诺维奇便开宗明义地指出,"宗教心理学似乎是介于心理学和宗教学之间的一门学科,所以我们在下面将力求弄清它在心理学体系和在马克思主义宗教学领域中的地位,而马克思主义宗教学本身也是无神论教育不可分割的一部分"③。在《宗教心理学》第二章至第六章(宗教的心理根源,宗教信仰,宗教慰藉的社会心理本质,宗教崇拜的心理方面,个人宗教信仰的形成与特征)的具体论证中,乌格里诺维奇运用的基本理论工具始终是马克思主义的无神论观点。如在阐述宗教的心理根源时,乌格里诺维奇认为,"为宗教辩护的人……断言在人们的意识中,信神和信灵魂不死仿佛是摆脱人的'存在的悲剧'的唯一出路。与此相反,无神论的宣传者应当让人们知道这个问题的科学的答案,指出明智的人不该迷恋于个体不死的神话,人的真正的不朽在于他死后将在人间留下什么样的足迹"④。在该书最后的"结束语"部分,乌格里诺维奇更是旗帜鲜明地指出,"马克思主

---

① 德·莫·乌格里诺维奇:《宗教心理学》,沈翼鹏译,社会科学文献出版社 1989 年版,第111—112 页。

② 同上书,第 113 页。

③ 同上书,第 1 页。

④ 同上书,第 65 页。

义宗教心理学不能只限于研究教徒的心理。其重要的任务是研究无神论教育的心理问题。特别是个人的即社会主义集体中社会--心理关系问题……在每一个集体中形成健康的、道德的心理环境，对无神论教育具有重大意义"①。

（二）苏联马克思主义宗教心理学基本理论研究的历史教训

虽然苏联在马克思主义宗教心理学的基本理论研究和学科建设方面进行了积极探索，积累了一定的经验，但是由于这种探索存在某些偏差，特别是由于苏联最高领导层在思想政治路线上彻底背离了马克思主义的正确方向，结果使得苏联马克思主义宗教心理学的科学探索前功尽弃，给世人留下了深刻的历史教训。这些教训主要表现在：

第一，对社会主义阶段宗教问题的长期性、复杂性认识不足。从乌格里诺维奇的《宗教心理学》一书可以发现，作者对教徒心理的研究侧重于了解教徒的心理特征，以便为无神论教育特别是帮助教徒脱离宗教、树立科学世界观提供心理学依据。正如乌格里诺维奇所指出的，"对教徒的无神论教育应当以研究其脱离宗教的途径，以弄清伴随这一过程的那些社会—心理冲突为基础"②。对教徒进行"无神论教育"，帮助教徒"脱离宗教"，乌格里诺维奇的上述命题显然说明苏联学者在对社会主义阶段宗教问题的认识上过于肤浅，或者说对这一问题的认识存在明显的"左倾"激进主义偏向。从新中国成立 60 多年特别是改革开放 30 多年的社会主义实践来看，宗教问题是建设社会主义必须恰当处理的一个涉及统一战线、群众路线以及正确区分和处理两类不同性质矛盾的复杂问题。这个问题处理妥当，便可化消极因素为积极因素，最大限度地调动人民群众建设社会主义的积极性和创造性；这个问题处理不妥，便很有可能增加社会的不稳定因素，激化人民内部的矛盾，影响社会主义建设的全局甚至断送社会主义的前程。

第二，没有真正体现马克思主义科学方法论的鲜明时代特征。苏联学者在对社会主义宗教问题认识上的"左倾"激进主义偏向，从根本上说，

---

① 德·莫·乌格里诺维奇：《宗教心理学》，沈翼鹏译，社会科学文献出版社 1989 年版，第 260 页。

② 同上书，第 252 页。

是没有真正掌握马克思主义科学方法论精髓的结果。唯物辩证法、历史唯物论是认识社会主义时期宗教问题包括宗教心理学问题的根本方法。唯物辩证法、历史唯物论的鲜明时代特征是辩证地、具体地分析和阐明宗教及宗教心理在社会主义阶段的两重性，按照对立统一的基本规律妥善处理无神论教育和落实党的宗教政策之间的关系。在宗教心理学领域，这一关系既体现为对共产党员等先进分子无神论心理问题研究并为执政党建设服务的主题，也体现为对教职人员、信教群众有神论心理问题研究以便为他们提供相应服务的主题，这样才能完整地发挥宗教心理学在建设社会主义进程中的积极作用。苏联学者僵化地理解了马克思主义关于社会主义时期宗教问题的基本观点，他们仅仅看到了社会主义时期与无神论教育有关的心理学问题的重要性和艰巨性，而忽略了为教职人员、信教群众提供心理学服务的现实意义和长远价值，这一教训非常值得中国的马克思主义宗教心理学研究者牢记并反思。

第三，对于马克思主义宗教心理学学科体系的理解不够全面。由于苏联学者在世界观、方法论上的前述不足，使得他们在构建马克思主义宗教心理学的学科体系时也不可避免地存在某些局限。这些局限主要表现在：没有把为教职人员、信教群众提供心理健康、心理咨询等多方面的服务作为马克思主义宗教心理学的重要任务，这就影响到马克思主义宗教心理学学科体系的完整性和有效性；把马克思主义宗教心理学的基础限定在社会心理学，强调宗教心理学是"社会心理学的一个分科（或一个分支）"[①]，结果妨碍了马克思主义宗教心理学在其他相关领域（如宗教心理的生理基础、宗教心理的个体发生发展机制、宗教心理与身心健康的关系，等等）的探索空间；认为马克思主义宗教心理学只能进行"自然的"实验[②]，而不能进行更高水平的实验（如使用仪器设备的实验），该结论已经被宗教心理学自身的发展历史所否定；将非马克思主义宗教心理学一概斥之为"资产阶级宗教心理学"，对"资产阶级宗教心理学"的研究成果大多持否定态度，也在一定程度上限制了马克思主义宗教心理学的研究广度和深度。

---

① 德·莫·乌格里诺维奇：《宗教心理学》，沈翼鹏译，社会科学文献出版社1989年版，第9页。

② 同上书，第13页。

二 马克思主义宗教心理观中国化的基本特点

马克思主义宗教心理观中国化的精神实质，是把马克思主义宗教心理观的基本原理与中国的具体实际相结合，创造性地解决中国革命和建设中的宗教心理问题。马克思主义宗教心理观中国化的内容非常丰富。限于篇幅，这里仅选取中国共产党几代领导人在不同历史时期涉及宗教心理的若干论述，从加强政党建设和落实宗教政策两个角度，说明马克思主义宗教心理观中国化的基本特点。

（一）注重从政党建设的战略高度审视无神论心理与教育

从中国共产党创立伊始，无论在新民主主义革命时期还是在社会主义革命和建设时期，党的主要领导人都把无神论问题（包括无神论心理与教育）作为政党思想和理论建设的一项重要内容，立场坚定，态度鲜明，观点一致，从未动摇。这种坚定的立场、态度和观点，主要体现在运用科学无神论的思想阐明宗教的本质、根源与危害以及对群众进行无神论教育的具体策略两个方面。

在运用科学无神论思想阐明宗教的本质、根源和危害方面，党的主要领导人的认识是随着革命和建设的推进不断深化的。在新民主主义革命时期，毛泽东在批注李达著《社会学大纲》时，曾对宗教的本质及根源做过如下概括："宗教的本质是崇拜超自然力，认为超自然力支配个人、社会及世界。这完全是由于不认识自然力及社会力这个事实而发生的。"[1] "自然支配，社会支配，万物有灵论，是原始宗教的三个来源。"[2] 中国共产党的创始人之一李大钊则深刻指出了宗教对人心灵的束缚与危害："我们反对宗教的运动，不是想靠一种强有力者的势力压迫或摧残信仰一种宗教的人们，乃是想立在自由的真理上阐明宗教束缚心灵的弊害，欲人们都能依自由的判断，脱出他的束缚与蒙蔽。"[3] 在社会主义革命和建设时期，邓小平、江泽民、胡锦涛等领导同志继承并发展了毛泽东的科学无神论思想。

---

[1] 中共中央文献研究室：《毛泽东哲学批注集》，中央文献出版社1988年版，第214页。

[2] 同上书，第213页。

[3] 李大钊：《非宗教者宣言》，《李大钊全集》第4卷，河北教育出版社1999年版，第71页。

1979 年 10 月 15 日，邓小平在会见格林率领的英国知名人士代表团并接受电视采访时指出，"我们建国以来历来实行宗教信仰自由。当然，我们也进行无神论的宣传"①。20 世纪 90 年代，针对西藏、新疆出现的宗教极端主义、分裂主义、恐怖主义活动以及"法轮功"事件，江泽民一再强调，"我们的党员是共产主义者、无神论者，要树立马克思主义宗教观，要坚定社会主义、共产主义的信念"②。"共产党员不但不能信仰宗教，而且必须向人民群众宣传无神论、宣传科学的世界观。"③"难道我们共产党人所具有的马克思主义理论，所信奉的唯物论、无神论，还战胜不了'法轮功'所宣扬的那一套东西吗？果真是那样，岂不成了天大的笑话！我们的各级领导干部特别是高级干部该清醒了！"④胡锦涛也多次论证，"我们中国共产党人是无神论者，不信仰任何宗教，但我们又是历史唯物主义者，必须以科学的历史的观点看待宗教，全面认识宗教产生和存在的深刻历史根源、社会根源、心理根源"⑤。

在对群众进行无神论教育的具体策略方面，毛泽东早在《湖南农民运动考察报告》中便对无神论宣传的心理规律作过精辟阐述："菩萨是农民立起来的，到了一定时期农民会用他们自己的双手丢开这些菩萨，无须旁人过早地代庖丢菩萨。共产党对于这些东西的宣传政策应当是：'引而不发，跃如也。'"⑥周恩来对无神论教育也持有类似的观点："在唯物论与唯心论、无神论与有神论以及教学方法等问题上，不能急性地强迫人家同意你的意见。不然的话，表面上好像同意了，实际上并没有解决问题。"⑦江泽民进一步指出，"对群众进行无神论宣传教育，要同对党员的要求区别开来，并同社会主义两个文明建设的具体实践结合起

---

① 中共中央文献研究室编：《邓小平思想年谱（1975—1997）》，中央文献出版社 1998 年版，第 134 页。

② 中共中央文献研究室编：《江泽民思想年编（一九八九—二〇〇八）》，中央文献出版社 2010 年版，第 40 页。

③ 同上书，第 48 页。

④ 江泽民：《一个新的信号》，《江泽民文选》第 2 卷，人民出版社 2006 年版，第 320 页。

⑤ 中共中央文献研究室编：《十六大以来重要文献选编》（下），中央文献出版社 2008 年版，第 554 页。

⑥ 毛泽东：《湖南农民运动考察报告》，《毛泽东选集》第 1 卷，人民出版社 1991 年第 2 版，第 33 页。

⑦ 周恩来：《在全国高等教育会议上的讲话》，《周恩来教育文选》，教育科学出版社 1984 年版，第 11 页。

来。要善于用唯物主义观点说明宗教信仰根源，下功夫提高人们的科学文化素质，防止简单从事而伤害信教群众宗教感情，防止用行政命令方法强迫人们不信教"①。

（二）力求运用政策杠杆准确地体现宗教心理的双重功能

中国共产党的几代领导人在马克思主义宗教观的指导下，着眼于统一战线、群众路线、精神文明建设和国家长治久安的大局，对宗教包括宗教心理的两重性进行了多角度的探讨，提出了许多著名论断。这些论断构成了马克思主义宗教心理观中国化的重要组成部分。

例如，毛泽东在《新民主主义论》中指出，"共产党员可以和某些唯心论者甚至宗教徒建立在政治行动上的反帝反封建的统一战线，但是绝不能赞同他们的唯心论或宗教教义"②。邓小平在同班禅额尔德尼·确吉坚赞谈话时说，"对于宗教，不能用行政命令的办法；但宗教方面也不能搞狂热，否则同社会主义，同人民的利益相违背"③。江泽民2001年在全国宗教工作会议的讲话中，对党在社会主义阶段的宗教理论和政策作了全面分析，强调要对宗教事务进行科学管理，既要有利于抑制宗教中的消极因素，又要有利于发挥宗教中的积极因素。

关于宗教心理的消极作用，江泽民指出，"在阶级社会中，宗教对人类的压迫是社会内部经济压迫的产物和反映，劳动群众受到这种压迫又无法解脱，就往往到宗教中去寻找精神寄托；剥削阶级也利用宗教作为控制群众的重要精神手段，削弱劳动群众的反抗意志，分散劳动群众的反抗力量。马克思说'宗教是被压迫生灵的叹息'、'宗教是人民的鸦片'，就是从这个意思上来讲的。……社会主义制度的建立，有利于消除宗教存在的阶级根源，但宗教存在的其他社会根源和自然根源、认识根源的消失，则需要经历一个极为漫长的历史时期。……可以说，宗教走向最终消亡可能比阶级、国家的消亡还要久远"④。

---

① 中共中央文献研究室编：《江泽民思想年编（一九八九—二〇〇八）》，中央文献出版社2010年版，第43页。

② 毛泽东：《新民主主义论》，《毛泽东选集》第2卷，人民出版社1991年第2版，第707页。

③ 中共中央文献研究室编：《邓小平思想年谱（1975—1997）》，中央文献出版社1998年版，第167页。

④ 江泽民：《论宗教问题》，《江泽民文选》第3卷，人民出版社2006年版，第380页。

关于宗教心理的积极作用，江泽民指出，"宗教通过对信教群众的心理慰藉，对稳定信教群众的情绪、调节信教群众的心理也有积极作用。当然，肯定宗教中的积极因素，目的不是为了发展宗教，而是要努力使已经存在的宗教多为民族团结、经济发展、社会稳定、祖国统一服务。在处理这个问题时，分寸一定要把握好。宗教中的积极因素可以肯定，但不能夸大"①。"我国信仰各种宗教的群众有一亿多，他们也是建设有中国特色社会主义的积极力量。我们必须团结、教育、引导这部分群众，把他们在生产和工作中的积极性和创造性充分调动起来，以利于依靠和团结全体人民共同推进社会主义物质文明和精神文明建设。"②

三 关于马克思主义宗教心理学的方法论问题

在总结苏联宗教心理学研究的历史教训时，笔者已提及，唯物辩证法、历史唯物论是马克思主义宗教心理学的方法论基础。在这一根本方法的指导下，马克思主义宗教心理学的具体研究方法则应按照问题导向、方法创新的时代要求，充分体现宗教心理学学科交叉的鲜明特性。

（一）切实把问题导向贯穿于马克思主义宗教心理学的具体研究中

笔者认为，问题导向的本质实际上就是体现理论与实际相统一这一马克思主义认识论的基本原则。在马克思主义研究者看来，任何科学研究如果脱离实践、脱离问题的发现与解决，那就只能成为一种空谈。马克思主义宗教心理学的研究也不例外。

在当前改革开放的时代背景下，需要研究和解决的具有中国特色的宗教心理学问题很多。在进行无神论的宣传与教育方面，需要研究和解决的宗教心理学问题包括：在中国共产党这一工人阶级先锋队中，为什么有一部分党员包括党的领导干部无神论的信念并不牢固，甚至把科学无神论教育与落实党的宗教政策对立起来；在当代青年包括大学生、研究生中，为什么热衷于星相、命运等现代迷信乃至投向宗教怀抱的人数明显增加，其心理根源何在；科学无神论心理与社会主义核心价值体系究竟存在怎样的

---

① 江泽民：《论宗教问题》，《江泽民文选》第 3 卷，人民出版社 2006 年版，第 389 页。
② 同上书，第 381 页。

内在联系；如何防止西方的有神论心理学思潮特别是宗教极端主义、恐怖主义对我国主流意识形态的挑战和渗透，等等。在为教职人员、信教群众提供心理学服务方面，需要研究和解决的宗教心理学问题包括：如何把精神疾病或心理障碍与教职人员、信教群众的特殊情绪激发状态及行为方式准确区分开来；教职人员的宗教传播手段与现代心理咨询、心理治疗技术有何异同；增强教职人员、信教群众心理健康的有效途径有哪些；怎样发挥教职人员、信教群众在道德心理建设方面的积极作用，等等。

总之，只有面向实际、深入生活，准确把握当代中国在宗教心理学方面的现实需求与长远需要，才能充分体现马克思主义宗教心理学方法论的本质要求和时代特征。这是在讨论马克思主义宗教心理学方法论问题时必须首先明确的前提条件。

（二）通过方法创新逐步形成马克思主义宗教心理学方法论的特色

在方法论问题上，马克思主义宗教心理学的优势在于，它能借助于唯物辩证、尊重历史的独特视角和理论工具，最大限度地吸收宗教心理学领域的一切有效方法，并不断地进行方法论创新，从而使马克思主义宗教心理学的研究始终保持内在活力。

在西方特别是美国的宗教心理学领域，存在着"宗教心理学"（psychology of religion）和"宗教的心理学"（religious psychology）两种不同的研究取向。[①] 前者强调实证，轻视思辨；后者注重教义，反对实证。这种在研究取向方面的严重分歧或对立，在很大程度上影响了西方宗教心理学的健康发展。苏联在马克思主义宗教心理学的探索过程中，对西方宗教心理学的研究成果存在一定的极左倾向，在方法论上也没有真正贯彻唯物辩证的根本法则，结果出现了急于帮助教徒转变有神论心理的偏颇。苏联解体后东正教及其他宗教迅速恢复和兴盛的事实从反面说明，与世界观密切联系的有神论心理是不能简单地依靠行政命令加以扭转的，它必须随着生产力特别是科学技术的发展以及人类文明水平的不断提高，经过相当长的历史时期，逐步退出历史舞台。总之，西方和苏联在宗教心理学研究方法上存在的分歧、对立或偏颇，从根本上说，是缺乏辩证唯物主义、历史唯

---

① 参见陈永胜、梁恒豪、陆丽青《宗教心理学在美国的发展历程及态势探析》，《世界宗教研究》2006 年第 1 期。

物主义科学方法论所导致的必然结果。

具有中国特色或中国化的马克思主义宗教心理学在方法论上强调整体性、辩证性、多样性、与时俱进、实事求是和具体问题具体分析。因此，无论是历史根源探究还是现实问题思考，无论是定量考察（如测量、实验或准实验）还是定性分析（如参与性观察、访谈、逻辑推理与经验总结），无论是现象描述还是未来预测，都同样受到尊重。如果能把不同的研究方法有机结合起来，在结合的过程中注意原始性创新或集成性创新，努力达到百花齐放、百家争鸣这样一种有利于学术发展的理想境界，那么就会受到更大的鼓励和支持。在笔者看来，这正是中国化马克思主义宗教心理学在方法论上的鲜活魅力之所在。毫无疑问，我们在建设具有中国特色的马克思主义宗教心理学的历史进程中，应该将马克思主义宗教心理学方法论的这一鲜活魅力不断发扬光大。

（原载《科学与无神论》2012 年第 1 期）

宗教道德能够拯救"社会道德危机"吗？

雪　菲

当前思想界，有某些学者论证说，现代中国的种种社会问题，"世风日下"，"道德沦丧"，是"信仰危机"，能够拯救人心、维护社会秩序的最佳途径就是宗教。笔者认为，宗教文化作为社会主义社会中的一种亚文化，在和谐社会的建设中，如何引导其发挥积极作用，如何抑制其消极作用，这是一个值得探讨的课题。然而，当前有一种高调的"宗教道德救世说"，旨在喧宾夺主，意图推崇宗教道德成为当前中国社会道德建设的主导话语。依笔者看，这种高调的"宗教道德救世说"，大多来自西方的一神教。我们应当大声质疑这种文化传教的声音。在这里，笔者简要地论述四个观点。

第一，宗教与道德属于不同的范畴。

笔者认为，宗教教义的核心理念是有神论。有神论与无神论，在哲学上是相对立的世界观。两者之间的争论涉及的是事实真相问题，是哪种世界观更接近真理或哪种世界观更趋向谬误的问题。各种有神论形态的特点是，相信有一种超自然的神秘力量，并依靠祈祷这种神秘力量改变自然和社会的现状。人和自然、社会异己力量的矛盾，是一对永恒的矛盾。理智的人们知道，这个矛盾不可能一劳永逸地解决，只能靠科学活动，不断提高自己的认识能力，推动社会的发展。虽然神秘主义和科学理性精神，在人类社会的历史进程中，存在着十分复杂的关系，但是有神论与无神论，这两种世界观与道德建设之间都没有必然的联系。每一种伦理道德体系都是建立在相应的社会经济基础之上的。

现在，有学者高谈宗教的道德属性，认为信教者都是行善的，提倡依靠宗教维护社会秩序，协调人际关系，这种说法不仅在哲学上逻辑不通，而且既不符合历史也不符合现实社会的事实。

在实际生活中，许多社会统计数据不支持信教群体的平均道德水平高于不信教群体。比如：台湾地区的法务部门曾对诈欺犯和盗窃累犯进行问卷调查，结果显示"这两类罪犯的宗教信仰分布与台湾成年人口的宗教信仰分布相差不大"，"其中诈欺罪的宗教信仰尤其接近"。

其实，某些保守的宗教教规引发的神职人员犯罪，已经成为社会问题。2006 年，笔者到美国波士顿大学世界宗教与文化研究所参加学术研讨会。会上，一位天主教的平信徒讲述了美国天主教神父变童丑闻引发的教会危机。美国最大的天主教区——洛杉矶教区，面临着 485 起性侵犯指控，赔偿金额预计将超过 5 亿美元。这一数字打破美国天主教教区为性丑闻支付的赔偿纪录。众所周知，许多天主教区因法律赔偿而破产，连教皇也被受害者告上刑事法庭。

像天主教、佛教这样的宗教，支持禁欲，出家者，担任神职者，不许结婚。虽然从宗教道德的角度，认为是高尚的行为，但是《孟子》曰："食、色，性也。"禁欲压制人性，必然导致许多悲剧。如果反抗压制人性，是不正常的渠道，就会造成社会危害。对于那些因遵守戒律而终身独身的信仰者，我们抱着深深的尊敬，然而那种"信了教道德就高尚"的说法，在这里显然缺乏说服力。

第二，宗教道德的历史局限性。

研究各种宗教戒律，笔者认为，大体包括两部分内容：一部分是每个宗教特有的道德戒律，另一部分是与世俗道德兼容的规范。在宗教教义中，其特有的道德戒律是第一位的，是绝对至上的，而与世俗道德兼容的规范是次要的，是从属性的。

宗教道德的主要特点之一就是排他性，特别是一神教的戒律。比如：基督教道德的第一要义就是崇拜上帝。《圣经·马太福音》说："你要尽心、尽性、尽意爱主你的上帝，这是诚命中的第一，且是最大的。"这就是说，只有信仰上帝才是最高的道德，否则就是没有道德。而每一种宗教都有自己特殊的教义，都认为只有自己信奉的神灵才是最神圣的。信教者越执着，排他性就越强烈，因此教派冲突往往十分酷烈。这些流血杀戮惨案违反了人类社会的基本道德原则。

中世纪，许多基督教徒认为犹太人杀死了救世主耶稣。十字军东征，为耶稣复仇就成为战争的重要旗帜。在为耶稣复仇的名义下，许多欧洲基督教徒不断发动迫害犹太人的事件。对犹太人的迫害发展到顶点，就是罗马教廷的教皇纵容希特勒的大屠杀。我们注意到，不久前，罗马教廷的教皇向犹太人道歉，道歉自然是好事。但是从这里，我们怎么也得不出"信了教道德就高尚"的结论。

人们说宗教是劝善的。一般来说，也有些道理。但是宗教不仅仅是劝善的。每种宗教都有自己特殊的追求，然而这种特殊的追求却往往将"善意"变为恶果。比如道教，它的宗旨是得道成仙。成仙的方法，大体有两种：一种是吃丹药，一种是自我修炼。汉代有诗云："吃药求神仙，反被药所误。"在中国历史上，被仙丹所误的生命，难以统计。有案可查的，唐代皇帝因吃丹药而死的，就有八九位。其中包括那位英名盖世的李世民。像得道成仙这种不能实现的追求，必然带来许多道德问题。从古到今，各种灵异巫术，弄虚作假，骗财骗色，屡禁不止。如日前成为新闻焦点的四川道长李一事件。

我们认为，以鬼神存在为基础的世界观，不符合客观事实，依据有神论确立的人生观和价值观，损害人的尊严，贬低人的价值，压制人的创造，使信仰者容易受到自命神灵代表者的控制。宗教道德建立在对超自然力量信仰的基础上，而人文主义的道德建立在尊重理性和社会规范的基础上。

从历史进步的长河来看，人类社会的道德并不必须依赖超自然的神学教义，也不要求必须依靠神灵的制裁。科学的探索不会导致人类道德体系的瓦解，人文主义的理性精神，可以为人类社会提供高尚的道德价值体系。

第三，人文主义道德是人类社会发展的必然趋势。

科学无神论以科学和理性支持其真理性，有神论则以虚幻和非理性反映其荒谬性。无神论就是实事求是，认为世界上没有鬼神上帝，也没有天堂地狱，不存在任何超自然的力量，人类的命运掌握在自己手里。正如《国际歌》中所唱的"从来没有什么救世主，也不靠神仙皇帝，要创造人类的幸福，全靠我们自己"。

中国无神论学会的前理事长任继愈先生曾对笔者说："中国无神论学会责任重大，它关系到上层建筑问题，关系到国家兴亡问题。因为科学无神论是我们国家的立国之本。中国共产党领导人民群众进行革命和建设，把马克思主义思想作为指导思想，就是要劳动人民自己解放自己，创造幸福。如果科学无神论在我们国家站不住、立不稳，老百姓安身立命要靠求神，那么我们立国就失去了根本，就可能国家衰败。这是一个根本性问题。"

科学无神论是马克思主义世界观的前提和思想基础。科学无神论世界观诞生在近代自然科学发展的基础上，彻底否定了神的存在。马克思主义无神论是科学无神论发展的高级形态。它进一步指出鬼神观念存在和传播的社会根源，只有消除有神论赖以生存的现实基础，人类社会才能最终抛弃有神观念。一段时间以来，有种舆论，力图把科学无神论从马克思主义宗教观和社会主义意识形态中剔除出去，这是危险的，既不符合人类历史和当代社会世俗化的潮流，也与中国的人本主义传统相悖。

我们的时代精神是振兴中华的民族精神和现代文明。从中国传统的人本主义走向"科学与民主"的现代精神，是历史发展的大趋势。在社会主义核心价值体系中，无神论的唯物世界观和积极人生观，占有重要的地位。党中央一再指出：要巩固马克思主义的指导地位，要增强社会主义意识形态的吸引力和凝聚力，科学无神论的作用不容忽视。

笔者认为，当前社会主义核心价值体系的建设，是人文主义道德发展的高级阶段。最近，"平民英雄"的"最美"事迹，感动了千千万万的人。这些最美的中国人是时代楷模，是雷锋精神的接力传承，是我们要大力倡导的思想道德建设的主旋律。

第四，坚持教育与宗教相分离的原则。

自90年代中叶以来，随着宗教热的逐渐升温，一些人士极力推崇某种宗教文化，将其诠释为"道德的源泉"、"民主的根基"，甚至是"科学的前提"。还有一些权威人士大力倡导"文化神学"，并积极推动这种"文化神学"成为国家研究机构和高等院校的学术方向。这种思潮已经开始影响政策制定和舆论导向。

教育是文明的摇篮，承担着未来的希望。国民教育系统肩负着培养青少年一代的重任。培养科学无神论的世界观，是全民族的素质教育工程。然而，近些年来，在当代中国的公共教育领域里，"教育与宗教相分离"的原则，受到公开挑战。从"人体特异功能"的盛行一时，到今天设置神学讲坛、校内传教，对国民教育体系造成前所未有的冲击，这是有目共睹的事实。

随着"宗教热"的兴起，宗教在高等院校的传教活动逐渐由秘密转向公开，特别是基督教汉语神学运动，进入大学讲堂和国家研究机构。北京一所著名高校，聘请外国神学家长期开课，讲授《圣经》。一些传教士以教授的身份登上大学讲台，组织出版传教著作，如：北京某著名大学翻译基督教丛书，出版美国威廉·邓勃斯基的《理智设计论》，大力推销这种现代版的神创论——智能设计论。出版单位竟是中央编译出版社。根据学者的调查，在当代中国大学校园里，海外基督教教会成为传播福音的主要力量。校园基督教传播的组织形式是不断建立发展校园团契。而网络传教成为其重要的虚拟形式。校园基督教传播隐性方式是进入教学领域，进行文化宣教。在这样扩张态势的传教中，大学生基督教徒出现比较快的增长趋势。有些博士成为职业传教士，还有北京某名牌大学的副教授担任家庭教会的长老，将三自爱国教会的神学建设视为异端，指责爱国教会是"爱国不爱教"。近日，北京一所著名高校的教授竟向中央主管部门建议，开放国家重点大学，与神学院合作，培养神职人员。培养神学人士是神学院的职责。站在国立大学的讲坛上，利用公共教育资源，传播宗教，属于违法行为。坚持"教育与宗教相分离"，是国家三令五申的重要法规。

1995年颁布的《中华人民共和国教育法》明确规定："教育活动必须符合国家和社会的公共利益。国家实行教育与宗教相分离。"

2007年11月，中共中央统战部、教育部、公安部、国家宗教事务局联合下发《关于教育引导大学生正确认识和对待宗教问题的意见》，再次重申"教育与宗教相分离"的原则。

特别值得我们高度重视的是，近期，党中央关于做好抵御境外利用宗教对高校进行渗透的文件。笔者认为，其中有三句话特别醒目。第一句是"抵御境外利用宗教对高校进行渗透和防范校园传教是一项重要而紧迫的战略任务"。第二句是"要毫不动摇地坚持教育与宗教相分离的原则"。第三句是"把马克思主义无神论作为抵御渗透和防范校园传教的基础性工作"。这是前所未有的重要举措。可见，抵御境外宗教渗透和防范校园传教工作，已经作为重要而紧迫的战略任务，提上当前的工作日程。

我们反对宗教信仰向教育领域渗透，是贯彻"政教分离"的国家法律，是顺应历史发展的趋势，不是对宗教信仰者的敌意。信不信教，应当完全成为个人的私事，信仰是公民的权利，应当得到尊重，但是在国家的决策上，没有上帝和神灵的位置。真理只有一个，需要勇敢地捍卫。无神论对有神论的批判，是人类社会在认识世界和改造世界中的自我批判、自我提高，这是人类社会发展的必然趋势。

（原载《思想教育研究》2012 年第 9 期）

基于互联网的基督教传播：
以大学生为对象

左　鹏　厉彦龙

一　研究的背景、对象和方法

互联网正在改变整个世界，也使宗教获取了新的天地。各大宗教组织和个人纷纷利用互联网打破时空界限、跨越文化障碍的传播特性，在方寸屏幕上构筑起神圣的信仰殿堂。这既方便了非信徒了解宗教，扩大宗教的社会影响，又方便了无暇去宗教活动场所的信徒在网上参加宗教活动，通过虚拟空间完成宗教功课、结交教内外朋友。

对于宗教与网络的联姻，国内外学者从不同的角度和方面对二者的关系进行了探讨，并取得了一定进展。但总的看来多为哲学的思辨、神学的反思、社会学的记录、政治学的关注、技术层面的探索，能够真正把网络宗教传播放置到世俗化、去魅化的现实社会中，放置到渗透和反渗透的意识形态斗争中，通过深入实际的调查研究而产生的论著尚不多见。有鉴于此，我们以大学生为研究对象，详细考察了基于互联网的基督教新教（以下简称"基督教"）在他们中间传播的情况。之所以选择大学生和基督教，主要有两点考虑：第一，基于互联网的宗教传播一定要以网络为介质，而使用网络是有一定的知识和文化素质要求的。在我国，大学生已成为互联网的最大用户群，他们最有激情和动力，也最有条件和机会接触包括宗教在内的各种网上信息。第二，在当代大学生中，发展势头最猛、影响最大、信徒最多的当属基督教。而包括新教在内的基督宗教，尤为注重利用互联网为其服务。早在1988年罗马教皇就提出，利用国际互联网带来的契机去实现教会的使命，开展"一场新的传播福音运动"。

为了开展本研究，我们长时间挂在网上，一是利用网络文献法，借助网络搜索引擎的便捷，大量搜索与基督教有关的文献资料，全面把握网上的基督教信息及其传播动态；二是利用网络观察法，通过浏览基督教的门户网站、社区论坛、博客空间、互动群组等，观察网上基督教传播的主体构成、基本形式、主要内容，了解大学生参加的线上线下宗教活动；三是利用网络访谈法，以慕道者或信徒的身份加入一些基督教的社区论坛、互动群组，同活跃于其间的大学生进行直接的沟通和交流，掌握他们参与网络宗教活动的动因、对网络宗教信息的态度、受网络宗教传播的影响等。

二　传播的主体

与现实社会宗教传播的主体相比，基于互联网的基督教传播的主体更加多元化。概括起来，主要有以下四种：

（一）教会

在现实社会的基督教传播中，教会一直是最重要的传播主体。在互联网时代，"教会如何因应这快速、多变且超越时空的新文化，驾驭网络科技、发展网上福音事工，是急不容缓的一环"。正如致力于"在未得之民中进行长短期宣教"的美国"大使命中心"的刊物载文指出，"网络是神所赏赐的媒体，今日很多教会都已经有自己的网络……海外华人教会资源丰富，可以更积极地投入这跨越时空、无远弗届的网络宣教事奉，以免被世界之子利用来发布邪恶的事，毒害青少年"[①]。

不仅境外的教会组织已经把网络作为宗教传播的重要载体，国内的教会组织（包括建制教会和非建制教会）大多也都建有自己的网站和论坛。除了提供《圣经》和福音资料的下载，还经常发起并引导网友就特定的问题进行讨论。藉由网络这一强有力的媒体，宗教的教义和文化得以打破时空界限，贯彻到作为网民的信徒和非信徒中间，影响他们的思想，改变他们的观念，吸引他们一步步地接近直至皈依宗教。

---

① 总编辑：《网络宣教》，《大使命双月刊》2008 年第 10 期，http：∥www.gcciusa.org/Chinese/b5_publications/GCB/2008/Oct/P01.pdf。

（二）网络宣教士

教会作为网络宗教传播的主体，要"使用网络为主发声"，有时还派出专门的网络宣教士。在他们看来，"派出网络宣教士，不一定需要把他们派到工厂去，他们完全可以留在本地，只要家中有一台电脑就够了……例如不必离开美国常驻中国，而是身在美国，通过网络，进入中国"[①]。网络宣教士的身份各异，但使命是共同的，即"通过互联网并适应当代网民的特点，向他们传扬不变的古老福音"。为此，他们通过建立网站、发送电子邮件、组织互动讨论群组、设立博客空间等，把基督教的教义、文化、信息、资讯等上传到网上，吸引网民访问并参加活动。

在网络宣教士中，有一个特别值得关注的群体，即所谓的"基督徒公共知识分子"。身为基督徒，他们深谙互联网的重要性，经常从信仰主义的立场出发在网上发言，对信徒和非信徒施加影响。比如，居住在美国的化学工程师 J，主持"J 连线"十余年，发表了大量文帖，吸引了许多"追求真理的年轻知识分子"。他认为，具有福音使命和文化使命的基督徒，若要影响现代中国知识分子的思想，就必须进入网络空间的言论广场，"用上帝的永生之道将思想文化上的坚固营垒一概攻破，将知识分子的心意夺回"。再如，定位于"自由传道人"的 F，扎根于网上，以数千篇生活化的帖子讲述信仰历程，"感动了无数饥渴慕义的心灵"。还有一些"基督徒公共知识分子"，用他们在文化、学术领域的研究成果，间接地表达福音的内涵，同样收到了巨大的效果。比如，基督徒学者 Y 的《美国的本质》一书，在正式出版前即广泛流传于各大网站和论坛上，其基本结论——美国之所以强大，就在于美国是一个由清教徒建立的国家，是一个符合上帝心意并受到上帝祝福的国家——并不是所有的人都能得到赞许，但却"激发了许多希望中国也变得强大的人，来主动地了解和接近基督教"。

（三）网上基督徒

根据基督教义，每个基督徒都有一项天启的使命——传播福音、发展

---

① 范学德：《网络宣教——当代宣教新领域》，《大使命双月刊》2008 年第 10 期，http：∥www. gcciusa. org/ Chinese/ b5_ publications/ GCB/ 2008/ Oct/ P02. pdf。

信徒。所以，大凡基督徒都非常乐意利用各种介质和工具，把基督的福音传递给他人，使他人能和自己一样地信仰上帝。互联网出现后，立即受到大多数基督徒尤其是受过和正在接受高等教育的年轻基督徒的欢迎，他们不仅在网上学习、工作、娱乐，而且很快把它当作接受和传播福音的一种便捷工具，成为所谓的"网上基督徒"。

境外的一些教会组织也一再呼吁："该行动了！网络宣教士、网上基督徒，你们在哪里？上帝可以差遣谁呢？""我们应该如何行动呢？首先是聆听呼召，成为网上基督徒……知道自己进入大陆的网络，不是为了自己，也不是因为个人的兴趣，更不是休闲，而是为了真理而打那美好的仗。"① 也许是受到这样的鼓舞，越来越多的基督徒开始参与社区论坛、设立博客空间，甚至创建个人网站，通过各种形式，把有关基督教的信息传递给能够进入网络的所有人。

（四）"神棍"和"网络水军"

一般而言，传播宗教的人都是信仰宗教的。但在互联网时代，情况发生了微妙的变化。有些人整天活跃在网上，游荡于各大宗教网站、论坛之间，以信徒或慕道者的身份宣传着宗教的教义和文化，对重大新闻时事以及自由、民主、人权、社会公平、弱势群体等热门话题做出信仰主义的解读，引导人们接受宗教和以宗教为根基的价值观念、社会制度。但这些人不一定全是信徒或慕道者，他们有的是受雇于一些教会组织和个人，出于某种政治或经济目的，依靠在网上发表、转贴相关文章或信息赚取收入，这就是被网民谑称为"神棍"或"网络水军"的人。

所谓"神棍"，是指从事宗教活动，以之获得非法利益的非宗教人士。所谓"网络水军"，也曾叫"五毛党"、"五分党"，系指受雇于网络公关公司，为他人发帖、回帖造势的网络人员。这两类人之所以能在网上产生并长期存在，就在于境内外某些专司宗教传播的组织和个人，看到了网络传播的行之有效，于是斥资雇人，如兼职的大学生、社会无业人员等，通过发帖、回帖，占领网络这一最新舆论阵地。正是有了这两类人的键盘敲击，传教者才得以躲在幕后，从推出网络红人到炒作网络事件，从开展网

---

① 范学德:《网络宣教——当代宣教新领域》,《大使命双月刊》2008 年第 10 期, http: / / www.gcciusa. org/ Chinese/ b5_ publications/ GCB/ 2008/ Oct/ P02. pdf。

络宣传到引导网络舆论，源源不断地把自己的观点上传到网上。"神棍"和"网络水军"虽然只是舆论操纵链条中可怜的寄生虫，但其行为客观上也促进了基督教的传播，所以他们也是基于互联网的基督教传播的主体之一。

三　传播的基本方式

随着现代信息技术的发展，通过互联网向大学生进行的基督教传播几乎使用了互联网所能使用的所有平台。

（一）门户网站

互联网的发展，最初就是通过建立一些综合性或专题性的门户网站普及开来的。基督教与互联网的联姻正是如此。境内外的一些教会组织和信徒个人，"致力于为广大信徒、宗派、组织机构提供一个网络交流平台，同时希望通过网络开启传福音的新篇章"，于是，把有关基督教的文字、图画、音视频等信息资源集中发布到网络平台，既服务于信徒参加线上线下宗教活动的需要，又服务于非信徒了解基督教文化，在更广阔范围内传播基督教的需要。

以在我们调查中发现的在大学生中有着较大影响的"信仰之门"网站为例，里面的资源按形式分作十个版块。其中，"分类文库"收录基督教主题文章10大类43小类，"分类书库"收录基督教电子书籍10大类36小类，二者都可进行检索并打包下载；"圣经典藏"收录在线及可下载的《圣经》和研经资料库；"精典图库"收录西方名画、华人艺术、建筑雕塑、动感屏保等各类基督教主题图片；"音乐收藏"收录可试听和下载的古典圣乐、经典圣诗、华文圣诗等各类基督教音乐；"在线贺卡"收录欢乐圣诞、新年感恩、生日快乐、甜蜜爱情等各类精美贺卡；"在线影院"收录福音写真、人物传记、圣经史地、真理讲台等各类在线基督教电影；"检索中心"提供基督教网站分类搜索引擎、各地华人教会名址、中英文圣经检索等；"联盟论坛"是网站专辟的华人基督教社区论坛；"访客留言"是网站的留言板。另外，网站还在首页开辟语音聊天室，用户和游客均可进入；推出原创性的基督教专题网刊——《信仰月刊》，用户和游客可以点击阅读或自助订阅。

当然，并不是所有的基督教门户网站都具有如此完善和强大的功能，但提供宗教方面的资讯、发布教会活动的信息是此类网站共有的功能，这就很容易吸引频繁接触网络、对宗教文化怀有兴趣的大学生的关注。通过网站，他们除了可以获得基督教的文化知识外，更重要的是可以满足精神上的需求。正如"信仰之门"网页顶端交替闪烁着的两行文字所示——"让信心穿越永恒，从信仰关照世界"，其形式设计和内容安排，都是"为了帮助正行走在精神路途上的人们寻求舒适、希望、明晰、力量和幸福"。这样，门户网站很自然地就成为了网上基督教传播的基础平台。

（二）虚拟社区论坛

虚拟社区论坛是互联网为有着共同爱好、经历或专业相近、业务相关、兴趣相同的用户提供的一个虚拟的聚会场所。在这里，网民可以就某个共同话题进行深入地讨论，每一个参与者不再是简单的受众，不仅具有选择信息内容的权利，而且可以随时对所接收的信息进行或赞成或反对的反馈。信息交流由单向变成了双向或多向，人的自主性、表达欲、尊严和价值得到彰显。正因为这样，一些教会组织和信徒个人纷纷开设社区论坛，组织话题讨论，吸引众多信徒和非信徒（包括一直青睐并活跃于各类社区论坛的大学生）参与其中。

调查发现，大多数基督教社区论坛都是作为基督教门户网站的一个模块存在的，但这些论坛又有相对的独立性，有专人负责管理，其下面的各个版块也都有各自的版主。以大学生注册较多的"约拿的家论坛"为例，在"最新主题"、"热门主题"的下面，辟有"信仰与生活"、"读经与灵修"、"分享与感恩"、"成长与栽培"等版块，每一版块下面又有若干讨论区。比如，"您在信仰上遇到拦阻您进一步追求主的难题"，可以在"信仰讨论区"讨论；"您在生活中遇到拦阻您进一步顺服主的难题"，可以在"生活讨论区"讨论；"您对基督徒的婚姻有不明白的地方"，可以在"婚姻与家庭"讨论；"分享您在读经过程中的心得体会"，可以进入"读经交流"；"把神在您身上的恩典与弟兄姊妹分享"，可以进入"感恩见证"；"有需要代祷的弟兄姊妹"，可以进入"代祷天地"。

在论坛里，任何会员或游客都可以就某个话题发起讨论。尽管事先没有精心的策划和组织，但会员或游客大多会以跟帖的方式发言。即使没有发言的，浏览别人的发言，本身也是一个接受宗教文化熏陶的过程。当然，在发言中可能观点各异、论辩激烈，但这并不影响他们的信仰，反而通过沟通和交流，有利于问题的澄清，增强他们对宗教的情感和归属，扩大宗教在非信徒之间的影响。正是基督教社区论坛的这种平等性、开放性，吸引了不少信教和不信教的大学生参与其中，通过对共同感兴趣话题的讨论，排除了心灵的彷徨，填补了精神的空虚，肯定了自我价值，确立了永生信念，完成了由望教到慕道直至皈依的信仰转变。

（三）博客空间

如果说虚拟社区论坛赋予了大众在网上平等发言的机会，那么博客空间则使个人不再仅仅是互联网的读者和发言者，同时也是互联网的作者和创造者，其主题更加集中，风格更加明显，特别适合即时、鲜活的个性化观点的表达和传播。博客空间的这种新颖、独特也为一些教会组织和信徒个人所看中，他们开设自己的博客，在里面发表自己的观点和主张，普及宗教的知识和文化，组织线上线下的宗教活动。若干个博客用户基于共同的信仰和话题，可以在网上搭建起交流互动、展示自我的人际关系圈，即所谓的"博客群"。在"群"中，博客用户在"个人空间"发表文章，如果符合"群主"预先设置好的主题，就可被收录到"群"的文章列表中，更快、更方便地为"群"内外的志同道合者分享。

围绕基督教信仰和文化，虽然每个人都可在博客上发表自己的观点和主张，但真正具有影响力的还是那些"基督徒公共知识分子"。作为学者、作家、艺术家，他们并不讳言自己的基督徒身份，时常在博客上发表文化、时事、思想等方面的评论。与众不同的观点、引人入胜的文字，很容易在虚拟空间制造一批"粉丝"。诚如"基督徒明星名人见证博客"的"公告"所示："愿本博能把这些荣耀神的公众人物多多介绍给大家，并共同把荣耀归给我们的上帝……"就这样，福音在博客传播，一些对建制教会和主导意识形态持有异见的神学思想、政治观点也在博客传播，其效能和影响不可低估。

（四）社交网络

在调查中接触到的大学生基督徒都是经常使用社交网络的，社交网络也确实为他们走进人群、传播福音提供了一种新的工具。他们有的摘发《圣经》经文或基督箴言作为个人"状态"，有的分享平凡的小事、即时的心境、时事的感悟,做出"荣神益人"的见证。在与他们经常交往的"好友"中,不敢说有多少因此而"信主"的,但最起码"在平凡、细微之处见证了上帝的荣美",为进一步的福音传播"撒了种"、"松了土"。正如 GoogleBuzz 上的一位传道人所说:"社交网络把不同的朋友圈混合在一起,让我的教会弟兄姊妹看到我工作中的劳苦愁烦,让我的工作伙伴看到我的信仰阅读、我和教会弟兄姊妹的对话、我的感慨、我的负担,等等。可以说,SNS 让我们在一个无缝的处境当中表达信仰如何渗入我们生命的每一个层面。"

除了与"好友"分享信仰,也有教会组织和信徒个人开始用社交网络跟主内的弟兄姊妹交流、代祷、同工,直至建立虚拟教会。比如,在"香柏树"网站下"爱的团契"网络教会,每天交流沟通的主题不同,从晨祷到晚聚会,任何一个来访者都可定时参加礼拜,包括领会赞美、朗读诗篇、交托祷告、证道分享、团契交通等。虚拟教会的兴起,主动满足了一些不能或不愿到教堂聚会的基督徒的聚会需求。个别大学生首当其冲地活跃其间,在虚拟世界完成着自己的宗教功课。

四 传播的主要内容

与现实社会基督教传播的内容相比,互联网上基督教传播的内容更加丰富。概括起来,主要有以下几方面:

(一)基督教的教义和文化

教义是基督教思想的核心,集中体现在其典籍《圣经》当中。在每一个基督教门户网站,都有专门的"圣经资源"。比如,"中华圣网"就提供有中、英、法、韩、希伯来等 12 种语言 39 个版本《圣经》的文字阅读和朗诵收听,这对于信教大学生每日查经、读经和不信教大学生"学习西方文化"、"提高英语听读能力"都有很大帮助。而网站制作的"灵修版圣经"、"生命丰盛版圣经"等,或附带专家注释和研经资料,或可按章节、主题查询,或可制定"每日读经计划"并督促执行,目的"就是要鼓励读者怎样藉着圣经与神建立亲密关系,知晓如何挖掘其中的信息,好在生活中实践出来"。此外,在各主要基督教社区论坛和基督徒个人博客中,更是常见对教义的讨论和阐发。

文化是宗教的重要载体。长期接受无神论教育的大学生对于宗教的兴趣大多源自宗教文化，所以，基于互联网的基督教传播尤为注重基督教文化的传播。除一些门户网站专题介绍基督教的文学、历史、音乐、绘画等外，一些社区论坛也经常就大学生关注的文化现象展开讨论。比如，一个慕道者对"晚年爱因斯坦不相信有人格化的上帝，而是转向泛神论，崇拜自然规律"表示不解，希望解答。在下面的十几条回复中，有说"爱因斯坦不过是个略有成就的物理学家，在他的领域有些许成就，并不代表他的一切都是正确的"；有说"我们信仰的唯一标准来源于圣经，而不是某些人和事"；有说"我们信神，不是因为别人信了，我们才信，而是因为神是真的存在"……这种立足于信仰主义的解答不仅让提问者表示满意，而且让"围观者"也深受教育，或领略了基督教的"自圆其说"，或折服于基督教的"真理至上"。

（二）重大新闻资讯及评述

在互联网时代，世界各地发生的大事小情都会在最短的时间内上传到网上，供人们浏览和评说。基督教的门户网站、社区论坛和博客空间也经常发布或转帖一些教会内外的新闻资讯，既方便了信徒之间的沟通和交流，促进其"灵命成长"，也方便了宗教的思想和观点在非信徒之间的传播，影响其世界观和人生观。

比如，"中华圣网"的新闻频道就是"基督教面向教内外开放的专业基督教新闻网站"，设有内地教会、海外教会、社会关注、观察评谈、生活资讯、文化媒体等专栏。纵览其主页，一是报道各地教会的活动，如《山东曲阜将建能容3千人的大教堂》《杭州市基督教协会向见义勇为基金会捐款20万元》；二是报道一些社会名人、文化名人的信仰与生活，如《〈过把瘾〉女主演江珊信主六年喜乐感恩》《奥巴马于2011年国家祈祷早餐会分享个人信仰见证》；三是对一些时政话题做出信仰主义的阐发，如《舟曲、汶川泥石流敲响环保警钟：爱护神创造的一切》《阿里巴巴员工涉嫌欺诈　中国市场经济需基督信仰》。

再如，"基督网论坛"之"社会时评"，其立意非常明确："教界动态、社会热点；同性恋、农民工、大学生、环境污染；以基督的心为心，以他的眼看世界……"当有人发起"河南出现毒虫咬人死亡"的话题后，后面的回帖中有说"这两年的自然灾害很多……哪里才是安全之所？在世界上有吗？只有在耶稣基督里才有真正的平安"，也有说"一个小小的虫子就能夺走人的生命，可见生命的脆弱，只有把生命交托给主才是最平安的"。当有人转帖出"西安一大学生撞倒行人后连刺对方8刀致死"的消息后，紧跟的评述就是"无神论国家教育出这样兽性的大学生"，"最主要的原因是他们不认识神，陷入在黑暗的愚昧当中"。对于智利矿工获救，有说"彰显神的荣耀"；对于"埃及在2011年第一天就遭遇恐怖袭击"，有说"那些火狱之子，神的大怒临到他们了"。

（三）现实生活的感悟和指南

生活在现实世界的每一个人，都有着对自己当下状态的认知和感悟。基督徒作为"蒙神拣选"的人，心中充满了"大爱"。借助网络表达这种"大爱"，既是"荣耀神的圣名"，也是"成就神的旨意"。于是，有人把它浓缩为一句话，作为即时通信工具的"心情短语"或社交网络的"最新状态"；有人把它撰写成一篇短文，或发表在自己的博客上，或上传到基督教社区论坛，或投稿给基督教门户网站。

现实生活中的基督徒也会遇到各种各样的问题和困惑，他们可以求助于教内的弟兄姊妹，也可以在基督教的网站、论坛、互动群组发起讨论，征询更广阔范围内的意见。而一些网站、论坛、互动群组也会专门登载一些释疑解惑、抚慰心灵的文章，以供访问者浏览。恰如在调查中我们遇到的某大学生基督徒，信教前他经常为学习、生活的一些琐事感到困惑，后来一位信教的朋友给他推荐了几个基督教的网站和论坛，通过浏览上面的文章并和一些教友在线交流，慢慢地他的困惑解决了，并对基督教产生了感情，最后信教了。信教后，每当遇到不顺心的事，他首先想到的还是通过网络向未必相识的教友求助，且一般都能得到及时的、充满"灵性"的答复。这让他很是"感动"，信心更强了。

除此之外，一些基督教门户网站还为来访者提供各种生活资讯和服务。比如，"旷野呼声"之"生活百科"版块，其下设的专题就涉及医疗保健、美容化妆、烹饪美食、拈花养鸟、风俗民情等多个方面。更有一些教会组织和个人开办专题网站，比如基督徒招聘求职网、基督徒婚恋交友网、基督徒在线购物网，为信教和不信教的来访者提供社会服务。表面上看，这些资讯和服务与信仰并无关联，但实际上都是在"荣神益人"，彰显"主内的平安与喜乐"。

（四）线下活动的信息和通告

即使在互联网时代，线上的宗教传播也不能取代线下的宗教活动，但线下的宗教活动完全可以借助网络发布信息、张贴通告，吸引更多的信徒和非信徒参与和关注。调查期间，我们在百度贴吧上就见过这样的帖子："由于我校禁止一切宗教活动，我无法通过正当途径建立这个团契。不过，我会努力的。我会与 B、Q、Y 等学校的团契联络，以促进我校基督教团契的发展建设。对基督教感兴趣的，或者你就是我们的弟兄姊妹的请与我联系。QQ：31＊＊＊＊＊18。"可以想象，藉由这种方式，一群信教和不信教的大学生可以很快地聚拢过来，一个团契就建立起来了。而当我们以慕道者的身份加入某大学生基督徒的 QQ 群组后，便经常收到来自该群组的邮件，除了一些"属灵"的文章，还有许多"公共信息"。比如，哪儿有什么"查经班"、"兄弟会"欢迎参加，哪个"姊妹"遇到了困难需要祷告或帮助，有什么兼职的机会可以应聘，等等。

除此之外，一些教会组织和有宗教背景的民间机构更是经常通过网络发布其活动的信息并号召广大受众参与。比如，"以基督品格为根基，旨在进行领导力培训、教育、咨询"的某机构，每次举办沙龙、论坛等线下互动活动时都会通过其网站、博客面向公众发布"邀请函"。某机构举办"第一届中国网络福音诗歌创作比赛"，从信息发布到复赛投票都在网上进行，多家网站、论坛、博客竞相转载，以吸引"海内外华人基督徒广泛参与"，动员"更多的朋友踊跃投票"。在一些城市基督教青年会、女青年会的网站上，志愿服务、教育培训、海外交流等常年开展的活动是其最主要的报道内容，从招贤纳士的广告到精彩瞬间的图片，无处不在张扬"非以役人，乃役于人"的价值理念。

五 总结和讨论

通过以上分析可以发现，自互联网诞生起，宗教便敏锐地抓住了这一新兴媒体。从传播教义到宣传文化，从表达信仰到组织活动，互联网的信息沟通功能、休闲娱乐功能、生活助手功能都得到了充分的利用和实现，宗教内容已成为互联网上传播的重要内容。

由于网络宗教传播处于宗教和互联网的交汇点，它在形态上继承了互联网的多重特征。一是共享性。在网上传播宗教的可以是信仰宗教、执行"天启使命"的组织和个人，也可以是未必信仰宗教、主要是为了某种政治或经济目的的群体或个人；在网上接受宗教传播的可以是信仰宗教的人，也可以是不信仰宗教的人，但他们都能浏览网上所有的宗教内容，下载有关宗教的资料，参与自己感兴趣的宗教活动。二是虚拟性。在网上，作为宗教活动主体和场所的教会组织、宣教士、信教者、一般网民和社区论坛、博客空间等都有着虚拟的身份，具有不确定性；现实中被物化、场景化的宗教行为，包括证道、祈祷、唱诗、查经、交通、宣教等，也都被虚拟化，没有时空距离，没有人为阻隔。三是交互性。由于网上信息的传播是双向乃至多向的，没有中心概念，任何一个网民都可作为传播者把自己掌握的宗教资料和信息、生发的"属灵"意见和主张上传到网上，吸引天南地北的网友浏览或参与，而浏览者或参与者接受传播后也可发表自己的观点，从而成为新的传播者。四是随意性。以虚拟的主体在虚拟的空间从事虚拟的活动，网络宗教传播较现实宗教传播更为自由和随意，成立网站只需向信息产业部门备案即可，没有前置审批环节，上传信息只需由"管理员"审查即可，有时甚至连这个也没有。

正是因为这样，各种宗教信息在网上广泛传播，宗教网络化轨迹日益明显，对依法管理宗教事务提出了挑战。比如，网络宗教传播突破了传统"宗教活动"及其场所的定义范围。每个宗教网站运营后，实际上基本类同于一个宗教活动场所，或者说一个宣教场所，但这样的场所是虚拟的、没有界限的，如何界定其"内"和"外"，这是一个值得研究的问题。再如，网络宗教资源的丰富性和易获取性同宗教宣传品的发行管理相冲突。由于网络宗教传播没有特定的对象，任何人在任何地点都能轻易地获取海量资料，但根据《宗教事务条例》，只有宗教团体和宗教活动场所才能编印、经销"宗教内部资料性出版物"。如何管理网络宗教资源，这还是鲜有涉及的话题。又如，网络宗教的跨国传播为我们抵御渗透提出了新的课题。根据有关政策法规，禁止在学校传播宗教，外国人不得在中国公民中进行传教活动。但在互联网时代，学生足不出校，瞬间点击即可到达国内外宗教网站；外国人无需入境，轻点鼠标就能传经布道、发展信徒。对此该如何应对，还没有成熟的方案。

有学者提出，依法管理网络宗教事务应该"立法为先，监管为重，疏堵结合，形成合力"①。笔者以为这很有意义，但工作中一定要注意：一是个人单纯地在网上参加宗教活动、了解宗教文化，应当属于公民宗教信仰自由、文化教育权利的范畴，不能因其实现形式的改变就任意剥夺。至于宗教搭上互联网以后传播的范围更广、速度更快，也不必过于惊慌。只要切实解决了广大受众的实际问题，把理想信念教育真正融入丰富多彩的社会生活中，宗教扩张的势头未必就能从线上发展到线下。二是对网络宗教传播产生的涉及国家利益和社会公共利益的各种关系、活动，一刻也不能放松监管。对境外不良网站的拦截、对境内宗教网站的审批、对敏感词语的过滤、对虚拟空间服务商和 IDC 服务商的控制等，既是维护互联网安全的需要，也是贯彻宗教信仰自由政策、抵御境外宗教渗透的需要。

（原载《中国青年研究》2012 年第 1 期）

---

①　左旭生、王斯琴：《网络宗教行为及管理对策浅析》，《中国民族报》2007 年 10 月 9 日。

电子传播时代大学生网络宗教生活解析

张承安

从传播学的角度，大众传播根据一定历史时期人们掌握的传播手段来分，把人类传播的发展分为口头传播时代、文字传播时代、印刷传播时代和电子传播时代四个阶段，宗教在人类历史上的传播也无一例外地按以上四个阶段发展。电子媒介产生不久，就被宗教应用于传播。早在 20 世纪 40 年代，美国著名的传教士查尔斯·富勒就在电台里主持节目，而罗马天主教富尔顿·辛成为第一个在电视中传教的神父。互联网的出现，网络传播的先进传播技术和产业化手段的大量生产、复制和传播信息，符合了宗教对传播的要求，并且便利了新一代年轻人对宗教有关信息的需求。人们在享受信息资源共享、信息交流快捷便利的同时，人们的经济、政治、文化、宗教等一系列生活都受到了互联网的影响，开始向数字化的形式发展。大学生作为新事物的最易接受者，网络对其影响远远大于其他人群。大学生是富有朝气与活力的群体，与中小学生相比，他们在充分完善知识构成的基础上具有成熟的思想与心态，对于已步入社会工作中的中老年来说，大学生具有敢于挑战的勇气、具有创新的想法，更加容易接受新事物。大学生网络宗教生活便引来教育界和众多学者的关注。

2011 年 1 月 19 日，中国互联网络信息中心（CNNIC）在京发布了《第 27 次中国互联网络发展状况统计报告》，《报告》显示，截至 2010 年 12 月底，我国网民规模达到 4.57 亿。身处如今的开放社会之中，简单的情绪宣泄渐渐被明智的理性分析所疏引，几乎没人把大学生信仰宗教视如洪水猛兽，也鲜见对大学生信教听之任之的说辞，在比较成熟的评价方式背后，凝结着社会心态的从容、尊重、理智与客观。

无论我们是否有宗教信仰，无论我们信仰哪一种宗教，用包容的态度对待大学生宗教信仰问题，用明了清晰的头脑去看待大学生网络宗教生活现象都是高校教育工作者所应具备的基本素质。而对大学生宗教信仰问题进行哲学解析，无疑是进行理性评价进而科学应对的正确思维理路。本文主要从逻辑解析、历史解析、实践解析等解读视角，对大学生网络宗教生活进行全面梳理，以求取得解决问题的有效策略。

一 逻辑解析：网络宗教及网络宗教生活特点

（一）宗教与网络宗教

宗教是人们认知世界的一种方式，体现了人的人生态度、社会地位、行为动机和价值取向等。传统宗教通过文献、典籍等文本语言和以人格神、图腾、礼仪等为代表的象征性符号语言，以宗教组织和宗教规则为媒介，以道德说教和臣民沟通为手段，通过身体体验和认知加工而建构具有独特神学色彩的场域或语境。

互联网从一出现就被应用于宗教领域，这种在网络存在的宗教形态就被称为网络宗教，有时也被称为在线宗教、数字化宗教。但是到目前为止，关于网络宗教的明确定义，一般把它区分为广义和狭义两种：广义上说，网络宗教就是指网络上的宗教，既可以指宗教在网上的弘布，也可以包括仅存于网上而无实体的虚拟宗教；狭义上说，网络宗教是以因特网络为载体，建立网上教团、网上寺庙，倡导网上修行、网上崇拜，通过版主与网民互动而建立起来的宗教形式。

如今的世界，科技发达，技术高超，变化莫测，宗教这种具有悠久历史的社会文化现象在适应着时代的脚步，是"科技和信仰的结合，上帝与国际互联网的联姻"。近年来，传统的宗教刊物、媒体也出现了电子化、网络化趋向。如果我们在强大的网络搜索软件中输入"宗教网"的词条，在不到半分钟的时间内可以得到数以百万个索引。这些网站上至国家的宗教网站、民族宗教网，下到各地的宗教事务管理网以及各宗教教会的主页。

通常情况下，我们把网络宗教分为以下五类：

新闻信息类：即通过网络传播有关宗教的新闻和信息，扩大宗教或自身宗派及个人的影响力。网络出版类：即通过宗教经典电子版的在线阅读及下载进行宗教内部资料的复制、传播。传经布道类：即通过视频音频的下载或点播、网上在线讲堂等进行传经布道等传教活动。法事法会类：即通过虚拟的网上寺观教堂、社区、论坛等开展烧香、集会、讨论等。捐赠流通类：即通过在线捐赠和虚拟商城接受宗教性捐赠和从事宗教产品流通经营。

戴传江在《网络宗教分析》一文中，从当前网络宗教的缘起、形式、内容等要素出发，把网络宗教概括为"网络工具""网络资源""个人感悟""网络本位"四种类型。这四种类型网络宗教不是泾渭分明的，而是相互交叉、相互连接的。其中"网络工具"型多把宗教当作大众传媒工具，认为网络宗教与传统宗教都是"宗教"一部分，内容和形式上没有什么不同，只是载体换成网络而已。"网络资源"型重在提供查询服务。"个人感悟"型的建立者为个人，个人所依托的资源仍是传统宗教，而非十分突出自己的地位，但奉献出自己个性化的宗教感悟与宗教理解。"网络本位"型接近纯粹意义上的网络宗教，它不是现实生活中宗教团体的窗口，没有现实中网络宗教团体及宗教活动场所，它本身就是一个网络教会。

恩格斯在《反杜林论》中指出："一切宗教都不过是支配着人们日常生活的外部力量在人们头脑中的幻想的反映，在这种反映中，人间的力量采取了超人间的力量的形式。"这段话一针见血地道出了宗教的根本特质。无论哪种类型的宗教，也无论宗教采取哪种形式的载体，它都是：

首先，它以最远离人间的方式反映了最切近人间的力量，通过表面上的"出世"来达到背后的"入世"目的，所谓的神只不过是人的第二个形象而已，是人虚构出来的，是一种意识；而所谓"来世"无非就是"现世"的改头换面罢了。

其次，宗教的表现形式带有"超人间性"。任何意识都是主观形式和客观内容的统一，宗教的产生也是一个精神创造的过程，它采取的形式充分展现了人的想象力之丰富，尽管它也"源于生活"，但"高于生活"才是它的最高形式，这也正是宗教的抽象性所在，神恰恰是对所有人的抽象化，抽象再抽象的结果就达致虚幻、飘渺、荒诞等境地，所以宗教是过分发挥主观能动性虚构出的一种终极关怀。

最后，宗教最核心的特征是追求对"日常生活"的支配。宗教绝不只是对现实生活的注解，更不是要逃避现实生活，而是变本加厉地谋求对日常生活更加彻底地支配。生活本来是就无法逃避，宗教的"超人间性"只是一个苦心设计的包装，它所承载和追求的恰恰是对"日常生活"本身的支配，而且这种支配的要害就在于它几乎控制了人的精神。

（二）网络宗教生活特点

网络虽然兴起之际就被应用于宗教传播中，但是相对于传统的宗教，网络宗教仍属于新兴事物。而且，国内外学界对它的认识和研究还明显处于起步阶段。即使说国外学者的关注相对较早，那也是在20世纪90年代末的事情，至今不到20年的时间。网络宗教生活具有以下特点：

1. 传播的快捷性和全球性

这是网络传播最显著的特点，宗教在网络上的传播也不例外。网络是跨越国界，跨越时空的传播媒体，它不同于报纸、广播、电视等单项的传播媒介，不会受传播时间和介质的影响。在网络上，没有时间的间隔和空间的距离，网络可以把宗教快捷地传到全球的各个角落。大学生可以随时上网查询自己所需求的信息，和各个地区的人们共同探讨、参加宗教活动。教会总会与各地教会之间也保持着紧密的联系，形成了系统性的网络教会。网络宗教突破了国家、地区、民族、政治、文化的局限，为需要的人带来了福音。

2. 网络宗教的三重虚拟性

网络是一个虚拟的空间，在网上，作为活动主体和地点的教职人员、信教群众、一般网民、宗教团体、宗教行为场所、社区论坛等有着虚拟的身份，宗教没有了纸质媒体传播的确定性、权威性和可信任性。此外，宗教本身不过是支配着人们日常生活的外部力量在人们头脑中幻想的产物，宗教活动中所崇拜的神也不过是人虚构出来的。宗教本身的虚拟性，加上网络宗教行为继承了网络的虚拟性，虚拟的主体在虚拟的空间进行虚拟的活动，即构成了网络宗教传播的三重虚拟性，使得宗教的神秘色彩更加浓重。

3. 网络宗教行为的开放性

从传播方式来看，网络宗教集大众、个人、群体（组织）传播方式于一体，网络宗教行为可以借助任何一种方式进行。从宗教行为主体和内容来看，网络上所有宗教网页对所有的网民开放，不论信教群众还是不信教群众都可以浏览所有的宗教内容，下载有关宗教内部资料，参与自己感兴趣的宗教活动。从时间和空间上来看，网络的一大特点就是具有时间和空间的无距性。在这里没有空间距离，没有时间间隔，也没有人为障碍，人们可以随时随地上网，即时共同论说和参加宗教活动。网络宗教生活的开放性也常常表现为其随意性，包括网络宗教信息传递方式的随意性，宗教信息传播者与受众即传播主客体的随意性，宗教信息传播内容的随意性等。这些都与网络宗教行为的开放性有密切关系。可以说，信教群众追求开放的宗教信息传递在互联网络上比传统媒体更容易得到满足。

4. 参与者的平等性

由于网络的低门槛，每个人都可以成为网络上的一员，分享网络上丰富的信息资源、自由的发布言论，阐述观点，发表文章，甚至是布道授法。网络宗教活动的虚拟性、广泛性的特点使得网络宗教活动参与者存在一定的平等性，只要具备一定的网络知识，无论儿童、青少年、成年人、老人，均可成为网络生活的参与者。其话语权等在一定程度上都是平等的。同时，宗教在网络中的传播不存在权威的机构和中心，这也是网络宗教参与者的平等性的主要原因之一。

5. 互动性

互联网是一个广泛的互动平台，网络宗教借助互联网这一特性，使其具有了广泛的互动性。主要体现为宗教信仰者彼此之间的交流，如国际间的，一国内不同地区的，不同教派之间的交流与沟通等，这有利于网络宗教文化的多样性实现。宗教借助发达的网络传媒，通过各种不同的传播渠道，使得不同的网络宗教参与者之间产生互动，从而实现网络宗教的传播与交流。网络宗教互动性这一特点既有利于不同宗教之间的互补，也有助于网络宗教参与主体的自身宗教观念完善。

在大学生网络宗教生活过程中，也可能遇到以下的问题，如错误的信息误导；不同宗教之间，同一宗教的不同网站之间会形成一种剧烈的竞争，会打破原有的教内控制和教派平衡的格局，引发一些新的矛盾乃至冲突。此外，由于网络把关不严，也会出现由于言论不当而造成的宗教纠纷。

二　历史解析：当代大学生网络宗教信仰现状特点与成因

（一）当代大学生网络宗教信仰现状特点

网络宗教已经广泛植入到青年人的生活中，对年轻的一代产生了不可忽视的影响。

早在 2001 年，据新华网海外媒体报道所公布的最新调查结果显示，1/4 的美国成年人互联网用户，利用互联网搜寻与宗教相关的信息。另外，每天都有超过 300 万的美国成年人上网查找宗教信息，较前一年（2000 年）的 200 万人增加了 50%。调查发现，25% 的美国互联网用户在"9·11"恐怖事件之后上网寻找与伊斯兰教有关的宗教信息，41% 的用户表示他们曾经发送或是接收过宗教祈祷的电子邮件，还有 7% 的人表示他们在网上向慈善机构捐过款。调查报告说，对于美国成年互联网用户而言，上网进行宗教研究活动较之电子商务、网上赌博或在线炒股更受欢迎。

2010 年 3 月 17 日《中关村在线》转述：网络兴起对宗教界或许是个福音，特别是对懒得进教堂的新一代年轻人来说，网络宗教信仰的兴起，让年轻人既能信仰，又不用早起到教堂做礼拜，创造出"教堂 2.0 世代"。

《洛杉矶时报》报道说，网络兴起后，外界担忧年轻一代沉迷网络，也将逐渐失去对宗教的信仰，但结果却似乎不然。相较于每个周日上午乖乖地上教堂做礼拜、熟读《圣经》故事、坚贞信奉宗教的所谓"教堂 1.0 世代"来说，"2.0 世代"更为轻松自在地面对宗教。由此可见，互联网时代对宗教有一定的影响且有利于宗教的发展，宗教对网络也呈接受的态度。

新时代的大学生毫无疑问地体现着新时代的特征，相对于以传统的方式到教堂做礼拜，他们则更喜欢在网上进行宗教活动。

当代大学生网络宗教生活又有怎样的特点呢？

1. 大学生网络宗教生活中的交流方式呈现多样化的特点。大学生的网络宗教交流多以腾讯 QQ 群为交流媒介，在校大学生会根据自身信仰的不同寻找具有共同宗教信仰的其他同学，创建聊天群，在群内发布有关宗教的消息或者布道，彼此互相激励、安抚。此外，MSN、博客等通讯工具也成为在校大学生沟通、探讨宗教信仰的工具。

2. 多数在校大学生网络宗教生活无规律性。大学生在校期间多以学业为主，课余时间有限，上网时间有限，网络宗教对大学生的影响也是有限的。多数大学生的网络宗教生活基本无规律可循，多表现为闲暇时间浏览网页，寻找有关宗教的新闻或者视频，参与交流群的讨论，或是在有关论坛阐述个人宗教观念和抒发宗教情感。

3. 接收宗教信息的广泛性。互联网提供给大学生的是一个开放、互动、广泛交流的信息平台，大学生在网络上所接受到的宗教信息，是世界各地各种宗教传播而来的，这些宗教信息往往是良莠不齐的。加上目前我国没有对网络宗教网站的明确规定制度及重视，对网络宗教事务的管理规范还有待进一步完善，许多危险因素及不良信息都很可能出现在有关宗教的网站上，这就要求大学生具有良好的信息辨别能力。同时，大学生也是网络宗教的受益者，他们通过网络上多样化的宗教信息，更加充实自身的宗教知识，以满足其宗教生活的需求。

4. 大学生网络宗教活动是对传统的宗教生活方式的一种突破。宗教在网络上的传播，使宗教活动虚拟化，也使大学生更为快捷、高效地参与宗教活动；传统的寺院宗教知识传授，也能够通过声音、文字、图像经互联网进行传播，大学生可以通过这一特点，达到提升个人的宗教认知的目的。大学生在校期间，个人空闲时间有限，前往教堂或寺院的时间较少，互联网宗教生活便为其进行正常的宗教活动提供了可能，使大学生既能保证不耽误学习生活，又进行宗教活动。

5. 容易被各类信息误导。网络的虚拟性，使谁都可以在网上布道，而布道中所讲的内容往往会对受众产生影响，特别是大学生这一心智并未完全成熟的群体，错误的信息则会对他们产生误导。在大学校园中，存在着潜在的宗教仰慕者，这些信息一旦被此类大学生看到，以先入为主的观念，这些错误的信息将会一直存在他们印象中，对宗教产生错误理解。而对于有宗教信仰的大学生，他们也会存在尚未接触过的信息，或者对宗教的理解也只是在初级阶段，这些错误的信息也会对他们产生误导。

（二）当代大学生网络宗教信仰教育的发展机遇

在现今的大学生群体中，大学生跟随着社会生活的节拍也渐渐走进宗教文化的殿堂之中。十字架项链、圣诞节贺卡、观音护身符、教堂赞美诗、开光纪念品、命运占卜签、庙会文化节、圣地旅游热已屡见不鲜。不知不觉中，他们或因欣赏而追随、因好奇而探索或因困顿而疏离，但不可否认大学生信仰宗教已成为身边不争的事实，关注大学生宗教信仰已经成为思想政治工作者必须直面的重要问题。

大学校园里民族文化的交融渐渐缩小了不同宗教习俗间的边界。家庭是游子心中最温暖的港湾，大学生涉世未深，因此家人的宗教信仰很容易转渡过来；中国高等教育偏好英语语言文化的传播导向，大学生在潜移默化中走进了西方宗教文化的语境；大学生群体思维活跃可塑性强，在寻求人生终极意义的思索中也会间或选择宗教信仰作为自己对宇宙人生的一种解读方式。而网络只是为大学生提供一个简化现实交往环节的繁多的平台，青年学生徜徉在虚拟的网络世界更容易与宗教思想不期而遇。可见，大学生与宗教发生"亲密接触"的渠道是多角度全方位的。

马克思说："宗教是那些还没有获得自己或是再度丧失了自己的人的自我意识和自我感觉。"孙正聿先生在《超越意识》一书中写道："意识到神圣形象的存在，会感受到人的全部思想和行为都被一种洞察一切的力量监视，因此生活变为不堪忍受之重；意识到神圣形象的消逝，会感受到人的一切思想与行为都只不过是自己在思想和行为，因此生活变为不能承受之轻。这就是人在宗教世界中所感受的和承受的不可解脱的矛盾。"可见，宗教问题内蕴着非常深刻的悖论性特质，而部分大学生选择负载"生活之重"的宗教意识似乎也在情理之中了。当代大学生的自我意识非常强烈，但社会生活中"身不由己"的特殊处境又压抑了这种自我实现的诉求，于是一些处在矛盾交汇点上"煎熬"的人"迫不及待"地选择了宗教。当然，这种选择多少带有逆反、逃避、茫然、冲动、隐讳等成分，一旦面对真正的现实和鲜活的人生，遭遇社会生活的艰苦锤炼，也会有所松动以至瓦解消逝。

网络宗教对于有宗教信仰的在校大学生而言是一种福音的到来，它的出现犹如一座天桥，使在校教徒通过网络参与各种宗教活动，满足宗教生活及宗教情感的需要，直至精神世界。

三 实践解析：大学生网络宗教信仰问题的应对策略

宗教通过精神传输的习惯予以电子物质化，它的威力就会倍增，对于大学生的思想方向的影响作用更大。信仰是人对某种主义或宗教信服、崇拜从而形成的观念或行为取向。大学生群体的信仰状况攸关着民族和国家未来的发展，建议从大学生宗教信仰教育的态度方法选择、法律政策依据、队伍机制建设等方面探索相关应对策略，引导大学生宗教信仰与社会主义社会相适应。

1. 大学生宗教信仰教育的态度方法是一个实践动机、实践方案的问题。我们应客观准确地评价网络宗教信仰在大学生群体中的扩展态势，恰当合理地看待网络宗教生活对大学生正常生活的影响，既不惊慌失措，如临大敌，也不视若无睹，听之任之。高校应表示对于大学生自由信教的不干预不反对，保障大学生的基本权利，以保护为出发点，在尊重的前提下获得有宗教信仰的大学生的认可。但同时也要警惕宗教泛化现象，宗教信仰反映的是一个人价值观、人生观的选择，当宗教思想中的消极成分聚集到一定程度，一旦爆发便会消解民族精神的内聚力，导致信仰危机，孕育着深层的社会危机。

网络宗教的虚拟性、开放性等一系列特性是网络宗教与传统宗教巨大差别，从而也增加了高校对大学生思想政治教育的难度，因此需要我们客观公正地对待大学生宗教信仰问题，从宗教产生的思想和信仰的源头抓起，寻求一种战略意义上的应对之策。

2. 大学生宗教信仰教育的法律政策依据是一个实践标尺。加强对网络宗教行为和内容的监管，依法管理网络宗教事务。依法管理网络宗教事务，就是要切实保障网络宗教信仰自由，保证正常网络宗教活动的有序进行，保护网络宗教团体的合法利益，打击不法分子利用宗教在网络上的传播对涉及国家利益和社会公共利益的各种关系、活动的管理，包括对网络宗教行为和内容的破坏。通过明文立法依法管理网络宗教事务，不仅是全面贯彻党的宗教信仰自由政策的需要，也是宗教在网络时代实现健康发展的实际需要。网络宗教事务需要政府的依法管理，实现依法管理宗教事务也离不开网络宗教事务条例及法律的引导与限制。

对国内的宗教网站，可以实行设立网站审批制（规定哪些人或群体可以设立宗教网站）、信息内容分级制（对宗教信息和内容进行分类管理，规定哪些可以发布，哪些不可以发布等，防止简单的一刀切）、实名制管理（如规定在宗教网站上开展宗教活动须提供身份证号和姓名，教职人员证书号）等，当然，这些方法是否适合、如何进行还得进行一番论证和探讨。

近些年来境外势力对我国高校进行的宗教渗透活动十分活跃，他们利用公开讲学、私人交友、心理辅导、资料宣传等形式接触高校大学生，以期达到其别有用心的政治企图，因此网络上的宣传引导也是他们必不可少的步骤，我们必须用法律武器坚决回应。对国外某些不良网站，可以采用信息过滤与封堵技术，抵御境外渗透。

在网络宗教行为的监管措施上，须明确宗教事务部门在网络事务管理上的权限和各种行政强制措施，必要或紧急的时候，可以对网络的不良宗教信息内容进行管制和封锁。这些方法不仅仅是保护了大学生的思想健康，对于其他信教人员和非信教人员都具有思想健康保护作用。

3. 大学生宗教信仰教育的队伍机制建设是一个实践的关键，事关高校学生宗教工作的走向与全局。在高校宗教工作中应建立五个机制：领导机制、协调机制、反馈机制、应急机制、管理机制，领导机制强调党委和团委的职责，协调机制凸显团委、学生处与其他各部门间的协作与配合，反馈机制、应急机制、管理机制则提升了团委、学生处、教务处、外事处、保卫处等部门及普通学生之间的信息交流速率、应急干预能力以及日常管理效率，及时处理在校大学生宗教信仰产生的问题与矛盾，无论起因是现实的宗教活动还是网络宗教活动。

大学应当开设宗教学课程，在大学生中开展宗教教育，尤其是马克思主义宗教观教育，使大学生能够站在理性的高度，深刻认识宗教的本质及其产生、发展的规律，客观解析宗教对主体价值体系构建的作用和影响，正确认识和把握宗教信仰问题，自觉培养中华民族当代所需要的"自由精神"。大学生只有了解了宗教的历史、现状和发展趋势，从本质上认识了宗教，才能把握自己心灵的脉搏，在唯物主义与唯心主义之间，做出正确的选择。

成立高校宗教工作队伍，开设宗教文化选修课，普及宗教文化知识，是对大学生进行理想、信仰教育的重要内容，通过这种方式使大学生在不断深入了解宗教知识的基础上，逐步树立正确的人生信仰和科学共产主义的政治信仰。从而从根本上杜绝了大学生因对宗教知识的缺乏而无法辨别网络上的宗教诈骗信息产生的危害，间接地加强了对大学生网络宗教生活的保护。

虽然大学生宗教信仰问题近年来一直都是学术界乃至教育界持续关注的焦点话题，但在网络管理方面，我国的制度、政策基本属于空白状态，而对于大学生的网络宗教生活，更是缺乏相关的方针政策作为指导或者对其进行保障，这便需要大学生自身提高警惕性，防止网络虚假信息误导及诈骗。

参考文献

［1］左鹏：《当代大学生宗教信仰问题解析》，《思想理论教育》2006 年第 9 期。

［2］毛国庆：《党的宗教工作基本方针的形成与发展》，《学习论坛》2008 年第 11 期。

［3］陈东英：《论大学生宗教信仰问题及其对思想政治工作的挑战》，《学术论坛》2008 年第 8 期。

［4］冼德庆：《当前宗教向高校渗透的方式、特点及其预防对策》，《兰州学刊》2007 年第 2 期。

［5］牟钟鉴：《研究宗教应持何种态度》，《佛教文化》1996 年第 5 期。

［6］孙正聿：《超越意识》，吉林教育出版社 2001 年版。

［7］姚南强：《新媒体网络宗教　挑战还是机遇》，凤凰网华人佛教 2010 年 12 月 14 日。

［8］张世英：《境界与文化——成人之道》，人民出版社 2007 年版。

（原载《科学与无神论》2012 年第 5 期）

对构建藏传佛教寺庙管理长效
机制的理论思考

朱晓明

在平息 2008 年拉萨"3·14"事件的多方面工作中，根据中央有关部门的部署和要求，近年来中国藏学研究中心连续开展了"建立健全藏传佛教寺庙管理长效机制""推进藏传佛教寺庙民主管理"和"藏传佛教佛学思想建设"等相关课题的研究，在学术研究的基础上，形成调研报告，提出政策建议，为促进西藏和四省（川青甘滇）藏区的跨越式发展和长治久安贡献了社会科学界专家学者的一份力量。

在这些调研和实践的过程中，对在新的历史条件下建立健全藏传佛教寺庙管理长效机制，有一些初步的理论思考。

一 深入总结新中国成立以来藏传佛教工作的历史经验，认识和掌握依法管理宗教事务的规律

和平解放、民主改革、"文化大革命"、改革开放初期和"3·14"以后五个时期西藏藏传佛教寺庙和僧尼数量的变化，反映出新中国成立以来藏传佛教工作经历了从"政教合一"到政教分离，在"拨乱反正"中矫枉过正，在教育整顿中逐步规范的曲折历程。

从党的执政规律、宗教演变的自身规律等角度，我们要深入研究为什么 1959 年的叛乱、1987 年至 1989 年的骚乱和 2008 年的"3·14 事件"会周期性地发生。历史上反复出现的现象，要从规律上寻找原因，实践中长期困扰的问题，要在理论上取得突破。从党和政府作为执政党和社会管理者的角度，存在的突出问题是对寺庙管理不够自觉、不够一贯、不够落实。存在着时松时紧，大起大落，存在着进一步、退一步，甚至进一步、

退两步的问题，退下来再进，比从头起步遇到的问题还多。而宗教自身的特征，又决定了它惯性强、易反弹，一旦放松，很容易故态复萌，所以在依法管理宗教事务上必须持之以恒、常抓不懈。解决宗教问题，从宗教信仰入手和从社会功能入手是两种不同的思路。在加强寺院管理时，如果直接从信仰问题入手，把信仰差异放在首要位置，容易引起一些僧尼和信教群众的抵触和对立，认识难以统一、措施难以出手；如果从宗教的社会功能和作用入手，用法律加以规范，可以有效地抵御达赖集团的渗透破坏，又避免信仰层面的冲突。这是既讲政治、讲政策，又讲策略、讲实效的思路，也是寺庙法制宣传教育的精髓所在。新中国成立 60 年、西藏民主改革五十年、改革开放三十年，我们在藏传佛教寺庙管理工作上应该有所总结、有所开拓、有所前进。要重点研究影响藏传佛教寺庙领导权、控制力的突出问题，梳理问题，查找原因。以问题为焦点，以实践为目标，解决问题，推进实践。

二　认识上的突破——从宗教的"两重性"，到管理的"两重性"

课题组在调研中提出，藏传佛教寺庙既是宗教活动场所，又是基层社会单位。僧尼既是宗教教职人员，也是国家的公民。在讨论中，一些地方的同志认为，这个定性准确，是依法管理的"逻辑起点"。由于宗教具有这样的"两重性"（宗教性、社会性），因此，宗教事务管理也就具有宗教自身管理和社会管理的"两重性"；管理主体也就具有宗教自身的管理主体和社会的管理主体的"两重性"。从宗教的"两重性"，到管理的"两重性"，到管理主体的"两重性"，顺理成章。

在实践上，藏传佛教寺庙管理长效机制的建立应包括"两个层面、四个环节"。第一个层面是党政工作层面。主要有两个环节，一是党政对宗教工作的领导体制和工作机制，二是相关部门落实领导决策部署的社会管理机制。第二个层面是宗教界自身。主要也有两个环节，一是寺庙内部的民主管理，二是佛教协会等宗教团体在寺庙民主管理、民主协商和自律方面的指导、协调和监督作用。这四个环节，从党政管理层面，一是领导决策环节，二是社会管理环节；从宗教管理层面，一是寺庙自身环节，二是类似其他行业管理的宗教团体环节。

在构建藏传佛教寺庙管理长效机制中，发挥主导作用的是党政管理层面。在党政管理层面中的一个重要环节就是社会管理。社会管理这一环节在党政管理层面，对领导决策环节承担落实的责任，是一种责任机制、落实机制，对宗教界层面则起到推动、引导的作用，是一种推动机制、引导机制。要通过抓住社会管理这一承上启下的中心环节，做到提纲挈领、纲举目张。

三 抓住三项工作、"两对关系"

社会管理、民主管理、佛学思想建设，是当前我们在藏传佛教工作上重点研究的三个问题、三项工作。这三项工作不是互不相关的三档子事，而是内在相关的"一盘棋"。

其中有我们需要认识、协调和处理好的"两对关系"。

一是社会管理与民主管理的关系。两者相互关联。由于宗教具有两重性：宗教性、社会性，寺庙和僧尼的管理也就具有双重管理主体，一是党政层面实施的社会管理，一是宗教层面实施的民主管理。对于维护藏传佛教寺庙正常秩序，引导其与社会主义社会相适应，党政层面的"社会管理"是外因和条件，寺庙自身的"民主管理"是内因和依据。一方面，社会管理如果不与寺庙自身的特点相结合，则难以生根，取得实效，实现长效。另一方面，实行民主管理，不是脱离、游离于社会管理之外，而是在社会管理格局下，实行寺庙的民主管理。寺庙民主管理是在寺庙这样一个由僧尼组成的特殊群体的基层社会组织中的民主管理，是把爱国进步僧尼组织起来，掌握寺庙领导权的组织方式和实现形式。因此，既要贯彻一般组织管理层面上的民主原则、民主体制，又要与寺庙、僧尼的特点和实际相结合，找到实现寺庙民主管理的具体组织形式和制度运行方式。在构建寺庙长效管理机制的过程中，要通过社会管理不断引导、推动寺庙建立与社会发展相适应的内部民主管理制度，扶持、培养僧尼与社会主义社会相适应的内生因素和内在动力，走向社会管理与寺庙民主管理双向互动的和谐稳定。

二是寺庙爱国主义教育、法制宣传教育和佛学思想建设的关系。两者相互关联。寺庙爱国主义教育、法制宣传教育，从政治、法律上对藏传佛教寺庙活动进行引导、规范和约束。同时要在此基础上，引导藏传佛教爱国进步人士对教规教义作出符合社会发展、时代进步、文明要求的，有利于爱国守法、持戒利民的新阐释，促进藏传佛教自身在佛学思想上发生变化。这是一项涉及藏传佛教佛学思想深层次内容的艰巨任务，需要几代人的努力。

社会管理、民主管理、佛学思想建设，这三项工作不是截然分开，而是相互贯通，相互联系的。目前，藏传佛教寺庙管理工作在面上以落实第五次西藏工作座谈会精神为重点，推进社会管理，构建长效机制。同时，把民主管理纳入社会管理和长效机制。对佛学思想建设组织精干力量，进行前瞻性研究。吃一块、夹一块、看一块。由此及彼，由表及里，一步一步引向深入。

基本稳定——持续稳定——和谐稳定，是构建藏传佛教寺庙管理长效机制必将经过的"三个阶段"。第一阶段，是应急状态下的基本稳定。第二阶段，是以落实和完善社会管理为主导，推动和加强寺管会民主管理，标本兼治，重在治本，实现寺庙的持续稳定。第三阶段，社会管理和寺庙民主管理相结合、政治思想教育和佛学思想建设相结合，实现藏传佛教与社会主义社会内在适应的和谐稳定。这是一个更高的境界，也是我们努力的方向。

（原载《科学与无神论》2012 年第 4 期）

贯彻 19 号文件中的得与失

——纪念中共中央"中发 1982 年 19 号文件"下发 30 周年

段启明

1982 年 3 月 31 日，中共中央下发了《关于我国社会主义时期宗教问题的基本观点和基本政策》（中发 1982 年 19 号文件）。19 号文件是继 1981 年 6 月 27 日《关于建国以来党的若干历史问题的决议》完成全党在指导思想上拨乱反正之后，中央就一个方面的工作进行系统总结、实现"拨乱反正"的又一范例。30 年过去了，我们国家社会发展和文化繁荣，人民物质生活和精神生活，都有了令世人惊叹的普遍提高和改善；宗教领域和宗教工作形势所发生的变化，与当年产生这个文件的历史背景也有了很大的不同。然而，重温文件精神，回顾和反思贯彻文件精神的情况，依然能够感受到它在理论上的基础性，思想指导上的前瞻性。去年 8 月，我们几位离退休同志曾议论到宗教工作中的几个问题，认为值得高度重视，也草拟了一份题为《对宗教工作几个问题的思考》。借 19 号文件下发 30 周年之际，谈谈我们对贯彻 19 号文件中得与失的一些看法，以为纪念。

一 19 号文件下发前所做工作

19 号文件下发前，1978 年 7 月，中共中央统战部召开了部分省、自治区、直辖市统战部负责人参加的座谈会。会议分析了"文化大革命"对宗教工作所造成的破坏，"文化大革命"结束后宗教工作的形势，研究了当时宗教工作急需解决的问题。1978 年 10 月，中央统战部上报了关于当前宗教工作急需解决的政策性问题的请示报告。中央批转了这个报告。报告分析了当时宗教工作的形势，提出了两个急需解决的政策性问题：（1）认真地、全面地贯彻执行宪法所规定的宗教信仰自由政策；（2）严格区分两类不同性质的矛盾，加强对宗教活动的管理。中央在批转这个报告的通知中强调指出，要加强对宗教工作的领导，全面贯彻落实党的宗教政策，尊重群众的宗教信仰，团结广大信教群众，继续贯彻对宗教界人士团结、教育、改造的方针，调动一切积极因素，为实现新时期的总任务而奋斗。

1978 年 12 月 1 日至 12 日，中央统战部召开了宗教工作座谈会，后被定为第 8 次全国宗教工作会议。这次会议的主要收获有：（1）进一步学习了中央批转的中央统战部的报告，对"文化大革命"中"左"的错误有了进一步的认识，思想进一步解放。（2）研究了当时宗教工作的形势和问题，提出了解决这些问题的对策。（3）通过这次会议推动了各地宗教工作机构和宗教工作的恢复。1979 年 2 月，中央转发了第 8 次全国宗教工作会议纪要。几次会议的召开和文件的下发，使宗教工作"拨乱反正"工作前进了一步。文件下发后，各地做了不少工作，在恢复开放宗教活动场所、平反宗教界的冤假错案、恢复政府宗教工作机构等方面，都取得了一定成绩。但是，总体上看，由于各方面的认识尚不尽一致，贯彻宗教政策的阻力不小，进展缓慢。①

二　19 号文件起草经过

1980 年 12 月 8 日，中央书记处听取了中央统战部、国务院宗教事务局党组关于宗教工作情况的汇报。同年 12 月 10 日，中央书记处对宗教工作进行了讨论，决定着手对中华人民共和国成立以来的宗教工作进行系统总结，责成中央统战部起草一个阐述中国共产党关于宗教问题理论和方针政策的文件，由中央下发。会议还同意召开第九次全国宗教工作会议。随后，中央统战部和国务院宗教事务局组织力量，对当时全国宗教情况和问题进行了调查研究，做了一些起草文件的前期工作。后来，文件的起草工作，是在中共中央总书记胡耀邦同志直接主持下、由中央书记处组织力量进行的。中央统战部、国务院宗教事务局、中国社会科学院等单位为起草文件提供了有关宗教政策、宗教情况和宗教理论等方面的材料。在文件起草过程中，先后征求了党内外许多人的意见。历经三年多的调查研究，酝酿准备，集全党智慧，1982 年 3 月 31 日，中央正式下发了《关于我国社

---

① 参见《当代中国丛书》，《当代中国的宗教工作》上卷第 1 编第 3 章第 1 节。

会主义时期宗教问题的基本观点和基本政策》。①

三 19 号文件的主要精神

19 号文件是中国共产党对新中国成立以来宗教工作一次全面系统的总结，是把马克思主义关于宗教问题的基本理论同中国具体实践相结合的典范。文件从十二个方面对新中国成立以来宗教工作正反两个方面的历史经验进行了总结，论述了中国共产党关于社会主义时期宗教问题的基本观点和基本政策。文件的主要精神可以概括为以下几点。

（一）阐明了中国共产党关于宗教问题的基本观点

文件指出，宗教是人类社会发展一定阶段的历史现象，有它发生、发展和消亡的过程。宗教信仰、宗教感情、宗教仪式、宗教组织都是社会的历史的产物。宗教的产生、存在和发展有着深刻的社会根源和认识根源。在社会主义社会中，宗教存在的阶级根源已经基本消失，但社会根源和认识根源还将长期存在。解决宗教问题的唯一正确的根本途径，是在保障宗教信仰自由的前提下，通过社会主义的经济、文化和科学技术事业的发展，通过社会主义物质文明和精神文明的逐步发展，逐步地消除宗教得以存在的社会根源和认识根源。

（二）阐明了社会主义时期宗教工作的基本任务

文件回顾了中国宗教的历史，尤其是新中国成立以后中国宗教的状况所发生的根本变化，指出在宗教问题上的矛盾已经主要是人民内部的矛盾。文件总结了宗教工作走过的曲折道路，明确提出了在新的历史时期中，中国共产党和人民政府对宗教工作的基本任务，这就是：坚定不移地贯彻执行宗教信仰自由政策，巩固和扩大各民族宗教界的爱国政治联盟，加强对他们的爱国主义和社会主义教育，调动他们的积极因素，为建设现代化的社会主义强国，为完成祖国统一大业，为反对霸权主义、维护世界和平而共同奋斗。

---

① 参见《当代中国丛书》，《当代中国的宗教工作》上卷第 1 编第 3 章第 2 节。

（三）阐明了对待和处理宗教问题的基本政策

文件指出，尊重和保护宗教信仰自由是党对宗教问题的基本政策，这是一项长期的政策，是一直要贯彻执行到将来宗教自然消亡的时候为止的政策。文件全面阐述了这一政策的具体内涵及其实质。文件指出，"宗教信仰自由，就是说：每个公民既有信仰宗教的自由，也有不信仰宗教的自由；有信仰这种宗教的自由，也有信仰那种宗教的自由；在同一宗教里面，有信仰这个教派的自由，也有信仰那个教派的自由；有过去不信教而现在信教的自由，也有过去信教而现在不信教的自由"。文件指出，贯彻宗教信仰自由政策，处理一切宗教问题的根本出发点和落脚点，就是要使全体信教和不信教的群众联合起来，把他们的意志和力量集中到建设现代化的社会主义强国这个共同目标上来。

（四）阐明了对待和处理宗教问题的一系列具体政策

主要有：（1）争取、团结和教育宗教界人士，巩固和发展爱国统一战线。（2）合理安排宗教活动场所，保护一切正常宗教活动。（3）充分发挥爱国宗教组织的作用，帮助各宗教组织办好宗教院校，培养好新的宗教教职人员。（4）共产党员不得信仰宗教，不得参加宗教活动。（5）坚决打击一切在宗教外衣掩盖下的违法犯罪活动和反革命破坏活动，以及各种不属于宗教范围的、危害国家利益和人民生命财产的迷信活动。（6）积极开展宗教方面的国际友好交往，又要坚决抵制外国宗教中的一切敌对势力的渗透。

（五）阐明了党的领导对做好宗教工作的重要作用

文件强调，加强党的领导，是处理好宗教问题的根本保证。各级党委要有力地指导和组织各有关部门和人民团体，统一思想、统一认识、统一政策，并且分工负责，密切配合，把这项工作切实地掌握起来，坚持不懈地认真做好。①

---

① 参见《当代中国丛书》，《当代中国的宗教工作》上卷第 1 编第 3 章第 2 节。

四 19 号文件传达贯彻情况

中央在下发 19 号文件的通知中，把它视为总结各条战线工作的一个范例。中央要求各省、自治区、直辖市党委和中央有关部委、国家机关有关部委的党组，在接到这个文件后，应对宗教问题进行一次认真的调查研究和讨论，并对有关各项政策的落实工作加以督促和检查。①

1982 年 4 月 2 日至 8 日，以中共中央名义在北京召开第九次全国宗教工作会议，对文件的学习和贯彻作了部署。会议由中共中央统战部部务会议主持。参加会议的有来自 29 个省、自治区、直辖市和部分地（市）主管宗教工作的党委统战部长和政府宗教事务局（处）的负责人，有中央国家机关 40 多个部门的负责人，还特请了十几个省、自治区、直辖市党委或政府主管宗教工作的书记或省长参加，共计 252 人。参加国家民委第二次委员扩大会议的全体人员也同时学习和讨论了这个文件，列席了第九次全国宗教工作会议的有关会议。召开这样规格和规模的会议，这在新中国宗教工作的历史上还是第一次。各省、自治区、直辖市以及有宗教工作任务的市县，也先后召开宗教工作会议研究贯彻文件精神。1983 年 10 月开始的党内整风中还将 19 号文件列为整风必读文件。国务院宗教事务局以及一些省、自治区和直辖市宗教局（处）举办了学习班。文件的传达贯彻，为统一全党对宗教问题的认识，把党的宗教政策放到马克思列宁主义、毛泽东思想的科学轨道上，为开创宗教工作的新局面，奠定了坚实基础。②

19 号文件下发以后，30 年来针对宗教领域和宗教工作中存在的问题，中共中央、全国人大、国务院以及中央相关党政部门，先后出台了一些方针、政策、法律、法规（或条款），解决了宗教领域和宗教工作中出现的某些问题。如：（1）正式确立"积极引导宗教与社会主义社会相适应"的观点和方针，推进了"相适应"的工作。（2）中央文件和国家法律正式明确了宗教工作基本方针：全面贯彻党的宗教信仰自由政策，依法管理宗教社会事务，积极引导宗教与社会主义社会相适应，坚

① 参见《当代中国丛书》，《当代中国的宗教工作》上卷第 1 编第 3 章第 2 节。
② 同上。

持独立自主自办的原则。（3）宗教法制建设得到加强，有的法律、法规、规章在制定或修改时增加了有关宗教问题的条款，国务院颁布了《宗教事务条例》等。这些理论、方针、政策、法律、法规的出台，既是 19 号文件的具体运用，同时又丰富了社会主义时期宗教问题基本观点和基本政策的内容。

五　贯彻 19 号文件取得的成绩和经验

在 19 号文件的指导下，30 年来中国政府处理宗教问题是成功的，取得了巨大成就，积累了丰富经验。据政府有关部门公布的数字：全国注册登记的宗教活动场所 10 余万处，宗教社会团体 4000 多个，宗教院校 80 多所，宗教教职人员 30 多万。依法登记的爱国宗教团体、宗教活动场所管理工作基本有序，宗教活动和其他社会活动基本正常。宗教组织、广大宗教教职人员和信教群众爱国守法，拥护中国共产党的领导和社会主义制度，在建设现代化社会主义强国中，在维护祖国统一和民族团结的事业中，在发展同各国人民友好交往、维护世界和平等方面，都做了大量有益的工作，取得了显著成绩。宗教与社会主义社会相适应取得了明显进步。宗教领域基本是稳定的。宗教工作的主流是好的。

《当代中国的宗教工作》一书，把新中国宗教工作取得的经验概括为十二个方面：（1）正确对待和处理宗教问题是社会主义事业中的一个重要课题，是建设有中国特色社会主义的一个重要内容。（2）完整地准确地理解和掌握马克思主义宗教观，用马克思主义宗教观认识和处理宗教问题。（3）处理宗教问题要服从和服务于中国共产党在各个历史时期的总任务。（4）坚定不移地全面正确地贯彻执行宗教信仰自由政策。（5）一切宗教活动都应在宪法、法律和政策范围内进行。（6）要善于体察民族问题与宗教问题的区别和联系，妥善处理民族宗教问题。（7）加强宗教法制建设，依法对宗教社会事务进行管理。（8）坚持政治上团结合作、信仰上互相尊重的原则，巩固和发展同宗教界的爱国统一战线。（9）发展宗教方面的国际友好交往，抵制境外敌对势力的渗透。（10）坚持不懈地对人民群众特别是广大青少年进行科学世界观和文化科学技术知识的教育，加强社会主义精神文明建设，以提高全民族的思想道德素质和文化科学素质。（11）积极引导宗教与社会主义社会相适应。（12）加强各级党委和政府对宗教工作的领导，是处理好宗教问题的根本保证①。这种概括，今天看仍然是正确的。

六 对宗教工作几个问题的思考

在纠正一种错误倾向的时候，往往会出现另一种错误倾向。19 号文件不仅预见到了这一点，而且对需要防止的可能出现的倾向都作出了明确规定。在贯彻 19 号文件精神的过程中，这一点没有被真正重视起来，文件强调的一些问题被忽视了，或者做得不好。所带来的后果集中到一点，就是有神论迷信思潮泛滥。

（一）信教人数激增，有神论迷信思潮阵地扩大

19 号文件指出："任何人都不应当到宗教活动场所进行无神论的宣传，或者在信教群众中发动有神还是无神的辩论；但是任何宗教组织和教徒也不应当在宗教活动场所以外布道、传教，宣传有神论，或者散发宗教传单和其他未经政府主管部门批准出版发行的宗教书刊。"30 年来，文件规定的不到宗教活动场所进行无神论的宣传、不在信教群众中发动有神还是无神的辩论，无论是政府还是社会各界都做到了。然而，文件规定的"任何宗教组织和教徒也不应当在宗教活动场所以外布道、传教，宣传有神论，或者散发宗教传单和其他未经政府主管部门批准出版发行的宗教书刊"，并未得到切实执行。一些非法传教组织和人员在社会上非法进行传教活动，尤其以基督教更甚。其他宗教也有类似问题。

另一方面，19 号文件规定的"也应当强调保障人们有不信仰宗教的自由"、"应当加强普及科学教育的努力和反迷信的宣传"，却在一定程度上被忽视了。19 号文件指出："在贯彻执行这项政策的过程中，在强调保障人们宗教信仰自由的同时，也应当强调保障人们有不信仰宗教的自由。这是同一个问题的两个不可缺少的方面。任何强迫不信教的人信教的行为，如同强迫信教的人不信教一样，都是侵犯别人的信仰自由，因而都是极端错误和绝对不能容许的。保障信教自由，不但不妨碍而且应当加强普及科学教育的努力，加强反迷信的宣传。"文件这一规定没有被引起足够的重

---

① 参见《当代中国丛书》，《当代中国的宗教工作》下卷《结束语》。

视，没有得到很好地宣传，在实践上也没有很好地去做工作。尤其是"反迷信的宣传"，即使在社会公共教育中也难以开展，至于在信教群众中如何进行，甚至无人敢去触及，无神论的宣传长期处于空白状态。

由于上述两方面的工作做得不好，所带来的直接后果，就是信教人数激增，有神论迷信思潮阵地扩大。以基督教为例，据 2010 年《宗教蓝皮书》公布的数字，中国基督教徒总数已达 2305 万人，是新中国成立时 76 万人的 30 倍，是 19 号文件下发时 300 万人的 7 倍多。也有人估计，中国基督教徒总数可能达到 4500 万至 5000 万人。最近，有人发表文章称，中国信仰各种宗教的总人数有 4 亿人。受迷信愚昧思想影响的人更多。

对于这种状况，就连宗教界许多有识之士也都深感忧虑。1996 年 3 月，全国政协副主席、中国基督教三自爱国运动委员会主席、中国基督教协会会长丁光训先生，在政协八届三次会议小组会讨论发言时说，任何一个宗教，在教义上把人按信和不信分为两大阵营，强调信与不信的对立，势必造成人民内部的不团结，造成信徒对共产党人和其他宗教的人的对立。这种对立情绪，到风吹草动的时候，就能被人利用，转化为政治上的分裂、冲突和对抗，这并不少见。他认为，宗教和社会主义社会如果不协调，在宗教方面来说，问题每每出在所讲的道上面。丁光训先生说，全国 3 万多处教堂、聚会点不断向广大信徒渲染信与不信的对立，对人民的团结起的是破坏作用，怎么能和社会主义社会协调得起来？他指出，一个在信与不信问题上大做文章的宗教，必然想尽一切办法去扩充信教的人数，必然花费很大的力气在传教上面，每每滥收信徒，许多混乱现象由此产生。

（二）国外势力利用宗教极力进行渗透，企图"重返中国大陆"

19 号文件指出："随着我国国际交往的日益扩大，宗教界的对外联系也日益发展，对于扩大我国的政治影响具有重要的意义。但是与此同时，国际宗教反动势力，特别是帝国主义宗教势力，包括罗马教廷和基督教的'差会'，也力图利用各种机会，进行渗透活动，'重返中国大陆'。我们的方针，就是要积极开展宗教方面的国际友好往来，又要坚决抵制外国宗教中的一切敌对势力的渗透。"多年来，大量事实说明，19 号文件的分析和判断是完全正确的。国外敌对势力包括宗教反动势力对中国的渗透从未停止。美国《国际宗教自由法案》在美国本国是无效的，但却成为用来评判包括中国在内的其他各国宗教状况的"法律依据"。美国经常出笼的有两个特别涉及中国的报告：一是"人权国别报告"，二是"国际宗教自由报告"。这类报告历年只有一个调子，那就是反华。国外敌对势力在挥舞"民主、自由、人权"大棒，对中国宗教政策和宗教工作横加指责、支持境外反华势力从事反动政治活动的同时，越来越看中宗教，以宗教为"首选武器"，利用各种手段和渠道，千方百计地对中国进行渗透。除了公开的和外交的（例如美国总统到我国的大学演讲放肆地作宗教宣传）以外，首选是所谓"学术交流"，包括招收宗教（主要是基督教）研究生或大学生，进行所谓"学者交换"、"培训"、"参观"，进入各种名称的神学院学习和"洗脑"。所谓"文化基督徒"和"汉语神学家"，大都出身于此。与此同时，就是打进来，多以"外语教师身份"作掩护，一些职业神学家和传教士被某些大学聘为"教授"、"兼职教授"、"通讯教授"、"客座教授"、"荣誉教授"之类，将教育和研究阵地变性为宣教布道或举办宗教仪式的场所。更普遍的文化渗透方式则是"设置课题"，吸引学者为其搞"宗教命题"作文，以致代其作"国情调研"。所谓的"国际学术会议"多在国内召开，以招徕全国有关高校和研究机构参加。国外基督教势力"重返中国大陆"的战略，始终放在青少年身上，所以学校是它进入的重点，知识分子则是争取和培养的重点。所有这些活动，除了以出国和留学培训信教中坚分子之外，主要是动用大笔美元进行收买。除了他们的政府、议会和情报机构有经常性的拨款之外，教会和教会学院以及各种名色的"基金会"，都是可以用于宗教渗透的资源。臭名昭著的"美国援华基金会"就不用说了，连"约翰—邓普顿基金会"也是出手大方，一个用于中国的"哲学、科学与宗教"的项目，三年期间即出资 200 万美元。上述美国援华基金会的头头，就毕业于北京的名牌大学，以留学美国攻读神学博士的身份担当起这一重要职位。还有一些能够奔走于各地高等院校和研究部门的外国传教士、神学家，经历都差不多，以其国内的学历和华裔身份，几乎无往而不利，把某些大学当作经常性的宗教培训基地。有人到中国大陆不少高校贩卖《中国宗教的三色市场》，还可以走进公安大学的讲堂，鼓吹"宗教自由市场论"，要求政府放开"宗教市场"，让宗教、迷信、巫术、邪教等势力和思潮"自由竞争"。中央党校毕业的研究生，也有的承担起地下传教的任务，奔走于中美之间，以此为生。海外设有许多专为中国大陆培养宗教人才的机构，从欧美一些神学院或宗教系毕业回国的研究生，大都分布在一些高等院校和社科研究单位的教学与研究的第一线，多数获得高级职称，成为学术带头人、课题专家，有些则长期担任相关的领导职务。已经查处的打着基督教旗号、有国外背景的非法组织有十多个。巴哈伊教、摩门教、统一教等也在一些地区传播。"守望教会""文化基督徒"非法组织在知识分子和白领阶层中迅速发展，进行非法活动。有人在北京公交车上、地铁车厢里，散发"你知道耶稣有多爱你吗"一类小册子以及其他宗教宣传品。大量事实说明，一场"争夺灵魂的战争"正在进行，他们的最终目的就是"重返中国大陆"，控制中国宗教团体和宗教事务，进而颠覆中国国家政权。一位"家庭教会代表"、"文学家"向美国总统进言："里根总统因为埋葬了苏联东欧的共产制度而成为美国历史上最伟大的总统之一。帮助中国发生这种变化，也许是上帝给总统先生的历史使命。"这"既符合上帝的公义，也符合美国的国家安全"。国外敌对势力对中国进行"西化"、"分化"、"和平演变"、"颜色革命"的企图正在步步推进。

（三）迷信活动沉渣泛起，妖言惑众，骗钱害人

19 号文件指出："坚决保障一切正常的宗教活动，同时也就意味着要坚决打击一切在宗教外衣掩盖下的违法犯罪活动和反革命破坏活动，以及各种不属于宗教范围的、危害国家利益和人民生命财产的迷信活动。对于披着宗教外衣的反革命分子和其他刑事犯罪分子，必须依法给以严厉制裁。……已被取缔的一切反动会道门和神汉、巫婆，一律不准恢复活动。凡妖言惑众、骗钱害人者，一律严加取缔，并且绳之以法。党政机关干部利用这类违法活动敛财牟利的，更必须严加处置。"30 年来，文件这一重要规定被忽视了，做得不好，甚至很不好。算命、看相、卜卦、星占、拆字、召魂、圆梦、升天、请神降仙、赶鬼驱病、看风水一类迷信活动沉渣泛起，土洋迷信，五花八门，遍及城乡。神汉、巫婆、算命先生、风水先生利用这些迷信活动敛取钱财，坑害群众。一些文人学者在整理、挖掘"传统文化"的幌子下，编辑出版宣传迷信愚昧的出版物。"周易预测"被某些文人捧为"科学"，成为一种赚钱的工具。"星座"决定人的性格命运，被某些媒体、互联网站大肆炒作，在社会上广为流行，并已传入学校。各种迷信活动在一些宗教活动场所周围更为集中，甚至形成了算命一条街。一些由文物、园林、旅游部门管理的参观旅游场所，也存在这种现

象。在一处民族始祖陵庙内的一个殿堂门口有一块"八卦预测"广告牌，上面写到："八卦是人文始祖太昊伏羲氏创，有史以来，被称为预测吉凶的东方科学，并被无数事实验证，风靡全世界。……为弘扬民族文化，加深游客对先天八卦的了解，特在此门设八卦预测。"所列主要内容有：仕途、财运、婚姻、孕势、健康、学业、前途、风水、官司等，持有"预测学研究员"证书的算命先生坐在殿堂内给来人算命。这类迷信活动长期以来未得到有效治理。

（四）邪教践踏人权，摧残生命，危害社会

有神论迷信活动泛滥，给邪教的滋生蔓延提供了丰厚土壤和良好条件。从思想体系上讲，一切邪教和宗教、迷信同属唯心主义、有神论。有神论迷信思想是教主们神化自己、拼凑邪说、愚弄群众、聚敛钱财、危害社会的主要伎俩。在西方，邪教被视为新兴宗教中疯狂的、邪恶的、毁灭性的极端派别。这种极端派别奉行反社会、反文化、反时政的教义，实施教主集权统治，对信徒强制"洗脑"、进行精神控制，践踏人权，摧残生命，危害社会。我国自 20 世纪 70 年代末 80 年代初出现"呼喊派"后，又先后在一些地方出现了"全范围教会"、"被立王"、"主神教"、"达米宣教会"、"天父儿女"、"新约教会"、"东方闪电"、"灵仙真佛宗"、"观音法门"、"门徒会"、"灵灵教"、"三班仆人派"等非法组织。在"气功"热、"人体特异功能"热潮流下出现的张香玉的"大自然中心功"、张小平的"万法归一功"、张宏堡的"中华养生益智功"（麒麟文化）、李洪志的"法轮功"等，完全是一种有害气功，是一种具有邪教性质的非法组织。由于认识上存在分歧，未能得到及时查处，使某些组织坐大成势，给人民群众生命财产安全、社会稳定、国家利益都带来严重危害。

（五）滥建庙宇、滥塑露天佛像，推动了有神论迷信思潮泛滥

19 号文件指出："在恢复宗教活动场所的过程中，除政府批准拨款的以外，不得动用国家和集体的财物修建寺观教堂，尤其要注意防止在农村滥修庙宇。信教群众自发筹款修建，也要加以疏导，尽可能少建，更不要大兴土木，以免大量耗费人力、物力、财力，妨碍社会主义物质文明和精神文明建设。"文件的上述精神和规定、国务院和国务院有关部门关于制

止乱建庙宇、滥塑露天佛像的法规、规章①，都未能有效制止滥建庙宇、滥塑露天佛像的现象。"宗教搭台，经济唱戏"，愈演愈烈，遍布全国。在一些农村几乎村村有庙。不少是政府行为或商业行为，是动用国家和集体财物修建的。有人认为，"中华大地已形成一场新的造神运动"。

（六）有神论迷信思潮对在校学生的影响触目惊心

宗教与教育相分离，是宗教与国家政权相分离的重要内容。19 号文件强调指出，绝不允许宗教干预学校教育和社会公共教育。然而，有神论迷信思潮早已进入校园，干扰学校正常教学秩序，影响在校学生的健康成长。对此，中央和主管部门虽下发过文件，但并未得到有效治理，且仍在继续蔓延。

2003 年，首都师范大学对北京市大学生宗教信仰状况进行了一次大型调查，在北京大学、清华大学、北京师范大学等 10 所高校发放问卷 3100份，收回 2820 份，涉及文、理、工、农、医、体育、艺术和管理等专业，其结论是：信教者 263 人，占总人数的 9.2%。上述调查还显示，在 263名宗教徒中，承认自己是共产党员的有 92 人，占被调查的信教者的 35%，占在校全体党员的 7.8%。信仰基督教和佛教的人数在大学生信教者中占有相当高的比例。北京市科协 2004 年对该市 10 所中学 217 名学生和 5 所中小学的 206 名教师进行的问卷调查显示，算过命的学生高达 85%，相信求神拜佛的学生超过半数。在被调查的学生中，相信求神拜佛的占 53%，相信命运安排的占 27%，相信星座决定命运的占 40%。在一些地方，每年高考、中考来临之前，有些学生到寺庙烧香许愿，拜佛求神。某市新建起了一处旅游景点，主体建筑名为"魁星阁"（魁星：古代神话中掌管文章盛衰的神），宣扬高中毕业生如到这里朝拜，就能顺利考上大学。在该场所的一面很大的露天石碑上，刻着许多据说来这里拜过"魁星"而考上大学的高中毕业生的姓名以及他们的主要信息。

---

① 1994 年 1 月 31 日，国务院颁布《关于宗教活动场所管理条例》；1994 年 4 月 13 日，国务院宗教事务局根据《条例》规定，下发了《宗教活动场所登记办法》；1994 年 9 月 13 日，国务院宗教事务局、建设部、国家旅游局联合下发《关于制止滥建露天佛像的通知》；1994 年 10 月 20日，国务院宗教事务局又下发了《关于制止乱建佛道教寺观的通知》。

（七）某些文人学者在有神论迷信思潮泛滥中起了重要推动作用

19 号文件指出："用马克思主义立场、观点、方法对宗教问题进行科学研究，是党的理论工作的一个重要组成部分。用马克思主义哲学批判唯心论（包括有神论），向人民群众特别是广大青少年进行辩证唯物论和历史唯物论的科学世界观（包括无神论）的教育，加强有关自然现象、社会进化和人的生老病死、吉凶祸福的科学文化知识的宣传，是党在宣传战线上的重要任务之一。"文件还指出："建设一支用马克思主义武装起来的宗教理论研究队伍，努力办好用马克思主义研究宗教问题机构和大学的有关专业，是党的理论队伍建设的一个不可缺少的重要方面。"文件的上述规定并未真正落到实处。

"文化大革命"前，国家创办的宗教问题研究机构只有中国社会科学院世界宗教研究所。如今，在一些科研院所、大学已经办起的宗教研究机构达 40 多家。几十所高校设立了"宗教系"。在这些宗教问题研究机构和大学"宗教系"中，竟很少有人愿意和无神论沾边。从某些所谓"学术成果"看，也让人分不清这类机构是由共产党领导的社会主义国家创办的宗教研究机构还是由宗教组织所办的宣教机构。为宗教评功摆好的出版物大量增加。不少学者以讲宗教好话为时髦，甚至以"文化基督徒"或者"文化宗教徒"自居。某些共产党员学者"吃教"、"媚教"现象屡见不鲜。这些年来，所谓"有神论有人讲"，主要是一些学者在讲；"无神论无人讲"，也主要是一些学者不讲。与有神论迷信思潮泛滥相比，用马克思主义对宗教问题进行科学研究、用马克思主义哲学批判唯心论（包括有神论）、向人民群众特别是广大青少年进行科学世界观（包括无神论）的教育和科学文化知识的宣传，显得十分渺小、苍白无力。仅有的一点点科学无神论的宣传，甚至不断遭遇到某些人的非难。

特别值得关注的是，一些自诩坚持马克思主义宗教观的共产党员学者所做的一件大事，就是"廓清马克思主义宗教观与所谓无神论、战斗的无神论的区别"。他们认为，"战斗无神论""为反宗教的情绪所支配，满足于揭露宗教的谬误性和消极性"，"缺少理性的思考"。他们打着"与时俱进"的招牌，混淆不同宗教概念的不同内涵，曲解马克思主义宗教理论基本原理，特别是在所谓"鸦片论"、"鸦片基石论"、"斗争论"上大做文章，否定马克思主义关于宗教有神论基本社会功能的原理，否定科学世界观特别是无神论宣传教育，起到了一般学者所起不到的作用。有人认为，马克思主义宗教观"部分地吸收了传统无神论对宗教有神论和精神麻醉作用的批判，但它在无神论史上第一次超越了反宗教的立场"，"从而终结了战斗无神论的历史"。又说："'鸦片论'或'鸦片基石论'是列宁时代出现的，列宁对马克思'宗教是人民的鸦片'的理解，在马克思、恩格斯经典里找不到根据，也没有揭示宗教的根源和社会本质，只把一种社会功能当作马克思主义宗教观的基石，离开了唯物史观，把水平降低到旧无神论的高度。"又说："随着'鸦片论'而来的是对待宗教的'斗争论'。列宁的'斗争论'确定了俄国共产党人的反宗教立场，后来斯大林领导的苏联，在理论上和实践上都强化了与宗教作斗争的立场。新中国成立后，中国共产党人受'鸦片论'和'斗争论'的影响出现过左倾错误。"又说："从现在看，唯物主义者当然不赞成宗教教义，但为什么不能与宗教徒在信仰上互相尊重，而一定要与宗教为敌呢？用无神论去取代劳动群众的宗教信仰，不仅在实践上做不到，而且在理论上也不正确，因为它违背社会主义者尊重群众信仰自由选择的权利和信仰宽容的精神。这样去做，所谓'信仰自由'就只能名存实亡。"有人认为，"宗教是人民的鸦片"原意是"人民对宗教的需要"；列宁把"'人民对宗教的需要'变成'统治阶级利用宗教麻醉人民'"。又说："更为不幸的是，列宁把'宗教是人民的鸦片'归结为'马克思主义在宗教问题上全部世界观的基石'"，"由此引伸出又一结论：'……我们应当同宗教作斗争……这是马克思主义起码原则'。""从此，'宗教是资产阶级（统治阶级）麻醉人民的鸦片'这句话成为我们对马克思主义宗教观的标准理解，也成为我们制定宗教政策的基本依据。宗教被视为'毒品'，被视为旧社会的残余，被视为与先进阶级、先进政党、先进制度格格不入的异物，被视为与马克思主义对立的意识形态。"有人认为："由于马克思、恩格斯所处时代背景、革命所面临的基本任务的不同，对宗教进行批判、进行斗争的'火药味'比较浓，但只要深入到历史背景中去分析，马克思、恩格斯对宗教的批判和斗争，其着眼点其实并不在'教'，而在'人'。马克思立意的着重点并非是麻醉人民的鸦片，而是受鸦片麻醉的人民，是哀其不幸，怒其不争，促其奋斗。"又说，列宁对马克思"宗教是人民的鸦片"的解释、对宗教基本社会作用的解释，其立意的着重点同样并非是麻醉人民的鸦片，而是受鸦片麻醉的人民。有人认为，马克思于 1843 年对黑格尔法哲学的批判只是"把他引向通往唯物主义历史观的道路",但"这种批判还没有达到历史唯物主义,甚至也还没有突破黑格尔的唯心主义达到一般唯心主义"。《导言》"从马克思的哲学思想的性质来看,正在从黑格尔向费尔巴哈过渡"。由此推论,《〈黑格尔法哲学批判〉导言》不是马克思的著作,"宗教是人民的鸦片"的论断不是马克思主义。有人认为:"社会变了,其宗教的意义、功能、作用,乃至本质亦会有重大或根本性改变。"有人认为,"对马克思主义宗教观的误译、误读、误解"表现为"他们总是从宗教的本质是毒害人民的鸦片、是颠倒的世界观开始作文章,大讲特讲宗教在历史上始终是剥削阶级剥削、压迫人民的工具,与社会主义、共产主义是格格不入的"。有人认为,宗教已经从"精神鸦片"变为"社会资本"、"精神资本"。有人认为,宗教的社会作用"主要表现在群体整合、心理调适、道德教化、文化传承"。如此等等。这类文章在许多学术刊物和报纸上发表,还出现在《中国宗教》、《公务员宗教知识读本》中,成为近年来宗教问题研究和宣传的主导倾向,拥有相当大的话语权。甚至容不得人们对他们的理论观点、学术倾向有任何质疑。马克思主义活的灵魂是具体问题具体分析。没有具体分析,就没有具体政策。理论上的混乱,必然导致政策上的混乱,必然对宗教实际工作产生严重干扰。这类倾向不仅影响到党和政府对宗教的工作,还影响到人民群众如何正确认识和对待宗教问题。

(八)政府相关职能部门对宗教社会事务监管不到位

19号文件指出:"还应当强调指出,宗教信仰自由的政策的实质,就是要使宗教信仰问题成为公民个人自由选择的问题,成为公民个人的私事。社会主义的国家政权当然绝不能被用来推行某种宗教,也不能被用来禁止某种宗教,只要它是正常的宗教信仰和宗教活动。同时,绝不允许宗教干预国家行政、干预司法、干预学校教育和社会公共教育,绝不允许强迫任何人特别是十八岁以下少年儿童入教、出家和到寺庙学经,绝不允许恢复已被废除的宗教封建特权和宗教压迫剥削制度,绝不允许利用宗教反对党的领导和社会主义制度,破坏国家统一和国内各民族之间的团结。"

多年来,在宣传和贯彻宗教信仰自由政策中存在着片面性,也没有真正把工作的重心放在使宗教信仰问题成为公民个人的私事上、放在调控宗教与国家政权相分离上,对宗教社会事务的监管不到位。某些政府官员无视文件关于"社会主义的国家政权当然绝不能被用来推行某种宗教"的重要规定，利用手中权力，美化、支持、发展宗教，走到了另一个极端。对于宗教干预学校教育和社会公共教育，对于某些学者利用自己的身份、影响和学术平台，美化、宣扬宗教有神论，对于某些书刊、媒体、电视、互联网站传播有神论迷信思潮等问题，往往无人过问，听之任之。在某些地方，宗教封建特权和宗教压迫剥削制度事实上已经恢复。对于利用宗教反对党的领导和社会主义制度、破坏国家统一和国内各民族之间的团结的势力和活动，疏于防范和监管。对宗教组织的传教活动，政府主管部门缺乏正面引导。对宗教界的统一战线工作，更多地重视了对宗教教职人员的安排，在一定程度上忽视了对他们的教育。一些年轻的宗教教职人员迷恋于金钱和对权力的崇拜。一些人素质低下，利用自己的身份在社会上招摇撞骗。一些身穿僧衣道装的人在社会上算命骗钱，坑害群众，无人过问。对宗教社会事务不去管、不敢管、不愿管的现象相当普遍。

（九）某些共产党员在有神论迷信思潮泛滥中沦为俘虏或推波助澜

19 号文件指出："我们党宣布和实行宗教信仰自由的政策，这当然不是说共产党员可以自由信奉宗教。党的宗教信仰自由的政策，是对我国公民来说的，并不适用于共产党。一个共产党员，不同于一般公民，而是马克思主义政党的成员，毫无疑问地应当是无神论者，而不应当是有神论者。我们党曾经多次作出明确规定：共产党员不得信仰宗教，不得参加宗教活动，长期坚持不改的要劝其退党。这个规定是完全正确的，就全党来说，今后仍然应当坚决贯彻执行。"某些共产党员无视这一重要规定，不仅自己信奉宗教，参加宗教活动，而且美化、支持发展宗教。人们看到，有坐着公车到寺庙烧头香的领导干部、军官，有靠算命先生指导工作的市委书记，有在大院里埋符咒企求升迁的县委班子，有虔信佛教以致成为腐败分子的副省长，有相当数量的共产党员陷入"法轮功"一类非法组织，等等。有人认为，揭露出来的事实，"不过是冰山一角"。

七　对贯彻 19 号文件的情况和经验教训进行总结，是对 19 号文件下发 30 周年最好的纪念

30 年来，在宗教工作中贯彻 19 号文件精神，取得了巨大成功，积累了丰富经验。但是，无容讳言，在宗教工作的某些方面也有失误，宗教领

域和宗教工作中存在不少问题。对于这些失误和问题，政府相关职能部门以及社会各界都存在一些不同看法。正是这些不同看法，直接影响到宗教实际工作，影响到社会主义物质文明、精神文明和政治文明建设。在纪念19号文件下发30周年之际，我们认为，很有必要对30年来贯彻19号文件的情况和经验教训，进行一次全面地实事求是地总结。应当把总结的过程变为19号文件再学习再教育的过程，理论联系实际。既要充分肯定宗教工作的成绩和经验，又不回避问题、不掩盖矛盾，高度重视工作中的失误和教训。对理论方针政策上的大是大非问题，应当旗帜鲜明，绝不息事宁人，绝不姑息迁就，建议用适当方式、在一定范围内表明党和政府对这些问题的态度。这样，才能在全党真正牢固树立起马克思主义宗教观，统一人们对宗教问题的认识，才能实事求是地对待和处理宗教领域和宗教工作中的实际问题，把宗教工作做得更好。这才是对19号文件下发30周年最好的纪念。

（原载《科学与无神论》2012年第4期）

19 号文件再理解

——纪念中共中央 1982 年 19 号文件印发 30 周年

李平晔

2012 年 7 月 23 日，胡锦涛总书记在省部级主要领导干部专题研讨班上作了重要讲话，全文贯穿解放思想、改革开放、凝聚力量、攻坚克难的精神。以胡锦涛总书记的讲话精神为指导，重新学习中共中央 1982 年印发的《关于我国社会主义时期宗教问题的基本观点和基本政策》（以下简称 19 号文件），对于我们在新的历史时期做好宗教工作具有重要的指导意义。

一份文件，若要经得起历史的检验，具有历史的价值，必须要符合历史发展的客观规律，符合人民群众的根本利益，符合国情政情，具有科学性、实践性和前瞻性。中共中央 1982 年印发的 19 号文件正是这样一个文件。

19 号文件发布 30 周年了，然而，当我们今天阅读它时，仍然能感受到其实事求是、高瞻远瞩的震撼力，感受到其对国情教情的准确把握。今天，当我们重温 19 号文件，审视我们的宗教工作，梳理我们对宗教问题的思路，更加感受到 19 号文件对于我国宗教工作未来走向的指导意义和价值。19 号文件奠定了我国由革命党向执政党转变后宗教工作的理论基础和方针政策。如果我们的宗教工作偏离了这一文件的基本精神，就必定会对党的中心工作造成损害。尽管 19 号文件是在改革开放初期制定的，无法涉及 30 年来宗教方面出现的一些新情况、新问题，文件中提出的一些既定方针也尚有拓展和深化的空间，但是，19 号文件所表达出的实事求是的精神是永远不会过时的。以与时俱进的态度全面深入学习、掌握 19 号文件的精神，仍然是我们当前做好宗教工作的重要前提。

一 对宗教的基本认识及宗教工作的目的

我们党的宗教政策的制定，建立在运用马克思主义理论分析、认识宗教的本质、规律及其社会作用的基础之上。如果我们仅仅把宗教看成是愚昧落后的产物，是毒害人民的"鸦片"，是帝国主义文化侵略的工具，是统治阶级麻痹和控制人民的精神武器，是私有制的上层建筑，在新社会的存在也只是体现为旧社会的遗留物，那么，宗教的社会作用也只能被认定是单一的、负面的、消极的，宗教难以与先进的社会制度相适应，更不可能成为社会主义社会的有机组成部分，而是与主流意识形态抵触、对立和抗衡的异己力量。由此还会进一步地错误认为，对宗教的警觉、批判和斗争是认识和处理宗教问题的前提，坚持社会主义就必须与宗教划清界限。这样，宗教问题人为地演变为政治问题，党对宗教工作的目的也就成了限制、压缩和消灭宗教。在这样的理论指导下做宗教工作，只能谈防范和限制，不能谈引导和适应。这是自1957年以来，尤其是"文化大革命"中极"左"路线对宗教问题的认识而导致的极"左"的宗教政策。

之所以说19号文件对于宗教工作的指导思想具有"拨乱反正"的、里程碑式的作用，在于文件对于我国社会主义历史时期宗教的本质、规律及其社会作用作出了实事求是的解释，使我们党恢复正确的宗教政策和宗教工作成为可能。

文件多处强调并重新确立马克思主义作为宗教工作指导思想的重要性，指出要"系统地学习马克思主义关于宗教的理论"，"进一步认识和掌握宗教发生、发展和消亡的客观规律，克服一切困难和阻力，坚定不移地把党的宗教政策放到马克思列宁主义、毛泽东思想的科学轨道上来"。

文件以马克思主义的立场、观点和方法分析我国的宗教情况，指出新中国成立以后，"我国宗教的状况已经起了根本的变化，宗教问题上的矛盾已经主要是人民内部的矛盾"。这意味着，宗教不应当再被看成是社会的异己力量和批判的对象，不必言宗教必言渗透、分裂和颠覆。"在世界观上，马克思主义同任何有神论都是对立的；但是在政治行动上，马克思主义者和爱国的宗教信徒却完全可以而且必须结成为社会主义现代化建设共同奋斗的统一战线。""信教群众与不信教群众在思想信仰上的这种差异，是比较次要的差异。"求同存异，淡化信仰的差异，把宗教信仰与政治问题分离开来，信仰的不同不再是政治问题，肯定了宗教界与共产党人具有共同的政治目标，政治、经济根本利益是一致的，宗教信仰者可以成为共产党人的朋友、同盟军，肝胆相照、荣辱与共，不再是非此即彼、你死我活的阶级斗争关系。这个思想后来被提炼成"政治上团结合作，信仰上互相尊重"。

19 号文件还指出，"我们在宗教问题上能否处理得当，对于国家安定和民族团结，对于发展国际交往和抵制国外敌对势力的渗透，对于社会主义物质文明和精神文明的建设，仍然具有不可忽视的重要意义"。宗教不仅在政治上可以寻求与社会主义社会的一致性，而且在社会主义现代化建设，甚至思想、文化建设上，也可以有所作为。宗教具有正面、积极的作用，宗教工作应当为宗教在社会主义物质文明与精神文明的建设中发挥积极作用创造条件。

19 号文件进一步指出，"使全体信教和不信教的群众联合起来，把他们的意志和力量集中到建设现代化的中国这个共同目标上来，这是我们贯彻执行宗教信仰自由政策，处理一切宗教问题的根本出发点和落脚点"。这样，宗教工作的目的就不再是限制和消灭宗教，为党的中心工作服务才是宗教工作的目的，彻底否定了宗教工作中以限制、消灭宗教为目的的极"左"路线。这也为以后的"引导宗教与社会主义社会相适应"的提出埋下了伏笔，留下了空间。

二　宗教工作的基本原则和基本任务

在宗教领域中，有一些公认的国际准则，如宗教信仰自由、各教平等、政教分离等。这些基本原则，在 19 号文件中虽然没有分题展开论述，但却贯穿全文始终。

19 号文件指出，"在新的历史时期中，党和政府对宗教工作的基本任务，就是要坚定地贯彻执行宗教信仰自由政策"。只有贯彻执行宗教信仰自由的政策，才能达到宗教工作为党的中心工作服务的目的。在重申宗教信仰自由原则的同时，把它定为我党宗教工作的基本任务。

至于宗教信仰自由的内涵，19 号文件也明确指出，"宗教信仰自由，就是说，每个公民既有信仰宗教的自由，也有不信仰宗教的自由；有信仰这种宗教的自由，也有信仰那种宗教的自由；在同一宗教里面，有信仰这个教派的自由，也有信仰那个教派的自由；有过去不信教而现在信教的自由，也有过去信教而现在不信教的自由"。在全面论述宗教信仰自由的内涵时，提出了各宗教、同一宗教各教派之间平等的原则。

19 号文件还指出，"宗教信仰自由的政策的实质，就是要使宗教信仰问题成为公民个人自由选择的问题，成为公民个人的私事。社会主义的国家政权当然绝不能被用来推行某种宗教，也绝不能被用来禁止某种宗教，只要它是正常的宗教信仰和宗教活动"。在阐明宗教信仰自由的实质时，明确提出了政教分离的原则。

西方国家认为信仰自由、各教平等、政教分离等原则，是现代社会的概念。其实，在我国历史上，这几个原则早已存在，也向来是中国共产党对待和处理宗教问题的基本原则。但是，在极"左"路线的影响下，特别是在"文化大革命"中，这些原则被破坏，"取消了党对宗教的工作"。当不顾宗教自身的特点和规律，相信可以人为地改变或消灭宗教时，当力图用强权及行政的力量解决信仰问题时，其结果只能如 19 号文件所指出的，"增加信教群众和不信教群众之间的隔阂，并且刺激和加剧宗教狂热，给社会主义事业带来严重的恶果"。这是我们党在处理宗教问题上的历史教训。

19 号文件所蕴涵的贯彻宗教信仰自由、各教平等，以及政教分离的原则提示我们：其一，"宗教信仰自由决不是临时性的权益之计"。我们党近年来已经认识到，应当从人权的高度理解宗教信仰自由的原则，把信仰的选择看成是个人的基本权利而予以尊重和保护，这是被世界各国人民所共同认可的普世价值。当然，任何自由都是有限度的，信仰自由也如此，它的界限在于以不侵犯、不损害他人的自由，不损害国家和民族的利益为前提。其二，宗教不分优劣，任何宗教都有其自身的特点和规律，贯彻宗教信仰自由政策，就应当尊重和保护不同宗教自身的特点和规律，不能轻易触动或改变其基本教义、教规和戒律。其三，对不同的宗教或教派一视同仁，不可厚此薄彼；力图用强权或金钱的力量来支持或制约某种宗教或教派，不论这个强权或金钱来自何处，境内还是境外，其背后必有政治的考量，结果将是打乱教态平衡，形成宗教的畸形发展和异端滋生的土壤。强权或金钱只能使宗教或教派失去宗教性和活力。其四，虽然宗教与政治分属两个不同领域，但宗教与政治不可能完全隔绝。一方面，如果把宗教看成一股潜在的政治势力而加以引导或阻隔，就有可能使之成为政治势力，导致宗教失去其作为宗教的社会功能，或者失去信众，或者演变成社会异己力量的集聚地。宗教和政治面对的是两个不同领域的问题，处理的方式也大相径庭。宗教信仰解决的是人在精神领域里的追求，是形而上的问题，直面人生的困惑；而政治解决的是社会层面的问题，是形而下的问题。政治不可能回答和解决所有的人生问题，因而不能轻易把宗教问题带入政治领域。另一方面，由于宗教所具有的特殊的凝聚力和号召力，要防止别有用心的人利用"宗教干预行政、干预司法、干预学校教育和社会公共教育"，或利用宗教进行政治渗透，或者进行反国家、反民族、反社会的活动。宗教问题一旦政治化，就不再是宗教问题了，也不可能用解决宗教问题的方法处理。其五，"对待人们的思想问题，对待精神世界的问题，包括对待宗教信仰的问题，用简单的方法去处理，不但不会收效，而且非常有害"。因此，不要力图用行政的力量去干涉、解决人们精神领域里的事情。"不要包办代替"，宗教事务"都由宗教组织和宗教信徒自理，受法律保护，任何人不得加以干涉"。如果我们今天仍然相信"依靠行政命令或其他强制手段"可以处理好宗教问题，那只能是历史的倒退。

三　19 号文件留给我们的思考

30 年过去了，我国社会政治、经济、思想、文化方面发生了巨大的变化，与 30 年前不可同日而语。宗教方面也出现了许多新情况、新问题，宗教理论和宗教工作在探索中逐步深化，丰富和发展了中国特色的社会主义宗教理论和宗教实践。尽管我们向前走了许多，但重新学习 19 号文件，回顾我们走过的历程时，才深刻地意识到，文件在指导我们的同时，还向我们提出了一些无法回避、有待深化的课题。

其一，宗教的根源和消亡问题。这是共产党人必须面对的一个基本问题。辩证唯物主义和历史唯物主义认为，"宗教是人类社会发展到一定阶段的历史现象，有其发生、发展和消亡的过程"。只有宗教存在和发展的根源消失，宗教才会自然消亡。

宗教存在的根源主要有 4 方面，即自然根源、心理根源、认识根源和社会根源。在这些根源中，有历史性的和非历史性的因素。历史性的因素靠人类自身的努力有可能使其发生变化。宗教存在和发展的根源中历史性因素虽然通过人类自身的努力可以有所改变，但综合非历史性因素，这个改变是否必然导致宗教意识的淡化或宗教的消亡，是仍然需要历史检验的，因为非历史性的因素，是人力所不及的。

其二，一些具体的政策性问题。19号文件涉及一些具体政策问题，由于这些问题当时并不突出，因此文件只做了一些原则性的规定。例如关于共产党员信仰宗教的问题，在20世纪80年代"文化大革命"刚结束的中国，这基本不是一个问题。尽管文件更多篇幅谈的是对于"不能完全摆脱宗教影响"的少数民族共产党员的宽容和理解，但文件明确提出，"共产党员不得信仰宗教"，把它作为一个政策性规定。

30年后，在物质生活水平极大提高、文化教育广泛普及、科学技术飞速发展的今天，曾被我们看作是因愚昧落后和精神空虚而形成的宗教，却对一些先进分子产生了极大的吸引力。正像中央对腐败屡禁而不止一样，中央屡提党员不能信教，而党员信教的比例却有增无减。当宗教信仰仅仅是党员干部的个体性精神追求时，还无碍大局，但当一些地方党政部门或个别领导干部成为"宗教热"推波助澜的助力，形成一定社会影响时，党员信教就不再是个人的事了。

19号文件还提到一些政策性问题，诸如独立自主、自办教会的问题，宗教与民族问题，宗教团体的自身建设及发挥作用问题，宗教活动场所的管理问题，宗教界从事公益事业问题，宗教院校及教职人员的培养教育问题，反渗透与对外交往问题，青少年信仰选择的问题，基督教家庭聚会问题，用马克思主义的观点对宗教进行研究的问题，党政部门对于宗教事务的管理问题，宗教工作综合治理问题，提高宗教工作干部的素质问题，宗教方面的法律法规的健全及依法管理的问题，等等。这些当年只是初露端倪、并不突出的问题，今天都成为难点、热点、焦点。还有一些文件中没有涉及的问题，如天主教地下势力问题，五大宗教之外的宗教及教派问题，民间信仰问题，邪教与新兴宗教问题等，都需要我们认真研究、梳理，拿出解决的办法。其实，近30年来，宗教工作面对的主要就是这些问题。爱国宗教人士可以说，现在是宗教政策的黄金时期；我们也可以说，党的宗教工作从来没有面临如此多的困惑和挑战，无论是理论上，还是实践中。

重新学习19号文件，我们看到方向，看到信心，也看到差距，看到宗教工作还没有完全达到30年前19号文件提出的基本要求。然而，宗教工作是党和国家的中心工作的组成部分，是构建和谐社会的重要内容。十六届六中全会就指出："宗教和谐是中国特色社会主义的本质属性。"宗教是社会和谐的重要因素，可以为社会和谐作出贡献。

30 年来，我国在通向国强民富的路上大步迈进，成就斐然。在革命党完成了向执政党转变的历史时期，我们应当更加自信，对于信仰、思想、制度、价值观的不同，应当有更多的包容，更多的建设性的作为。对待和处理社会主义初级阶段历史时期的宗教问题，需要从安定团结以及文化建设的战略高度思考，不能再有"宗教鸦片论"、"宗教斗争论"等政治的、文化的激进主义，而应当寻求一条非强权的社会改良和进步之路。且不说这种激进主义本身就会制造社会的不安定，从另一方面看，正如宗教学资深专家牟钟鉴先生所说的那样，"文化偏激主义的破坏，较之文化保守主义的落后，其对国家民族的危害要甚于百倍。保守主义文化也许会延缓新陈代谢，然而尚有旧文化旧道德支撑社会精神生活，可以慢慢加以改良；扫荡文化则会断裂传统，整个民族精神上无家可归，还可能倒退到野蛮"。今天社会上道德、官场、教育、文化等各界的乱象，难道不值得我们做一点历史的反思吗？

（原载《中国民族报》2012 年 9 月 11 日）

新中国成立初期宗教渗透与反宗教渗透之争及反宗教渗透工作的主要经验教训

段德智

反对和抵制宗教渗透不仅是一个关乎我们能否有效地坚持独立自主办教原则的问题，而且也是一个关乎我们国家政治安全和意识形态安全的问题。冷战时代结束之后，境外敌对势力加紧利用宗教问题对我国实施西化和分化的政治战略，人们越来越充分地认识到反对和抵制宗教渗透对于维护国家政治安全和意识形态安全的极端重要性。然而，宗教渗透与反宗教渗透之争并不是近几年才开始的事情，而是早在新中国成立初期就开始了的。因此，回顾新中国成立初期宗教渗透与反宗教渗透之争，认真反思并总结该时期我国反宗教渗透工作的主要经验和主要教训，对于我们做好当前的反对和抵制宗教渗透工作是有一定的借鉴意义的。鉴此，本文将依次对新中国成立初期宗教渗透的基本形式、反宗教渗透斗争的基本内容和反宗教渗透工作的主要经验教训作出说明。

一 宗教渗透的基本形式

谈反宗教渗透的前提是宗教渗透的存在。因此，我们在具体地考察新中国成立初期反宗教渗透的基本内容之前，有必要对新中国成立初期宗教渗透的基本形式做一番先行的考察。

1949 年 10 月 1 日，中华人民共和国成立，不仅宣告了统一的新民主主义的新中国的诞生，同时也宣告了一百多年来殖民主义、帝国主义同封建统治者勾结起来奴役中国人民的历史的结束。但是，殖民主义、帝国主义和封建主义势力并不甘心它们在中国这块土地上的失败，在新中国成立后，策划了一系列颠覆和破坏活动，以期推翻新生的人民政权，干扰国民经济的恢复、人民民主改革运动和社会主义改造运动。而宗教渗透就是它们颠覆新生政权、干扰国民经济恢复、人民民主改革运动和社会主义改造运动的诸多手段之一。为了实现其罪恶目的，境内外敌对势力采取了多种形式对我国实施宗教渗透，下面我们就对其所采用的基本形式作一个扼要的考察。

利用旧中国宗教的殖民性从事颠覆和破坏活动是建国初期境外敌对势力实施宗教渗透的一个最惯用的伎俩。我们知道，旧中国的天主教是一个与殖民主义和帝国主义有密切联系的宗教。尽管我国史学上有所谓天主教三次入华的说法（唐代景教入华、元代也里可温教入华、明末耶稣教入华），但天主教大规模入华毕竟是鸦片战争之后的事情。[①] 这就是说，天主教主要是靠鸦片战争强迫中国清政府解除"禁教"令、签订不平等条约、获得传教和其他特权才在中国大规模发展起来的。天主教的这样一种殖民性或洋教性质以及它与殖民主义和帝国主义的这样一种关系便给境外敌对势力实施宗教渗透以种种便利。而新中国成立前夕帝国主义分子利用天主教组建"圣母军"进行颠覆和破坏活动就是一个典型不过的事例。圣母军本来是一个1921年成立于爱尔兰的反对共产党和社会主义的世界性保守组织。1948年9月，当中国人民的解放战争即将取得全国性胜利的前夕，罗马教廷驻中国全权公使黎培里从美国召回爱尔兰籍神父莫克勒（William A. McGrath, 1906—2000）在全国范围内组建圣母军。不仅在上海建立了总部，而且还在上海、北京、天津建立了三个分部。该组织在新中国成立前夕，极力支持即将垮台的蒋介石政权，新中国成立后，又恶毒攻击共产党和新生政权，并极力渗透到中国社会的多个方面进行破坏、捣乱，不仅煽动其地下组织成员抵制、破坏土地改革、抗美援朝、天主教徒的三自爱国运动，而且还计划实施暴力恐怖活动，谋害地方党政军负责人。[②]

利用旧中国宗教的封建性进行颠覆和破坏活动也是境外敌对势力对我国实施宗教渗透的一个重要伎俩。新中国成立初期，"在若干民族地

① 从1584年耶稣会士利玛窦入华传教，至1840年鸦片战争爆发的250多年间，天主教人数不足20万人。但至1896年，在50多年里，便激增到53万多人。

② 罗光武：《新中国宗教工作大事概览（1949—1999）》，华文出版社2001年版，第59页。

区曾发生过许多次叛乱"①。发生叛乱的原因固然是多方面的，例如，我们在这些地区对党的民族政策和宗教政策执行不力等，美蒋特务和旧社会残余势力利用中国传统宗教（如中国伊斯兰教和藏传佛教）的封建性，挑拨和煽动不明真相的信教群众无疑也是这些地区发生叛乱的一个重要原因。另外，新中国成立初期美蒋特务利用"一贯道"等会道门组织进行颠覆和破坏活动也大体属于这样一种类型。

利用中国宗教与境外宗教在信仰上和组织上的某些联系对中国宗教进行干涉和控制是境外敌对势力对我国实施宗教渗透的第三种重要形式或重要手段。在这方面，帝国主义和梵蒂冈对中国天主教的干涉和控制是最为明显的。为了便于干涉和控制中国天主教事务，罗马教廷驻中国特命全权公使和宗座驻华代表黎培里（Antonio Riberi，1897--1967）于1947年2月就创建"天主教中华全国教务协进委员会"。新中国成立前夕，为了阻止中国人民的解放事业，黎培里以教廷驻中国全权公使的名义发布训令，要求全国天主教"全面协助与服从中国政府戡乱救国的政策"，"禁止公教团体和个人参加反动组织"。新中国成立后，他又极力控制中国天主教会，干扰和阻止三自爱国运动。他不仅于1950年7月颁布"警告"，表示对"参与支持无神组织活动者，给予圣事上的制裁"，而且当中国天主教教友发表《三自爱国宣言》后，他又多次发表牧函，谴责三自爱国运动"脱离教会圣统"，是"裂教行为"，并多次签发命令，声称给予反对合法神长者以严厉神权制裁。甚至罗马教廷也直接出面干涉我国天主教的三自爱国运动，不仅以罗马教廷圣职部的名义先后发布"反共产主义法令"和"制裁令"②，而且罗马教皇庇护十二世也先后于1952年1月和1954年10月发表公函，谴责我国天主教的三自爱国运动，并以革除教籍威胁参加反帝爱国运动的中国教友③。而受美帝国主义支配的世界基督教协进会在美帝国主义发动侵略朝鲜战争不久，即在加拿大召开会议，发表"对于朝鲜战争的决议"，企图干涉和破坏我国人民，特别是我国基督教的反帝爱国运动。

---

① 中共中央统战部研究室：《历次全国统战工作会议概况和文献》，档案出版社1988年版，第187页。

② 罗渔、吴雁编著：《大陆中国天主教四十年大事记》，辅仁大学出版社1986年版，第8、10页。

③ 晏可佳：《中国天主教简史》，宗教文化出版社2001年版，第245—246页。

利用中国宗教与境外宗教在经济上的某些联系对中国宗教进行干涉和控制是境外敌对势力对我实施宗教渗透的第四个重要形式或重要手段。新中国成立前，中国天主教和中国基督教同境外宗教团体或差会在经济上的联系极其普遍，即使在新中国成立初期，这种状况也没有得到根本改变。1951 年 3 月 17 日《光明日报》所发表的题为《帝国主义分子破坏天主教自立爱国运动的铁证》的社论曾经揭露说：“据调查，在中国的天主教有 130 多个教区，直接由美国教士主持的就有 13 个教区，由美国教会或所谓‘教会救济总署’津贴的，有七八十个教区，其余三四十个教区在表面上是受罗马教廷的津贴，但是这些津贴实际上还是受美国控制的，因为罗马教廷百分之七八十的传教费，是由美帝国主义分子捐助的。”① 中国基督教（新教）对境外势力在经济上的依赖也是相当普遍的。与天主教相比，基督教更是“靠着帝国主义枪炮的威力”获得其传教和其他特权的。② 因为如果说天主教在鸦片战争前在中国便已有了一定的规模（有 20 万天主教徒），那么，基督教在鸦片战争前在中国则基本上没有立脚，受洗的基督教徒不足 20 人③。诚然，至 20 世纪 20 年代，在“非基运动”冲击下，基督教的本色化运动有了很大的进展，但外国差会控制中国基督教（新教）的局面即使到了新中国成立之初也没有因此而得到根本的转变，大多数基督教团体还是主要依靠外国差会的津贴来维持其日常开支和日常活动的。帝国主义，特别是美帝国主义在经济上资助这些宗教组织和宗教团体的目的不是别的，而是为了便利从政治上和行政上控制和操纵这些宗教组织和宗教团体。例如，1950 年秋，帝国主义分子就企图利用自己手中的财政权来干涉和控制辅仁大学的行政权，干涉和控制辅仁大学校长的任命权④。由此看来，利用中国宗教与境外宗教在经济上的某些联系对中国宗教进行干涉和控制实在是境外敌对势力对我国实施宗教渗透的一个极其重要的形式或手段。

---

① 罗光武：《新中国宗教工作大事概览（1949—1999）》，华文出版社 2001 年版，第 35 页。
② 周恩来：《周恩来统一战线文选》，人民出版社 1984 年版，第 180 页。
③ 王美秀、段琦、文庸、乐峰等：《基督教史》，江苏人民出版社 2006 年版，第 376 页。
④ 罗光武：《新中国宗教工作大事概览（1949—1999）》，华文出版社 2001 年版，第 12—13 页。

二 反宗教渗透的基本内容

　　既然境外敌对势力，特别是美帝国主义对我国进行宗教渗透旨在颠覆新生的人民政权，破坏我国的民主改革运动和社会主义改造运动，便势必遭到包括绝大多数中国宗教界人士在内的全体中国人民的反对和抵制。早在新中国成立前夕，毛泽东就揭露"美帝国主义比较其他帝国主义国家，在很长的时期内，更加注重精神侵略方面的活动"，更加注重其在中国的"传教"事业和其他"文化侵略事业"①。新中国成立后，周恩来又接着揭露说，"今天，美帝国主义仍企图利用中国的宗教团体来进行破坏中华人民共和国的活动"，呼吁中国人民和中国各宗教团体"把民族反帝的决心坚持下去，割断同帝国主义的联系"②，积极抵制帝国主义对我国实施的宗教渗透。新中国成立初期，我国政府和我国人民开展的反对和抵制境外势力对我实施的宗教渗透的艰苦卓绝的斗争，概括起来主要表现在下述几个方面。

　　首先，我国政府和人民对利用宗教进行颠覆和破坏活动的帝国主义分子和反革命分子采取了一系列严厉的制裁措施。1950 年 12 月，北京市市长聂荣臻，副市长张友渔、吴晗签署了"坚决严厉取缔一贯道"的《北京市人民政府布告》，北京市公安机关抓捕了 130 多名首要分子。1951 年 2 月，天津市人民政府公安局破获以天主教为掩护进行反革命活动的美蒋特务组织"公教青年报国团地下工作总队平津分队"和"民众建国协进会天津支部"，逮捕金玉培等罪犯 19 人。1951 年 6 月，上海军事管制委员会宣布取缔"天主教中华全国教务协进会"，逮捕美国玛利诺外方传教会会士、天主教中华全国教务协进会秘书长（1948—1951）华理柱（James Edward Walsh M. M.）。1951 年 7 月，天津市军事管制委员会发出布告，宣布取缔帝国主义操纵的反动秘密组织"圣母军"，天津市公安局依法逮捕法国巴黎遣使会会士文贵宾、圣母军华北分会会长邓华光等反革命分子。1951 年 9 月，中国人民解放军南京市军事管制委员会发布命令，以"间谍罪"、"组织反革命团体罪"、"煽动反对政府罪"宣布将帝国主义分子摩纳哥侨

---

① 毛泽东：《毛泽东选集》第 4 卷，人民出版社 1991 年版，第 1505—1506 页。
② 周恩来：《周恩来统一战线文选》，人民出版社 1984 年版，第 181 页。

民、前罗马教廷驻国民党政府"公使"黎培里永远驱逐出我国国境。1955年9月，在"肃清暗藏的反革命分子"的运动中，上海市公安局以披着宗教外衣，勾结帝国主义，背叛祖国等罪名逮捕龚品梅及其所领导的反革命叛国集团的同伙。中国人民政府对利用宗教对我国进行颠覆和破坏活动的帝国主义分子和反革命分子采取上述种种制裁措施和高压态势是新中国成立初期反对和抵制境外宗教渗透斗争的一项不可或缺的内容。

其次，对利用宗教策划和组织武装叛乱的反革命分子采取坚决的军事打击也是我国政府反对和抵制宗教渗透的一项有力措施。如上所述，新中国成立初期，在民主改革尚未进行或尚未完成的少数民族地区，曾经发生过许多次敌特、残匪和其他反革命分子利用宗教策划和组织的武装叛乱，给革命事业和人民群众的利益造成巨大损害。例如，1952年4月，国民党特务分子马晓东、贾国俊煽动和欺骗马国瑗和杨枝云等，利用人民政府在民族工作和宗教工作中的某些缺点，在甘肃、宁夏两省区交界处的回族聚居地区，以"保教"为借口，威逼和煽动不明真相的群众，发动武装叛乱。他们在"依靠地主，团结富农，不管中农，打倒贫雇农"和"打倒共产党"口号下，捣毁区乡政府，疯狂杀伤干部，抢劫骚扰群众，给国家和人民的利益造成极大损害。在这种情况下，人民解放军西北军区派遣部队追捕围剿，迅速平定叛乱，才使得国家和人民的利益避免了更大的损失。一如马克思所指出的，批判的武器当然不能代替武器的批判，物质力量只能用物质力量来摧毁①。尽管平叛这类武装叛乱必须伴之以强有力的政治攻势，但是，离开了有力的军事打击，单纯的政治宣传是很难奏效的②。实践证明，对利用宗教策划和组织武装叛乱的反革命分子采取坚决的军事打击也是我们反对和抵制宗教渗透的一项不可或缺的应对措施。

最后，及时、充分揭露境外敌对势力干涉和控制我国宗教事务、颠覆和破坏我国民主改革和社会主义改造的种种阴谋活动也是我国政府和人民反对和抵制宗教渗透的一项重要措施。为要彻底粉碎境外敌对势力对我国实施的宗教渗透固然需要做多方面的工作，但无论如何，及时、充分地揭露境外敌对势力干涉和控制我国宗教、颠覆和破坏我国民主改革和社会主

---

① 《马克思恩格斯选集》第1卷，人民出版社1995年版，第9页。
② 中共中央统战部研究室：《历次全国统战工作会议概况和文献》，档案出版社1988年版，第187页。

义改造的种种阴谋活动则是一项首要的工作。因为非如此便不足以唤醒和动员广大教内外群众，而不唤醒和动员广大教内外群众，是任何事情都做不成的。梵蒂冈不仅在新中国成立前夕，以罗马教廷圣职部的名义发布反对共产主义法令，而且在新中国成立之后，还污蔑天主教徒参加三自爱国运动是"背教"和"裂教"行为，扬言要对之实施"制裁"①。在这种情况下，受罗马教廷及其在中国的代理人黎培里操纵和控制的隐藏在天主教会团体里面的帝国主义分子以教会的名义发布破坏天主教三自爱国运动的秘密文件《学习参考》。该秘密文件一方面宣布天主教是"超国际，超政治的，不因国际纠纷，与政治变迁而分裂的"，另一方面又恶毒攻击中国天主教的三自爱国运动，是"甘愿脱离宗教"，是"裂教"，是旨在建立"所谓狭义的'某国天主教'"，三自爱国运动所讲的"自治""失掉了自治的真谛"，是"拔苗助长，或裂教式的自治"②。很显然，对于这样一个敌视和攻击天主教三自爱国运动的秘密文件若不给予及时和充分的揭露，其对我国天主教三自爱国运动的破坏作用是不可设想的。正因为如此，1951年3月13日，《光明日报》披露了《学习参考》，引起了各方面的严重关注和愤慨。紧接着，3月17日，《光明日报》又发表了题为《帝国主义分子破坏天主教自立爱国运动的铁证》的社论。在谈到这一秘密文件的政治企图时，该社论指出："在所谓《学习参考》的秘密文件中（请读者注意，这个文件是经教会批准的），他们以另一套的'三自的意义'来曲解和污蔑中国爱国的天主教徒的真正的'三自'运动，以'裂教'和'违反教义和教规'来恐吓拥护'三自'运动的广大教徒，以'妨害教会的超然性'，来阻止教徒参加爱国运动。"③ 社论还对《学习参考》中所鼓吹的"宗教超政治说"的欺骗性给予了揭露，指出："天主教中的帝国主义分子一方面坚决反对中国教徒自立革新运动，坚决反对中国教徒参加抗美援朝的伟大爱国运动，认为这是'受教外的驱使'，'甘愿脱离教会'，认为这是'意义不清的活动'。另一方面，他们在美帝国主义和蒋介石残余匪帮特务机关的直接指示之下，以天主教教会为掩护，进行反革命的破

---

① 罗渔、吴雁编：《大陆中国天主教四十年大事记》，辅仁大学出版社1986年版，第8、10页。

② 罗光武：《新中国宗教工作大事概览（1949—1999）》，华文出版社2001年版，第37页。

③ 同上书，第35页。

坏活动。"① 所有这些对于广大教内外群众提高觉悟，认识帝国主义分子干涉和控制我国宗教事务、破坏天主教三自革新运动的真实面目无疑都是大有裨益的。

如果说在天主教方面是通过报刊将帝国主义分子干涉和控制宗教事务、破坏天主教三自爱国运动的阴谋活动公布于天下来回击帝国主义分子的宗教渗透活动的话，那么在基督教（新教）方面则主要是通过对美帝国主义及其走狗的控诉运动来发动广大基督教徒参与反对和抵制帝国主义分子所实施的宗教渗透的。1951 年 3 月初，以"传福音"的名义进行帝国主义特务活动的基督教自由传教人顾仁恩经爱国的基督教徒检举后在青岛被人民政府逮捕。3 月 30 日，中华基督教青年会全国协会出版组主任吴耀宗、中华基督教女青年会全国协会总干事邓裕志和中华基督教青年会全国协会事工组主任刘良模在上海《解放日报》撰文，揭露和控诉顾仁恩这个基督教败类和美国特务造谣惑众、污蔑政府、为帝国主义进行反革命活动的罪行。4 月 16 日，中央人民政府政务院文化教育委员会宗教事务处在北京召开接受美国津贴的基督教团体会议。基督教的各全国性团体、区域性团体和地方性团体的代表 100 多人与会。会议期间，与会代表通过小组会和大会控诉了帝国主义分子及其走狗毕范宇、骆爱华、朱友渔、陈文渊、顾仁恩等基督教的败类，控诉了美国战争贩子杜勒斯所操纵的世界基督教协进会破坏中国人民抗美援朝运动的罪恶活动，激起了与会代表对美帝国主义的仇恨情绪，大大提高了基督教徒爱国热忱和肃清帝国主义文化侵略、实行三自革新的决心。4 月 24 日，《人民日报》发表题为《开展基督教徒对美帝国主义的控诉运动》的社论。该社论号召将这一经验"推广到全国基督教团体中去，在全国基督教徒中普遍展开控诉美帝国主义的运动，以提高广大教徒的政治觉悟，显明地划清与帝国主义分子及其走狗的界限"②。

新中国成立初期抵制宗教渗透的斗争中还有一件特别重要的工作，这就是积极推进中国宗教的三自爱国运动，全面割断中国宗教与帝国主义的联系，全面落实独立自主办教的原则。抵制宗教渗透并不只是一项对帝国主义分子干涉和控制我国宗教、利用我国宗教进行颠覆和破坏活动的消极

---

① 罗光武：《新中国宗教工作大事概览（1949—1999）》，华文出版社 2001 年版，第 36 页。
② 同上书，第 46 页。

应对活动，而是一项巨大的系统工程。而这项系统工程的根基则在于积极推进中国宗教的三自爱国运动，全面割断中国宗教与帝国主义的联系，全面落实独立自主办教的原则。唯其如此，才能构建起抵御帝国主义分子宗教渗透的牢不可破的防线。中国共产党和中央人民政府非常重视这项工作。早在 1950 年 4 月，周恩来总理就在第一次全国统战工作会议上强调指出："我们主张宗教要同帝国主义割断联系。如中国天主教还受梵蒂冈的指挥就不行。中国的宗教应该由中国人来办。"① 后来，他在谈到基督教问题时，也非常明确地指出："基督教最大的问题，是它同帝国主义的关系问题。中国基督教会要成为中国自己的基督教会，必须肃清其内部的帝国主义的影响与力量，依照三自（自治、自养、自传）的精神，提高民族自觉，恢复宗教的本来面目，使自己健全起来。"② 割断帝国主义的联系包含多方面的内容，既要割断与帝国主义在政治上和思想上的联系，还要割断与帝国主义在经济上的联系。割断帝国主义在经济方面的联系非常重要。因为帝国主义分子往往就是通过其与我国宗教在经济上的联系而达到其在政治上和思想上控制我国宗教的目的的。正因为如此，为了肃清美帝国主义对我国宗教的影响，维护中国人民宗教事业的自主权利，彻底制止美帝国主义分子利用宗教团体来进行反动活动，1950 年 12 月 19 日，即新中国成立 15 个月之后，中央人民政府政务院即作出将"接受美国津贴之中国宗教团体""改变为中国教徒完全自办的团体"的决定。1951 年 4 月 17 日，《人民日报》发表题为《彻底割断基督教与美帝国主义的联系》的社论。该社论一方面强调，"中国基督教会为要与帝国主义彻底割断联系"，就"必须认真推行'三自'运动"，另一方面又强调，"要实现自治自传，就必须实现自养。就是应当用中国人自己的钱，来办自己的宗教事业，坚决拒绝接受帝国主义的津贴"③。中国基督教各教会各团体代表积极响应中央人民政府的号召，发表《联合宣言》，宣布"从 1951 年起，不再接受美国的津贴，也不接受任何外国的任何方式的津贴"，"最后地彻底地永远地全部地割断与美国差会及其他差会的一切关系"④。至 1957 年 8 月，

---

① 中共中央统战部研究室：《历次全国统战工作会议概况和文献》，档案出版社 1988 年版，第 31 页。

② 周恩来：《周恩来统一战线文选》，人民出版社 1984 年版，第 182 页。

③ 罗光武：《新中国宗教工作大事概览（1949—1999）》，华文出版社 2001 年版，第 44 页。

④ 同上书，第 50 页。

包括基督教和天主教在内的中国主要宗教团体全部建立了全国性的爱国组织及其领导机构，标志着我国宗教爱国运动和独立自主办教运动已经取得了基本的胜利，标志着新中国成立初期抵制帝国主义分子的宗教渗透工作已经取得了决定性的胜利，并为以后的反对和抵制帝国主义分子的宗教渗透工作奠定了良好的基础。

三　反宗教渗透工作的主要经验教训

历史是一面不可或缺的镜子。那么，新中国成立初期所进行的反对和抵制宗教渗透的艰苦卓绝的斗争究竟能为我们今天的斗争提供哪些可资借鉴的宝贵经验呢？

首先，新中国成立初期反对和抵制宗教渗透的历史告诉我们，牢固树立国家主权意识和国家安全意识是我们卓有成效地开展反对和抵制宗教渗透的首要保证。宗教渗透问题并不是一个一般的宗教事务问题或一个宗教组织或宗教团体的内务问题，而是一个不仅关系到独立自主办教而且还关系到国家主权和国家安全的问题。因为宗教渗透的目标不仅在于支配和控制我国的宗教组织和宗教事务，而且更根本的还在于推翻我国的人民民主制度和社会主义制度，颠覆我国的人民政权。因此，只有从维护国权的高度来看待和处理宗教渗透问题，才能保持应有的警觉性，才能下定决心动员一切需要动员的力量从事反对和抵制宗教渗透的斗争。事实上，新中国成立初期，中国共产党和中央人民政府也正是从这样的政治高度来看待和处理宗教渗透，领导中国人民积极开展反对和抵制宗教渗透斗争的。一如前面所指出的，周恩来总理在第一次全国统战工作会议上就强调"中国的宗教应该由中国人来办"。之后，他在基督教问题座谈会上又将基督教的三自爱国运动称作"民族自觉运动"，强调："现在中国是一个独立自主的国家，我们不向别人低头，不依赖别人。"[1] 所有这些强调的其实都是一个问题，这就是独立自主办教和国家主权问题。而时任中共中央宣传部部长和中央人民政府文教委员会副主任、具体分管宗教工作的陆定一在谈到中央人民政府政务院关于接受美国津贴的文化教育救济机关及中国宗教团体不再接受美国津贴的决定时，也强调指出，处理接受美国津贴的文化教育

---

[1]　周恩来：《周恩来统一战线文选》，人民出版社1984年版，第181、183页。

救济机关及宗教团体的工作，"不是接受几栋房子、几张桌子板凳"的问题，而是一个"坚决肃清帝国主义在中国的文化侵略影响"、"同帝国主义作斗争的问题"①。他的这些话看起来似乎有些危言耸听，但却切中问题的实质和要害。因为倘若一个宗教团体不能真正实现自养，便绝对不可能实现自传和自治，这就涉及独立自主办教和国家主权问题。中国基督教各教会各团体代表在1951年4月21日发表的《联合宣言》中，将中国基督教各教会各团体拒绝接受美国的任何方式的津贴看作是中国基督教会"最后地彻底地永远地全部地割断与美国差会及其差会的一切关系"的决定性步骤，所体现的也正是周恩来和陆定一所强调的独立自主办教和国家主权问题。邓小平晚年在谈到中国革命的历史经验和历史教训时，曾经强调指出："国家的主权、国家的安全要始终放在第一位。"②邓小平的这个教导和周恩来、陆定一的教导都是我们今天在反对和抵制宗教渗透的斗争中需要牢记的。

新中国成立初期反对和抵制宗教渗透工作的另一条宝贵经验在于坚持走相信群众、宣传群众、教育群众和依靠群众的群众路线。如前所述，新中国成立初期反对和抵制宗教渗透的斗争不仅关涉到对利用宗教进行颠覆和破坏活动的帝国主义分子和反革命分子实施法律制裁的问题，而且也关涉到对利用宗教发动武装叛乱的反革命分子给予军事打击的问题，但是，反对和抵制宗教渗透的工作绝不仅仅是公安部门和武装部队的事情，而且是一项需要广大教内外群众广泛参与的社会活动，离开了广大教内外群众的参与，反对和抵制宗教渗透的工作是不可能取得任何重大的胜利的。正因为如此，中国共产党和中央人民政府始终强调要充分发动群众积极参与反对和抵制宗教渗透的斗争。在新中国成立初期，周恩来在谈到反对和抵制宗教问题时，特别强调要"慎重处理宗教问题"。那么，究竟怎样才叫"慎重处理宗教问题"呢？周恩来提出了一个原则，这就是："凡是勾结帝国主义的反动分子，都按反动分子办，不要牵扯到宗教。"③为什么"不要牵扯到宗教"呢？因为倘若牵扯到宗教，把新中国的基督教和天主教同"勾结帝国主义"联系起来，这就把绝大多数基督教徒和天主教徒牵扯进

---

① 中共中央统战部研究室：《历次全国统战工作会议概况和文献》，档案出版社1988年版，第45、46页。

② 邓小平：《邓小平文选》第3卷，人民出版社2008年版，第348页。

③ 罗光武：《新中国宗教工作大事概览（1949—1999）》，华文出版社2001年版，第7页。

来了，这就不仅会生发出何以能够"孤立"少数顽固的反动分子的问题，而且还会因此而生发出一个是否相信、尊重和依靠大多数的问题，是否真正有群众观点、是否真正走群众路线的问题。也正是出于这样的考虑，周恩来后来在谈到"帝国主义利用宗教团体"时，还曾经进一步提出过"分清少数与多数"的问题。周恩来强调："事实上反动分子是极少数。宗教界内部要通过自我批评，把自己的工作与组织进行检讨和整理。"① 周恩来这里所说的"多数"问题，实质上也就是一个群众问题，一个相信和依靠群众问题。当年曾经主持过一段宗教工作的陆定一也是坚持用群众的观点来对待和处理宗教渗透问题的。在陆定一看来，发动群众、争取群众和团结群众不仅是我们谋取反对和抵制宗教渗透斗争胜利的根本手段，而且也是我们反对和抵制宗教渗透斗争的根本目标。例如，1951 年他在一次关于处理接受美国津贴的文化教育救济机关及宗教团体的方针的报告中就强调指出：处理接受美国津贴的文化教育救济机关及宗教团体的工作，实质上是一个"争取群众"的问题，不仅要开展"一般的群众反帝运动"，而且"还要把天主教徒、基督教徒争取到我们这边来"②。他强调说："总之，对宗教总的精神，除反革命分子外，对所有的教徒都要团结过来。"③ 事实上，新中国成立初期的反对和抵制宗教渗透的工作总体上是贯彻了党的这样一条相信和依靠群众的工作路线的。例如，在反对和抵制梵蒂冈和中国天主教内部的帝国主义分子阻挠和破坏我国天主教三自爱国运动的斗争中，我们并不仅仅以抓捕几个反革命分子了事，而是通过报刊杂志披露他们破坏三自爱国运动的铁证——《学习参考》，揭露其所鼓吹的"宗教超政治说"的欺骗性伎俩，其目的正在于提高广大天主教徒的政治觉悟，尽可能多地动员中国天主教徒加入反对帝国主义分子破坏三自爱国运动的行列中来。而中国基督教会在全国范围内开展对帝国主义及其走狗利用宗教进行颠覆和破坏活动的罪恶行径的"控诉运动"，其目的也在于教育和动员广大中国基督教徒更广泛地投入三自爱国运动中去。依靠包括绝大多数宗教信众在内的最广大的人民群众开展反对和抵制宗教渗透的斗争是新中国成立初期反对和抵制宗教渗透的最重要的经验之一。

---

① 周恩来：《周恩来统一战线文选》，人民出版社 1984 年版，第 186 页。
② 中共中央统战部研究室：《历次全国统战工作会议概况和文献》，档案出版社 1988 年版，第 45 页。
③ 同上书，第 49 页。

在民主改革和社会主义革命和建设的具体实践中，在与三自爱国运动的互动中开展和推进反对和抵制宗教渗透工作既是新中国成立初期反对和抵制宗教渗透工作的一个显著特征，也是该时期我国反对和抵制宗教渗透工作的又一个宝贵经验。首先，新中国成立初期，我国反对和抵制宗教渗透的工作并不是孤立地进行的，而是与民主改革运动、社会主义改造运动紧密地结合在一起进行的。例如，在新中国成立之初，为了保卫新生政权、推进民主改革和恢复国民经济，中国共产党和中央人民政府在全国范围内发动和领导了抗美援朝、土地改革和镇压反革命三大运动。而这个时期的反对和抵制宗教渗透的工作便是紧密地结合着这三大运动展开的。这一方面是因为这一时期的反对和抵制宗教渗透的工作，无论是对利用宗教进行颠覆和破坏活动的帝国主义分子和反革命分子的制裁活动、揭露活动和控诉活动，还是对干涉和破坏我国宗教三自爱国运动的帝国主义分子和反革命分子的制裁活动、揭露活动和控诉活动，都是在这三大运动的名义下展开的。另一方面，这一时期的我国宗教的三自爱国运动，无论是自1950 年 7 月开始的中国基督教在三自革新宣言上的签字运动，还是自1950 年 11 月开始的中国天主教的自立革新运动，都是在三大运动的基础上开展起来的，特别是在抗美援朝运动的基础上开展起来的。离开了三大运动，我国宗教的革新运动，特别是我国基督教和天主教的三自革新运动取得如此迅猛的发展是不可设想的。其次，新中国成立初期，我国反对和抵制宗教渗透的工作也是在与我国宗教的三自爱国运动的互动中逐步开展起来并不断向前推进的。离开了对中国基督宗教内部帝国主义分子和反革命分子的制裁，离开对帝国主义御用工具"圣母军"和"天主教教务协进会"的取缔，离开对污蔑、攻击三自爱国运动的《学习参考》的揭露和批判，离开对帝国主义对我国宗教政治、经济、文化影响的肃清工作，离开对帝国主义分子和反革命分子颠覆、破坏活动的控诉运动，中国宗教，特别是中国基督宗教的三自爱国运动是不可能很好地开展起来的。同样，离开了蓬勃发展的中国基督教的签名运动和中国天主教的革新运动，离开了中国基督宗教的自治、自传和自养的切实开展，离开了中国基督教和中国天主教全国性的三自爱国机构的酝酿和产生，新中国成立初期的反对和抵制宗教渗透的工作要获得如此广泛的教内外群众的支持、要取得如此顺利的发展和如此巨大的成就都是不可能的。由此看来，对反对和抵制宗教渗透这项工作，我们是绝不应该作任何抽象、孤立、浅薄、偏狭的理解和处理的，这样的理解和处理非但不能将这项工作引向胜利，反而极有可能将它引向歧途。在社会主义革命和社会主义建设的具体实践中，在与三自爱国运动的互动中开展和推进反对和抵制宗教渗透工作，实在是新中国成立初期反对和抵制宗教渗透留给我们的最宝贵的财富之一。

但是，毋庸讳言，在新中国成立初期的反对和抵制宗教渗透的工作中也是明显地存在这样那样的错误和问题的。例如，虽然在新中国成立初期没有出现像苏联建国之后曾经出现过的大规模的反宗教运动或消灭宗教运动，但是在若干地区却还是有人有消灭宗教或削弱宗教的想法，出现过将对利用宗教进行颠覆和破坏活动的帝国主义分子的仇恨转嫁到某个教会组织或某个教会团体身上的现象，也出现过鼓励人们"应邀"到教堂"上课"、进行无神论宣传的情况。[1] 诸如此类，值得反省处还有不少。

但总体来说，新中国成立初期反对和抵制宗教渗透的艰苦卓绝的斗争是我们今天反对和抵制宗教渗透工作的一面不可或缺的镜子。其之所以不可或缺，一方面在于它为我们今天的工作提供了许多可资借鉴的宝贵的历史经验，另一方面还在于它同时也为我们今天的工作提供了许多可资借鉴的宝贵的历史教训。

（原载《科学与无神论》2012 年第 3 期）

---

① 中共中央统战部研究室：《历次全国统战工作会议概况和文献》，档案出版社 1988 年版，第 49 页。

未来十年国际战略格局中的宗教因素

——兼评美国的"信仰外交"

雪 菲

冷战结束以来，在国际战略格局中，宗教的复兴和宗教的冲突，成为重要的社会现象。仔细分析这些社会现象，主要不是精神层面的有神论在起作用，而是宗教的社会性被人为地抬高和强化。宗教有神论被某些国家和某些利益集团，当作谋取政治势力和经济利益的手段。从科学无神论的视角考察，这种现象是历史文明的倒退，急需我们进行研究，提出对应战略。

一　21 世纪将是宗教暴力与战争的年代吗？

美国联合军事情报学院的波莱特·奥迪斯（Pauletta Otis）教授撰文指出："21 世纪将是一个宗教暴力与战争的时代。"当别有用心的人利用宗教意识形态的力量升级暴力形式、级别和种类时，人类面临着前所未有的毁灭性的威胁。笔者认为，这位教授的观点或许太悲观了，但是这种新的盛世危言，的确值得人们认真思考。

尽管宗教被认为是社会和文化的一部分，但是，每当它与战争和政治连在一起时，宗教便成为危险的符号。尽管各大宗教领袖反复重申宗教的目的是爱与和平，不是杀戮。然而，每种宗教都是一种意识形态，都有界定生死的整套教义。宗教不仅回答"我为何而生？"也同样回答"我为何而死，为何而杀？"当今世界重大的区域性战争中，无论是在巴尔干、索马里，还是在阿富汗和伊拉克，敌对双方的主要动机、意图、能力和目标都蕴含着宗教因素。当然，没有明智的人会认为，宗教是解释战争的唯一因素。宗教与经济、政治等因素的叠加，才能诠释冲突与战争。

尽管巴以冲突有强烈的宗教因素，是人人皆知的事实，但是，最近当笔者读到一批资料，关于巴以冲突的宗教背景，仍深深感到震撼。美国的一位政治评论家贾斯丁·雷蒙多（Justin Raimondo）分析指出，美国新保守主义和基督教福音派结盟，成为中东地区冲突不断的重要因素。他指出：

> "当世贸双塔坍塌时，新保守主义运动被注入了前所未有的活力。它的首要政纲就是要建立全球帝国。""他们宣称，为了保卫自己，我们必须成为全球霸主，就从中东下手。"以色列在每个新保守主义者心中享有特殊地位，因为"在冷战时，以色列是美国最忠实可靠的盟友，它代表的所有价值与其阿拉伯邻居们迥然不同：现代性、民主和西方文化。新保守主义者们坚信，所有这些东西都应该传播到全球。如有必要，可以诉诸武力"[1]。

而共和党内的基督徒福音派是宗教新保守势力的主干。他们对以色列的关注在于神学。在《使徒行传》（The Acts of the Apostles）第一章中，使徒问上升的耶稣："主啊，你复兴以色列国就在这时候吗？"《新约全书》（the New Testament）中的这段引文集中体现了基督教保守派对以色列的迷恋，认为它在"末日"能起的关键作用。

在基督教教义中，千禧年的精神屡见不鲜。耶稣有朝一日会回来，并且在地球上建立一个永恒王国的观念，是基督教的一条中心教义。在基督教保守派看来，未来将会陷入大的混乱，但真正信仰《圣经》的基督徒们会在混乱开始之前被"欢天喜地"地带走（实际上，就是进入天堂）。这就是所谓的苦难时期，这种苦难会在耶路撒冷西北面的一个山谷，即世界末日善恶决战的战场最终得到解决。当基督徒们被"欢天喜地"地带走后，以色列人将占有地球上的教堂。在基督教保守派看来，这将标志着《圣经》中已预示的另一个神学时期或者"天启"的开始。

这就是我们所知的"基督教犹太复国主义"的根基。唐纳德·瓦格纳（Donald Wagner）教授在《基督教的世纪》（The Christian Century）中的

---

① 参见习五一《当代全球的宗教复兴与宗教冲突的加剧》，《科学与无神论》2007年第3期。

文章《福音派和以色列：一个政治联盟的神学基础》（Evangelicals and Is-rael：Theological Roots of a Political Alliance）中对此有所论述。

> "当以色列在 1967 年的战争中占领耶路撒冷的时候，基督教保守派相信，末日即将来临。L. 尼尔森·贝尔（L. Nelson Bell）——比利·格拉汉姆（Billy Graham）的岳父、《今日基督教》（Christianity Today）的编辑，在 1967 年 7 月写到：'在两千多年的时间里，耶路撒冷第一次完全掌握在犹太人的手中。这震撼了《圣经》的信奉者们，使他们对《圣经》的准确性和合法性有了全新的信念。'"[1]

笔者认为，宗教将成为 21 世纪战争的重要因素，至少有两个原因：第一，冷战时期传统的意识形态衰落，人们正在探索新的前进道路；第二，各大宗教中基要主义的兴起，带来强大的社会凝聚力，并向政治领域扩张，成为重要的社会意识形态。

约翰·洛克（John Locke）说过："1 个有想法的人要比 100 个追寻利益的人更强大。"但是，如果想法和利益结合在一起时，其结果可能是致命的。正是宗教意识形态和群体利益的结合，在世界各地的冲突中，产生越来越强大的力量。在现代国际冲突中，宗教越来越显露出其重要性。当今全球大多数的区域性冲突都有明显的宗教动因。宗教因素总是与种族群体认同、语言、地域、政治和经济相关。因而，宗教冲突比其他形式的战争更加严酷，持续的时间更长。当然，解决冲突的方案也必然要包括宗教因素。

二　从传教士外交到信仰外交

一个超级大国立法，定期审查世界各国的宗教现状，这是冷战后国际舞台上的一个重要战略变化。这种"以信仰为基础的外交"（faith-based diplomacy），成为历史上"传教士外交"和当代"人权外交"的最新版本。而当代中国的"宗教问题"，长期被美国《1998 年国际宗教自由法》

---

[1] 参见习五一《当代全球的宗教复兴与宗教冲突的加剧》，《科学与无神论》2007 年第 3 期。

审查，就是其中一个重要的案例。

20 世纪 90 年代以来，国际战略格局最重要的变化是，美国新保守主义势力企图建立独霸全球的单极时代。某些权威人士鼓吹单边主义的霸权政策，推行新干涉主义战略。这一理论有两个支点：一是捍卫"人类普遍的价值观"，提出西方的"人权"、"法治"等都是"普世价值"；二是"人权高于主权"，提出"人权无国界"。而当代美式人权标准的一个重要特征是，将"宗教自由"视为人权的第一基石。美国基督教新基要主义势力和政治新保守主义势力结盟，共同推动国会通过《1998 年国际宗教自由法案》，使其成为以国家力量进行基督教全球战略扩张的工具。

在冷战期间，基督教被当作"美国反对无神论共产主义的重要立足点"①。冷战之后，两极对抗消失，地缘政治因素减弱，而国际关系中的宗教因素日益突出。所谓"国际宗教自由"的议题，成为某些人士的口头禅。

有位美国学者为这种"信仰外交"的合理性注疏，他说："争夺新世界秩序灵魂的斗争已经发生，认真看待文化和宗教多元主义，目前已经成为 21 世纪最重要的外交政策挑战之一。"②在他看来，21 世纪最重要的外交政策挑战之一是，"争夺新世界秩序灵魂的斗争"。而在保守本土民族文化的人们看来，某些国家为"争夺新世界秩序灵魂"，动用国家行政资源，如外交手段，甚至发动战争，传播某种宗教信仰文化，是十足的霸权主义。

历年美国政府发布的《国际宗教自由报告》，一再强调其价值观。美国国务院在《2001 年度国际宗教自由报告》的导言中，宣称要"使宗教自由成为宪法中的第一自由"。美国当局运用国家力量，在国际人权领域里强化美国价值观。如《2006 年国际宗教自由报告》宣称：

> "宗教信仰作为个人选项和基本自由，是美国特征的立足点，根植于我国开国先贤的理想。从建国至今，宗教自由一直是我国最首要的自由之一。美国人民捍卫宗教自由的决心——不仅在国内，而且在

---

① 参见罗伯特·鲍柯克、肯尼斯·汤普森编《宗教与意识形态》，龚方震、陈耀廷等译，四川人民出版社 1992 年版，第 318—319 页。

② Scott. M. Thomas, The Global Resurgence of Religion and Transformation of International Relation: Struggle for Soul of the Twenty-first century, New York, 2005, p. 16.

全世界——始终不渝。正如康多莉扎·赖斯国务卿所说:'对美国来说,没有比宗教自由和宗教良心更根本的东西。我们国家就建立在这一基础上。宗教自由是民主的核心'。"①

现在,美国当局进一步提升"国际宗教自由"的战略价值,鼓吹"宗教自由即促进国家安全"。如:2008年,美国国务院国际宗教自由办公室主任托马斯·F.法尔(Thomas. F. Farr)公开呼吁美国外交应使"保护和扩展宗教自由成为其核心因素之一",并宣称"美国国家安全的中心议题是伊斯兰恐怖主义"②。目前,关于宗教问题在国际战略中的地位,美国朝野看法日趋一致。"以信仰为基础的外交"(faith-based diplomacy),成为当代"人权外交"的最新版本。③

共和党的战略家卡尔·罗夫(Karl Rove)的解释说:"理性对于研究、分析历史和政治也许是好的,但对于实践和创造历史和政治则不同。被感知和被期待的信仰,不能在尘世被证明和被演示,现在,则更为有效地动员人们去创造变化。"④ 美国的政治家用基督教的"普世价值",激励民众创造历史,源于一种美国式的政治生态环境。可是,某些美国的执政者将这种宗教信仰的价值观,作为外交的基础,强力向全世界推广,这种霸权主义的外交能走多远呢?

笔者认为,应当指出的是,美国政府大力促进的"国际宗教信仰自由",是以美国国家利益为标准的。例如:美国国务院发表的《2002年国际宗教自由年度报告》,将缅甸、中国、伊朗、伊拉克、朝鲜、苏丹列为"特别关注国家"。2004的年度报告又将伊拉克从名单上删除。而事实上,在美军占领的伊拉克,杀戮"圣战"不断,民众的生命安全都难以保障,难道宗教信仰反而获得更大的自由吗?从2003年美军入侵伊拉克至今,在这场战争中死伤的伊拉克平民至少有66万人,被国际人权组织批评为"本世纪第一个十年最大的人道主义灾难"。最近,维基揭秘网公布,在伊拉克战争中,总计10.9万死亡人数中,有6.6万非作战人士。另一个总

---

① Annual Report of the United States Commission on International Religious Freedom, 2006.

② Foreign Affairs, 2008, 3/4.

③ 参见徐以骅《当代国际传教运动研究的"四个跨越"》,《世界宗教文化》2010年第1期。

④ 习五一、杨峰编译:《美国的宗教和世界历史》,(Scott Atran, *Religion in America and World History*),《科学与无神论》2010年第4期。

部设在伦敦的"伊拉克罹难人数统计"组织说，在战争中死亡的平民高达12.2 万人。[1]

"反恐、反恐，越反越恐"，已经成为国际流行语。根据美国芝加哥大学的学者研究，20 世纪 80 年代，全球仅有 5 起自杀式袭击事件，到 90 年代升至 50 起，而 2009 年，全球的"人体炸弹"事件高达 500 起。其中最重要的原因是反抗外国军队的占领。[2] 美国政府大力实施《国际宗教信仰自由法案》，声称"尊重宗教自由的国家极少对他国造成安全威胁"[3]。这些唯我独尊说教，在铁的事实面前，如同皇帝的新衣，自欺欺人。显而易见，这种考察国际宗教自由的标准，是以美国的利益为转移的。

笔者认为，冷战结束以来，西方列强的核心话语，已经转向"以宗教自由为基石"的人权。基督教的"普世价值"不断被抽象化，成为西式民主制度的图腾，正如美国前国务卿赖斯所说的"宗教自由是民主的核心"。这种符号化的"普世价值"，企图将社会核心价值体系，从各国基本的社会关系中剥离出来，成为国际舞台上"新干涉主义"的武器。这种宗教意识形态化的倾向，影响了国际社会文化多元化的发展，造成世界的动荡不安。

这种基督教信仰被意识形态化的现象，反映出历史在曲折中延伸。当代宗教新基要主义的复兴，向政治领域扩张，现代国家能否坚持政教分离的原则，再次成为人们关注的焦点。20 世纪 70 年代以来，美国基督教新基要主义复兴，与政治保守主义联盟，企图以国家的力量，向全世界传播基督教的福音，造成新的政教分离的危机。

三　影响中国国家安全的宗教因素

2006 年 12 月，在中国国家安全政策委员会举办的第五届国家安全论坛上，笔者曾撰文指出，冷战结束后，影响中国国家安全的宗教因素主要有三个：以达赖集团为首的藏独分裂势力、打着伊斯兰教旗帜的"东突"

---

① 英国《独立报》网站 2010 年 10 月 23 日，转引自《参考消息》2010 年 10 月 24 日。
② 凤凰卫视：《皇牌大放送》，《奥巴马和他的战争》2010 年 3 月 20 日。参见 www. Phoenixtv. com. cn 或 phtv. ofeng. com/program/zmdfs/…. /0316_ 1655—1577914：shtml.
③ "A Briefing by Ambassador-at-Large for International Religious Freedom John Hanford, Washington D. C. September 15, 2004", www. state. gov/secretary/rm/36197. htm

分裂势力、美国基督教新保守势力对华的扩张战略。在西方遏制中国的战略中，这些宗教因素将成为敌对势力利用的重要资源。

近几年，在我国边疆地区接连发生一系列暴力事件，2008年"3·14"拉萨暴力事件，2009年"7·5"乌鲁木齐暴力事件，其规模之大，手段之残忍，仍使笔者感到深深地震惊！大量事实表明，这些民族分裂势力有深厚的宗教极端主义背景，成为诱发国内恐怖活动的重要因素之一。笔者认为，在未来十年，这三种因素将继续存在，在西方列强新干涉主义的支持下，依然对我国的国家安全构成相当的威胁。

以美国当局为首的某些国际利益集团，将宗教当作西方价值观的负荷体，用于意识形态的输出和颠覆他国的政治工具。从海湾战争到伊拉克战争，相关利益集团都利用宗教作为动员民众的手段，由是导致宗教动乱和教派战争遍及全球，令民族问题也蒙上一层神圣外衣而变得空前尖锐，难以调和，这已经成为21世纪以来世界战略格局中的重要特征。

境外敌对势力利用宗教、民族因素，破坏祖国边疆地区的社会主义建设。民族分裂势力利用宗教极端思想，成为分裂祖国的危险毒瘤。西藏拉萨"3·14"暴力事件，新疆乌鲁木齐"7·5"暴力事件为我们敲响警钟。新疆、西藏等地区的民族分裂势力与海外敌对势力相呼应，越来越多地披上宗教的外衣，具有更残酷的破坏性。

宗教不只是一种文化，而且也是一种非常有效的政治手段。就从当前世界看，凡发生血腥冲突的地方，几乎没有不与宗教相联系的；对大多数地区和国家而言，不了解战争的宗教背景，就不可能了解战争的文化原因。打着宗教旗号制造事端，在我们国内的西藏问题、新疆问题上已是有目共睹，而对我国潜在威胁最大的，乃是美国基督教新基要主义的全球扩张战略。

如果说，西藏、新疆地区的民族分裂势力与宗教极端思想相结合，形成分裂祖国领土的恐怖主义暴力威胁，那么，国际宗教右翼势力利用合法渠道，向我的文化教育领域持续渗透，已经开始形成挑战社会主义意识形态的软实力。暴力威胁，赤裸裸，血淋淋，而软刀子，甜言蜜语，温情脉脉。在当今世界"斗而不破"的战略博弈中，软刀子是"巧实力"中的核心力量。

2008年8月，一位中国著名学者在欧洲访问时提问："请简要说明美国对中国的战略是什么？"英国国家战略研究所"跨国威胁和政治风险"

项目负责人回答说："中国若'硬实力'崛起，美国则十分欢迎；中国若'软实力'崛起，美中之间将可能发生直接全面的激烈冲突。"①

如果说"硬实力"是指经济实力，美国真的欢迎中国崛起吗？此另当别论。"软实力"应当是指政治制度、社会文化、价值体系等，当然包括民主、自由、人权等意识形态。民主制度和人权理念是西方向全世界推广"软实力"的两张主牌。冷战结束后，在国际战略中，人权的牌日益显赫。而根据美国当局的诠释，"宗教自由成为人权的第一基石"。2008 年 8 月，时任美国总统的小布什发表谈话说："我已通过明确、坦率和一贯的方式告诉中国领导人，我们高度关注宗教自由和人权。"② 奥巴马政府上台后，当务之急是应对经济危机。在推广美国核心价值时，美国政府调整策略采用"更温和、更低调的手段"。我们应当清醒地认识到，无论是共和党，还是民主党，美国执政者的国际战略方向是殊途同归的。

基督教新基要主义的全球扩张战略，成为美国霸权主义的工具。中国成为国际宗教右翼势力传播基督教福音的重点地区。美国《1998 年国际宗教自由法案》的确立，是美国宗教势力影响国家外交政策的标志性事件。正如美国前国务卿赖斯所说的"宗教自由是民主的核心"。这种宗教信仰文化不断被抽象化，成为西式民主制度的图腾，成为美国推行霸权主义的战略工具。

在该法案实施中，美国以国家力量推动基督教全球战略扩张，不断在"人权"和"宗教自由"领域向中国发难。中国成为该项立法的主要制裁对象之一。这种"新干涉主义"，为"争夺新世界秩序灵魂"，动用国家行政资源。中国成为国际宗教势力传播基督教福音的重点地区。中国内地大量基督教家庭聚会点，接受海外宗教组织的资助，已经是有目共睹的事实。

在评估美国基督教对华战略扩张的态势时，一位著名学者指出：

> 它可以开动全部国家机器，从总统、国务院、国会、国家安全委员会统一运作，许多教会组织和教会院校协同配合，形成国家、宗教

---

① 李慎明：《关于民主与普世民主的相关思考》，载李慎明主编《世界社会主义跟踪研究报告（2009—2010）》，社会科学文献出版社 2010 年版，第 4 页。

② 《美国总统布什 8 月 7 日在泰国曼谷的讲话》，http://bbs.zxrs.net/dispbbs_61_115131_1.html。

和非政府组织各以不同的优势对外扩张，政治威胁、经济收买、文化宣传、合法与非法手段齐头并进，以至于能够在基督教历来势微的我国，制造出相当强大的舆论，进入高等讲堂和学术研究机构，地下教会敢于与国家法规公开对立。①

西方宗教右翼势力特别善于利用合法渠道，深入我国文化教育和学术研究阵地，培植力量，宣传他们的世界观、价值观和政治观，与我国主流意识形态对立。他们有强大的政治背景，雄厚的资金，长远的战略，以及为扶植和培训宣教骨干的教育体系。与这种强大的宗教文化传播阵势相比，我们科学无神论的声音过于微弱。这种形势若不及时改变，后患无穷。

改革开放以来，随着社会经济结构、利益格局发生深刻变化，人们思想的多变性和差异性不断增强。其中，引人瞩目的社会现象之一是，信仰宗教的民众日益增多。宗教学研究逐渐由边缘学科发展成为"显学"。

随着"宗教热"的兴起，一种"精心呵护"宗教文化的学术倾向也逐渐升温。有一些人士极力推崇某种宗教文化，将其诠释为"道德的源泉"、"民主的根基"，甚至是"科学的前提"。还有一些权威人士大力倡导"文化神学"，并积极推动这种"文化神学"成为国家研究机构和高等院校的学术方向。这种思潮已经开始影响政策制定和舆论导向。

海外宗教势力的所谓"合法渗透"，主要形式是"文化交流"、"学术研究"。他们通过教育系统和研究机构，在青年知识分子中宣传基督教优秀论，将西方近现代文明归功于宗教信仰，贬低或诋毁中国的传统文化，视社会主义价值观若无物。至今我们没有学术上的应对，科学无神论几乎没有话语权，表述西方近现代历史的真相，以及世俗人文主义和科学无神论发挥的决定性作用。

宗教渗透已经成为国外文化渗透的主要内容。而文化问题，宗教问题，以至意识形态问题，毕竟需要思想上的应对。我们应该掌握话语权，应该培植我们的学术优势，我们不应该放弃意识形态阵地。

在社会主义核心价值体系中，无神论的唯物世界观和积极人生观，占

---

① 文丁：《试看〈1998 年国际宗教自由法案〉中的"宗教自由"》，《科学与无神论》2010年第 6 期。

有重要地位。党中央一再指出：要巩固马克思主义的指导地位，要增强社会主义意识形态的吸引力和凝聚力，科学无神论的作用不容忽视。一个时间以来，有种舆论，力图把科学无神论从马克思主义宗教观和社会主义意识形态中剔除出去，这是危险的，既不符合人类历史和当代的世俗化潮流，也与中国的人本主义传统相悖。

（原载《未来十年国际环境与中国国家安全》，时事出版社 2011 年版）

美国对华宗教渗透新模式及其意识形态演变

黄　超

冷战结束以后，新崛起的神权政治意识形态与旧的地缘政治思想结合，在美国国内形成"新冷战意识形态"。美国对华宗教渗透出现与"新冷战意识形态"相适应的新模式，这种模式的根本诉求正是以《国际宗教自由法》为标志的"新宗教治外法权"。

一　美国对华宗教渗透新模式

"渗透"一词有时会给人"遮遮掩掩"、"捎带"的印象。如此来看，用"渗透"形容当前美国的对华宗教策略似乎有些不够准确，因为"强势"、"居高临下"、"制裁"等词更能彰显美国的硬实力，美国学者也更愿意将其描述为"争夺新世界秩序灵魂的斗争"。不过，如果把美国的"新人权战略"视为"硬实力的软运用"，把"渗透"一词理解为"软硬兼施"，那么，美国对华宗教渗透也不是一个完全过时的说法。

（一）新目标

在近代，凭借炮舰政策，外国传教士获取了在华"宗教治外法权"，并在摄取在华利益方面扮演了极不光彩的角色。1943 年，以不平等条约形式在中国存在的"旧宗教治外法权"被废止。但是，随着冷战的结束，"新宗教治外法权"以美国国内法的形式死灰复燃，成为美国宗教外交的"机制性"目标。冷战后上台的克林顿政府把提高美国安全、发展美国经济与在国外促进民主作为国家安全的三大目标。与此相适应，美国政府及学者对人权的定义作了实质性的修改，"人权属于主权范围内的事务"的观点逐渐让位于"人权高于主权"的主张。在人权问题上，又将"宗教自由"问题提升到"第一自由"的高度，鼓吹"宗教自由和平论"，认为"宗教自由"问题不仅是人权问题，而且是美国"国家安全的界定因素"，"宗教自由促进国家安全"。1998 年，美国通过了《国际宗教自由法》，该法案的签署正如克林顿所说："我的政府已经把宗教自由作为美国外交政策的一个核心因素。"而《国际宗教自由法》的核心和症结正是美国政府企图获得国际宗教事务中的"新治外法权"。

历史总是惊人相似，美国史学家赖德烈针对近代《中美天津条约》中的"宗教治外法权"的批判同样适用于《国际宗教自由法》。赖德烈指出："条约（《中美天津条约》）势必使中国信徒脱离中国政府的管辖，而使教会团体成为一些分布在全国各地而受着外国保护的'国中之国'……差不多任何诉讼案子，都可以说成是由于非信徒逼迫信徒的。而外国领事或公使，只要他愿意的话，总可以找到干涉的借口。许多中国人，因为看见强大的外国靠山的好处，就假装悔改而加入教会。也有不少传教士，用外国政府的保护为饵，引诱中国人入教……因此，'宽容条款'的效果，对基督的名并不是很光彩的……教会早已成为西方帝国主义的伙伴，对于因此而产生的后果是不能推卸责任的。"[1]

美国经济学家、地缘政治学家威廉·恩道尔坦率地指出："美国采取的是鲜为人知的武器，利用'人权'、'民主'作为 21 世纪版的鸦片战争的武器，迫使中国敞开自己，接受美国的超级大国统治。"[2] 在中国国内形成奠基于"新宗教治外法权"基础上的"国中之国"是美国对华宗教渗透的最新目标，推动没有任何国际关系准则和伦理底线的"新人权运动"将是实现该目标的突出标志。

（二）新策略

改革开放以来，我国各大宗教在与社会主义社会相适应的过程中都得到了健康、有序的发展。部分海内外宗教界的学者敏锐地观察到，曾经笼罩在一些宗教群体头上的"殉道"光环逐渐退却，而市场经济条件下的世

---

① Kenneth Scott Latourette, *A History of Christian Mission in China*, N. Y. : Macmillan, 1929, p. 279.

② 威廉·恩道尔：《霸权背后》，吕德宏等译，知识产权出版社 2009 年版，第 55 页。

俗诱惑成为中国各宗教必须面对的共同挑战。与此同时，许多美国宣教机构发现，进入新世纪后，基督宗教在中国似乎失去了 20 世纪 80 年代以来"高歌猛进"的发展势头，尤其是中国传统文化的复兴，使"基督教对此狂潮'只有招架之功而无还手之力'，甚至很多基督徒学者丧失原则、调和退让，不仅没有用基督教转化异质文化，反而被对方转化，一时之间大有'基督教儒家化'、'基督教道家化'之势头"。

在此背景下，美国《国际宗教自由法》无疑给许多宣教机构注入了一剂强心针，在充分领会该法案基本精神的基础上，"宗教政治化"成为一些美国对华宣教机构的优先策略。这一新策略的"优势"主要表现在以下几个方面：首先，《国际宗教自由法》为"宗教政治化"提供了具体的政治、法律和行政保障机制，而"中国宗教政治化"又为《国际宗教自由法》提供了"理想"和现实目标，使《国际宗教自由法》不至于无的放矢。其次，"以政治文化基督化为核心"的宣教策略可以使中国的家庭教会重新占领"道德制高点"，以此来增强宣教的吸引力和凝聚力。最后，21 世纪初，中国在迅速发展的同时，进入改革攻坚期和社会矛盾凸显期。客观存在的社会问题和人民内部矛盾也为"宗教政治化"提供了有利条件。

基督徒维权运动或"维权政治"是中国"宗教政治化"策略的主要实现途径。部分美国宣教机构基于对中国国内家庭教会发展及力量的"客观判断"，提出家庭教会应该抛弃过去"躲、忍"的策略，转而与"公民维权"相结合，采取更加主动的持续行为去"争权"。一些激进分子则进一步提出具体的"运动式维权"模式：在方法论上注重发现事件、引导事件、升华事件、扩大事件、总结事件、推广事件；在行动机制上强调互联网与媒体联动、草根行动、律师维权、民间筹款、教会与知识系统等形成合力，从而迅速使个体的维权事件运动化、规模化、国际化和政治化。新的基督徒维权政治被界定为"是继 20 世纪 80 年代的广场政治，和 90 年代的地下政治，在2000 年代崛起的新模式，其基本特征包括互动网络政治、爱与正义的政治、司法中心的政治、秉承自由传统的政治、护宪和立宪的政治等"。

从根本上讲，在美国"新人权战略"主导下的"宗教政治化"，就是要使宗教成为所在国"代表反政府运动的一个重要部分"和"主导力量"。①

---

① 亨廷顿：《第三波——20 世纪后期民主化浪潮》，刘军宁译，上海三联书店 1998 年版，第85 页。

（三）新载体

改革开放以来，具有港台背景的海外华人传教士是进入中国内地时间最早、数量最多的外来宣教群体。20 世纪 90 年代以后，来自中国内地的传教士将福音传回中国内地成为主流趋势，而数量迅速增加的来自中国大陆的知识分子群体被期望并已经成为这一趋势的新的传教载体。

与此同时，"将福音传给中国未来的领导者"，"为基督赢得这世代的华人知识分子"成为美国对华宣教机构的首要目标。据 2000 年一份调查统计，"至 2000 年 8 月止，美国至少有 216 个以上以中国学人为主体的团契和教会；若加上西人教会和信徒所组成的英语查经班，总数肯定在 300 个以上"。"全美国 200 多万华人中，具有大专以上学历的中国学人至少 30 万人以上；已信主的比例约 10%。已受过神学院训练的神学生和传道人超过 500 人。"①

进入 21 世纪以来，美国华人知识分子事工在原有基础上得到更快发展。以知名对华宣教机构"友爱中华协会"（COM）为例，1988 年，随着数以千计的中国大陆研究生和学者聚集在美国和加拿大的校园，该机构开始将其事工核心转换为北美校园布道。根据该机构 2008 年的年度事工统计："有 46 名工作人员在 41 所大学服务于中国学生团契；在这 41 所大学校园里有超过 24000 名中国大陆留学生和访问学者；向超过 6100 名中国学人宣讲过基督的福音；有 2150 名学人得到友爱中华的具体帮助；有 320 名学人参加福音培训；有 817 名学人得到福音指导和门徒培训；有 71 名中国学人基督徒回到中国。"

美国主流媒体敏感地注意到这一现象并予以高度评价。"我认为将福音传给从中华人民共和国来到美国的学生是这个世界上战略意义最重大的基督教福音使命。"（大卫·爱卡门博士，《时代》杂志资深记者、中国通）

随着"海归潮"出现，以留美中国知识分子为重要载体的"海归福音事工"兴起，中国家庭教会也开始出现"战略转折"：第一，从以乡村宣教为中心向以城市事工为中心转变；第二，关注政治法律问题，以清教徒的神学观念把世界看作修道院，在职业中荣耀上帝；第三，改革宗神学是

---

① 苏文峰：《海外中国学人事工》，海外校园杂志社 2001 年版，第 16 页。

年轻一代传道人的主流宗派认信；第四，年轻一代传道人逐渐崛起；第五，家庭教会加速整合并进入公共领域。而"网络福音"的兴起，使海外"网上基督徒""虚拟回国"传教成为可能，中国国内高校的 BBS 成为"福音的大好禾场"。这些人员和技术载体的新变化将会极大地改变国际性传教模式，传统的"反宗教渗透"理论也将面临根本的范式转换。

（四）新组织体系

《1998 年国际宗教自由法》作为美国的国内法，在法律的适用和执行上具有先天的不足。在美国国会和政府主导下，一些以人权和宗教为议题的宗教或世俗非政府组织主动填补空缺，在国际上积极充当该法案的非正式执行者，并形成某种宗教人权国际制度或国际"人权联合体（human rights complex）"。在此大背景下，新的对华宗教渗透组织体系应运而生。

2002 年，"对华援助协会"在美国德克萨斯州成立，"对华援助协会系非盈利基督教机构，旨在探索、讲述、捍卫涉及中国宗教自由问题的真理，并专注于非官方教会的命运"。（参见该机构会刊《中国法律与宗教观察》发刊词）该机构与传统宗教组织的主要区别在于：其组织的根本目标不是传教，而是专注于经过特殊界定的"宗教自由"。该机构主办了系列对华网站，其中的"中国宗教自由观察网"罗列了三个方面的主要使命：第一，中国宗教自由观察网的使命是促进推动所有中国人的宗教自由。第二，将有关践踏中国公民宗教自由的消息和报道传递及时发表。第三，推动中国成为信仰上没有栅栏的天空。该机构自成立伊始，就以美国《国际宗教自由法案》在中国的"准民间执行机构"自居，并主要在以下几个方面开展活动：第一，策划、推动并直接参与中国国内的"宗教事件"，并以这些所谓的"宗教事件"为素材推动美国和其他国际机构对中国施压。我们可以在国内绝大多数与宗教相关的群体事件中看到该机构活跃的身影。第二，在美国国内和国际上系统炮制和宣扬"中国宗教迫害论"。该机构密切配合美国《国际宗教自由法案》的实施，每年向美国国会和国务院提交所谓的《中国宗教迫害年度报告》。第三，阻碍中国宗教组织正常开展的对外交流活动。该机构对海外宗教机构和相关人士与中国合法宗教组织开展的友好交往活动大肆批评，认为这些交往活动会"向全世界的信仰者发出误导和令人气馁的信号"，从而忽略了"不受政府控制的宗教"。

为了建立"不受中国政府控制"的"国中之国"，以美国"对华援助协会"为代表的相关机构在意识形态和组织建构方面做了大量工作。"教会国度化"成为许多宣教机构的明确目标,因此,在中国国内建立全国性的不受中国政府控制的教会领导机构成为当务之急。2007年,在"美国对华援助协会"的直接操控下,"中国家庭教会联合会"被拼凑出来。该组织组建各省分会,指定分会会长,开展全国性的施工拓展。在各种势力操纵下,该组织很快沦为以"施工拓展为招牌的敛财工具"。2008年11月,该非法组织被中国民政部依法取缔。

为适应美国主导的新人权战略,新建构的对华宗教渗透组织具有明显的"非宗教化"和"政治化"特点。在国际上,以美国政府、国会和相关宗教机构为主导者,以"对华援助协会"为组织核心,形成针对"中国宗教问题"的压力集团。在中国国内,"对华援助协会"一方面觊觎中国家庭教会的领导权,尝试建立"整合城乡"的全国性宗教领导机构,完成在其掌控下的"教会国度化";另一方面,企图以家庭教会为依托,超越宗教领域,"巧妙编辑中国社会的各种自由元素",形成包括"互联网、政法系、家庭教会、媒体等力量"的维权政治组织体系。

二 美国对华宗教渗透的意识形态演变

正如马克思所说:"所谓基督教国家,它从政治的角度对待宗教,又从宗教的角度对待政治。"[①] 冷战结束以后,美国宗教右翼势力以"政治崛起"的方式迎来了一个"美好时代",一些学者将这种现象描述为宗教势力复辟的美国式"神权政治"。美国出现了建立在"新神权政治"意识形态与旧地缘政治目标基础上的新冷战思维,这种意识形态的演变不仅改变了美国国内政治气候,而且在国际政治、军事和外交上产生深刻影响。

(一)神权政治意识形态

1998年克林顿签署《国际宗教自由法》标志着美国主导的以"国际宗教自由"为核心的"新人权战略"正式形成。2000年上台的小布什作为美国宗教右翼势力"在白宫中的自己人",为其支持者提供了"基于信

[①] 马克思:《论犹太人问题》,《马克思恩格斯全集》第1卷,人民出版社1965年版,第432页。

仰的战争，基于信仰的执法，基于信仰的教育，基于信仰的医疗，和基于信仰的科学"。① 由于白宫和国会争相取悦影响广泛的福音派活动家，美国政教关系出现严重失衡，基督教右翼支持者"操纵了美国的政治进程（Christian Right had their hands on the policy process）"②，以至于美国福音派右翼布道家杰瑞·法威尔直接宣告"宗教与政治分离的观念是魔鬼发明的"。这种政治神权化的趋势引起了部分美国民众的警觉，在 2008 年美国总统大选中，奥巴马的牧师耶利来·莱特（Rev. Jeremiah Wright）以"上帝诅咒美国"这种与小布什针锋相对的口号强力表达了自己的反思。在莱特看来，美国的神权政治意识形态导致了美国在国际上滥杀无辜，在国内非人道地对待其人民，而这种意识形态的症结就在于"美国一贯在行动中把自己视为上帝和自诩为至高无上者"③。

美国神权政治最大的悖论在于：其宣扬的宗教普世主义与美国利益至上论相冲突。在宗教普世主义与美国利益一致的时间和地点，美国坚定地支持宗教普世主义；在宗教普世主义与美国利益相背离的时间和地点，美国则牺牲普世主义，成为坚定的美国利益至上论者。在中美关系史上，美国神权政治的双重标准得到淋漓尽致的发挥。19 世纪下半叶，美国通过"门户开放"政策得以对华"利益均沾"，通过《宽容条款》获得在中国的宗教特权。具有讽刺意味的是，1882 年，美国国内却通过了唯一针对外民族的《排华法案》，该法案表达的观念是一个奇怪的混合物，其核心意识形态来自相互矛盾的几个源头，宗教层面视华人为危险的异教徒，民族文化心理层面则包含"黄祸威胁论"的蛊惑，而种族主义却来源于与基督宗教创世论不相容的社会达尔文主义。美国的种族主义意识形态认为有色人种处于进化序列的低级阶段，盎格鲁·撒克逊人居于种族等级的顶端，其他低等级种族要么追随盎格鲁·撒克逊人的领导，要么跌入种族等级的底部，去面对其终极灭绝的命运。④

在这种具有浓厚神权政治色彩的意识形态主导下，中国人被严重妖魔化，他们是顽固的异教徒，荒淫无耻，道德败坏。他们像老鼠一样聚集在

---

① Kenneth D. Wald and Allison Calhoun-Brown, *Religion and politics in the United States*, Rowman & Littlefield Publishers, Inc., 2010, p. 225.

② Ibid., p. 225.

③ Ibid., p. 277.

④ Michael H. Hunt, *Ideology and U. S. Foreign Policy*, Yale University Press, 2009, p. 79.

瘟疫流行的贫民窟,"唐人街"被认为对白人社区的健康、道德和福祉构成严重威胁。"因此,对付中国人有必要采取两手,一方面是基督教传教士的宗教仪式,另一方面严格地将中国人从夏威夷和西海岸文明的偏远地区排除出去。"①

进入 20 世纪后期,美国主流社会对美国外交的三大基本意识形态之一的种族主义有过一定程度的反省和修正。但是,对于蕴涵在种族主义中的更深层次的神权政治意识形态,不仅始终缺乏真正的自觉意识,而且在各种政治势力的推动下愈演愈烈。传统的宗教歧视与排他性意识形态逐渐演变成现代的"文明冲突论",而古老的"黄祸威胁论"则演变成 21 世纪的"中国威胁论"。在美国主导下的"新人权战略"中,中国成为主要的假想敌,我们是不难理解其中蕴含的深刻意识形态根源的。

(二) 地缘政治意识形态

19 世纪末期,在美国民众中塑造中国和中国人的形象方面,美国对华传教士群体扮演了关键的角色。美国当代一些学者指出:"那些能说会道、固执己见的传教士将他们的感想在美国广为传播。福音先驱们向美国报道的中国是一个'道德荒漠',它的人民愚昧、道德败坏和肮脏。"② 不过,传教士也敏感地发现中国在地缘政治上的重大意义。中国潜力巨大,亚洲将会改变,中国将是这种改变的支点。美国应该通过外交投资、经济贸易、基督教传教对中国施加更大影响。美国在对华关系方面交织着两种不同声音:其一,中国人是令人厌恶的生物,应该不惜一切代价与他们保持距离;其二,中国是美国人赋有特殊使命的"责任病区",美国人有责任教导、保护他们,甚至包括对他们的不良行为进行惩罚。③ 神权政治与地缘政治的相互影响,使美国的对华外交在起始阶段就具有了两面性,在美国传统的外交精英看来,《宽容条款》和《排华法案》并无矛盾之处。

冷战结束以后,美国的地缘政治意识形态向文化、宗教传统复归,"文化和文化认同形成了冷战后世界上的结合、分裂和冲突模式"。在新的"文明范式"中,"西方国家的普世主义日益把它引向同其他文明的冲突,

---

① Michael H. Hunt, *Ideology and U. S. Foreign Policy*, Yale University Press, 2009, p. 80.

② Ibid. , p. 70.

③ Ibid. , p. 71.

最严重的是同伊斯兰和中国的冲突"①。亨廷顿在分析"正在形成的联盟"时，臆测了一个所谓反对西方的"儒教和伊斯兰教国家联盟"，虽然他自己也承认"中国的热情一直相当低落"。②为了保持以美国为首的西方优势地位，西方"必须在与其他社会打交道时巧妙地将其经济资源作为胡萝卜和大棒来应用，同时促进西方联盟，协调其政策……并促进和利用非西方国家之间的差别"③。

在地缘政治上，"中国正在成为东亚的支配国家"，通过均势来平衡和遏制中国这个"人类历史上最大角色"符合西方霸权逻辑。根据"文明冲突"范式，美国为获取对其最为有利的地缘政治格局，分别从两方面发力，鼓励和逼迫中国成为针对伊斯兰教国家和其他文明的"断层线战争"的第一层次参与者，而美国作为第三方或第三层次的参与者和调停者发挥作用。因此，美国热衷于在新疆、西藏玩弄宗教地缘政治游戏，"新疆越是不稳定，他们就越'理想'"。④

在某种意义上，"文明和谐"范式会使美国"孤悬海外"，成为世界的"次要参与者"，而在美国强力主导的"文明冲突"范式下，东亚和欧洲都是美国天然的"战略缓冲带"。我们可以发现，美国冷战后的对华宗教外交与其地缘政治目标并不是完全没有关系。美国对华宣教机构调整宣教策略，在强调"中国福音化"、"福音入中国"的同时，将"福音出中国"摆在突出位置。"回归耶路撒冷"作为"福音出中国"的西向计划，具有强烈的地缘政治意识形态色彩，该计划并非只将"福音传到耶路撒冷"，而是"要把福音传到从中国到耶路撒冷之间的各个国家、城市、乡镇和少数民族中，并与那些信徒们建立团契"。⑤从中国至少差派100000名宣教士赴伊斯兰教国家、印度教国家、佛教国家传教是该计划的核心部分。"回归耶路撒冷"计划之所以在美国广受追捧，与其蕴涵的地缘政治意识形态契合美国的全球战略是分不开的。

① 塞缪尔·亨廷顿：《文明的冲突与世界秩序的重建》，周琪等译，新华出版社2010年版，第4页。
② 同上书，第215页。
③ 同上书，第182页。
④ 威廉·恩道尔：《霸权背后》，吕德宏等译，知识产权出版社2009年版，第103页。
⑤ 杨天民：《回归耶路撒冷——完成大使命的呼召》，基馨出版社2005年版，第5页。

（三）新冷战意识形态

在冷战时期，许多美国著名传教士成为天然的"冷战布道者"①，他们认为："西方文化及其果实植根于《圣经》、圣言和 17、18 世纪的大奋兴。而共产主义已经决心违抗上帝、《圣经》和所有宗教。共产主义不仅是对生命的经济解释……共产主义是由向全能上帝宣战的魔鬼引领、激发和推动的。"② 为战胜作为撒旦工具的共产主义，"今日世界唯有一种哲学体系可与共产主义的阴谋策划相抗衡，这就是生机勃勃、动力十足的正统基督教……今日最伟大且有效的反共利器是再生的基督徒"。③ 冷战结束以后，一些文化保守主义者开始讨论所谓的"亚洲—美国冷战"，他们认为，美国与中国的关系变得"越来越具对抗性"，两国冲突的潜在原因，除了"两国在东亚未来均势问题上的根本分歧"外，"冲突的根源是社会和文化方面的根本差异"。④ 一种兼有"共产主义威胁论"和"文明冲突论"的新冷战意识形态在美国形成。

受"新冷战意识形态"影响，在部分美国华人基督徒中流传着一些一厢情愿的"假设"：如果中国成为一个基督教国家，则中美友谊会超过日美关系，因为日本是非基督教国家（远志明）；而如果中国不能成为一个基督教国家，则美国会永远视中国为敌（于歌）。少数极端分子甚至鼓吹"非基督教中国的崛起是世界的祸害"（余杰）。因此，"中国基督徒应倾力学习并筹划一个建基于圣经基础，关于公众利益之基本价值的政治体系"。"以基督教的信仰改造中国文化，并且在文化界、思想界、教育界、政治界、社会里，提供基督教信仰的贡献，并领导之。"⑤ "当一个无神的社会主义国家颁布禁教的法律，或发表抗拒神国进行的政策时，基督徒应向政府抗议，帮助政府不要抵挡那赐给他们权柄的主。""基督徒对一个逼

---

① 涂怡超：《美国基督教福音派及其对国际关系的影响——以葛培理为中心的考察》，上海人民出版社 2010 年版，第 194 页。

② William Martin, *A Prophet with Honor: The Billy Graham Story*, New York: William Morrow and Company, Inc., 1991, p. 197.

③ Bernard K. Duffy & Halford R. Ryan, *American Orators of the Twenties Century: Critical Studies and Sources*, New York: Greenwood, 1987, p. 182.

④ 塞缪尔·亨廷顿：《文明的冲突与世界秩序的重建》，周琪等译，新华出版社 2001 年版，第 201 页。

⑤ 赵天恩：《扶我前行》，中福出版社 1993 年版，第 184 页。

迫教会的无神论政府的态度，必须针对政府背后的那股敌基督的邪灵。"①
不仅要进一步拓展对城市高校、知识分子、海外留学人员的宣教事工，而
且有必要发起一场"给共产党员传福音"的中国内外、全球性的持续
运动。

在美国华人教会中，大多数华人基督徒将基督宗教信仰视为一种生活
方式，对美国主导的国际宗教自由运动（新人权运动）既不认同，也不关
心。为了解决华人教会中普遍存在的政治参与的动力缺乏问题，在一些传
教机构的刻意主导下，"海外民运基督化"成为一种"双赢"的政治发动
机。"专门开展民运人士福音事工"，"与海外民运人士并肩作战"成为中
国政治基督化的重要步骤。经过20多年的精心培育，许多民运分子"以
基督徒机构名义参与各类海外民主运动、呼吁宗教自由活动"，"在基督教
内和海外民主运动中正发挥着巨大的作用"。而中国国内的家庭教会，不
仅应该抛弃"等着挨打"的"殉道精神"，而且要成为中国民主化的精神
支柱和组织力量。中国家庭教会要联合起来"走出党国"的历史，"走出
共产主义的红色海洋"。

树欲静而风不止，"新冷战"意识形态使"世界面临从未有过的各种
力量和事件如此危险的汇合"，但是，"几乎没有人意识到，驱动华盛顿政
策的那种疯狂已经变得多么危险"。②

三　政教和谐与中国模式

所谓宗教渗透，其实质是一种"政治渗透"。"在其中起决定性作用的
则是国际垄断资本主义或境外敌对势力，境外宗教只不过是国际垄断资本
主义或境外敌对势力推行其和平演变战略的一种方便的'工具'或'手
段'而已。"也就是说，境外宗教渗透的"终极主体"或"深层主体"是
国际垄断资本主义或境外敌对势力，而境外宗教充其量不过是一种"次终
极主体"或"表层主体"。③美国神权政治的"复辟"及其在外交上的表
现很大程度上是其全球霸权颓势的意识形态反应。因此，我们在看待境外

① 赵天恩：《洞烛先机——中共宗教政策及三自会评论》，中福出版社1993年版，第170页。
② 威廉·恩道尔：《霸权背后》，吕德宏等译，知识产权出版社2009年版，第319页。
③ 段德智：《宗教学》，人民出版社2010年版，第444页。

宗教渗透问题上，既不能犯"左"的错误，也不能犯"右"的错误，而应该"让宗教还它个宗教的本来面目"①。

第一，我们必须排除一切干扰，坚持和完善与中国特色社会主义相匹配的新型政教关系。"这种新型政教关系，以政教分离原则为基础，以政教和谐为价值取向。也就是说，坚持政教分离原则，在政教之间划分出清晰的界限，防止以政代教或者以教代政，为宗教信仰自由提供了制度保障；但并不把政教分离作为处理政教关系的终极目标，而是在政教分离基础上努力追求政教关系的和谐，形成良性互动的关系。"② 历史和现实充分证明，任何形态的"神权政治"只会导致无止境的宗教冲突、政教冲突和"文明的冲突"。而坚持"信仰上互相尊重，政治上团结合作"，是我国当代新型政教关系的精髓。

第二，坚持独立自主自办教会的原则。世界和中国近现代历史都启示人们，"无自立则无以外交"，宗教也不例外。20世纪50年代我国爱国基督教、天主教界人士提出独立自主自办教会的原则，这一原则得到党和政府大力的支持而确定下来。我国宪法第36条规定："宗教团体和宗教事务不受外国势力的支配。"我们要纠正一些人在宗教方面存在的法制观念的缺位和错位，任何宗教都不享有可以超出我国（任何主权完整国家）法律、法规的特权，任何其他国家的法律都不可能成为中华人民共和国宪法的上位法。中国再也不应该和不会出现建立在"宗教治外法权"基础上的"国中之国"。

第三，建立长效的宗教突发事件危机处理机制。当今世界，美国主导的"新人权运动"在全球范围内极力推动"宗教政治化"、"政治运动化"，宗教因素与因特网、手机和软件平台结合，成为兰德公司推崇的"蜂拥战术"的理想载体之一。一种具有后现代特征的"非暴力政权更迭模式"依托于"蜂拥战术"，用精心选择的某个时段的"突发"事件将长期的意识形态渗透成果引爆，顷刻推翻现政权。美国未来学家阿尔文·托夫勒曾经意味深长地预言，"当今的中国不太稳定，在不久的将来有可能会出现宗教领袖执政"。"局部宗教抗议扩大到大规模的社会行动"很可能

---

① 周恩来：《关于基督教问题的四次谈话》（1950年5月），《周恩来统一战线文选》，人民出版社1984年版，第181页。

② 王作安：《关于中国当代政教关系》，《学习时报》2009年11月23日。

会导致现有国家政权被暴力推翻。也许有人希望这是一个"自我实现的预言",但是,"预言能否实现依赖于人们如何作出反应"。① 在社会主义中国,"依法管理宗教事务、积极引导宗教与社会主义社会相适应、促进宗教关系的和谐、发挥宗教界人士和信教群众在促进经济社会发展中的积极作用"。不仅是我国政教和谐、政治稳定的根本解决之道,而且是克服被"文明冲突"魔咒困扰的国际宗教、政治危机的"他山之石"。

(原载《中国党政干部论坛》2012 年第 2 期)

---

① 塞缪尔·亨廷顿:《文明的冲突与世界秩序的重建》,周琪译,新华出版社 2010 年版,第 2 页。

宗教在苏联解体过程中起了什么作用

白 虹

从 20 世纪 80 年代中期开始，戈尔巴乔夫以"公开性"和"民主化"为核心内容的"新思维"逐渐成为苏联党和国家推动社会改革进程的指导性思想。在这一大的背景下，宗教问题成为苏联社会持续的热点问题，"宗教热潮"与民族矛盾裹挟在一起的宗教教派冲突，不断搅扰着苏联的社会政治生活，在苏联解体的过程中起到了不可忽视的破坏性作用，这方面的历史教训值得我们认真记取。

一 宗教法规的缺失导致"宗教热潮"的出现

从 1988 年起，苏联就宣布要实行新的宗教法规，以取代沿用了 60 年的《关于宗教组织的决议》（1975 年曾进行过重要修订）。但是新法规的制定因形势的迅猛发展和政府的不作为而屡遭延宕，直到 1990 年 10 月，新的法规《关于信仰自由和宗教组织》才得以颁布实施，而此时距离苏联解体还剩 14 个月的时间。这部新的法规最显著的特点就是取消或淡化社会主义国家对宗教组织及其活动的管理。苏联党和政府在经济政治领域所推动的改革没有让人民群众获得实际利益或者看到希望，反而扰乱了人们的思想，更加促使一些人从宗教中获得安慰，由此引发了一轮强劲的"宗教热潮"。

作为苏联最大的宗教团体，俄罗斯东正教会是戈尔巴乔夫宗教政策自由化最早和最大的受益者。除了在恢复和新建教堂以及修道院方面获得迅猛发展以外，这一时期，俄罗斯东正教会的出版活动也得以扩展。1988年，教会的出版部门获得了四座新的建筑。从 1989 年 4 月起，俄罗斯东正教会莫斯科牧首区出版有 8 个版面的《莫斯科牧首教会消息》周报，报纸的发行量达到 5 万份。在庆祝基督教传俄千年之际，教会还出版了庆典版的俄文版《圣经》，发行 10 万本俄文的祈祷书以及乌克兰语的新约全书。5 万本现代格鲁吉亚文的《圣经》也于 1989 年正式出版。教会还获准进口 15 万本俄语的圣经著作。

从 1988 年春天起，苏联政府允许宗教组织重新自由开展慈善工作。俄罗斯东正教会高度重视这项工作的开展，他们委派高级神职人员前往美国考察学习。教会在苏联社会的影响日益增强，教会的神职人员在官方和民间都越来越赢得尊重，教会的宗教活动也越来越多、越来越容易在公共场所开展，苏联的政府机关报、国家电台、电视台更多地关注和报道俄罗斯东正教会的活动。1990 年圣诞节被确定为苏联的公众节日，1991 年 4 月，苏联电视台在主显节教堂转播了整个复活节礼仪，参与庆典礼仪的包括俄罗斯联邦总统叶利钦和苏联的部长会议主席。

根据西方学者萨布里娜·佩特拉·芮梅（Sabrina Petra Ramet）的统计，"从戈尔巴乔夫掌权以来，俄罗斯东正教会开始了复兴。到 1989 年下半年，俄罗斯东正教会已经拥有了 8100 位教士，2443 位领经人，70 个教区，19 个教育机构，3948 位神学生，至少拥有 9734 个开放的教堂和 35 座修道院和修女院"[1]，这个规模与"十月革命"前相比尽管还有很大的差距，但是已经大大超过了戈尔巴乔夫之前苏联任何一个时期俄罗斯东正教会的规模。

此外，在这一时期，苏联的伊斯兰教、天主教、佛教、犹太教以及基督教新教都获得了长足发展。印度克利须那教是苏联的一个小教派，1988 年 5 月获得合法地位的时候，只有 3000 名支持者，但是到了 1990 年年底，却有了百万名支持者，而且活动范围遍及从波罗的海沿岸到符拉迪沃斯托克的广大区域。在改革的年代里，以"改教"著称的路德宗新教团体也从新的宗教政策中大大受益。尤为值得注意的是，在这一阶段，一些国外宗教教派纷纷到苏联开展活动，"英国'救世军'总部 1991 年 2 月责成挪威中校约·布雅尔特维特去列宁格勒完成恢复'救世军'活动的使命。在此之前，该组织在瑞典和芬兰的总部已分别同拉脱维亚和爱沙尼亚建立了联系"[2]。大量国外宗

---

[1] *Religious Policy in the Soviet Union*, Cambridge University Press, 1993, pp. 31 – 53.

[2] 郑天星：《宗教政策发生根本变化》，《苏联 1985—1991 年的演变》，新华出版社 1992 年版，第 112 页。

教团体在短时间内纷纷涌入苏联，成为苏联社会"宗教热潮"的重要支撑力量，同时也为境外反苏势力借宗教向苏联进行政治和意识形态渗透提供了条件。

如果说，"宗教热潮"所带来的仅仅是宗教组织的发展以及人们宗教活动的增加，且这种发展和增加是法律所允许，政府所能够控制的，那么这种"宗教热潮"未尝不能被理解为一种宗教繁荣。在社会主义条件下，既然宗教的长期存在是不以人的意志为转移的，那么宗教在一定的社会条件下出现这样一种繁荣也就是完全可能和正常的，作为共产党执政的社会主义国家应该允许这种局面存在，并且应该引导和调控局面向有利于国家安定和谐的方向发展，无产阶级政党运用其所掌握的国家机器和意识形态主导地位也是完全有能力实现这一目标的。在当时的苏联，即使是依照新的《信仰自由和宗教组织法》"国家不委托宗教组织执行任何国家职能"，"各宗教组织不履行国家职能"，"宗教组织不参与政党活动，不得给予政党财政上之支持"，"宗教组织必须遵守现行法律与法制之规定"等规定所确立的宗教与国家相分离的原则，苏联党和政府也是完全有理由将宗教组织的发展和宗教活动的开展控制在一定的范围之中的。然而，在20世纪80年代后期到90年代初苏联"宗教热潮"泛滥的结果却与人们的良好愿望截然相反。当时出现的"宗教热潮"是伴随着苏联共产党领导地位的失落以及国家分裂趋势不断发展的过程蔓延开来的，它的发展并没有带来宗教生活的和谐繁荣，反而造成了教派之间延绵不断的宗教纷争；特定教派的宗教人士作为特定政治派别的支持者或活动者，使宗教问题不断泛化成为民族问题、政治问题，致使宗教力量成为一种危及到苏维埃国家存在的负面因素，这方面的教训是十分深刻的。

二 宗教领袖介入国家政治生活导致宗教问题的政治化

随着国家宗教政策的调整，宗教生活环境变得越来越宽松，在这样的背景下，俄罗斯东正教的领袖人物之一，斯摩棱斯克和加里宁格勒大主教基里尔在1990年第2期《莫斯科牧首区杂志》上发表文章，阐述"教会在改革条件下与社会的关系"，他认为，教会不可能与政治、经济、社会、科学或文化的变革都不发生任何关系，这些变革无不影响着个人或社会的道德。在此意义上，教会应该投身于政治、经济、科学以及社会生活的任何领域。基里尔文章的语气虽然十分平和克制，但是他所代表的教会，乃至整个宗教界要参与社会政治生活的意愿也被他表达得十分明确。在"宗教热潮"不断发展的过程中，宗教界的这种意愿也得到了社会舆论的普遍支持。在这样的情况下，苏联国家的政治生活格局也不免发生相应的改变。戈尔巴乔夫之前的苏联历史上，教会人士从没有担任过任何国家职务，苏联党和政府将这一点作为对"宗教与国家分离"原则的具体体现。而"自1988年4月以来，宗教界和学术文化界强烈要求最高苏维埃和各级人民代表中应有宗教徒的代表，以保障法律赋予的正当权利。1989年春，宗教界有7名领袖被选为最高苏维埃代表，有的还进入了领导岗位。还有一批神职人员被选为地方人民代表"①。

基里尔大主教还对信教群众的政治表达提出了要求，他指出，每一个教会的成员，在保持自由的同时，都有义务使自己的观点与教会的立场相协调，从而使得对现实社会问题的解决具有正确的道德途径。这就使得教会及其宗教组织有可能以自己的政治立场为核心，将信众凝聚成一股政治力量从而影响甚至主导国家的政治生活。正是在这样的背景下，苏联政治生活中出现了大量的宗教政党，"影响较大的有：'教会与改革'运动、基督教企业主协会、俄罗斯东正教君主立宪党、俄罗斯基督教民主运动、俄罗斯基督教民主联盟、拉脱维亚基督教使团、伊斯兰复兴党、乌兹别克'统一'运动"②。

在苏联，俄罗斯东正教会是苏联政府最认可的宗教组织，但在它的反对派看来，这个教会根本就是一个"官方教会"。然而就是这个"官方教会"的政治态度在"宗教热潮"不断泛滥的过程中也不断地走向苏维埃政权的反面。我们比较皮缅和阿列克谢二世新旧两位大牧首对于"十月革命"的称呼便可看出这种变化端倪。1989年11月，行将就木的大牧首皮缅依照惯例，为庆祝"十月革命"72周年向苏共中央总书记戈尔巴乔夫发出贺电，在电报中，他虽然没有对"十月革命"给予任何正面的评价，但是他采用的是当时苏联关于"十月革命"的标准称呼"伟大的十月社会主义革命"。而到了1990年11月，新当选不到一年的俄

---

① 郑天星：《宗教政策发生根本变化》，《苏联1985—1991年的演变》，新华出版社1992年版，第109—112页。

② 同上。

罗斯东正教大牧首阿列克谢二世口中的"十月革命"却变成了"十月事变"；到了 1991 年，在"8·19"事件延烧不到 4 天的时间里，这位大牧首一而再，再而三地通过声明和牧函谴责维护苏联联盟国家的紧急状态委员会，而对推行自由主义的戈尔巴乔夫和敌视共产党的叶利钦则嘘寒问暖，温语有加。到了这一年的 11 月 7 日，这位大牧首则在莫斯科市中心为追悼和纪念死于苏联政权的人们举行宗教仪式，并要把 11 月 7 日作为追悼日。

苏联最具合法性的宗教组织的领袖，其政治态度尚且如此，其他宗教组织及其代表人物的态度就更可想而知了。这一时期所诞生的宗教政党和运动或许因其教派或信仰的不同在政见上存在着这样那样的区别，但是有一点它们却是共同的，那就是"这些政党和运动的组织者，大都是教权主义者，反对教会与国家合作，有浓厚的反共色彩"①。

苏联政府原本希望通过改革宗教政策，放松对宗教的控制，使宗教获得其所需要的发展空间，进而使得因宗教问题所引起的社会矛盾逐步缓和。但是由于政策时机选择的失误以及政策本身不具有导向性，不仅没有减缓矛盾，反而使得宗教领域内的矛盾进一步激化；否认苏联历史的政治立场以及积极参与的政治意愿带给苏联宗教界的不是和谐有序的发展，而是一片动荡。东正教与天主教的纷争、东正教会内部关于教会地位的纷争、伊斯兰教原教旨主义的崛起，所有这一切不可避免地与民族分裂主义倾向裹挟在一起，使得原本就十分复杂的宗教问题变得更加尖锐，在最终导致苏联解体的波罗的海沿岸、中亚甚至乌克兰和白俄罗斯等加盟共和国的分离运动发生和发展过程中，宗教、教派问题往往渗透其间，成为压垮苏联这个巨大骆驼的最后一根稻草。

三 宗教矛盾被民族分离主义势力利用，成为导致联盟破裂的重要推手

戈尔巴乔夫在苏联掀起的以"公开性"和"民主化"为标志的改革，在他当政的早期是受到苏联人民欢迎和拥护的。但是到了 20 世纪 80 年代

① 郑天星：《宗教政策发生根本变化》，《苏联 1985—1991 年的演变》，新华出版社 1992 年版，第 109—112 页。

末期，情况发生了变化。由于苏联党和国家的领导人没有充分考虑到改革的艰巨性，其所制定的经济改革计划没有实现预想的目标，这不仅使得人们对于改革的前景产生了怀疑，而且也促使许多社会运动和舆论朝着反苏和反共的方向发展。这期间，"民族分离主义与宗教势力结合，在促使苏联解体的过程中起到了一定作用"[①]。

如果我们把苏联解体看作是一个大厦的坍塌，那么波罗的海沿岸国家宣布独立是这座大厦掉下的第一块砖，而乌克兰最终宣布不加入经过修改后新的苏联国家联盟条约则是这座大厦坍塌前受到的最后致命打击。在导致联盟国家解体从头至尾的整个过程里，宗教矛盾一直与民族问题相互交织，成为重要的破坏性力量。

作为原苏联的加盟共和国，爱沙尼亚、拉脱维亚和立陶宛这三国都处于波罗的海沿岸，而且它们都是在二战期间的 1940 年 8 月加入苏联的。根据统计，在爱沙尼亚，路德宗新教徒占居民人数的 70%，而东正教徒占 20%；在拉脱维亚，路德宗新教徒占 40%，东正教徒占 35%，天主教徒占 25%；在立陶宛，天主教徒占 90%，东正教徒只占 4%。[②]

在地理位置上最靠近西方，在宗教信仰上，西方教派占到大多数，加之又都是在特定背景下加入苏联的，而且加入的时间相对较短，所有这一切似乎就决定了在苏联整体的政治局势发生变化的时候，波罗的海沿岸国家将最早走出来挑战联盟国家，而且其主要的力量来源必然是与宗教信仰密切联系在一起的民族主义。

立陶宛是原苏联所有加盟共和国中第一个宣布独立的。在立陶宛独立运动中，信仰东正教的俄罗斯人与信仰天主教的立陶宛人之间的对立被挑动得空前尖锐，民族情绪高涨的立陶宛人已经无法忍受他们的国家继续作为苏联的加盟共和国存在，而这种情绪受到了来自国际社会，尤其是西方社会的高度认可和鼓舞，而此时的苏联，其捍卫国家完整的努力在国内都得不到普遍的支持。1991 年 1 月 13 日，苏联特种部队与立陶宛首都维尔纽斯街头的示威群众之间发生武装冲突，造成一百余人的死伤，这一天被称为"黑色星期天"。在苏联内务部队开进维尔纽斯的时候，具有民族主

---

① 龚学增：《社会主义与宗教》，宗教文化出版社 2003 年版，第 140 页。

② 尼·伊·雷日科夫：《大国悲剧——苏联解体的前因后果》，新华出版社 2008 年版，第 173 页。

义色彩的组织"萨尤季斯"竭力把事件解读为东正教的俄罗斯对天主教的立陶宛"入侵",借此挑动立陶宛人民的民族和宗教感情,然后把流血事件的责任归咎给苏联政府。作为当时事件的见证人,前苏联总理雷日科夫在研究波罗的海沿岸国家的独立运动时,曾经鲜明地强调东正教与天主教及路德新教之间的尖锐对立,这至少可以说明,宗教问题在该地区国家独立过程中扮演着何等重要的角色。

爱沙尼亚和拉脱维亚的情况也与立陶宛大致相同。经历了"8·19"事件之后的苏联已经无意阻挡波罗的海沿岸国家的独立了,不得不于1991年9月6日宣布承认这三个国家独立。苏联解体的第一块多米诺骨牌就这样倒下了。

宗教问题与民族分离主义势力相配合,从而使国家政局受到严重影响,这一点在乌克兰也表现得特别明显。俄罗斯与乌克兰是苏联大厦的两根支柱,历史上,乌克兰是俄罗斯帝国的摇篮,现代俄罗斯的前身基辅罗斯就发端于乌克兰,到20世纪90年代为止,俄乌之间的联盟已经持续了300多年。到了80年代后期,随着戈尔巴乔夫"新思维"改革的深入,乌克兰民族分离主义作为一股政治势力再次走上历史舞台,它们的政治组织"鲁赫"于1989年下半年登记成为合法组织,此后在鼓动乌克兰独立运动的国际势力支持下,"鲁赫"逐渐摘下支持苏联改革的面具,露出其民族分离主义的真面目。在这个过程中,乌克兰国内外民族分离主义势力极力操纵的正是宗教问题,不仅在希腊礼仪天主教会问题上大做文章,而且运用"独立国家需要有独立的教会"、"罗马不是我们的父亲、莫斯科也不是我们的母亲"等口号来极力煽动乌克兰东正教会内部的独立倾向。到乌克兰独立时,乌克兰境内的东正教被分裂为服从于莫斯科大牧首的乌克兰东正教会、听命于乌克兰牧首的乌克兰自治教会,以及既不听从莫斯科,又不听从乌克兰牧首的自主教会。教会被搞得四分五裂,这不仅使得乌克兰与联盟国家之间的离心力增加,乌克兰最终脱离苏联,而且还致使整个苏联人民的国家意识和团结意愿遭受到重大的打击,联盟国家就此瓦解。

波罗的海三国的独立运动开启了苏联解体的过程,而乌克兰的独立则是为这一过程画上了一个句号。在这个过程的头尾两端,我们无不看到民族分离主义势力利用宗教推行分离主义的意识形态,最终导致国家的分裂。毫无疑问,在苏联政局发生变化的关键时刻,民族分离主义势力也好，西方敌对势力也好，他们总是要借助于一定的工具搞出点事情来，而苏联历史上宗教工作的缺点错误，以及由此造成的一些教派的信教群众因为宗教问题而长期积累起来的不满和怨气，使得民族分离主义势力有机可乘，于是借宗教、教派纠纷深化民族矛盾，增加各民族与联盟国家之间的离心力，直至联盟解体，这个教训也是十分深刻的。

四　结论：苏联解体过程中宗教问题给我们的启示

在苏联解体的过程中，宗教信仰及其组织的迅猛发展和宗教教派的冲突起到了不可忽视的破坏性作用，这一点是毋庸置疑的。宗教领域各种矛盾的激化固然是戈尔巴乔夫"公开性"和"多元化"政策所造成的恶果，但是问题的根源可能还必须从苏联七十余年宗教政策和宗教管理实践中去探究。我们认为，在苏联解体过程中宗教之所以能够在一定范围内产生破坏性作用，这既是戈尔巴乔夫宗教政策"松"和"放"的结果，同时又是对此前苏联宗教政策长期"紧"和"卡"的一种过激反应。

改革开放三十多年来中国共产党人在马克思主义基本原理的指导下，在对宗教问题认识方面上进行了卓有成效的理论创新，党在新时期所提出的"积极引导宗教与社会主义社会相适应"理论不仅是中国共产党人继承和发展马克思主义宗教论的理论结晶，它也代表了当代社会主义对宗教问题认识的最高理论成就。

今天，当我们以"相适应"理论为指针，深入研究苏联解体过程中宗教领域的历史教训时，我们认识到，要避免在宗教领域重蹈苏联的覆辙，首先必须要高度重视社会主义时期的宗教工作，正确认识宗教的长期性和群众性问题，切实贯彻宗教信仰自由和政教分离的社会主义宗教工作原则。苏联历史上宗教工作中的很多缺点和错误，都与没有正确认识宗教在社会主义社会存在的长期性和不可避免性有关。即使到了戈尔巴乔夫时期，尽管他从文化和宣传领域开始"公开性"和"民主化"改革，但是对于宗教工作，他却始终没有一个通盘的考虑。认识上的偏差，导致苏联宗教工作中出现这样那样的缺点和失误，在宗教组织及其信众与苏联党和政府之间造成了严重的隔阂，累积起来的不满情绪从形势发生变化了的80年代后期开始宣泄出来，最终导致宗教领域局面失控，这个教训是极为深刻的。

　　其次，我们还要大力发掘宗教与社会主义意识形态的适应性，避免因宗教与社会主义意识形态的异质性所导致的社会矛盾尖锐化。宗教与社会主义意识形态之间确实存在异质性，这是不争的事实，但是相互之间存在异质性的事物并非不能共存，既然宗教要在社会主义社会长期存在直至阶级和国家消亡，既然宗教要影响到相当大数量和相当多阶层的社会主义社会群众，我们就应该不断地深入发掘和认识宗教与社会主义社会意识形态之间的适应性，唯其如此，具有更大包容性的社会主义意识形态体系才更加安全。在苏联历史上，尽管出现过宗教与国家政权关系良好的时期，但是总的来看，苏联宗教政策在戈尔巴乔夫以前总的趋势是片面夸大宗教与社会主义意识形态之间的异质性，党和政府长期把宗教当作"意识形态残余"，从来没有充分意识到广大信教群众是社会主义建设事业力量的重要组成部分，人为激化了宗教组织及其信众与社会主义之间的矛盾。在这样的思想背景下，指望充分调动广大信教群众社会主义建设的积极性，指望宗教组织和信教群众在社会主义意识形态发生危机的时候坚定地站在社会主义意识形态一边，是根本不可能的。

　　最后，我们还要善于化解裹挟于宗教现象之中的政治问题和民族问题，打击反动的政治势力和民族分离主义势力决不手软，但是对于宗教问题，要在宗教信仰自由和政教分离原则下加以解决，两者绝不混淆。在苏联，无论是在波罗的海沿岸国家还是在乌克兰，宗教教派矛盾之所以被民族分离主义势力利用，根本的原因还在于苏联历史上在这些地区的宗教工作没有很好地贯彻政教分离的原则。在抵御外来宗教渗透的问题上同样如此。因为宗教是一种普遍的社会现象，因此一国的宗教人员和组织就不可能不与国境线以外的宗教人员和组织进行交往，同样因为宗教的普遍性，境外的敌对势力就有可能利用宗教对社会主义国家进行渗透。这两者都是不以人的意志为转移的。这就要求我们要善于区分正常的宗教交往与利用宗教进行的渗透。对于依照宗教传统和习俗所进行的正常交往，我们应予以保护和支持，而对于借宗教之名搞渗透和颠覆活动的反动势力则应坚决予以打击。

（原载《中国党政干部论坛》2012 年第 10 期）

自然科学与无神论

马克思主义关于科学与宗教的关系初探

高杨帆

　　科学与宗教的关系问题是西方学者所研究的一个重大的理论课题，研究机构数量以及著作数量之多超乎我们的想象①。在当代，哲学和宗教学界也引发了宗教的本质究竟是什么，它与科学为什么能够和平共处等重大问题的探讨②。长期以来，西方学者关于科学与宗教的关系问题的研究已经形成三大基本派别：对立论〔主要代表有：怀特（A. D. White），德拉普尔（J. W. Drapper），罗素等〕，相对独立论（主要代表有伽利略，康德，蒂利希（Paul Tillich），海森堡等）以及相互依赖论（主要代表有牛顿，怀特海，马克斯·韦伯，爱因斯坦等）。但是有一种观点，即关于科学与宗教的唯物史观被忽视了。主要原因是马克思、恩格斯直接论述科学与宗教的关系的内容极少。然而马克思、恩格斯关于宗教以及关于科学的论述却是篇幅极多的。当今世界对宗教与科学关系问题的回答都遇到了难题，因此挖掘马克思主义关于科学与宗教关系的唯物史观对我们把握当代科学与宗教的关系有重要的理论及实践意义。

一　马克思主义论宗教

　　马克思和恩格斯是坚定的历史唯物主义者，他们对宗教（主要是基督教）和科学各自都有过很多深刻的论述，但是对二者关系少有言及。他们并非缺乏这一理论眼光，而是把二者看作是两个相对独立的世界，不是具

---

① 孙倩：《怎样看待科学与宗教的关系》，《中国社会科学院院报》2007 年 3 月 22 日第 8 版。
② ［英］阿利斯科·麦克格拉斯：《科学与宗教引论》，王毅译，上海人民出版社 2000 年版，第 2 页。

有必然联系的对立统一的辩证双方。但我们仍然可以从马克思、恩格斯对宗教和科学的论述中对二者关系进行明确的推断。

对于宗教，马克思给予毫不留情的批判。他认为宗教即异化，是非理性、非科学、迷信。基于对物质领域和精神领域之间关系的洞察，从经济基础决定上层建筑的唯物史观的基本思路出发，他强调在阶级社会里宗教产生和存在的根源是经济基础。而从人的自我意识层面，"宗教是那些还没有获得自己或是再度丧失了自己的人的自然意识和自我感觉"①。个人心理极度焦虑的需求是产生信仰的重要原因。从社会压迫的角度，马克思指出："宗教里的苦难既是现实的苦难的表现，又是对这种现实的苦难的抗议。宗教是被压迫生灵的叹息，是无情世界的感情，正像是没有精神的制度的精神一样。宗教是人民的鸦片。"② 在马克思那里，社会压迫本质上是经济关系的阶级压迫，压迫者则同时扮演鸦片制售者的角色。马克思认为，基督教的社会原则曾为古代奴隶制进行过辩护，也曾把中世纪的农奴制吹得天花乱坠。宗教宣扬阶级（统治阶级和被统治阶级）存在的必要性，为压迫者对被压迫者的各种卑鄙龌龊的行为辩护。宗教是无限英明的上帝对人们赎罪的考验，颂扬的是人的怯弱、自卑、自甘屈服和顺从驯服③。马克思强调"国家、社会产生了宗教即颠倒了的世界观，因为它们本身就是颠倒了的世界"，④ 即宗教是在精神世界中为现实世界寻找解释和依据，而不是从客观现实反思这种精神虚幻的本质。

总之，马克思彻底否定宗教，并指出宗教并非症结所在，而只是疾病本身。他认为宗教属于上层建筑，因此他要将对天国的批判变成对尘世的批判，对宗教的批判变成对法与政治的批判，以实践精神在现实中寻找出路。"废除作为人民幻想的幸福的宗教，也就是要求实现人民的现实的幸福。要求抛弃关于自己处境的幻想，也就是抛弃那需要幻想的处境。"⑤ 马克思认为，随着阶级斗争胜利和阶级社会消亡，宗教就会像政府和压迫性的上层建筑中的其他事物一样，自动"消亡"。

---

① 《马克思恩格斯选集》第 1 卷，人民出版社 1972 年版，第 1 页。
② 《马克思恩格斯选集》第 2 卷，人民出版社 1972 年版，第 2 页。
③ 潘显一、冉昌光主编：《宗教与文明》，四川人民出版社 1999 年版，第 69 页。
④ 《马克思恩格斯选集》第 3 卷，人民出版社 1972 年版，第 446 页。
⑤ 《马克思恩格斯选集》第 2 卷，人民出版社 1972 年版，第 2 页。

二 马克思主义论科学

对科学，马克思恩格斯极为重视。能量守恒定律、进化论和细胞学被认为是马克思主义哲学形成的三大科学基础。马克思和恩格斯都十分认同科学对哲学的基础性作用，也都对研究自然科学及其新成果相当重视。马克思从唯物史观的角度，在对资本主义的大工业生产的创造性分析中提出"生产力里面当然也包括科学在内"和科学是"一般社会生产力"的深刻思想，肯定了科学对于人类进步的巨大作用。马克思认为，生产力的发展除了劳动的社会性质和社会内部的分工起作用外，也来源于自然科学的发展。各个生产部门的发展，"部分地又可以和精神生产领域内的进步，和自然科学及其应用方面的进步联系在一起"①。在马克思看来自然科学理论是知识形态的生产力，它是潜在的生产力，只有物化为一定的技术手段并经过特定的工艺方式并入生产过程才能变成直接生产力。马克思指出："固定资本的发展表明，一般的社会知识、学问，已经在多么大的程度上变成直接生产力，从而社会生活过程的条件本身在多么大的程度上受到一般智力的控制并按照这种智力得到改造。"②马克思还论及了科学的异化和对人的压迫问题，即在资本主义生产方式下"科学通过机器的构造驱使那些没有生命的机器肢体有目的地作为自动机来运转，这种科学并不存在于工人的意识中，而是作为异己的力量，作为机器本身的力量，通过机器对工人发生作用"③，这其实是对资本主义导致劳动异化的进一步批判。马克思对科学技术的生产力功能以及对科学在资本主义制度下的异化的揭示为我们树立了唯物史观的科学观。

恩格斯则对飞速发展的自然科学技术给予了更多的关注。恩格斯在《自然辩证法》中一一考察了19世纪的三大发现。恩格斯指出："17世纪和18世纪从事蒸汽机的人们也没有料到，他们所造成的工具，比其它任何东西都更会使全世界的社会状况革命化。"④

总体来看，马克思、恩格斯强调科学的重要性及其发展的必然性。

---

① 《马克思恩格斯全集》第25卷，人民出版社1975年版，第97页。
② 同上书，第219页。
③ 《马克思恩格斯全集》第46卷，人民出版社1979年版，第208页。
④ 恩格斯：《自然辩证法》，人民出版社1984年版，第306页。

"随着资本主义生产的扩张，科学因素第一次被有意识地和广泛地加以发展、应用并体现在生活中，其规模是以往的时代根本想不到的。"① 事实也证明，不管是资本主义条件下还是社会主义条件下，在当今世界的各个领域科学都发挥着极其重要的影响。

三 科学与宗教关系的唯物史观

从马克思主义关于科学与宗教的论述看，科学与宗教虽然不是直接对立的辩证双方，但在本质上是对立的。宗教是对超自然力量的崇拜，相信超自然的上帝和神灵。其实质是否认有客观存在的必然性和规律。科学不承认任何超自然的力量。在认识方法上，宗教与科学也是根本不同的。"在自然科学中必须从物质的各种实在形式和运动形式出发；因此，在理论自然科学中也不能虚构一些联系放到事实中去，而是要从事实中发现这些联系，并且在发现了之后，要尽可能地用经验去证明。"② 宗教则靠意念或者超经验的感觉去构造。

那么科学背景下宗教的命运如何呢？恩格斯强调科学进步对宗教的摧毁作用，他指出："在科学的猛攻之下，一个又一个部队［宗教］放下了武器，一个又一个［宗教］城堡投降了，直到最后，自然界无限的领域都被科学所征服，而且没有给造物主留下一点立足之地。"③ 尽管如此，但科学战胜宗教是一个艰苦和漫长的过程。恩格斯在《关于德国的札记》里写道："仅仅用嘲笑和攻击是不可能消灭像基督教这样的宗教的，还应该从科学方面来克服它，也就是说从历史上来说明它，而这一任务甚至连自然科学也是无力完成的。"④

通过以上考察，可大致推断出马克思、恩格斯关于科学与宗教关系的结论：宗教是人的精神鸦片，但随着科学的发展，宗教的领域将越来越小；在人类历史长河中，科学和宗教已经共同存在几千年，其间他们发生过冲突，有过彼此独立相安无事，也曾相互依赖共存，但科学与宗教不会永远共存，科学的永续发展日益缩小着宗教的生存空间；虽然仅靠科学无

---

① 《马克思恩格斯全集》第 47 卷，人民出版社 1979 年版，第 527 页。
② 《马克思恩格斯选集》第 3 卷，人民出版社 1972 年版，第 469 页。
③ 同上书，第 529 页。
④ 《马克思恩格斯全集》第 18 卷，人民出版社 1964 年版，第 648 页。

力使宗教很快就消亡，但宗教最终会随着科学的巨大发展而在历史长河中消亡。按照马克思主义的理解，科学不是直接使得宗教灭亡，科学既不是宗教产生的原因，也不能直接消灭宗教。但是科学作为"一般社会生产力"，通过渗透到生产工具、劳动对象、劳动者、社会生产的组织和管理中，驱使自然力为生产服务，为人类服务，从而变成直接生产力。而生产力的进步使得人类对自然和社会的认识更加深入，不需要有上帝来指引，从而动摇宗教的信仰基础；此外，科学技术作为生产力中最革命的要素必然摧毁阶级社会，并使人类迈向共产主义，阶级社会的逐渐消亡使得宗教产生的阶级基础也最终走向消亡。

马克思主义关于科学与宗教关系的唯物史观具有时代超越性。随着人类社会的发展和科技进步，人类对客观世界有了越来越多的认识，人类也越来越有能力把握自己的命运，由此作为人的异化的宗教应当逐步消亡。但这一过程会很漫长。恩格斯指出，"许许多多自然科学家在他们自己那门科学的范围内是坚定的唯物主义者，但在这以外……甚至是虔诚的正教教徒"①。只有在历史过程中科学家放弃了宗教信仰，成为坚定的唯物主义者，宗教才有可能消亡。所以不用感到奇怪，即使在科学如日中天的当代，宗教仍然十分盛行，甚至在一些科技高度发达的国家，许多科学家仍是虔诚的宗教信徒。据统计，在 2000 年，世界总人口数约为 60.55 亿，其中各类宗教信徒约为 51.37 亿，占总人口数的 84.8%。②

因此，唯物史观并没有为当前的科学与宗教的关系下一个简单的结论。而是充分考虑到了科学与宗教关系的复杂性。事实上历史上的宗教也注意改变自己的形象，在对待科学时，宗教已经不那么蛮横了。尽管如此，马克思主义的宗教与科学关系的唯物史观指明了科学与宗教发展的历史总趋势。

四　科学与宗教关系的唯物史观的当代意义

目前关于科学与宗教关系的主流观点有对立论，相对独立论和相互依

---

①　《马克思恩格斯选集》第 3 卷，人民出版社 1972 年版，第 526 页。

②　［英］阿利斯科·麦克格拉斯：《科学与宗教引论》，王毅译，上海人民出版社 2000 年版，第 1 页。

赖论。这些理论都有着合理性，但都面临各自无法解释的难题。对立论不能解释为什么历史上许多伟大的科学家如哥白尼、伽利略、牛顿、孟德尔等大都是教会的教徒这一事实；独立论不能解释科学发源于宗教，但宗教却对一些科学家有过残酷的迫害这一事实，也不能解释当今世界宗教阻碍基因研究以及人类干细胞研究等事实；相互依赖论则不能解释这样一个事实：没有宗教，科学可以发展得更快更好，新中国科学技术的快速发展就是例证，而宗教，即使不依赖科学，在5—11世纪也发展壮大了。

对立论与独立论，切断了科学与宗教对话的可能性，因而在目前西方的科学与宗教关系的研究中受到冷落。但这丝毫不影响其价值。科学和宗教的对立或独立在历史上都有过鲜明的表现，将来也会有所表现。目前大多数西方学者所信奉的相互依赖论则可能会在今后的长时间里呈现主导性表现。而唯物史观正确指明了科学与宗教的关系：科学与宗教的关系总是历史的具体的，它们的关系随着历史的进步不断变化着，有时冲突，有时不相干，有时又相互依赖。就现状而言它们会在相当长的时间内共存，但最终科学会永存，而宗教将随着科学进步丧失存在的基础而消亡。在科学与宗教关系问题上的对立论，独立论，相互依赖论都是静态的理论，只有唯物史观是动态理论，能够很好地解释历史上各个历史时期的科学与宗教的关系，并具有前瞻性。

事实上科学与宗教关系的唯物史观的预言正在得到越来越多的证明。据2009年3月9日的英国《每日电讯报》（*Telegraph*）报道，美国康涅狄格州三一学院（Trinity College）的研究人员进行了一项美国历史上规模最大的宗教调查。该调查历时9年，共5.4万人参与了调查。调查发现，在美国越来越多的成年人拒绝称自己是基督教徒，他们转而青睐非教派信仰。15％的受调查者说他们没有任何宗教信仰，自称为基督教徒的美国人口比例下降到了76％，而1990年这一比例为86％。①

普林斯顿大学的社会学家伍斯诺（Robert Wuthnow）也注意到，当前科学家们对宗教的态度已经变得日益模糊。他们不信宗教（irreligiosity），但又因为一些社会原因不愿意摆脱宗教。一方面他们"不信宗教"，只是装作与宗教划清界限的一种手法，这种"不信宗教"把科学家同大多数有

---

① Mark Coleman, "Americans abandoning religion as number of non-believers climbs to 15 per cents", *Telegraph*, 2009（March 9）: 2.

宗教身份的人区分开来。另一方面科学家们很可能自认为是宗教信徒，但并不实际参与同宗教有关的任何传统的仪式。他们可能坚持私人的、非传统的宗教取向，他们在公开场合却故作姿态地与宗教划清界限，使他们不承认与传统宗教的教规认同。①

科学与宗教关系的唯物史观也告诉我们，科学并不能直接消除宗教，宗教的消亡是一个历史过程。因此那种想急功近利地废除宗教的做法是不可取的。就目前而言，由于人类仍处于阶级社会，再加上有效的人为干预，科学和宗教会在总体上和平共处。但二者的具体关系在具体的事件和环境中仍然复杂，不可一言以蔽之。长期的和平共处并不代表科学与宗教没有冲突的危险。一些新的问题和情况纷纷浮出水面，是社会各界应当重视的。

关于科学，"不顾世人的无知、愚蠢与任性，自伽利略时代以来科学方法确已攻占了一个又一个阵地……科学都能渐渐地适应其不熟习的领域。研究好像永无止境"，但是"知识之球愈大，则其与未知面接触也愈大"②。科学服务于战争的应用，以及科学是为了发展经济的概念的普遍传播，使得科学研究的自由遭到外力的干扰和操控。科学史家丹皮尔认为"如果自由纯粹的科学遭到忽略，应用科学迟早也会枯萎而死亡"③。另一方面，在讨论信仰缺失的同时，不得不承认科学也离我们越来越远。科学共同体成了一个特权团体，只有少数人可以参与，其中更少的人把持着权威。科学更多的是一种职业，为政治经济所需。

关于宗教，虽然在现代文明的背景下，宗教立足当代，面向世界，积极发挥其文化影响以服务人类。但当今世界仍然是一个充满宗教冲突的世界。宗教背景之下的民族冲突问题、邪教问题和恐怖组织问题层出不穷。此外，"原教旨主义"等现代新兴宗教及其极端形式对传统宗教无疑也是一大考验。

由于科学与宗教的发展都还不是很充分，都面临各自的诘难，因此可以预见，在一个相当长的时间里宗教和科学会相安无事地存在着。但在是否有个"创世的上帝"存在、"人择原理"、"自由意志"、"灵魂"、"来

---

① 安希孟：《从分离走向整合的科学与宗教》，香港《实现综合艺术评论》2004 年第 3 期。

② ［英］W. C. 丹皮尔：《科学史（下）》，李珩译，商务印书馆 1989 年版，第 642 页。

③ 同上书，第 643 页。

世",以及科学的道德判断和科学探索范围等问题上,科学与宗教的对立与冲突仍将存在。科学必将大部分地占领神学曾经占领的地盘,并否定神学的错误,例如现在西方学者正在积极尝试论证"上帝不存在"。这一并存的过程中宗教不得不让步,并改变自己。如 1984 年罗马教廷正式为伽利略冤案平反昭雪,而教皇约翰—保罗二世也于 1996 年秋天谨慎地表示进化论不再仅仅是个假说,而是理解地球上生命的最好解释。神学家也认识到,只有适应科学发展,才能继续存在下去。例如神创论变形为"智能设计论"。许多宗教家宣布:存在更高形式的不应服从科学的宗教真理,它们是靠信仰与启示而被发现的。但是科学界也该清醒地看到,随着已知的边界不断扩大又面临着更大的未知世界需要去探索,因而神学总有机会挑战科学。在探索未知领域上,宗教神学一句话就够了,对科学来说则须要艰难地"登山"。科学与神学的争论必然在政治、社会文化、法律和教育上也会引起强烈的反应。科学只有对神学的挑战不断做出回应,才能得到发展。

面对未来社会的复杂性,短期来看,宗教和科学可以进行对话,可以进行暂时的合作,共同促进人类的福祉。但那种提出要与时俱进,发展宗教的观点则并不可取。① 宗教虽然能帮助人们缓解许多社会矛盾,解除人在尘世的痛苦,但宗教作为阶级社会的产物,它总是被各种利益集团所操控,它与科学的对立还将继续下去。坚持马克思主义科学与宗教关系的唯物史观是当前我们正确对待科学与宗教关系的理论指导。

(原载《科学与无神论》2012 年第 3 期)

---

① 潘岳:《马克思主义宗教观必须与时俱进》,《深圳特区报》2001 年 12 月 16 日第 12 版。

《科学与宗教：它们能融合吗？》后记

保罗·库尔茨　著　任事平　译

一

现行的科学的宇宙观是否证明了上帝的存在？大爆炸理论、人择原理（anthropic principle）或者是设计论观点是否证明了有神论者的声明是正确的？怀疑论调查者们对此持否定态度。所谓的大爆炸的"单一性"并没有告诉我们在最初的爆炸之前发生过什么？它是如何以及因何引起的？推断一个神圣的存在来解释宇宙的由来只能将我们引向更加无知，因为人们总是在问是谁创造了上帝？这是一个信徒所告知我们的不合逻辑的命题，为整个宇宙寻求一个单一的、超自然信仰的原因是同样的不合逻辑。假如上帝的存在能够解释物理世界，那么有神论者假设的上帝存在的证据又是什么呢？又有什么证据证明上帝能回应我们这些祈祷者呢？

同理，有神论者引入"智能设计"的尝试是缺乏足够的事实证据来支持的。自然选择、基因突变、差异复制以及其他一些自然原因已经足够解释物种的进化，而不需要在宇宙中插入设计的因素。人类学法则主张用"微调"（fine-tuning）等一些形式解释这个行星上的生命，特别是人类生命存在的原因。但是这些又如何解释在化石中发现的数以百万计的物种的灭绝呢？如果我们假设了一个设计者，那么又如何解释宇宙中的冲突、失控和罪恶呢？为什么这些不是不明智或糟糕的设计呢？难道以人类为中心的放肆的声称对于宇宙进行微调是为了人类物种的出现！

海德格尔（Heidegger）曾经提出这样的问题"为什么应当存在而不是为空？"怀疑论者对此问题的意义持怀疑态度。那么将如何着手证实所提出的有神论的回答？为什么不接受世界上所遇到的残忍的真实性，诸如以

下我们在自然中所经历的物质与能量，事物、事件、品质以及属性的多样
化，从电子、原子到行星和宇宙，从单细胞的草履虫到恐龙，从水仙花到
人类，从社会公共机构到文明的表述。为什么不以多元论的眼光而是以单
一因果关系来看待这些我们在所处的环境中遇到的实际问题呢？自然主义
的解释不是自相矛盾的而是丰富多彩和开放式的，正如不可知论者所认为
的不管事实意味着什么，他们也不知道事实之所在。总之，不管是无神论
的还是反神论立场的怀疑论者都发现经典的有神论的声称的确是证据
不足。

那些捍卫超自然的人认为一个超自然的上帝在宇宙中是无所不在的。
如果是这样的话，那么可能会通过经验而判断他的出现。怀疑论调查者们
已经调查超自然声称，发现"无形的灵魂"、"濒死体验"、"与逝者沟
通"，类似的为"祈祷的效果"、"都灵裹尸布"以及其他声称的反常的现
象都缺乏证据。

宗教所提供的特种的更高层次的精神真理的假设是无保障的。现存的
有两种对真理的主张：一种是科学的真理，这是由经验积累和逻辑推理所
证实的；另一种是宗教，这是超越经验和推理而确立的。

最可靠的调查方法是尽可能满足公正的客观标准。在古代神的文献
中，那些关于启示的历史声称因其经由不公正的见证人（目击者）和有问
题的口头传递的原因而不足以令人信服。而这些主张是在所声称的先知死
后很多年甚至几个世纪以后才被编辑而成的。许多在《圣经》和《古兰
经》中所发现的对奇迹的声称，例如《新约全书》中的康复治疗与驱魔咒
语的声称，以及《旧约全书》中对于造物者的描述，都是完全不可信的。
它们依赖于远古的游牧和农业社会的粗糙的技巧，是不能经受住科学的详
细审查的。

然而，这些历史宗教奇迹的信仰者鼓吹的目的是阻碍科学研究。科学
质询对于人类的进步是非常重要的，任何限制科学的努力是无效果的，例
如，声称站在宗教道德的角度上限制对胚胎干细胞的研究。这些研究的反
对者认为，一旦一个细胞开始分裂（即它成长为少量数目的细胞，一个胚
泡），一个人的灵魂就产生了，这样任何对其进行实验的尝试都是"不道
德的"。这种用假定的灵魂来禁止科学研究的行为使人联想起历史上宗教
对伽利略和达尔文科学研究的反对和阻扰。宗教学家坚持他们可以提出一
个许可或裁决来反对此类科学研究。因此笔者的第一个提法就是必须严格

区分宗教和科学。

第二个可能得出的推断涉及宗教和道德的关系。斯蒂芬·吉亚·古尔德（Stephen Jay Gould）提出有两种权威，他认为它们之间没有竞争，没有矛盾。他说，科学的领域主要是关注于真理，而宗教领域则是适当关注于道德。笔者认为这种提法大错特错。笔者认为应当将伦理道德和宗教分离开来。笔者并不否认宗教信徒经常赞成和支持道德行为，包括仁慈的和慈善的行为、爱、同情以及和平。但是他们是受自己信仰的上帝的感召而如此，并致力于对社会施加此种影响。此外，宗教经常对于什么是基本的道德戒律而存在分歧，并且发动战争来反对其他的宗教或世俗的道德体系。宗教经常将他们的道德戒律建立在信念和传统的基础上，因此很多人试图反对建设性的社会变革。我们需要开放道德价值和原则，并在理性和实证的角度来检验。宗教信仰者已经显示出他们并没有特别的能力来形成和评价这样的道德评判。

笔者这么说是因为在世俗道德领域里有浩瀚的文学作品，从亚里斯多德（Aristotle）到斯宾诺莎（Spinoza）、康德（Kant）、约翰·斯塔特·米尔（John Stuart Mall）、约翰·杜威（John Dewey）以及约翰·尧尔斯（John Rawls）。这些思想家说明了伦理道德是自治的，并且可以在理性调查的基础上形成伦理道德的价值判断。基于关于实践和评价的判断逻辑，我们可以相当独立地提出一个宗教框架。并且，由于科学可以拓展我们技术的手段，可以基于事情本身的事实及其后果而修正我们的价值判断，科学在决策中扮演着重要的角色。就它们形成的说明性的判断而言，应用科学和策略科学是规范的。然而，时至今日，仍有许多人错误地认为如果没有宗教信仰为基础人是不道德的。这是一个错误的假设，因为自从文化复兴以来，道德的世俗化以及自然主义价值观的实现仍然不依存于宗教的戒律而存在和发展。

在当今社会，第三个激烈争辩的领域是宗教和国家之间的关系。民主主义者有力地捍卫着开放的世俗社会以及政权和宗教的分离。尽管宗教人士有在公共场合来表达自己的观点各项权利，宗教也应当归属私人范畴。宗教不应当试图将其基本的道德准则（即神学的原则）强加于整个社会，否则就与神权政治没什么两样。一个民主的国家应当是中立的，不应当寻求偏爱某一个宗教而摈弃其他宗教，它不应当寻求确立某一种宗教，它也不应当将宗教原则纳入法律规则，特别的是，不应当寻求避免科学质询的审查。

二

那么什么领域是宗教适合关注的呢？还有什么领域留给宗教呢？笔者的回答是肯定的。在一种最小限度的意义上讲，笔者认为宗教和科学是相容的，当然得看宗教的意义是什么。宗教已经起到了难以轻易否认的重大作用。宗教将会在可预见的未来会继续伴随着我们，并且不会轻易地消失。

毫无疑问，笔者的论题会引起争议。笔者承认宗教语言并不完全是描述性的也不完全是说明性的。语言的描述性的和解释性的功能是体现在科学的领域范畴内的，而说明性的和规范性的功能是体现在伦理道德的范畴内的。科学和伦理道德这两种领域都有一定的自主性。当然，在政治领域中，宗教信徒并不拥有任何特别的能力，这与在道德领域是相似的。在一个民主社会里，每个公民应当有权表达自己的政治观点。同样，那些提高自身道德品质的人应当能够提出道德判断。

那么什么是宗教所合适关注的领域呢？笔者承认宗教领域是富有表现力的，是动情的。它通过道德诗歌、美学灵感、仪式庆典行为等演绎出人类的状况和人类的兴趣，并使之戏剧化而消除对于意义和目的的渴望。宗教（至少是经典宗教的启示）用寓言、故事、隐喻、神话等赋予了上帝以人的外形。他们表达了人们内心渴望能协调好与世界的关系，并寻找面对死亡的意义。在探求死亡的意义问题上，宗教是宣扬来世论的。其主要功能是表达一种希望。如果说科学给我们带来的是真理，道德告诉了我们美好的和正确的标准，政治带给了我们公正，那么宗教就是带给我们憧憬与希望。宗教的主要功能是，在人们面对困难、逆境、矛盾、野蛮、无法说明的、变化的和虚弱等情况时，克服绝望和失望的情绪。鉴于此，宗教难说是正确的，也不是完全美好的，甚至不是完全公正的，它能唤起人的感情，能使人超越忏悔、恐惧、焦虑和自责，能够安抚人类疼痛的心（即使不是全部人类，也会有很大一部分人这样认为）。

另外笔者还认为，宗教体系中所倡导的观点和信仰是人类创造性想象力的产物。它们是我们人类在虚幻和想象中畅游，是我们对那些被遗忘已久的历史人物的承诺，我们赋予了他们永生的意义。

　　轻易消除不掉创造性想象、幻想和虚构的作用。它们是在人类表达梦想和希望、理想和渴望的最有力的方法。有谁能够否认不被幻想小说、电影、戏剧所吸引呢。我们创造出来的宗教形象类似于我们编织的能安慰人，能给予希望的故事。宗教是对人类内心渴求的一种戏剧性的表达，它能使得人们能够从痛苦和绝望中走出来。

　　把宗教作为戏剧和诗歌的解释时，科学和宗教没必要不相容，因为它们关注的是人类不同的兴趣和需要。笔者对于宗教的功能的解释是一种元层次的，古典宗教试图超越人类经历的悲剧性边界，笔者认为它们甚至因自己所声明和许诺而注定是错误的。

三

　　在这一点上，对于自然主义的一个特殊的挑战出现了。自然主义方法是科学的基本原则，我们应当寻求对于现象的自然的因果解释，并使用严格的科学方法来检验这些解释。另一方面，科学自然主义超越了这一点，因为它因其不是事实而拒绝了超自然隐喻，拒绝神圣灵魂、鬼魂和灵魂的引入来解释宇宙，而是引入了数学的、物理化学的、非还原的自然主义来解释宇宙。这是有神论特别担心的第二种形式的自然主义，因为它拒绝了有神论的基本宇宙观。直至今日的对达尔文主义的疯狂反对显示出骨子里的恐惧，惧怕科学自然主义会破坏宗教信仰。

　　如果是这样的话，鉴于人类状况的悲惨命运，那么科学自然主义所面临的最大的挑战，不是在真理范畴而是在希望的范畴，不是在美好的领域而是在承诺的领域，不是在公正的范围而是在期待的范围。达尔文主义的进化论认为死亡是终极的，不简简单单只是每个个体的死亡，而是在遥远的将来，在某一天可能人类种族自身也会灭绝。进化论已经发现了数以百万计的灭绝的物种。是否同样的命运在等待着人类呢？宇宙科学家指出，在某种程度上，或是实际上，看起来好像我们的太阳将会冷却下来。展望未来，一个深度的冰冻或大的收缩将会最终取代整个宇宙。一些星际探险家受一些科幻小说所启发，浪漫地想象有一天人类种族将能离开地球，栖息到另外一个行星或者是其他的星系中去。虽然如此，某一天，人类个体、人类种族乃至我们的行星和太阳系的灭亡不是不可能的。

　　那么，这预示着人类最终的命运是什么呢？我们生活在一个宇宙的尺度非常巨大延伸的时代，从尺寸来说有几十亿光年。毫无疑问，这些大多是基于数学的和天文学的推断，很可能在未来还会被科学更正。尽管如此，在巨大的宇宙层面上，人类的作用变得无意义。显然，科学使得我们能够解释宇宙中更多的内容，这种知识真实地被看作是一种奇迹。然而，我们所未发现的宇宙远远地超过了我们对它所施加的影响。它不是如一些有神论学家所预示的是为我们制造的，也不是上帝用想象创造了我们。实际上，我们在自己的想象中蚀刻出了上帝。这种关于宇宙和我们所处位置的自然主义观点，是否熄灭了任何宏大的人类能永久栖息的激情呢？是否消灭和破坏了人类的希望呢？是否足够安慰人类的精神呢？自然主义的中心主题是人类勇气的问题。是我们能否在面对最终灭绝的情况下还能生活得充实的问题。

这些是大范围的问题，然而它们是宗教意识的中心问题。科学自然主义在它破坏了有神论的世界观，是否还能对人类处境提供一个富有戏剧性的、有诗意的希望和许诺的替代品呢？不计其数的、勇敢的人们已经生活得富有意义，拥有了繁荣的生活，在他们意识到我们种族以及我们的太阳系可能在将来会灭绝，许多人显然不能承受那种想法。他们渴望永生，而有神论的宗教满足了他们的需要。另外一些人并没有夜以继日地保持清醒，并担忧从现在到未来的五十、一百或一百五十亿年以后会发生些什么，他们发现生活因其自身的原因本身是富有意义和美好的。

在 21 世纪，我们需要考虑人类处境中的另外一维的问题，即宇宙的无限扩大和未知的神妙之处［马丁·加德纳（Martin Gardner）在本卷中他的文章里探讨了这些内容］。当今现实令人眩目，超乎人类想象，那就是至少从 16 世纪到现在，我们关于宇宙大小的观念一直在不断地修改和扩展中。哥白尼的革命推翻了我们的陆地家园是宇宙中心的观念，取而代之的是提出了以太阳为中心的观点。20 世纪在宇宙哲学方面有如下革命：相对论、量子力学以及测不准原理，这些革命改变了我们对于现实的一些看法。但是今天哈勃革命对于我们具有特殊的意义，因为它以指数级别扩展了我们的视野。它带领我们超越了我们的太阳系、我们自己的星系，即银河系，进入到辽阔的外部空间，来到其他的星系、星云和黑洞，在这里我们可以观察到恒星系统以及星系的诞生和灭亡。以天文学家哈勃命名的天文望远镜能带领我们离开厚重的地球大气层，并允许我们洞察宇宙中更深处的内容。宇宙是不断演化的而非静止和永恒的这种观点统治着现行的科学的宇宙论。在这里，我们就像是宇宙空间中在其中一个星系边缘的一个小小的行星上的一个点。也许存在其他的宇宙或是存在多元宇宙，这些从我们现行的观点来看实质上是无穷的数目。如果一个人从相反的方向进行，即从宏观领域进入到微观领域，那么一个人注视到一个类似的、实质上的无穷数目的亚原子的颗粒。这样我们关于宇宙的观点就是在任何一个方向上都是十分惊人的！

当代宇宙论的许多理论毫无疑问地是建立在理论推测的基础上的，需要验证才能接受它们。虽然如此，目前我们将对宇宙的观点从敬畏、惊讶、惊奇提升至辉煌、优雅和庄严。伯特兰·罗素曾经说过，在人类拓展至能够思考宇宙这一巨大范畴之时，就通过使人成为宇宙中的一员而拓展了思维。

最近所新发现的在近恒星系统中的行星使得我们推测出下列的可能性，即不仅存在数以十亿计的恒星和星系，而且存在着数十亿的行星。如果我们接着推测其他形式的生命可能已经存在于宇宙的其他地方，那么我们可能并不孤单。有人也许会问：难道这些不正是某种宗教观点所反映的吗？不，无须如此。它们实际上是一种对宇宙景观之美丽和维度在审美上的提升，卡尔·萨根在他的电视剧《宇宙》中极好地表达出了这一点。

还有一些其他根据的个人观点，这些探索无疑是应当受到鼓励的。首先，对我们的有限性和局限性要有正确的评价。从敬畏的观点出发，许多人形成了害怕和战栗、畏惧和焦虑，也许甚至是惊骇。毫无疑问，认识到人类自身力量是有限的，导致了人们对巨大的超越力量的渴求，不惜去神化它们。类似地，人类倾向性地提出了神、人同形同性论的概念，将任何事情都与人类的渴望和希望相关联，并被超越经验所诱惑。在我们的梦想和幻想中，我们被诱惑来为宇宙创造了人性化的巨人，他参与了星际战争。现代宇宙的科学的发展已经远远超出了古代科幻小说所想象的。

然而，还会有另外一种可能的回应，那就是认识到我们在自己的星球上，自己的行星和太阳系中的作用和力量，我们有勇气来实现自己的计划和方案，并决心充实生活。我们能正在享受生命，追求科学和思考，爱与被爱，与其他一些个体分享我们的梦想与希望，建立一个更美好的全球性的社会，并为人类繁荣欢跃。

最后笔者分析宗教神话就像一件伟大的艺术作品，诸如莎士比亚的《麦克白》或是威尔第的《安灵曲》、米开朗基罗的《大卫》或毕加索的

《格尔尼卡》、贝多芬的《第九交响曲》或是马勒的《第三乐章》，这些作品从不同的角度将人类的生存处境戏剧化，所不同的是宗教神话为人类的生存处境提供了一些不能按照字面理解为正确的虚幻的修缮。然而问题依然存在，我们能找到更加切合实际的一些评估和建议来说明目前人类的处境，以取代宗教神话中那些不切实际的幻想吗？也许人类智者早已启示了我们：在想象力和探索方面，科学已经将人类种族的视野推向了外部空间，而且它还为我们构造了一个比任何古代神话所设想的更为令人惊奇的解释框架。我们能否作为自然主义宇宙中的一个物种，能否认识到仍然存在的不解之谜的原因，能否认识到广大未知的边缘？同时，我们每个人能否发现生命是有价值的，能否怀着理性和勇气、同情和健康而生活？随着科学不断地发展，我们对于宇宙，对于我们自身在宇宙中的地位的理解，这些都是未来自然主义科学家们所面临的挑战。

参考文献

［1］Kendrick Frazier's "Are Science and Religion Conflicting or Complementary? Some Thoughts About Boundaries", originally appeared in the Skeptical Inquirer 23, No. 4 (July/August 1999).

［2］Steven Weinberg's "A Designer Universe" is based on a talk given in April 1999 at the Conference on Cosmic Design of the American Association for the Advancement of Science in Washington D. C. It was first published in The New York Review of Books (October 2I. 1999) and later in the Skeptical Inquirer 25, No. 5 (September/October 2001).

［3］Victor J. Stenger's "Anthropic Design: Does the Cosmos Show Evidence of Purpose?" appeared in the Skeptical Inquirer 23, No. 4 (July/August 1999). It is a much abridged version of "The Anthropic Coincidences: A Natural Explanation", which appeared in the British Skeptical Intelligencer 3, No. 3 (July 1999).

［4］David A Shotwell's "From the Anthropic Principle to the Supernatural" originally appeared in the Skeptical Inquirer 22, No. 6 (November/December 1998).

［5］Owen Gingerich's "'God's Goof' and the Universe That Knew We Were Coming" was originally delivered at the conference "Science and Religion: Are They Compatible?" sponsored by the Center for Inquiry, and held in Atlanta, Georgia, in November 2001.

［6］Quentin Smith's "Big-Bang Cosmology and Atheism: Why the Big Bang Is No Help to Theists" originally appeared in Free Inquiry 18, No. 2 (Spring 1998).

［7］Neil degrasse Tyson's "Holy Wars: An Astrophysicist Ponders the God Question" appeared in the Skeptical Inquirer 25, No. 5 (September/October 2001). It is adapted from an essay that appeared in Natural History magazine.

[8] Kendrick Frazier's "Creationism vs Evolution" originally appeared as "Science and Religion 2001" in the Skeptical Inquirer 25, No. 5 (September/October 2001).

[9] William A. Dembski's "Skepticism's Prospects for Unseating Intelligent Design" was originally delivered at CSICOP's Fourth World Skeptics Conference in Burbank, California, on June 21, 2002, at a session entitled "Evolution and Intelligent Design".

[10] Massimo Pigliucci's "Design Yes, Intelligent No: A Critique of Intelligent-Desigu Theory and Neocreationism" was originally delivered at the conference "Science and Religion: Are They Compatible?" sponsored by the Center for Inquiry, and held in Atlanta, Georgia, in November 2001, it later appeared in the Skeptical Inquirer 25, No. 5 (September/October 2001).

[11] Eugenie C. Scott's "The 'Science and Religion Movement': An Opportunity for Improved Public Understanding of Science" originally appeared in the Skeptical Inquirer 23, No. 4 (July/August 1999).

[12] Taner Edis's "A World Designed by God: Science and Creationism in Contemporary Islam" was originally delivered at the conference "Science and Religion: Are They Compatible?" sponsored by the Center for Inquiry, and held in Atlanta, Georgia, in November 2001.

[13] Vem L. Bullough's "Science and Religion in Historical Perspective" was originally delivered at the conference "Science and Religion: Are They Compatible?" sponsored by the Center for Inquiry, and held in Atlanta, Georgia, in November 2001.

[14] Timothy Moy's "The Galileo Affair" originally appeared as "Science, Religion, and the Galileo Affair" in the Skeptical Inquirer 25, No. 5 (September/October 2001).

[15] Sir Hermann Bondi's "Uniting the World—or Dividing It: Which Outlook Is Truly Universal. Which Parochial in the Extreme?" originally appeared in Free Inquiry 18, No. 2 (Spring 1998).

[16] Daniel C. Dennett's "Why Getting It Right Motters: How Science Prevails" was an invited address to the World Congress of Philosophy, Boston, August 13, 1998, Portions are derived from "Faith in the Truth", Amnesty Lecture, Oxford, February 17, 1997, published as "Postmodernism and Truth" in W. Williams, ed, The Values of Science: The Amnesty Lectures, Oxford 1997 (New York: Westview Press, 1999).

[17] Jacob Pandian's "The Dangerous Quest for Cooperation Between Science and Religion" originally appeared in the Skeptical Inquirer 25, No. 5 (September/October 2001).

[18] Barry Palevitz's "Science and the Versus of Religion: A Conversation with My Students" originally appeared in the Skeptical Inquirer 23, No. 4 (July/August 1999).

[19] Arthur C. Clarke's "Credo" originally appeared in Clifton Fadiman, ed, Living

Philosophies (New York: Doubleday, 1991). It was republished in Greetings, Carbon-Based Life Bipeds! Collected Essays 1934 – 1998 (New York: St. Martin's Press, 1999) and again in the Skeptical Inquirer 25, No. 5 (September/October 2001).

[20] Stephen Jay Gould's "Non-Overlapping Magisteria" is excerpted from his book Leonardo's Mountain of Clams and the Diet of Worms (New York: Three Rivers Press, 1998), it later appeared in the Skeptical Inquirer 23, No. 4 (July/August 1999).

[21] Richard Dawkins's article originally appeared as "Obscurantism to the Rescue" in the Quarterly Review of Biology 72 (1997) as one of a series of four commissioned commentaries or the Pope's Message on Evolution. Under the author's preferred title. "You Can't Have It Both Ways: Irreconcilable Differences?" it was republished in the Skeptical Inquirer 23, No. 4 (July/August 1999).

[22] Richard Feynman's "Where the Two Worlds Tangle: There Is a Conflict in Metuphysics-but Not in Ethics" is an excerpt from "The Meaning of It All: Thoughts of a Citizen Scientist" (Helix Books/Addison-Wesley Books 1998 by Michelle Feynman and Carl Feymnan All rights reserved.). The book is a newly discovered three-part lecture given at the University of Washington.

（原载《科学与无神论》2012 年第 3 期）

中外无神论思想源流

无神论简史[*]

乔纳森·米勒　著　张英珊　译

一

这一系列片是关于宗教信仰是如何消失的，亦即，这部片中回顾了经常被人们称为无神论即否定上帝存在的思想，是如何产生的。

目前在电视台播出的历史节目中应用了大量的计算机动画技术，使历史人物重现在银屏之上。首先说明，在本节目当中没有使用这样的处理方法，因此你不会产生在与历史中的无神论者们漫步交谈的幻觉。作为这个节目的制作人，你也不会看到笔者靠在阳台上，注视着笛卡尔轻咬着羽毛

＊《科学与无神论》连续刊登了乔纳森—米勒为英国广播公司（BBC）编写主播的电视片《有关无神论问题访谈录》的部分中文译稿，读者反映良好，普遍希望能将该公司播出的正片《无神论简史》译出，以资同好，以见全豹。因此，该刊将《无神论简史》的三集分三期刊载出来。译稿或有错讹之处，恭请读者指正。

无神论涉及西方许多神学、哲学和科学问题，好像是远离现实社会人生，枯燥无味。但在米勒先生的编导下，一些历史现象有了当代意义，而一些当代现象似乎就根植在历史深层中；他讲的主要是西方的事，而作为东方的中国人，也有些感同身受样地戚戚然。他追忆西方的思想家们为无神论经历的种种痛苦和遭遇的诸多迫害以至屠杀，联想今天的无神论者享受着前辈们争得的文明成果，"可以轻松地选择信仰"，不胜感慨。而当"9·11"事件发生几天后，看到在纽约举行的一场大型宗教仪式上，人们高声唱"耶和华是我的牧者"，又不由得产生了"牧羊人"的奇异感受。《简史》对于三大"一神论宗教"（即亚伯拉罕诸教）的分析及其关系的揭示，是基于当代世界局势对于历史的一种逆观，可以提供我们思考的地方甚多，很希望听到无神论就皱眉头，遇见鬼神论就亢奋的同志也能勉为其难地读一读，至少可以补充一些必要的知识。

对于美国的国家性质，即是宗教国家还是世俗国家？在美国国内也有争论。《简史》认为，近数十年美国最高统治者把美国确定为宗教国家，对无神论者公开排斥，这既违背美国宪法，也背离美国建国领袖们的初衷，有回归欧洲中世纪的迹象，尤其反映在对外关系和发动战争上。但是，在美国的知识界，并不都认同这类做法。——编者注。

笔，沉浸在有关心脑二重性（mind-brain duality）的思索当中。也不会用经过模糊处理的慢镜头来表现人们正在进行"信仰的飞跃（leaps of faith）"。我认为这样的戏剧化处理有点被用俗了，另外也不符合本片的基调。我采取的表现方式是假设时间可以倒流，回溯到历史长河当中的某一关键时刻，这样就可以让观众和我一起回想起那些无神论者的前辈们为了无神论的思想是如何经历种种痛苦、威胁的历险过程，而我作为他们的后来人，则奢侈地享受着他们的成果。作为现代人，我们可以轻松地选择信仰，而我们的前辈则必须为他们所选择的信仰而付出代价。本片在揭示宗教教义和信仰是如何受到怀疑的同时，现代电视的宗旨也要求我在片中忠实地展现出人们的真实思想。

> 如果上帝愿意制止邪恶的发生，但是却没能力制止，那么他就不是全能的。如果他有能力，但却不愿意，他就是恶毒的。
>
> ——伊壁鸠鲁①

在制作这部系列片时，我发现信仰和怀疑的历史比我们想象的要复杂得多。

> 如果他既愿意又有能力，那么邪恶从何而来？如果他既不愿意又没有能力，为什么尊他为上帝？
>
> ——伊壁鸠鲁

我采访了一些历史学家、作家、科学家、哲学家，他们的谈话给了我很大的帮助。

丹尼尔（哲学家）：在我看来，西方的大多数人说他们相信上帝，实际上是说，他们相信这个相信上帝的信仰。

阿瑟·米勒（剧作家）：我从12岁起，就想努力成为一个信仰上帝的人，这样的状态一直持续到14岁。

里察·道金斯（生物学家）：人们习惯于将人类世界中的复杂事物看作是人为设计和构筑的："哦，这是上帝设计的。"这样的回答等于什么都

---

① 伊壁鸠鲁（341—279 BC）：古希腊哲学家，快乐主义伦理学的代表人物。

没有解释。

帕斯卡·鲍伊尔（人类学家）："9·11"事件发生几天后，在纽约举行了一场大型的宗教仪式，我看了电视转播，人们高声唱着"耶和华是我的牧者（The Lord is My Shepherd）"。我有一个朋友也在看这一电视转播，他对我说"哦，这些牧羊人"。

现在距我上一次乘坐史泰登岛渡轮①已过去很长时间了，那是我最后一次仰望耸立云端的世贸双子大楼。在讨论宗教问题时想到它，感到十分别扭。但是它的消失提醒我，在那可怕的日子里，在那些看到这一些的人们眼中，宗教到底意味着什么。虽然很多人说，这一恐怖主义行径是胆怯的行为，但这种穷凶极恶的行为真的很难用胆怯来描述，因为实施这一行为的人对他们自己也必死无疑，理应心知肚明。如果没有宗教的力量，这样的行为很难让人理解。因为只有确信在死后可以得到永生的期许下，才会有人愿意做这样的事情。我们知道，这些自杀式的袭击者们是以宗教的名义攻击一个他们十分痛恨的非宗教社会，这个社会支持以色列对他们称作"圣地"的主权要求，而这正是他们坚决反对的。因此，双子塔在视觉上的消失牵扯到基督教、伊斯兰教与犹太教之间的固有矛盾。在我看来，这是在 20 世纪末、21 世纪初宗教狂热主义最强烈的表现之一。很容易理解，"9·11"唤起了美国人对这一恐怖主义行为背后的宗教极其强烈的憎恨。但是千万不要忘了，只需离开纽约市仅仅几英里之外，就会置身于一个基督教世界之中，那里完全不同于受到伊斯兰原教旨主义者憎恨和攻击的世俗社会，其宗教气氛之浓厚难分伯仲。但是对于像我这样的无宗教信仰，甚至对宗教毫无感觉的人们而言，"9·11"那惨烈的景象是向人们提出的一种强烈警示：近 2000 年以来，在世界很多地方都占有统治地位的三大一神论宗教，具有的潜在破坏力！我并不情愿将我反对上述宗教的态度归结于这两年频发的恐怖主义事件，或者说，这样的表述不十分准确。但这些事件的的确确使人们必须面对由于信仰神、超自然力、圣灵、神圣、超越者（the Transcendent）所引起的政治和社会后果。虽然在我和很多人看来，这些信仰是如此的陌生，恕我直言，甚至有点莫名其妙。

"我不相信上帝，在我看来，没有足够的证据证明有上帝存在。如果

①　史泰登岛（Staten Island，又译为斯塔滕岛或史坦顿岛）：是美国纽约市下辖的五个区之一，史泰登岛渡轮是连接曼哈顿和史泰登岛之间最直接的交通工具。

在天上真的有上帝存在，那为什么还会有饥饿，有战争呢？他为什么让这些悲惨的事情发生呢？"（街头青年男性受访者）

"我从来不相信上帝的存在。从小我就被送到主日学校，但我不相信那里所说的一切。"（街头青年女性受访者）

"以前我对上帝半信半疑，但自从我那只有 3 岁的孙女死了以后，我彻底不信了。如果有上帝，他为什么要从亲人身边抢走一个只有 3 岁零 8 个月大的小女孩呢？对不起，我不信。"（街头老年女性受访者）

"从小家人就告诉我应该信仰上帝，但我不信。现在我有我自己的思想。"（街头少年受访者）

我之所以接拍这样一部系列片，主要想调查那些不相信上帝的先驱者们的情况，另外，就是考察无神论的发展历史，虽然我很不情愿使用"无神论"这个称呼。其实我也不愿意将自己称为无神论者，这并不是因为不好意思，感到尴尬；也不是担心自己的生命安全——无神论者这个名称有可能招致杀身之祸的时代已经过去了。更没有理由认为，这是自己缺乏社交能力的表现。不，这些都不是我不愿意称自己为无神论者的原因。真正的原因在于，无神论这个词本身带有宗派的含义，而且在我看来，既然我的头脑里从来就没有过神这个概念，那么用一个专门的名词来定义这种情况岂不是有点小题大做吗？正是由于出现了有关信仰的大量争议，我，还有很多人，才站出来明确表明自己不相信上帝的立场。

我之所以认为有必要做这样一部系列片是因为目前世界上三大一神论教都承载着太多的政治含义，对不相信上帝者们的指责广泛存在。如此下去，必将威胁到人们自由思想的权利。在这一时刻有必要指出这一点。无神论并不是一个宗教分支，也不是另外一种不同形式的宗教信仰。这些不相信上帝的人在人群中占有相当大的比例，他们的人数要较宗教人士，特别是那些有政治企图的宗教人士所估计的多得多。

"我不信仰基督教，不相信任何宗教教义。十七八岁起，我就不相信这些了。"（中年男性受访者）

"我从未相信过宗教，我觉得在学校举行的那些宗教仪式是滑稽可笑的。我喜欢赞美诗，但赞美诗的内容是荒谬的。"（中年女性受访者）

高尔·维达（作家）："如果你不崇拜我，你就会永受火刑之苦。"我对此感到深恶痛绝。

史蒂文·温伯格（物理学家）：他们认为科学会侵蚀他们的宗教信仰，

并对此忧心忡忡。我认为他们想对了，科学的确会侵蚀他们的宗教信仰，但这是一件大好事。

科林·麦金（哲学家）：我去参加一些宗教集会，我坐在那里聆听，然后我想这真是一派胡言，我不再相信这些了。

我出生在英国，但我的祖父母是来自立陶宛的犹太移民。犹太人虽然分散在世界各地，但是宗教一直都是他们文化认同的核心。60年前，我第一次进入教堂是为宗教而来，虽然我的内心毫无宗教的冲动，是笃信犹太教的父亲带我来的。因为他认为我应该成为"自己人"。那时候他还沉浸在大屠杀的恐惧之中，并为自己逃过了这一劫而感到有负罪感。因此，他觉得他和我都应该具有更强的犹太认同感。1940年，我6岁时战争爆发了。到了1945年，也许是1946年，整个战争期间，我从没有真正认识到我是一个犹太人。每当我父亲告诉我，我是一个犹太人的时候，我都没能理解这一身份的真正含义。在我11岁到12岁期间，曾几次在赎罪日被父亲带到教堂参加宗教仪式，但对仪式的内容毫无所知。因为仪式上所用的语言是希伯来语，我听不明白，也读不懂。在仪式上有歌唱，但这些歌完全不同于我所熟悉的歌声。因为当时我正在上预科学校，参加基督教的祈祷仪式。我坐在犹太教堂的后面，没有感到周围的人群与我有什么关系。尽管我的父亲告诉我，我是犹太人。在整个仪式期间，我都在那里想，什么时候仪式才能结束，那时我就能既满足了父亲的要求，又可以离开这里了。我的无神论（如果人们坚持使用"无神论"这个词的话，我也只能这样用了）与拒绝毫无关系。当我接触宗教的时候，我对它并无反感。那时候的自我感觉就是一个英国小学生，对宗教教义一无所知，因为从来就没有人告诉过我那些教义的内容是什么。让我反感的是去教堂占去了我玩板球的欢乐时光。实话实说，有这样想法的孩子并不止我一个，所以我并不孤单。我想，宗教可能对于有些孩子是生活中重要的一部分，但我和我的好朋友们可没有闲暇的时间去考虑神的问题。这可能是因为我太麻木，或过于沉溺于板球运动当中，以至于没能认真地考虑有关宗教的问题。如果不是如此，我很有可能也会如怀疑论者和无神论者们那样，问自己很多问题了。

如果在宇宙中真的不存在上帝，也不存在超自然的空间，那么为什么在历史的长河中有那么多人都笃信这些呢？问题在于，有那么多各种形式的怀疑主义和自由思想，如果就是这些怀疑主义和自由思想最终发展成为当今的无神论，在发展过程中所经历的风风雨雨岂是短短一部系列片所能囊括的呢？更何况无神论者这个词本身就很复杂，而且对于它的含义尚存疑问。这个词就像"非典型化"和"不对称"一样，其构成就是在"典型"和"对称"前面加了一个简单的否定，亦即"无神论者"就是"有神论者"的否定。那么接下来的问题就是，什么是"有神论者"？

我不相信任何形式的宗教，我不相信人能永生。

> 没有思考的人生，是悲惨的人生。
>
> ——拜伦①

在书店中，很难在宗教类的书籍中找到较为通俗的无神论的书籍，即使有，也是一些较为专业的学术类的书籍。这真有点奇怪。与此形成鲜明对比的是，有关三大一神论宗教的书籍则比比皆是，从起源到发展，详细而全面。因此，从书籍中很难理清否定宗教思想的发展脉络。以基督教为例，在它诞生后的 1000 多年里，在书籍中几乎找不到对其超自然教义表示公开怀疑的言论。其实只要想到对怀疑者所施加的残酷刑罚，就不难理解这一现象了。但是有意思的是，在信仰者的护教言论中倒是经常可以找到怀疑者的蛛丝马迹。基督教在发展过程中，它的教义在不断地更改，就值得注意。同时，神学家们也在不断地搜集着对基督教具有威胁性的怀疑言论，用以检验基督教是否无可挑剔。结果，这些神学家们在不知不觉中为无神论者积攒了进行反驳的资料。

现在，我们讨论的题目是"怀疑"。这个词意味着对"信仰"的否定，因为没有"信仰"，怀疑就失去了意义。所以，如果要想追溯无神论的历史，我们必须先澄清"信仰"中"信"的含义。为了将问题简单化，我们直接讨论"信"的几种用法。在这个问题上，我请教了在纽约的英国哲学家科林·麦金（Colin Mcginn）先生。

主持人：在问你信还是不信上帝的问题之前，我想先请你分析一下"信"这个词在人们日常生活中的含义。在一些情况下，人们对日常生活中的某些事物也说"我信这个"，"我不信那个"。

科林·麦金：通常认为，"信"这个词具有隐藏的含义和直接的含义

---

① 拜伦（Lord Byron 1788—1824）英国著名诗人。

两种。在哲学和心理学的范畴内，"信"是一个技术性的词汇。很简单，它就意味着对某一行为的认同。"信"表示赞同，认同其真实性等含义的总称。因此，它可用于大量的场合，如"我相信在我的前面有一个桌子"，"我相信世界上没有神"，"我相信道德的至高准则（supreme moral principle）"或"我相信民主"，等等。这些场合下，"信"，亦说"相信"，使用都是得当的。

主持人：并不是说大脑每时每刻都能意识到"信"什么，才叫相信。

科林·麦金：对。对一个正在熟睡的人，你也可以说"他相信巴黎在法国"。在这里，"相信"表示的是一种心理倾向性（dispositional），也可称作"心理暗示（implicit）"。在此处"信（believe）"的含义不同于"想法（thougtht）"，"想法（thought）"可以表示一闪而过的念头。比如，在某一特定的时刻，一种想法闪过脑海。显然，想法表示的是大脑瞬间的状态。

人们不可能每时每刻都处于"信"的状态，但这并不是说，当脑海里出现其他事情时，我们已建立起来的信任感就会消失。"信"不是一种暂时现象，不可能只在某时被某人所拥有。但"信"也绝不是永恒的，时间也会对它产生作用。有人可能会成为一个前所未有的信徒，比如圣保罗就是如此。他就是在一个特定的时刻突然戏剧化地转变为一个笃信基督神性（divinity of Christ）的人了。一旦获得了信仰，无论过程是否戏剧化，不是获得了一直持续经历的精神状态。实际上，甚至对于信仰是否属于一种精神状态尚在争议之中。但可以肯定，用 CAT 扫描方法①无法确认"信仰"的脑状态，因此无法作出"他目前处于信仰状态"的结论。一个人信仰上帝并不意味着他随时随地都拥有这一想法。当他为找不到钥匙而抓狂时，上帝就被他丢到一边去了。当找到钥匙，推开前厅的门，对上帝的信仰并不一定会立刻回到脑海之中。在经历了信仰消失之后，不是一时半会儿就能恢复到原有状态的。

"知道"一词在某些方面与"相信"类似。比如，我知道这个字母，我知道我的多功能书桌。事实上我知道大量的事情，但这并不意味着我在每时每刻都意识到我知道这些事情。它们之间亦存在着重要区别。可以这样说"某人相信 X，但他的判断是错误的"。如果在此处将"相信"换为

---

① CAT 扫描：计算机 X 射线轴向分层造影扫描。

"知道"，这句话就成为"某人知道 X，但他的判断是错误的"，逻辑不通。"知道"意味着一种事实，相反，"相信"则意味着大脑所处的某种状态，而这种状态有可能被证明是错误的。信仰宗教，或其他事物是一种总体感觉，是思想和感觉的确定倾向，不是时断时续的一种精神状态。宗教信仰还应包括在参与我们称作"仪式"，如祈祷，礼拜等社会活动时的态度，而这种态度与生命的意义，死后生命是否还在延续密切相关。在某种程度上，这些仪式暗示着某种存在，人们可以不清楚这种存在是什么，只要相信它是存在的就可以了。

主持人：当我们周围产生争议的时候，我们往往用信仰决定我们的立场。

科林·麦金：的确如此，信仰在这样的场合起着决定性的作用。当探讨有争议的问题时，信仰就意味着你要站在争论的哪一方。我们就是这样使用"信仰"这个词的。

主持人：这么说，"信仰"就是争议时的立场。

科林·麦金：的确如此。所以"信仰"与宗教与政治有着千丝万缕的联系，因为宗教和政治是产生争论的根源。人们常常这样说："这是我对政治局势的判断。"这里"判断"与"相信"具有相同的含义。"我相信我们不应参与这场战争"，"我相信宇宙中只存在一个神"，等等。

意识到"信"一词在宗教和政治上具有不同的含义是非常重要的，在这一点上科林·麦金肯定会赞同我的观点。在政治上，当事关道德时，"信"意味着主观上所认定的事情。如，"我相信人人享有平等的权利"，"我相信民主"。这时，"相信"意味着道德选择。但在宗教上则非如此，虽然在某些情况下，"信"也意味着主观上所认定的事情，但宗教信仰的主要功能是确认什么存在，什么不存在。谈到这里，可以看出"信"的含义是极其复杂的。而人们在不知不觉中使用它的范围之广使其更加复杂。与信仰有关的精神状态是如此令人羡慕，以至于人们有意识地希望能够相信。事实上，科林·麦金就特别希望能够相信。

科林·麦金：我希望宗教是真的，我想让它是真的。因为我想让那些具有美德的人得到永生，想让那些邪恶的人受到惩罚。特别是惩罚会有益处，因为这个世界缺乏公正。因此，如果有某种神秘力量以合适的途径对人类施以公正的话，应该是一件好事。当我看到邪恶的人发达了，而善良的人还在艰苦度日时，感到痛苦和愤怒。

　　但是，他仍然不相信。

　　科林·麦金：所以人们感觉到失望，很难接受人死不能复生的事实。对于死亡是人生的终结这一事实，采取拒不接受的态度。

　　那么，有什么能使科林相信他能够得到永生呢？事实上，那些自己笃信人能够永生的人们经常鼓励那些不相信的人们要为信仰做出努力，也就是他们所说的，达到信仰上的飞跃（a leap of faith）。问题在于很难想象究竟如何去做才能达到这种信仰上的飞跃，最容易想到的是要经受一系列的磨难来完成这一思想上的转变。但是这一"飞跃"，在有些人眼中可能相当于堕落。

> 根据简单的常识判断，我不相信有上帝存在。
>
> ——查理·卓别林

　　有一些事情我无须亲身经历也会相信。比如，我从没有见过腔棘鱼（Coelacanth），但我仍然相信它曾经在地球上存在过；同样，我相信地球是绕着太阳在运转，虽然我们的感觉与此截然相反。我相信它们的原因很简单：我承认这些说法的权威性。与此相反，有一些说法令人生疑，鬼，神，不死的灵魂，诸如此类，我都不相信。但是那些相信的人们之所以相信，并不是基于它们的真实性或权威性，而是源于心理，这种产生信仰的心理可以追根寻源到人类所共有的某些倾向。人类学家帕斯卡尔·博耶就曾对人类所具有的宗教冲动是如何起源的问题做过广泛的探讨。

　　帕斯卡尔·博耶：在大多数宗教中都存在着一些主题，但我们所熟知的内容并不包括在其中，比如，谁创造了这个世界就不在其中。令人费解的是，人死后是怎样的也不在其中。而在我们周围存在着我们无法感知的事物则是这些主题之一，这些事物包括鬼神，精灵，我们的祖先，我将它们统统称作"反直观（counter-intuitive）的事物"，因为他们与我和你不同，也不同于任何一种动物，他们没有躯体，但却有思想，有欲望。

　　帕斯卡尔认为，这些无法感知的事物绝不仅仅反直观，而且它们还可能牢牢地嵌在我们的头脑里。在远古时期，随时可能发生悲剧与不幸往往被人们当作是有目的的惩罚。无法解释的奇特现象则被人们看作某种象征。时至今日，人们仍然常常做出这种联想。假设我们的头脑中天生带有对潜在危险的防范意识，无论这个假设是否为人们所接受，考虑到远古的先人随时都有可能成为猛兽的盘中餐，那么这种防范意识在进化过程中具有选择性优势。虽然无中生有地寻找意图会使得犯错误的几率增大，但仍然值得一试，因为假性肯定的尴尬总好过假性否定所产生的悲哀。如果相信霉运是由那些隐藏在暗处，我们无法看到的恶势力有意所为，那么就有可能避免受到伤害。

主持人：什么是宗教与迷信的区别呢？

帕斯卡尔·博耶：迷信是你们所喜欢用的词汇。它与宗教一样，也是一种人类现象，只不过宗教的组织结构更易于利用人类的信仰，或者说更易于产生信仰而已。但是事实上，无论有无这些组织，这些信仰都是存在的。比如，在根本没有教堂的简单社会中就有这些信仰。除此之外，它们都具有自己确定的仪式：人们聚集在一起，严格按照固定的程序举行一系列的活动，这些活动的主题就是那些看不见的神秘主宰。

所以，如果说宗教就源于远古时期人们相信膜拜神灵的仪式，那么在这些原始部落当中能否找到无神论的起源呢？

主持人：在这些尚无文字的原始部落当中是否能出现乡野无神论者（village-atheists）呢？

帕斯卡尔·博耶：我认为不会有这样的人出现。在现代生活环境下会出现无神论者，但在原始部落的环境中没有人可能成为无神论者。

主持人：为什么？

帕斯卡尔·博耶：因为谁要是胆敢说巫婆根本不存在，或者说那些反巫术的仪式简直就是闹剧，他肯定就会被认定为巫婆。因为除了巫婆之外，谁还会到处宣扬世界上根本没有巫术这回事呢。

主持人：即使在具有简单社会结构的简单社区当中，权威和信仰之间也有着密不可分的关联。

帕斯卡尔·博耶：情况的确如此。因为这样的地方大多都有祭祖的习俗，祭祖的仪式都是在当地最有权威的老年人的组织下进行的。

因此，在简单的社会结构中，权力和信仰之间的关系是无神论发展过程中遇到的主要障碍。当社会结构发展的更加复杂时，这一障碍则是爱国主义。在当今的西方社会中，尤以美国为最明显。对此，美国剧作家阿瑟·米勒有着极度担忧。

阿瑟·米勒（剧作家）：宗教穿上爱国主义的外衣已经成为一种风气。当然，在美国一直如此。在美国上教堂的人数堪称世界之最，而且情况还有愈演愈烈的趋势。

主持人："9·11"以后吗？

阿瑟·米勒：由来已久，只是宗教之风愈加浓厚了而已，因为这是一种最简单的从众效应。在这种环境的影响下，很多人已经忘了，这个国家的缔造者们正是为了逃避政府宗教的统治而来到这片土地，他们在这里享受着自由呼吸的幸福，为无须听从教会的摆布而心存感激。

主持人：人们感觉到，在伊拉克战争中所宣传的爱国主义也是以宗教为基础的。不仅仅是爱国主义，而是基督教的爱国主义。

阿瑟·米勒：在二次大战期间，美国也曾将爱国主义与基督教联系在一起，但从没有将其摆在明面上。但现在利用这种联系作为一种说服的手段，这是公开的，就摆在明面上。他们以上帝的名义号召人们参与这场战争，他们在措辞当中经常使用宗教词汇，使人们感觉到反对这场战争就是反对上帝。有一些美国人对什叶派穆斯林极度恐惧，我认为他们是少数，但他们掌握着话语权。

美国人民是如何想的呢，一些美国总统总想替他们回答。老布什总统在 1987 年就曾宣称，那些不相信上帝的人不配做美国公民。

> 我认为那些无神论者不是爱国者，也不应该是美国公民。
>
> ——老布什总统

正如阿瑟·米勒所指出的那样，现在基督教信仰在美国人的公共生活中占有重要地位，但具有讽刺意味的是，美国自建国之日起，在宪章中就写进了政教完全分离的条款。美国第一任总统乔治·华盛顿就是一位很少走进教堂的人，几乎不参加弥撒。当教堂的牧师为此责备他时，华盛顿承认他可会成为一个"坏榜样"，但他并不曾为此而改变。在他之后的几届总统也都不是虔诚的基督徒。

> 上帝到底是什么，我们一无所知。不能摆脱上帝的束缚，自由的科学（liberal science）就无从谈起。
>
> ——约翰·亚当斯（美国第 2 任总统，1797—1801）

牧师们认为，我会用人民赋予我的权利去反对他们的事业。他们想对了。

——托马斯·杰斐逊（美国第 3 任总统，1801—1809）

宗教限制了人们的视野，在我所遇到的人们当中无不如此。

——詹姆斯·布坎南（美国第 15 任总统，1857—1861）

我早就认为基督教中的救赎计划是子虚乌有，随着时间的推移，这一想法愈加坚定。

——亚伯拉罕·林肯（美国第 16 任总统，1861—1865）

按照老布什总统设置的标准，这些伟大的美国总统们如果生活在今天，是否还能当选呢？但是如果由此就得出当今美国的无神论者日子很不好过的结论，那就错了。我在这里完全就像在家一样，有一大群朋友，他们没有信仰，也无暇顾及官方所认可的所谓献身的爱国主义。在他们眼中，最严厉的宗教信条，最恐怖的宗教冲突都多多少少带有一些可笑的成分在里头。

主持人：犹太教和基督教都源于一次沙暴中的想入非非，它们就像电影《挣脱锁链》（*The Defiant ones*）① 中的两位主角西德尼·波蒂埃（Sidney Poitier）和托尼·柯蒂斯（Tony Curtis）一样，被铐在一起，谁也无法摆脱谁。在荒诞无稽方面，犹太教与基督教难分伯仲，它们都产生于沙暴之中，我感觉那片圣地就像是世界上最大的室外疯人院。

朋友甲：兰蒂·纽曼（Randy Newman）写过一首《上帝之歌》，妙极了，它的歌词是这样的："一群傻瓜在沙漠里无所事事，于是他们想出了我，他们想出了你。"上帝这样唱道。

主持人：我之所以对英格兰的基督教不感冒，是因为它已失去了权威性。它急于获得支持，为了保住上帝的权威，他们处处都打着上帝的旗号。对于很多英国教徒而言，上帝就像是一位年事已高的亲戚，经常不合时宜地走下楼来添点麻烦，令人头痛。

---

① 《挣脱锁链》（*The Defiant ones*）：一辆囚车上的黑人卡尔林（西德尼·波蒂埃饰演）与一个白人杰克逊（托尼·柯蒂斯饰演）被铁链锁在一起。在逃亡过程中，白人杰克逊瞧不起黑人，他们彼此憎恨，但又必须相互依存。

> 现代社会的宗教现状是由于缺乏耶路撒冷那样疯狂的环境所致。
>
> ——霭理士①

英国教会极其温和，具有相当的包容性。即使如此，仍然能够隐约感到人们对无神论有一种莫名的厌恶。因此，在这里无神论并不公开。

50 多年前我进入剑桥读大学。校园里随处可见基督教特征的建筑，而我在这里要学习的专业是医药。虽然科学并不等同于无神论，但我已学到的生物学知识基本否定了宗教教义。即使如此，当我徜徉在这些基督教的古建筑中时，仍被它们的美所震撼。这些壁画上的宗教故事为每一个欧洲人所熟悉，但我不相信，一个字都不信。但是我想如果没有这些，我肯定会感到空虚。如果没有这些基督教中的形象，生活肯定会贫乏了很多。我在剑桥所受到的科学训练与我的无神论信仰并无必然的联系，因为我有很多从事医学研究的同事都是虔诚的基督徒。事实上，是现代语言哲学（modern linguistic philosophy）使我坚信，虽然我们无法亲眼看到原子、基因，但它们是真实存在的；同时也使我确信像神、灵魂等超自然体是绝对不存在的。哲学就是研究存在本质的学科，它的目的就是解决存在什么，不存在什么的问题。自从有了文字，就可以对思想进行研究了，因为只有当文字可以将思想记录下来以后，思想才可以固定下来，以经受时间的打磨。但哲学则一直到希腊人开始思考存在的本性后，才真正成为一门学科。我们要想探索无神论的历史，没有古希腊哲学的帮助是不行的。

> 你可以不信神，但是你为什么不信？你的根据是什么？
>
> ——阿里斯托芬

现在我置身于大英博物馆中，我的周围就是著名的埃尔金石雕②。再过一两个小时开馆后，这里就将人潮涌动。看着这些艺术品，我在想它们所代表的文明究竟是什么，我们对这种文明的了解太少太少。摆在这里的石雕都是肢体不全的人体，当基督教成为希腊的国教之后，这些石雕被认

---

① 霭理士（1859—1939），英国作家，心理学家。名著《性心理学》的作者。

② 埃尔金石雕：原本是古希腊雅典帕特农神庙大门和殿堂顶部的几组大理石石雕，是帕特农神庙雕塑中最精华的部分。1806 年，英国驻希腊公使埃尔金买下了一部分帕特农神庙石雕运回英国，由此得名。最后这些石雕卖给了大英博物馆，成为该馆最珍贵的藏品之一。

为是威胁新教的偶像崇拜，于是罗马皇帝康斯坦丁下令毁掉它们。虽然在当时统治者认为偶像崇拜是基督教的主要威胁，但是后来才认识到这些雕像所代表的文化对基督教的威胁要大得多。有一些希腊哲学家就对基督这一自然界中的超自然人物发表过一些极具威胁的怀疑言论。我们在寻找世界上第一个无神论者的过程当中发现，在 2000 多年以前有一些希腊哲学家，虽然他们不像亚里士多德和柏拉图那样知名，但他们对宇宙的起源和本质作出了杰出的论述。德谟克利特①就是其中之一。他是一个极其随和可亲的人，认为幸福感和满足感是生活中最可珍贵的。他提出事物都是由原子，或者说分立的粒子所构成，如果有灵魂的话，灵魂也是由原子，或者说分立的粒子所构成，尽管他所生活的年代比耶稣早了 400 年，不会受到神创论的影响，但他的这一假说也绝非建立在科学的基础之上。他还笃信所有事物都是永恒的，因此地球绝不会是被创造出来的。那么这是不是无神论的开端呢？杰夫瑞·劳埃德爵士对这些希腊哲学家有所研究。

杰夫瑞·劳埃德：我认为首先要澄清一个基本问题，那就是到底什么是无神论。不同的社会具有不同的宗教机制，因此无神论的含义可能都会有所不同。比如多神教社会中的无神论就不同于一神教社会的无神论。但是无神论似乎通常都是针对基督教的。在这种情况下，基本问题就变为：在基督教社会中，无神论威胁到了谁？应该采取什么手段才能够使这些迷失者回归？如果没有教会，情况就完全不一样了。古代就没有教会，所以在那时不相信有神的存在要比现在容易得多。我这样说并不是低估古代哲学家的创意，因为他们创造出了大量的新思想和新论述，这些论述即使在今天看来仍然具有生命力。

第一位清晰地表述神是否存在的哲学家是德谟克利特的追随者——伊壁鸠鲁。他的论述在今天仍然像 2300 年以前那样活力四射。

> 如果上帝愿意制止罪恶，但却无能力制止，他就不是全能的。如果他有能力制止，但却不愿意制止，他就是恶毒的。如果上帝既有能力又愿意，这世上又怎会有罪恶？如果他既无能力又不愿意，为什么要尊他为上帝？
>
> ——伊壁鸠鲁

---

① 德谟克利特：(460—370 BC) 古希腊哲学家。

除了怀疑神的存在以外，伊壁鸠鲁还明确表示不相信人死后还会有生命存在。

> 我们没有理由惧怕死亡，因为只要我们存在一天，死亡就不会来临，而死亡来临时，我们也不再存在了。
>
> ——伊壁鸠鲁

400年后，罗马哲学家和诗人卢克莱修①对这一哲学观点给予高度评价。

> 长久以来，人们在宗教的沉重压迫下匍匐在地，一位伟大的希腊人勇敢地站出来，第一次宣告人类的自由。
>
> ——卢克莱修

这些人的思想在基督教统治的欧洲延续下来，成为无神论。

杰夫瑞·劳埃德：我不愿意说这些思想的影响有多大。但是读着这些原始文献，必须承认卢克莱修关于死亡与我们无关和世上没有上帝的论述对人类有极大的贡献。现在的问题是他们的论述是否可以完全否定神的存在？

> 恐惧创造了神。自然界发生的一切都是自发进行的，与神无关。
>
> ——卢克莱修

在古代世界中有一些思想者，他们开始质疑神的存在，同时他们也质疑那些不知为何理由而相信神的人。

> 暴君总是以最虔诚的宗教信徒的面目示人，那些对他们的非法统

---

① 卢克莱修（99—55 BC）：古罗马哲学家。他继承古代原子学说，特别是阐述并发展了伊壁鸠鲁的哲学观点。认为物质的存在是永恒的，提出了"无物能由无中生，无物能归于无"的唯物主义观点。反对神创论，认为宇宙是无限的，有其自然发展的过程，人们只要懂得了自然现象发生的真正原因，宗教偏见便可消失。

治表示臣服的人们就被认为是虔诚的。其实，那些所谓虔诚的人是认为神总是站在统治者一方的。

——亚里士多德

在探讨神的本质时，我们要解决的第一个问题是神是否存在，你可能会说很难否定他们的存在。如果我们是在公开场合讨论这个问题，我会同意你的看法。不过我们最好还是私下讨论这类问题比较好。

——西塞罗①

在普通人眼中，宗教是真的；在智者眼中，宗教是假的；在统治者眼中，宗教是有用的。

——西尼卡②

当罗马皇帝康斯坦丁将基督教立为国教后，罗马的极端享乐主义和希腊哲学都有所抬头，但是这些享乐主义思想与基督教和伊斯兰教均无联系，在下面的节目中我们将会看到，公开表达这享乐主义思想将会招致极大的麻烦。

二

时间来到公元 500 年，在这一年古希腊和古罗马时代出现的怀疑哲学（skeptical philosophy）遇到了极大的考验：基督教成为罗马帝国的国教——罗马天主教会，教会关闭了宣扬理性唯物主义（rational materialist）的希腊哲学学校。由此，基督教统治了整个西方社会的思想，同时，亦对西方政治施加着巨大的影响。这种情况延续了 1000 年之久。在这样的社会环境下，几乎没有无神论生存的空间。

尽管基督教不断地扩大着它的势力范围，但是在西方仍然不难找到曾经权力无限而今废弃不用的教堂遗址。这到底是为什么？在 21 世纪，很难

---

① 西塞罗（106—43 BC）：罗马共和国末期的政治家、哲学家。

② 西尼卡（4 BC—65 AD）：罗马最伟大的政治家兼哲学家。

理解过去思想的真正含义，特别是与宗教有关的思想。由于在现代社会中，读和写几乎是人人都具有的能力，因此未来的历史学家要了解"普通人"的想法和信仰相对容易得多。但是在 13 世纪，建造这些现已倒塌的教堂的年度，人群中大多数都是文盲，他们的思想在历史记录当中毫无踪迹可循。要想寻觅到无神论的故事，我们必须理解宗教信仰是如何产生的。为了做到这一点，我们首先应了解文盲是如何接受宗教思想的。文盲是通过看图解义的方式来接受的。在意大利帕多瓦（Padua）的斯克洛维格尼教堂中，欧洲的先锋派画家乔托（Giotto）在 14 世纪初期创作了一系列壁画，完整地讲述了耶稣从生到死的过程。基督教的快速扩张使得欧洲人的宗教信仰发生了巨大的、不可逆转的变化。虽然消化基督教的教义以及各项仪式花了一些时间，但宗教法典则很快就在宗教权威人士的主持和监督下翻译成欧洲的各国文字，并不断有"宗教信仰的文章"问世。在这些"宗教信仰的文章"中，最重要内容是宣扬一神论的思想——这是从犹太人那里继承下来的，声称上帝创造了世界，并赋予他最赏识的人实施道德选择的无限权力。相比之下，古代异教只有一些结构松散的民间传说，其权威性与组织性根本无法与基督教相提并论。另外，这些异教的神话故事人物干瘪，也没有具体的时间。而基督教新约中的描述则与此形成鲜明的对比：事件生动鲜活，使人感到似乎就发生在不久以前；人物奇妙地游离在世俗与神奇之间，使人感到亲切而又敬畏。这些特点使得基督教新约具有极高的可信度，有谁会对它表示怀疑呢？即使在今天看来，这些 700 多年前的画作仍然具有极大的艺术感染力，可以想象它们对生活在 14 世纪人们的思想所带来的影响是具有决定意义的。犹太教和伊斯兰教禁止使用图像，基督教则偏爱这种表现形式。因此，在基督徒们的脑海里多多少少都萦绕着这些宗教故事活灵活现的场景。除了教堂以外，在一些世俗的建筑中，以司法宫（Palace of Justice）为例，墙上各种主题的壁画中也会有一些与宗教有关，这使人产生了一种印象：中世纪人们的思想是非常单一的。但是到了 15 世纪中叶情况有所改变，虽然那个时期的壁画还没有反映出这种变化。在帕多瓦①学术界涌动着一股怀疑论的哲学思潮，正统人士将其称为无神论。我认为这一哲学思潮包含来源不同的两种思想的影响，一种可以称为横向影响：不断增加的全球贸易与探险使人们发现，世

———————————

① 帕多瓦：意大利东北部城市。

界各地的人们具有不同的信仰，居然有很多人对基督教闻所未闻。17 世纪从中国回来的耶稣会传教士接受了这样的一个现实：没有基督教的地方也可以有发达的文明。不久之后，源于古希腊，古罗马各种异教怀疑论和唯物主义也开始冒头了，它们就像自流井一样，源源不断地喷涌着伊壁鸠鲁，卢克莱修和德谟克利特所开创的前基督教思想。这就是纵向影响。

> 恐惧创造了神。自然界发生的一切都是自发进行的，与神无关。
>
> ——卢克莱修

罗马的第一位基督教皇帝关闭了哲学学校，又费了大力气将一些前异教哲学家改造为基督徒，只有为数不多的亚里士多德和柏拉图的著作得以流传下来。但在中世纪的初期，这寥寥几部著作的最大价值竟是用来作为基督教神学的理论支柱。而那些明确的唯物主义哲学家，如伊壁鸠鲁，卢克莱修和德谟克利特之流则被贬损为不相信上帝的坏蛋，他们的作品遭到唾弃。但是中东的阿拉伯学者，和不久以后在西班牙的阿拉伯学者都完整地保存了亚里士多德的整套著作。早在 12 世纪，以托莱多①的阿维洛伊②（Averroes）为首的一大批学者就开始认识到，在亚里士多德的思想当中存在着与任何宗教都不相协调的内容。譬如，亚里士多德思想中的世界永恒和不可能存在不死的灵魂等，无论是与基督教还是与穆斯林都格格不入。由阿维洛伊注释的亚里士多德著作很快就被翻译成当时的国际语言——拉丁语，传遍整个基督教欧洲，特别是传到了帕多瓦——斯克罗维尼教堂和大会客厅（Palace of Reason）默默地竖立在那里，证明着基督教在这个城市的影响力。从那以后的 500 年间，这些古代思想经过历代思想者们的传承与发展，最终演变为现代无神论。在创作大会客厅的壁画时，这一演变过程其实已经开始了。现在大会客厅已成为博物馆，正在展出 20 世纪 60 年代艺术和技术成果。这些纯粹世俗化的展品与墙壁上中世纪的壁画是那样的不协调，这简直就是对虔诚的一种亵渎。

---

① 托莱多：西班牙中部城市。公元前 192 年被罗马人占领。公元 527 年西哥特人统治西班牙，并在该城定都。公元 711 年被阿拉伯人攻陷。1085 年阿方索六世收复托莱多，成为卡斯蒂利亚王国首府和全国主教中心。

② 阿维洛伊（1126—1198）：著名的西班牙阿拉伯哲学家及医师，主要医学著作为 Colliget，是一本着重以哲学来探讨医学体系的书。

当然，在文艺复兴时期出现的科学与技术也在不断侵蚀着基督教世界的信心。通常的观点认为，摧毁宗教信仰最重要的因素是科学对自然的认识。这一观点似乎很有道理，但却并不是事实。

在天上我没有看到神。

——尤里·加加林①

基督教采纳了托勒密②对宇宙的描述，认为地球是宇宙的中心，太阳，月亮，星星等都围绕着地球旋转，这是上帝的安排。由于人们每天都可以看到太阳升起又落下，因此很容易想到太阳是绕着地球在运行。同样，在夜间人们也可以看到月亮似乎绕着地球在运行。如果有足够的耐心，还可以注意到星星也绕着地球运行。如果人类是这样一个宇宙中心里的最高级生物，他就很容易将自己看作是上帝的特殊子民。但是，哥白尼，伽利略以及他们之后的开普勒③修正了地心学模型，他们指出地球和所有的行星都围绕着太阳运行，而太阳也不过只是数百万颗恒星之中的一颗而已。当哥白尼于1543年将这一思想公布于众时，可以想象在社会上所引起的震动会有多么巨大。这边人们还没有时间仔细思考哥白尼提出的新宇宙模型，那边科学又开始转变人类对自己身体的认识了。比利时解剖学家维萨里④在帕多瓦完成了解剖人体的研究工作，并于同年发表了人体结构的研究结果。我认为二者发生的时间如此一致绝非巧合。当我站在帕多瓦大学锥形的解剖学教室中，向下俯视，解剖床上人体的精细结构一目了然；向上仰望，则像一架天文望远镜，观测着哥白尼所描述的日心说宇宙。这种感觉令人震惊。

虽然基督教的领袖们对这两项研究成果有所怀疑，但没有证据表明他们对此感到忧虑。既然人体是上帝的杰作，那么解剖学所显示的人体结构，进一步证实了这只能出自上帝之手。否则，怎能如此之精妙。至于宇宙的结构也是上帝创始论的佐证。即使上述科学创新无损于圣经的权威

---

① 尤里·加加林：苏联宇航员。是世界上进入太空的第一人。

② 托勒密：古代天文学家，创立并完善了宇宙地心学模型。

③ 开普勒（1571—1603）：德国天文学家、物理学家。

④ 维萨里（1514—1564）：中世纪欧洲佛兰德（Flemish）地方的医师及意大利帕度亚（Padua）城的解剖学教授。1543年出版《人体结构》（7卷），创立现代解剖学。

性，但是借助这两项科学成果，人们还是可以发现宗教教义坚实的外壳上存在着细如发丝的裂痕。这些裂痕之所以不易为人所觉察，原因之一在于取得这些新的科学成果的人们同时也是虔诚的基督徒。在他们看来，他们的发现恰好说明他们所信仰的神创论是正确的。多少年来，对于宇宙运行规律的描述都可以与信仰上帝和平共处。

> 在每一个村庄都有照亮黑暗的火炬，他们是教师。每一个村庄都有试图熄灭火炬的人，他们是牧师。
>
> ——维克多·雨果①

即使哥白尼，维萨里，伽利略等人对待宗教是如此虔诚，教会对这些新科学的出现仍然感到惴惴不安。总会有一些愚蠢的教皇和主教们看不到实际上可以利用新科学来增强存在着全能全知上帝的信念，他们完全不了解什么是科学，只是觉得在科学中有一些怪异的东西，似乎触犯了上帝的尊严。再有，引领科学的是世俗的好奇心而不是对上帝的尊重与敬畏也是让他们不安的原因之一。宗教现状与社会和政治力量有着千丝万缕的联系，相比之下，科学或许只专属于那些具有好奇心的科学家了。而在教会眼中，好奇心可能会滋生出轻蔑感，比如，伽利略的所作所为充分显示，他毫不理会教会拒绝接受哥白尼的宇宙地心说的态度。

> 在科学问题中，一千个权威也抵不上一个人谦卑的推理。
>
> ——伽利略

在这些早期的科学家看来，观察现象是研究的基石。

> 强制天文学家们否定他们的观察结果，无异于强制他们不要去看他们所能看到的，不去想他们所能想到的。
>
> ——伽利略

---

① 维克多·雨果（1802—1885）：法国浪漫主义作家的代表人物，是 19 世纪前期积极浪漫主义文学运动的领袖，法国文学史上卓越的作家。

众所周知，伽利略因坚持哥白尼的"日心说"主张而被罗马宗教法庭判处监禁，后被终身软禁在家。在哥白尼的追随者中，布鲁诺①是最坚定者之一。在他被监禁的 8 年之中，受尽了肉体上的折磨。虽然在酷刑下他宣布放弃"日心说"，但还是被宗教法庭判为"异端"，于 1600 年被烧死在罗马鲜花广场。焚烧后的遗骨还被用锤子砸成粉末，随风扬弃。事实上，教会的所作所为表明，真正认为科学与宗教势不两立的是教会，而不是这些科学家，这真有点让人匪夷所思。

事情说到这儿，我们不得不停一下，插入另外一些历史事件。当时虽然那些科学家放弃了他们的"日心说"观点，并受到教会严厉的审判与惩罚，但"日心说"的风波并没有因此结束，接下来在基督教会内部所发生的事情可能与无神论有直接的关系，这就是每一个小学生都要学到的宗教改革。提到宗教改革，就会想到一些耳熟能详的名字：马丁·路德②、约翰·加尔文③、茨温利④等，在他们共同努力下，最终解除了教皇和教会有解释基督教信仰和教义的绝对权力，并由此引发了一系列的宗教变革。对于那些本来就对宗教半信半疑的人们而言，这次宗教分裂帮助他们得出了基督教义也许根本就是错误的结论。这，正是教会所害怕的。

> 我们内部所产生的纷争使得那些讥讽宗教的笑话变得可信了，并由此成为反对宗教的有力武器。这是有些人最乐于看到的。
>
> ——理查德·胡克⑤

在基督教权威人士眼中，这些新分化出来的教派的某些思想简直可以称得上是无神论思想。比如，再洗礼教派就被当作无神论者，虽然当事者并不承认。还有，一元论教派也被当作是无神论，这更没有什么可惊讶的。

---

① 布鲁诺（1548—1600）：意大利思想家、自然科学家、哲学家和文学家。1592 年由于反对"地心说"，宣传"日心说"而被捕入狱，最后被宗教裁判所判为"异端"烧死在罗马鲜花广场。

② 马丁·路德（1483—1546）：德国神学教授，宗教改革运动的领袖。

③ 约翰·加尔文（1509—1564）：法国神学家，宗教改革运动的领军人物。

④ 茨温利（1484—1531）：瑞士宗教改革运动领袖。

⑤ 理查德·胡克（1554—1600）：英国教士，神学家。

> 基督不是上帝，也不是救世主，他是一个人，一个罪人，一个令
> 人厌恶的偶像。是一群偶像崇拜者把他抬到了高高在上的位置。基督
> 既没有复活，也没有升入天堂。
>
> ——马太·哈蒙德

马太·哈蒙德信奉一元论，他的上述言论为他惹来杀身之祸——1579
年被诺里奇主教下令烧死。虽然很多人都在谴责宗教迫害，但在这样严酷
的环境下，鲜有勇者敢于公开表示对超自然的怀疑，更不敢把自己标榜为
无神论者。事实上，否定与谴责并存的混乱局面大概延续了两百年。所谓
混乱是指，一些不承认（否认）有无神论存在的人们却将大量时间与精力
都耗费在消除无神论思想的影响上了（谴责）。剑桥大学的历史学家西
蒙·谢弗（Simon Shaffer）对这一阶段有所研究。

西蒙·谢弗：从 16 世纪起到 18 世纪为止，一直存在一个自相矛盾的
有趣现象：那些对无神论追杀最凶猛的人恰恰就是坚决否定无神论存在的
人。这是因为，说明根本无法否定上帝的存在是对那些否定上帝存在的人
的最好批驳。亦即，否定无神论者的存在，就是对无神论者的有力驳斥。

> 有人自称信奉无神论，还有人是世人眼中的无神论者。但是，是
> 否有人真正信奉无神论呢？这一点值得怀疑。
>
> ——大英百科全书（1771 年）

西蒙·谢弗：你们批驳独角兽，批驳吐火怪兽，批驳存在于人们头脑
中的各种怪兽。

> 真正无神论者的头脑中不存在任何超自然的形象，他们只相信
> 理性。
>
> ——托马斯·柯蒂斯有关无神论的论文（1725 年）

西蒙·谢弗：正因为要竭尽全力地对付无神论的威胁，才导致了这种
逻辑混乱：极力否定无神论存在的同时又不断地批驳它。

> 我认为不存在真正的无神论者，有些人之所以会被当作无神论者

是因为这些人懒得把时间用在思考上。

——《伦敦杂志》（1774 年）

　　西蒙·谢弗：无神论是聪明人避之不及的标签。正因为这个原因，当我们回溯无神论的历史时会遇到这样的问题，在民间有一些人无论按照什么标准来判断都应该是无神论者，但他们却竭尽全力摆脱这一名称。

　　所以，在这一历史时期有无神论者吗？针对无神论，讲了多少道，写了多少书，颁布了多少法律，目标只有一个，那就是与无神论战斗。这说明什么问题不是一目了然吗？由于审查制度的存在，我们无法看到有关底层民众对宗教怀疑的文字记载，但从种种迹象可以断定，在那时无神论已经初见端倪了。只是那些参与无神论发展的人们一直都在否定他们是无神论者而已。

　　西蒙·谢弗：我认为"无神论者"是一个不受欢迎的词汇，没有人愿意与这个词扯上什么联系，这种状况一直持续到 18 世纪末期。在以后的一些特殊时期也是如此。这个词绝不会写在 T 恤衫上，相反，这个词则总会用在不同阵营的相互谩骂中。16 世纪法国天主教神学家沙朗（Pierre Charron）在《论智慧》一书中这样写道：

　　　　所有的宗教都有一个共性，那就是它们与常理相背离，因为宗教由各种元素拼合而成，其中不乏糟粕。这些糟粕与人类的理性相背离，因此不免遭到智者的嘲讽与耻笑。

——沙朗

　　这段话应该是那一时期情况的一个真实写照。

　　要关注的一点是，从宗教改革一开始，基督教内部的变动就一直没有停止过，但这些变动的发生与科学无关，而是出自其他基督徒之手。具有重要意义的一个变化就是出现了一个新的派别，通常我们将其称为自然神论者（Deists）。顾名思义，自然神论者笃信有一位超越的神存在。但他们不满意基督教对神的解释，更看不惯当时的宗教领袖们跋扈残暴的行为。因此，自然神论只承认宇宙中存在一位至高无上的神，是他创造了世界，而几乎全盘否定基督教的其他部分。自然神论的大部分成员都属于社会上层，至少在英格兰，相对宽松的宗教环境可以允许一部分人利用他们的特权，在私密的圈子当中思考基督教的本质。这是有利于自然神论发展的因素之一。自然神论坚持认为人类对神的感受是共通的，各种非理性的迷信活动和荒谬仪式仅是一种表象，隐藏在其后的是所有人类社会所共有的一神论。自然神论的初衷是设计一种更加宽容，更加人性化的新基督教，使其更加理性，也更加仁慈。因此，它只保留基督神性的部分，亦即承认宇宙中存在一个具有最高智慧的创世者，剔除所有关于神迹的内容。在自然神论的发展过程中，有很多英国作家和学者都参与其中。被称为"自然神论之父"的爱德华·赫伯特勋爵（Lord Edward Herbert of Cherbury）在 17世纪初叶提出了自然神论的概念。赫伯特勋爵生于 1582 年，是一位热情洋溢的贵族玄学诗人。他写道：

> 宗教是人类所共有的财富，在历史上从没有一个时代，没有一个民族没有宗教相伴。因此我们应该在宗教中找出世界公认的共性来。
>
> ——爱德华·赫伯特勋爵

在赫伯特看来，基督教和其他的宗教之间存在着一些至关重要的分歧，但它们应该能够达成一致。

> 有一个至高无上的神，他应受到膜拜，这应该是共识。不同之处只是膜拜的方式而已。另外，通过忏悔可以消除所犯的罪恶，这也是大家共同信奉的原则。
>
> ——爱德华·赫伯特勋爵

虽然自然神论在 17 世纪发展迅速，但一直到 18 世纪，仍然很难确认谁是无神论者。我们现在就来审视一个人，他很接近这一危险名称。这就是托马斯·霍布斯①（Thomas Hobbes），威尔特郡一位牧师的儿子。托马斯·霍布斯一生中大部分时间都是贵族子弟的家庭教师，查理二世②曾是他的学生。受伊壁鸠鲁、德谟克利特和卢克莱修哲学的影响，他是彻底的

---

① 托马斯·霍布斯（1588—1679）：英国政治家、思想家、哲学家。他创立了机械唯物主义的完整体系，认为宇宙是所有机械地运动着的广延物体的总和。他反对君权神授，主张君主专制。他把罗马教皇比作魔王，僧侣比作群鬼，著有《论物体》、《利维坦》等。

② 查理二世（1630—1685）：苏格兰及英格兰国王。

唯物主义者，反对任何形式的非物质哲学（the immaterial）。他把目标直指传统宗教。

西蒙·谢弗：最神奇的是，霍布斯经常利用当时最保守的护教者们所发表的言论来驳斥他们。那时，保守的护教者们经常说，"只要环顾一下各教派，就可以看到，一旦偏离了那唯一真实的信仰，结果是多么危险和糟糕"。霍布斯在反驳他们时，只是将这一论述稍加修改："你没有看到宗教教派之间那些骇人听闻的事吗？迫害，对所谓异端邪说的猎捕，所有这些都说明，用这种方式来解释世界根本就是错误的。"霍布斯信奉一元论，而一元论认为世界的本原只有一个——物质，你的所感、所见、所触都是物质，别无他物。这是他可以成为无神论者的原因之一。

> 宇宙，即一切存在的整体，是物质体，是可以度量的，具有长、宽、高。宇宙的每一部分都是物质体，不是物质体就不属于宇宙。因为宇宙是全体，不属于宇宙，就是无，就什么都不是，哪儿都不存在。
>
> ——托马斯·霍布斯

实际上，托马斯·霍布斯只是重提了古代无神论者们的观点而已。

西蒙·谢弗：的确如此。我认为霍布斯在 17 世纪中叶所起的重要作用在于他出色地将分布在古代及经典异教哲学传统当中的论述系统地整合在一起，使其成为系统的哲学体系。尤为重要的是，在英语语系当中，谁也不能再在攻击无神论时用到什么缺乏哲学体系之类的贬损之词了。你可以攻击无神论是邪恶的，也可以批评它犯有严重的逻辑错误，但却很难再说它没有统一的哲学体系，因此而上不了台面。霍布斯为后来无神论的发展提供了重要的哲学资源。我认为，无论从历史的角度还是从哲学的角度，这样评价霍布斯工作的重要意义是恰如其分的。

霍布斯算是我们发现的第一位彻底的无神论者吗？你可能会认为在霍布斯物质论的宇宙观中，不应该有无形的灵魂存在的空间。但是事实恰好相反。霍布斯认为，就像在几何学中圆的长方形一样，在哲学中无形灵魂的概念自相矛盾，毫无意义。虽然他经常做这类比较，似乎暗示他不接受灵魂不朽的概念，但他从未直截了当地把话说死，谨慎地为自己留有周旋的余地。他甚至承认耶稣重临的概念，但通过隐喻的方式表达他不接受神创论。考虑到他论述的整体基调和他激进的唯物主义倾向，而他死后却被葬在德贝郡附近的教堂里，这一点不免令人感到惊讶。也许在很多人看来，霍布斯并不是一个无神论者，或者说，至少不是无神论的提倡者。

> 在英国异教徒中，一百有一是霍布斯哲学的拥护者，而据我所知，霍布斯哲学就是无神论。
>
> ——理查德·宾利①

在 17 世纪后半叶，议员们一直都忙于讨论出台一些法律条款，用于打击那些怀疑论者们亵渎神的思想言论。1697 年，亵渎法终于成为正式的法律条款。

这部 300 年前的法律原稿中没有"无神论"这一字眼，但最终得到议会通过的亵渎法中，指明无神论是一种罪行，这说明无神论在当时已受到相当的重视。在 1677 年的亵渎法中有这样的文字：

"无神论与亵渎神灵都是重罪……16 岁或 16 岁以上的人，若无明显的精神疾病，先天智力缺陷，或先天不足，自本法实施之日起，无论用口述还是用文字的方式，只要否定有上帝存在……就可以由牧师主持审判，一旦通过死刑判决就应立即执行，绝无赦免或缓刑的可能。"

当我读到这样的条款，看到当时人们的所作所为，我的心跳在加速，想要为无神论者拍案而起情绪油然而生。

> 从最后一个教堂上落下来的最后一块石头砸在最后一个教士的头上，只要这样的场景还没有发生，文明就是有缺陷的。
>
> ——左拉②

在早期的自然神论者们一边忙着重建基督教，一边又随时随地地加着小心与无神论划清界限的时候，科学则在义无反顾地稳步向前。地心说得到伽利略和开普勒的鼎力支持，虽然在数学上仍有缺陷，尚无人能够清楚

---

① 理查德·宾利（1662—1742）：圣经学者。

② 左拉（1840—1902）：19 世纪后半期法国重要的批判现实主义作家，自然主义文学理论的主要倡导者，被视为 19 世纪批判现实主义文学遗产的组成部分。代表作有：《萌芽》、《娜娜》、《金钱》、《卢贡—马卡尔家族》等。

地解释地心说的运行机制，但一些最自由的思想家们已经开始接受了地心说了。到了牛顿时代，情况又发生了大的改观。亚力山大·蒲柏①这样写道：

> 自然和自然法则隐藏在黑暗之中，上帝说，"让牛顿来"，于是所有的秘密都袒露在阳光之下。
>
> ——亚力山大·蒲柏

这一类的文字为数不少，但蒲柏写的最为言简意赅。尽管天主教会依然坚持"地心说"的观点，但牛顿提出的万有引力定律和运动论的确能够说服有识之士不再承认"地心说"了。这样一来，人类的中心地位也遭到质疑。牛顿信奉英国国教的程度究竟如何？一直到 20 世纪牛顿有关宗教的文稿被发现后，这个问题才有了答案：他所取得的科学成就与他的宗教信仰密切相关，他确信，他按照上帝在与他对话中所说那样去做了，才使得他取得了这样的研究成果。

在回溯无神论的历史时，科学的作用可分为两种情况。一种就是我们在讨论哥白尼和伽利略时所提到的，绝大多数涉身其中的科学家，这里亦包括牛顿，都是坚定的宗教徒，他们所从事的科学研究及其所取得的科学成果不仅没能改变他们的信仰，反而在很多情况下，促使他们更坚定了自己的信仰。另外一种情况则发生在那些不是科学家的知识分子，甚至还有一些神学家身上，他们很容易将科学的新发现与他们所信仰的全能的上帝联系起来，找到二者相辅相成之处。

1704 年，在牛顿定律发表后不久，塞缪尔·克拉克牧师受邀来到剑桥大学三一学院，在一系列讲座中作讲演。这一系列讲座由罗伯特·波义耳②主持，他是著名科学家，与牛顿同为皇家协会会员。讲座主题则是宣传基督教，反驳异教。克拉克讲演的第一部分题目为"上帝的存在与属

---

① 亚历山大·蒲柏（1688—1744）：18 世纪英国最伟大的诗人，杰出的启蒙主义者。

② 罗伯特·波义耳（1627—1691）：英国化学家。化学史家都把 1661 年作为近代化学的开始年代，因为这一年有一本对化学发展产生重大影响的著作出版问世，这本书就是《怀疑派化学家》，它的作者是英国科学家罗伯特·波义耳。

性——驳霍布斯和斯宾诺莎①及其追随者"。克拉克没有摆脱 16 世纪前人们的思维模式，他也将无神论者归为三类，他们分别为：

> 无知者和愚蠢的人，他们无法用自然理性发现最朴素，最明显的真理。
>
> ——塞缪尔·克拉克
>
> 被邪恶和堕落生活方式腐蚀了人的本性，听不进去道理的人。
>
> ——塞缪尔·克拉克

最后，就是克拉克讲演所要针对的人，他们既有道德，又有理性，但他们的思维方式使得他们站在了无神论者的立场之上。

法国哲学家笛卡尔认为：我思，故我在；我在，故上帝在。这一事实是上帝存在的最有利论证。与笛卡尔相反，克拉克与牛顿一样，更倾向于应用天体的运行机制论证上帝的存在。与很多作者一样，无论是在他之前的还是在他之后的，克拉克还喜欢援引生物学的发现作为智能设计论的证据。

> 解剖学中的最新发现，如血液循环，心脏和大脑的准确结构，都·说明只有上帝的设计才会如此精妙。
>
> ——塞缪尔·克拉克

尽管这句话在文字上符合逻辑，但克拉克所得到的宗教结论却并不一定能从他所引用的科学证据中推证出来。与牛顿一样，他首先是一位虔诚的基督教徒，因此倾向于将自然看作是全能上帝的一种表达。正因为如此，从某种意义上而言，他的论证其实就是为了推出预知结论。尽管如此，一个有数学素养的牧师就可以毫不费力地将牛顿力学与上帝的存在联系起来，足以说明在宗教和对自然界日益清晰的科学描述之间的冲突是被大大地夸大了。

---

① 斯宾诺莎（1632—1677）：荷兰哲学家。西方近代哲学史重要的欧陆理性主义者，与法国的笛卡尔和德国的莱布尼茨齐名。

在我的记忆中，圣经中没有一个字是用来赞美智慧的。

——罗素

如上所述，自宗教改革起，从某种意义上而言，铺就通往无神论之路的是宗教意愿，而不是科学。霍布斯等自然神论者们意欲创立一门更加"理性"的宗教形式，正是他们在这方面的努力在无意中铸就了最终可以颠覆整个宗教思想的利器。由于当时英格兰的环境比较宽松，因此有相当一部分自然神论者们在那里可以自由表达这类思想，他们中间有舍夫茨别利①、博林布洛克②、廷代尔③、柯林斯④等，他们所用的方法各有不同，但都指向同一目标，那就是找到所有宗教的共性，亦即宗教的原始起源。他们对自然神论的发展都有重要贡献，但在表述这类自然神论思想中最重要的一位是大卫·休谟⑤，虽然他从没有承认过自己是无神论者，但无疑他是最活跃，最简洁，也是最雄辩的怀疑论者。

我始终认为大卫·休谟将人性中的智慧与美德发挥到了极致。

——亚当·斯密

大卫·休谟出生于 1711 年，霍布斯已整整去世 32 年了。他 12 岁进入爱丁堡大学，但其后退学，自学哲学。20 岁时他来到法国，并在那里完成了《人性论》一书。霍布斯认为，处于"自然状态"下人是一种危险的生物，需要某种以宗教为依托的社会结构以遏制其自私、暴力、贪婪的本性。与霍布斯这种悲观的论调相比，休谟要乐观得多。休谟对于宗教所持的怀疑态度，阻碍了他的学术前途。

通常而言，宗教中的错误是危险的，而哲学中的错误只是可笑而已。

——大卫·休谟

---

① 舍夫茨别利（1671—1713）：英国自然神论者。

② 博林布洛克（1678—1751）：英国自然神论者。

③ 廷代尔（1494—1536）：英国宗教改革家和《圣经》译者。1535 年，他被神圣罗马帝国的代理人以异端罪名逮捕入狱，最后被处以绞刑，他的尸体被焚烧于火刑柱上。

④ 柯林斯（1676—1729）：英国自然神论者。

⑤ 大卫·休谟（1711—1776）：苏格兰的哲学家、经济学家和历史学家，他被视为是苏格兰启蒙运动以及西方哲学历史中最重要的人物之一。

当时所有的大学都以宗教为前提，任免权都掌握在神职人员手中。因此当牧师们邀请休谟担任爱丁堡大学伦理哲学系的主任一职时，休谟拒绝了这一邀请，这与他的无神论思想不无关联。《自然宗教对话论》是休谟的重要著作之一，就连他的朋友们都认为这本书的内容离经叛道，因此一直到他死后才得以出版。在这本书中，休谟对宗教信仰进行了无情的批判。

> 上帝的权力是无限的，他可以为所欲为。但人类和其他动物的生活并不幸福，这说明上帝不想让他们生活幸福。伊壁鸠鲁所提出的问题至今还没有答案，如果上帝能够同时也愿意阻止罪恶发生，那么人世间的罪恶从何而来？
>
> ——大卫·休谟

与其他的自然神论者一样，当真正要挑战神权时，休谟就会有所退缩，或许这是因为从内心深处惧怕那张受到社会拒绝的无神论标签。

> 我敢肯定，没有人会误解我的真实意图，没有人比我对宗教有更深的理解，没有人比我对上帝有更深的情感。
>
> ——大卫·休谟

我认为，不应将自然神论者看作是不可分割的一个整体，因为这个群体的宗教观念有很大的分歧，如泛神论和非传统形式的英国国教都属于自然神论的范畴。虽然当时对于宗教诸问题的讨论很热烈，但至少在英国，没有人真正站出来斩钉截铁地否定上帝的存在。回顾这段人类的思想史，我们不免为怀疑论者们的言论受宗教环境限制的程度之深而感到惊讶，继而又有些许的悲哀。在那样的环境之下，说话需仔细斟酌以保护自己，这完全可以理解，也可以原谅。但出乎意料的是，即使在那些我们提到过的最具有怀疑精神的人们当中，也有一些人对宇宙中存在上帝的意愿这一点坚信不疑。

到了 18 世纪末期，英国的自然神论可能已经开始走向衰落。虽然大卫·休谟一直在法国巴黎担任外交官，但自然神论的思想实际上是由法国哲学家伏尔泰传到欧洲去的。尽管当时的法国有天主教，有诸多的哲学家、如培尔①、孔狄亚克②、拉美特利③、狄德罗④等，他们得到的结论在他们的英国同行那里遭到了拒绝。总之，在 18 世纪末期，法国的情形与英国完全不同，无神论已成为热议的焦点。在 1770 年 8 月 18 日这一天，共有 7 本书被撕成了碎片后，当众焚烧。在这 7 本书中，有 3 本是假冒某作家的名义发表的，而这位作家已在 10 年前就去世了。现在我们知道这 3 本书的真正作者是霍尔巴赫⑤。目前学术界一致认为霍尔巴赫是世界上第一位为无神论著书立说的人，他与霍布斯不同：霍布斯承认灵魂不死；他也与休谟有别：休谟接受可能有超自然力创造了宇宙。

> 如果我们回溯历史，会发现是恐惧和无知创造了众神，想象和欺骗粉饰了他们，软弱崇拜了他们，轻信保留了他们，习俗，崇拜和暴政支持了他们。如果说对自然的无知孕育了神，那么对自然的了解势必会摧毁神。

——霍尔巴赫

霍尔巴赫的家在巴黎皇家大道上，他家的客厅是巴黎著名的沙龙，人气十足；他举办的晚宴吸引了大量的知识界著名人士，不仅有法国的，还有海外的。本杰明·富兰克林⑥、霍勒斯·沃波尔⑦、戴维·盖里克⑧、劳伦斯·

---

① 培尔（1647—1706）：法国著名哲学家。
② 孔狄亚克（1715—1780）：法国著名哲学家。
③ 拉美特利（1709—1751）：法国启蒙思想家、哲学家，机械唯物主义的代表人物。著有《人是机器》等。
④ 狄德罗（1713—1784）：法国唯物主义哲学家，百科全书派代表人物。
⑤ 霍尔巴赫（1723—1789）：德国哲学家。1723 年生于德国巴伐利亚一商人家庭。1735 年时移居法国。1744 年就读于荷兰莱顿大学。1749 年回到法国，后继承伯父的男爵爵位。与狄德罗等人参加了《百科全书》的编纂工作，是"百科全书派"主要成员之一。著作有《自然的体系》、《健全的思想》、《揭穿了的基督教》、《神圣的瘟疫》、《自然政治》等。其中，《自然的体系》一书有"无神论的圣经"之称。
⑥ 本杰明·富兰克林（1706—1790）：美国官员、作家、科学家。在美国独立战争中起了重要作用，并帮助制定了宪法草案。他的众多科学实际的改革创新有：避雷针、双焦眼镜、火炉。
⑦ 霍勒斯·沃波尔（1721—1742）：英国政治家、首相，辉格党领袖。
⑧ 戴维·盖里克（1717—1779）：英国名演员，擅长莎士比亚剧，尤以饰演查理三世著名。

斯特恩①、亚当·斯密②等都是座上客。当苏格兰哲学家大卫·休谟第一次出席这样的晚宴时，对主人宣布，他从未遇到过无神论者，据狄德罗记载，霍尔巴赫听到这话后，挥起手来沿着餐桌划了一圈，说道，在这里你就可以看到18个无神论者，我必须承认，其中有三位还有点犹豫不决。

霍尔巴赫是自古典时代③以来毫不犹豫地坚称宇宙中不存在上帝，也不存在超自然层面的第一人，他的著作《自然的体系》以无神论的圣经闻名于世。因此霍尔巴赫在无神论的历史中占有极其重要的地位，可以说，他的家就是现代无神论的诞生地。

> 只有驱散宗教的乌云，赶走宗教的幽灵，才能够找到真理、理智与道义。
>
> ——霍尔巴赫

如果能够实地拜访一下那历经了诸多争论的旧址是多么美妙的一件事啊，但似乎无人能够确认霍尔巴赫的旧居究竟是哪座房子。在我们的想象当中，巴黎皇家大道上某一座优雅的民居外墙上应挂着一个牌匾，上面用简单的文字说明法国无神论的鼻祖曾住在这里，但没有。这是否意味着即使在现在，无神论仍然不是一个十分光彩的标签？但是不应该啊，毕竟在霍尔巴赫去世后不久，法国就成为一个世俗的国家，而在这一进程中，霍尔巴赫作为自由思想的奠基人，其作用不可忽视。或许就连革新者们都无法容忍霍尔巴赫的无神论思想，在他身后发生的一系列革命——复辟过程使得霍尔巴赫等没有得到应有的纪念。现在在这条街上已经找不到霍尔巴赫的踪迹了，但马德连大教堂仍然耸立在那里，游人如织。甚至无法找到霍尔巴赫的墓。当年，霍尔巴赫逝世后被葬在距巴黎皇家大道不远处的罗氏圣教堂，但他的墓已不复存在了，甚至连他的遗骨也不知散落何方。虽然教堂的导游册上仍写着霍尔巴赫葬在此处，但在教堂里已无证据可觅

---

① 劳伦斯·斯特恩（1713—1768）：英国小说家。他最著名的作品是《项狄传》。

② 亚当·斯密（1723—1790）：苏格兰经济学家、哲学家。被誉为经济学之父。《国富论》的作者。

③ 古典时代：古典时代（或称为古典时期、古典古代）是对希罗世界（以地中海为中心，包括古希腊和古罗马的一系列文明）的长期文化史的广义称谓，是希腊语和罗马语文学作品（如埃斯库罗斯、奥维德、荷马等人）繁荣的年代。

了。生活仍在继续，在巴黎皇家大道上车流滚滚，商铺如林，无论是宗教，还是反宗教，似乎在这里都无关紧要。但即使如此，在人类思想史上那样充满了争论的时刻就这样被轻易地遗忘了，还是令人感到不解。或许，这里曾经所发生的一切之所以被掩盖，是因为之后无神论的发展与三块大陆上发生的政治暴力革命以及新政治构架的建立密切相关。

三

在上两集节目中，我们谈到在 18 世纪末期的法国出现了无神论，但其范围仅限于知识分子和社会上层人士，普通百姓尚未参与。在这之后的两百多年间，无神论的思想慢慢渗透到了寻常百姓之间，那些一直虔诚顺从的劳工大众对它的态度发生了巨大的变化。这是怎么发生的？

1770 年，法国作家保尔·霍尔巴赫（Baron Holbach）① 完成了他的著作《自然的体系》，公开宣传无神论的观点，这本书随即遭到当局的查禁，并当众焚毁。

> 只有驱散了宗教的乌云和阴魂，才能够见到真理，理性和道义。
> ——《自然的体系》

保尔·霍尔巴赫被誉为无神论者中的牛顿，他的大作《自然的体系》系欧洲大陆学术界第一本宣扬无神论的著作。无神论从出现伊始，就与不安全结伴，因此这本书是匿名出版的，可见保尔·霍尔巴赫还没有我们想象中的那么勇敢无畏。而在当时英国的知识界，连这一步都未迈出呢。那时英国知识界的精英们还不是无神论者，而只是自然神论者。这就是说，他们并不否定上帝的存在，他们所热衷的是重建基督教。但这些贵族知识分子是绝对不会在仆人面前谈论这些的，因为宗教在维持政治权利和社会分工方面所起的作用至关重要，而这些知识分子精英们享受其中的特权生活正是由此产生的。瓦解公众的信仰，无异于制造政治动荡，破坏现有的

---

① 保尔·霍尔巴赫（1723—1789）：18 世纪法国启蒙思想家，哲学家，无神论者，百科全书派的重要代表。著作有《自然的体系》、《健全的思想》、《揭穿了的基督教》、《神圣的瘟疫》、《自然政治》等。其中，《自然的体系》一书有"无神论的圣经"之称。

社会结构。因此，这绝不能发生。

到了 18 世纪末期，一种更加普遍，也更加激烈的怀疑主义开始显现。以托马斯·潘恩（Thomas Paine）① 为代表的中低层自然神论的宣扬者是这次极端宗教怀疑主义浪潮的开拓先锋。

> 在影响人类的暴政中，宗教暴政是最恶劣的。其它暴政只在我们活着的时候压迫我们，而宗教暴政竟企图永远将我们捏在掌中，即使死了也不得摆脱。
>
> ——托马斯·潘恩

托马斯·潘恩是英国最具影响力的思想家之一，这种说法毫不夸张。他所提出的自然神论与产生于特权阶层的自然神论截然不同，其中充满了无神论的思想。他是一位自学成才的哲学家，没有受过高等教育。剑桥大学的历史学教授西蒙·谢弗对托马斯·潘恩颇有研究，他介绍了当时英国的情况。

西蒙·谢弗：那时的知识分子精英们并不关心怀疑论的论述是否正确，而是这些论述是否安全。因为他们一致认为，知识蕴含着巨大的能量，唯物主义和自然主义一旦为广大劳动阶层所掌握，将会对社会造成巨大的危害。比如在 1820 年的英国，就有一位这样的精英，从他的言论判断他应该是一位无神论者。他就说：没有上帝存在的合理证据，信仰上帝也绝不是人们具有伦理道德的前提条件。但若人人都对此心知肚明，那社会就岌岌可危了。这说明，在那时的英国，对无神论的讨论是有门槛限制的：只适应于贵族知识分子们之间，不能公开。因为他们认为无神论的思想一旦在社会各阶层广泛传播，危险就会随之而来。

> 在我看来，世界上所有的宗教都是人类捏造出来的，其目的只有一个，那就是恐吓和奴役人民，垄断权力与独霸利益。
>
> ——托马斯·潘恩

---

① 托马斯·潘恩（1737—1809）：思想家、作家、政治活动家、理论家、革命家、激进民主主义者。生于英国诺福克郡，后来投身欧美革命运动。他撰写了铿锵有力并广为流传的小册子《常识》，极大地鼓舞了北美民众的独立情绪，美利坚合众国的国家名称也出自潘恩。被广泛视为美国开国元勋之一。后来受到法国大革命的影响，潘恩撰写了《人的权利》，成为启蒙运动的指导作品之一。

托马斯·潘恩受到北美殖民地人民的热情欢迎，这毫不奇怪，因为潘恩为美国独立呼吁呐喊，"美利坚合众国"这个曾极大地鼓舞了殖民地人民追求自由独立的名字，就是潘恩最早喊出来的。

潘恩最终离开英国的家搬到美国居住，他的一些最具影响力著作的第一版就珍藏在美国新英格兰州的博物馆中。

翻阅着珍贵的《常识》一书的第一版时，我们看到书的扉页上写着"谨将此书献给美国人民，潘恩"。

在《常识》中，潘恩开宗明义地指出社会与政府的特性差别"社会是由我们的欲望所产生的，政府是由我们的邪恶所产生的……，社会在任何时候都是受人欢迎的，而政府即使在它最好的情况下，也不过是一件免不了的祸害。"在后来的著作《理性时代》中批评教会时，他也用了类似的比对。

在《理性时代》一书中，作者对基督教的抨击几乎随处可见，同时他亦不断鼓励人民培养自己的理性与道德标准，用自己的本性中的善作为与他人交往的准则，公开与统治者和教会叫板。因为他们一贯宣称，若离开了政府和教会，人类就会虚弱不堪，回归其动物性。

> 人们是从圣经中学会残忍、强奸和谋杀的。信仰一个残忍的上帝使得人们变得残忍。圣经是一部残忍的历史，它所起的作用就是使人类变得腐化和野蛮。
>
> ——托马斯·潘恩

托马斯·潘恩就是上层社会所不屑的庶民中的一员，但他却看到了人类的共同点。

> 人类所具有的最令人厌恶的弱点、最可怖的残忍，以及发生在人类身上最大的悲剧都源于宗教。
>
> ——托马斯·潘恩

赢得独立后的美国人民热切地向这位英国人表达他们的感激之情，感谢他的思想对他们的启发和激励。1784年美国政府将纽约州的一处房产赠与潘恩，表彰他对美国独立战争所做的贡献。潘恩没有立即入住，因为帮助起草了美国《独立宣言》之后，他又将精力投入到旨在推翻帝制的法国大革命当中。他离开美国来到巴黎，在那里受到热烈欢迎，并入选法国革命委员会。法国革命在全国范围内关闭了教会，巴黎主教被迫宣布自己是骗子。虽然这次革命并不是真正意义上的无神论革命，比如罗伯斯庇尔（Robespierre）①就坚持认为存在上帝。革命者们也会举行一些宗教仪式，但其严肃性值得怀疑。据说曾有一巴黎女优头戴革命红冠，手持干戈，口唱亵渎神的歌，领袖带领群众跟随其后。到了巴黎大礼拜堂，请她上坛，尊她为"理性女神"。

潘恩是法国革命的支持者，但由于反对处决国王路易十六，被投入监狱，差点上了断头台。法国无法待下去，英国又不欢迎他这样的对神持怀疑态度的革命者。这时候他才回到美国政府为他准备的家中。但是具有讽刺意味的是，革命成功后，他的宗教怀疑论遭致相当一部分美国人的反感、厌恶甚至痛恨。1809年潘恩在纽约悄然辞世。

这里是纽约市郊区，汽车的嘈杂声不绝于耳，草地上竖立着一块小小的铜匾，很难让人相信，这就是美国独立战争中的英雄——潘恩之墓。在潘恩逝世后不到两年，一位英国的改革激进派，威廉·科贝特曾来到这里，将潘恩的遗体挖出后运回英国。但当时的英国政府不允许为潘恩建立纪念碑，就这样，潘恩的遗骨竟不知流落在何方。

> 托马斯·潘恩不需要手工雕琢的墓碑，他的墓碑竖立在热爱自由的人们心中。
>
> ——安德鲁·杰克逊（第七任美国总统）

托马斯·潘恩没有墓志铭，他不知静静地躺在何处。

从潘恩的思想在美国和法国的巨大影响力就不难想象，在对于统治者和教会，激进的自然神论者和无神论者是多么危险的人物。在英国，人数日益增多的政治改革派将潘恩称为"不朽的潘恩"。他的著作《人权》被印成了宣传册，以便于人们阅读。到他逝世时，这本书的印数高达150万

___

① 罗伯斯庇尔（1758—1794）：法国大革命时期重要的领袖人物，是雅各宾派政府的实际首脑之一。

本。他的思想启迪了美国和法国人民，在那里引发了革命，所以英国统治者必须小心防范。

> 宗教是保持民众温顺的一剂良方。
>
> ——拿破仑

当潘恩的无神论思想与激进的政治主张流传到英国的时候，那里只有3%的民众具有选举权。在1819年的8月，有超过5万的普通民众涌入曼彻斯特的圣彼得广场，在那里集会要求议会改革。当局立即派骑兵包围了广场，双方发生冲突，11人在冲突中丧生，受伤者超过400。那天理查德·卡莱尔（Richard Carlile）[①]就在现场，亲眼目睹了这场屠杀。

理查德·卡莱尔是一位无神论者，他十分关心下层人民的疾苦。为了便于阅读，他将潘恩的著作分成几部分，印刷成宣传册发行。为此，曾与当局发生过冲突。后又因主编宣扬无神论和不同政见的杂志《共和者》，以诽谤罪入刑。他的妻子接任杂志的主编，也被捕入狱，然后是他的妹妹……最后共计有150人因出版或售卖这本杂志而惹上牢狱之灾，刑期加在一起长达200年。著名的浪漫主义诗人雪莱就是《共和者》的撰稿人之一，由于写了《无神论的必然》（The Necessity of Atheism）一文，被牛津大学开除。

> 如果上帝是至善的，我们为什么要畏惧他？
> 如果上帝是全能的，我们为什么还会对未来忧心忡忡？
> 如果上帝是全知的，我们为什么还需祈祷，提出我们的诉求？
> 如果上帝无所不在，我们为什么还要建筑圣殿？
>
> ——雪莱

牛津大学并不看重雪莱在诗作和哲学方面的潜质。在雪莱所处的年代，尚没有一所大学能够容纳不同的思想。否则，他肯定会像我一样，进入伦敦大学学院。

---

① 理查德·卡莱尔（1790—1843）：具有激进主义思想的英国书商，1819年因出版潘恩的《理性时代》一书而被判入狱两年。

1956 年从剑桥大学毕业拿到自然科学学士学位后，我来到伦敦大学学院医院工作。为什么选择这里的准确原因我也说不清，但是地理上的考虑绝对是我选择这里的原因之一：这所医院与医学院仅一路之隔，在这里工作的同时，可以继续我在剑桥大学做学生时所感兴趣的课题。伦敦大学学院是一所世俗大学，这是吸引我的另一个原因。众所周知，这所大学从成立之初就是高尔街上的一所无神论大学。在 1826 年建校时的初衷就是能够接纳各教派以及无宗教信仰的学生在此学习，取得学位。而在伦敦大学学院建院之前，只有那些信奉英国国教的教徒才能踏入英国大学的校门，而那些天主教徒，犹太人，无神论者则被排除在外，无权进入大学学习。

杰里米·边沁（Jeremy Bentham）① 在伦敦大学学院历史上有重要地位，被公认为是伦敦大学学院的"精神之父"。边沁在遗嘱中要求将遗体捐献给医学院用于公开解剖课程。他的遗骨覆盖上他的衣物后存放在伦敦大学学院主建筑的北部回廊，向公众开放。当年处理他的遗体时，不幸出现失误导致头部严重被毁，因此遗骨上的头颅部分是一尊蜡像，真正的头颅则被保存在冰柜里。在那个年代，只有被处决的罪犯才供解剖之用，而边沁主动要求将遗体用于医学解剖，表明他是彻底的唯物主义者，漠视所谓复活的信条，不相信人死后还有生命之说。

边沁认为，要建立稳定的具有良好秩序的世俗社会，应采取功利主义原则，即以人的利用和利益至上，追求"最多数人之最大幸福"。

虽然边沁的功利主义理论具有极强的说服力，但是在社会实践中却很难按照边沁所设想的那样得以实现。在边沁之后的一百年间，这些哲学原则在履行社会改革的历程中，在世界范围内产生了极大的社会动荡和革命。

> 所有善于思考的人都是无神论者。
>
> ——海明威

边沁所提出建立社会秩序的世俗道德原则（a secular moral philosophy）不可避免地与基督教会产生冲突。同时，基督徒们也对这种思想可能会威

① 杰里米·边沁（1748—1832）：英国哲学家、法学家和社会改革家。他是最早支持功利主义和动物权利的人物之一。参与创立了英国第一所世俗大学——伦敦大学学院。

胁到他们信仰的基础而感到惴惴不安。

虽然教会一时无法接受哥白尼和伽利略的宇宙观，时值 1984 年才对伽利略作出官方道歉。但是，在 18 世纪末，宇宙的日心说已成为不争的事实。只是在时间顺序上，科学尚不能有力地驳斥基督教义。按照《创世纪》所述，地球是上帝在 6 天的时间内创造出来的。至今，这仍然是基督教和犹太教的根基。一直都有科学家和神学家颇费心机，想以神创论为基础推算出地球的年龄。在 17 世纪上半叶，爱尔兰主教詹姆斯·阿瑟（James Ussher）根据圣经故事的描述，精确计算出公元前 4004 年 10 月 22 日是创世的第一天。但是，上帝在那天早晨究竟做了些什么仍是一个不解之谜。

在赫顿（James Hutton）①、巴克兰（William Buckland）②、赖尔（Charles Lyell）③ 等人的努力下，地质学研究飞速发展。他们所获得的结论势必要颠覆神创论的描述。

根据最新地质历史学的研究结果，地球已经存在几十亿年了，这正是达尔文进化论能够成立的基本条件之一。

这里就是达尔文故居，《物种的起源》就是在这所房子里完成的。查尔斯·达尔文来自英国中上阶层的一个富裕家庭，社会地位优越。但是他却写了一本书，这本书所宣扬的进化论与神学所宣扬的上帝创造一切的教义背道而驰。它的发表足以摧毁英国社会生活赖以存在的人文基础，因为它动摇了神创论的根基，这会直接瓦解教会在政治和社会生活中的权威地位。可以想象，这本书在 1859 年发表后，完全打乱了建立在神学基础之上的社会秩序。因此，作为这一理论的创建者，达尔文必将置身于挑战上帝权威的风口浪尖之上。对于神学而言，达尔文理论是毁灭性的，正如哲

---

① 赫顿（1726—1797）：英国地质学家。1795 年，出版了他的主要著作《地质学理论》。赫顿认为，地质结构是地球上各种作用力长期缓慢活动的结果，也就是说地球是在逐渐演化中形成的。他所倡导的"均变说"为地质科学奠定了基石。

② 巴克兰（1784—1856）：牛津大学地质学教授，著名英国地质学家。在 1824 年率先发表了世界上第一篇有关恐龙的科学报告，报道了一块在采石场采集到的恐龙下颌骨化石。巴克兰认为这是一种新型的爬行动物，将其命名为"斑龙"。

③ 赖尔（1798—1875）：著名英国地质学家。在其巨著《地质学原理》中，进一步发展完善了赫顿的地球"均变说"理论，有力地抨击了以居维叶为代表的地球灾变论，引起了地球科学的深刻革命。赖尔的著作为近代地质学奠定了科学的理论基础，被后人尊称为近代"地质之父"。

学家丹尼尔（Daniel Dennett）① 所指出的那样，"进化论是一种极其危险的思想"。

主持人：你的书（指丹尼尔所著《达尔文的危险思想：进化和生命的意义》）中开篇就将达尔文的理论比作具有强腐蚀性的万能酸（universal acid）。万能酸是一种可以吞噬任何容器的液体，达尔文的理论则会吞噬人的传统观念，使其发生彻底的改变。你是否愿意解释一下为什么达尔文理论具有如此大的威力。

丹尼尔：人们长久以来一直都有一种思维定式，那就是细节造就结果。只知道如何打马蹄铁绝对成就不了优秀的铁匠，只会使用黏土坩埚也无法造就一位陶匠。但达尔文就敢于逆转这一定式思维。达尔文理论的中心思想就是：制造一台功能完善的机器，并不一定需要知晓如何制造。这一逻辑悖论正是达尔文理论的威力所在，因为它彻底颠覆了我们的原有思维模式。也就是说，有可能存在一种全新的理论来解释人类的产生，它完全不同于以往被人们所接受 "自上而下（a top-down theory）" 的爆炸式形成理论，即神创论，而是自下而上倒锥形进化理论：一切生物都是随时间而演化。其中较适应环境的个体存活机会较高，延续后代的机会较大。

根据达尔文理论，物种的进化是一个行进如此缓慢的过程，以至于我们无法察觉这一过程的发生。但近期的地质发现使人们相信达尔文是正确的，因为地球已经存在得足够长久（几十亿年），使得物种能够以这种方式产生和消亡。而那些笃信神创论的人们则必须正视一个问题：他们可能错了。

达尔文提出的自然选择学说有史以来第一次用科学的方法彻底否定了设计论的思想，为神创论的争论画上了句号。达尔文理论非常简单，其要点为：无论我们所看到的生物器官的功能有多么神奇和完善，但它们的进化过程完全是自然选择的结果，没有任何目的性，就像是随意拼凑起来的一样。"拼凑"这个词很容易引起误解，似乎有着一个确定的目标，但这是错误的理解。"拼凑"的过程既没有主观故意，也没有对结果的把控。比如远古时期爬行动物的下颌骨由若干不同的骨片构成，其中一些骨片最

---

① 丹尼尔·丹尼特：是当今著名的哲学家，同时也是一位神经科学家。他和理查德·道金斯（Richard Dawkins）、山姆·哈里斯（Sam Harris）等被认为是在西方世界推广无神论最积极的几位科学家。其代表作有《达尔文的危险思想：进化和生命的意义》、《破除符咒：作为一种自然现象的宗教》。

终进化为哺乳动物的耳骨。这个过程并不是有意而为，而是自然压力下的结果。在达尔文时代，由于欠缺遗传学知识，自然选择中的发展与变异是怎样起作用的尚是一个谜。但随着遗传学的发展，达尔文理论的真实性得到了极大的加强。生物学家理查德·道金斯（Richard Dawkins）① 就从遗传学的角度回答了很多有关达尔文进化论的问题。

主持人：应如何理解这种"变化"？

道金斯：这类"变化"其实就是在同一基因库中所发生的遗传变异。遗传的变异主要来自基因突变和基因重组，它们完全是随机的。其中大多数是有害的，很多突变都是不利的。是自然选择决定生物进化的方向。应特别注意，正是自然选择的结果，使得动植物在长久的年代之后看起来像是某种设计下的产物。

主持人：但是人们还是质疑那些无法觉察到的持续变化，这些变化怎么能累积起来最终成为一个有用的东西，比如羽毛，在进化早期是什么样的？自然选择是如何对还没有成型的生物体起作用的？

道金斯：这是我谈得比较多的问题，因为它具有普遍的意义。在生物进化过程中，每一中间步骤都是有利的，不存在无利步骤。有人会说，"如果再过几百万年之后，这个小得不起眼的东西就会变成为有用途的器官"，在自然选择理论中没有这些预言存在的空间。这种推断是无效的。在进化过程中一直存在着选择的压力。

主持人：这个过程不是只需要耐心就可以完成。"耐心点，我会变为有用的，相信我。"

道金斯：在最终成为羽毛的时间进程中，存在一系列优化过程，如果你只能想到其中之一，那是你的问题，不是自然选择的问题。对我而言，自然选择理论是一种信念，因为它的逻辑是如此严密，推理是如此有力。

理察·道金斯之所以坚信自然选择，那是因为有诸多事实，达尔文将它们称为"令人痛苦的"细节，证明自然选择是正确的，绝不存在全能至善的设计者——上帝。

　　我无论如何都不相信一个慈悲的、全能的上帝会有计划地创造姬

---

① 理察·道金斯：英国皇家科学院院士，牛津大学教授，著名科普作家，生物学家。是全世界最著名的活着的无神论者。

蜂科，目的是专为使它住在活毛虫体内吸取养分；我也无法相信，老鼠被创造出来是为了给猫吃的。

——达尔文

在青年时代，达尔文信仰宗教，但随着年龄的增长，这一信仰慢慢消退了。造成这一变化的主要原因除了他的科学思想以外，他女儿的夭折也起了重要的作用。由于他的妻子仍然是虔诚的信徒，而他自己也意识到他的理论会对神学产生影响等原因，达尔文在完成《物种起源》的写作后并没有立即发表。直到 20 年后，有一位名叫阿尔弗雷德·拉塞尔·华莱士（Alfred Russel Wallace）① 的年轻人得到了几乎与达尔文完全相同的科学结论，才最终促使达尔文出版了自己的进化论理论。正如达尔文所担心的那样，一场轩然大波由此而发。

1860 年 6 月 30 日，《物种起源》发表后不久，在牛津大学举行的那场著名的论战中，牛津主教韦尔伯福斯（Samuel Wilberforce），问自称"达尔文的斗犬"的托马斯·赫胥黎②：

究竟你的祖父一族还是你的祖母一族是从猴子传承而来的？

——牛津主教威尔伯福斯

英国剑桥大学著名地质学家，达尔文的朋友亚当·塞奇威克（Adam Sedgwick）教授于 1859 年 11 月 24 日在与达尔文的通信中写道：

大自然不只是物质，还有道德或形而上的部分……试图否认这一点的人可能会使人性沉沦到史无前例的境地。

——亚当·塞奇威克

因为进化论从根本上否定了神创论的思想，所以教会对于进化论的反应强烈是可想而知的。牧师们因为进化论中认为人类是由猿进化而来，否

---

① 阿尔弗雷德·拉塞尔·华莱士（1823—1913）：英国博物学家、探险家、地理学家、人类学家与生物学家。华莱士因独自创立"自然选择"理论而著名，促使达尔文出版了自己的进化论理论。

② 托马斯·赫胥黎（1825—1895）：英国著名博物学家，捍卫达尔文进化论最杰出的代表。

定了人在宇宙中优越地位而大为光火。正如我们所看到的那样，一些受过良好教育的基督徒很轻易地就将科学在天文学上的新发现当作是神创论的证据，所以他们与那些文盲教徒一样将达尔文主义斥为对上帝的亵渎一点都不令人惊奇。但是，还是有一些宗教人士愿意接受达尔文的思想。不管怎样，进化论的出现促使宗教界不得不重新思考生物的起源了，上帝还可以被当作那无所不在，无所不能的创始者吗？在神创论的观点受到重创的同时，无神论者们则愈加信心十足了。

> 一个有信仰的人比无神论者更幸福的说法与一个醉鬼比清醒的人快乐的说法一样荒谬。
>
> ——乔治·萧伯纳①

这时，已经由乔治·霍利约克（George Jacob Holyoake）②接过了宗教怀疑和激进改革的大旗。在由他主编的杂志《思辨者（reasoner）》中，他创造了一个新词"世俗主义（secularism）"，用于描述一个建立在科学合理性基础之上的全新信仰体系。到了19世纪中期，仅在英国，世俗主义社团就超过40个，霍利约克主编的杂志仅在一周之内就可以卖出5000册以上。在整个19世纪，世俗主义运动都开展得轰轰烈烈。一直到21世纪，在伦敦还有"全国世俗协会（the National Secular Society）"。

在霍利约克之后，由查尔斯·布雷德洛（Charles Bradlaugh）继任"世俗协会"的领导。1880年，布雷德洛入选英国下议院议员，是第一位无神论者议员。后因拒绝手按《圣经》宣誓自己的忠诚而被逐出议会，并一度被关入伦敦塔之中。

至今，我们仍然在享受着查尔斯·布雷德洛所捍卫的权利：在英国，所有人在宣誓时无须手按《圣经》。

所以在19世纪末，作出无神论会取得胜利，宗教会最终消亡的预测并不过分。尼采（Friedrich Wilhelm Nietzsche）③就说过："上帝死了，还

---

① 乔治·萧伯纳（1856—1950）：出生于爱尔兰都柏林。萧伯纳一生中创作了多部戏剧，这些剧作大都已进入经典剧目之列，至今仍不时出现在舞台上。1925年萧伯纳获诺贝尔文学奖。

② 乔治·霍利约克（1817—1906）：英国作家，创造了"secularism"（世俗主义）这个单词。

③ 弗里德里希·威廉·尼采（1844—1900）：德国著名哲学家，西方现代哲学的开创者。

会有信仰吗?"

到了 20 世纪初,有一个人宣称能够解释宗教的起源,他就是弗洛伊德
(Sigmund Froyd)①。虽然弗洛伊德绝非试图解释宗教心理起源的第一人,但
其理论独树一帜,以精神分析法为基础,对宗教形成的见解使人耳目一新。

弗洛伊德出生在一个犹太家庭,虽然他对犹太教具有一定的认同感,
但是他从未真正信仰过宗教。相反,作为一名学习科学的学生,他越来越
怀疑宗教。在利用精神分析法研究宗教起源的问题时,他提出各种宗教信
仰的对象,如上帝等,都是"父亲"的化身,宗教的教导、安慰、要求三
大社会功能也体现了"父亲"的作用,这是人类在婴儿期感到无助,需要
精神安慰的必然结果。在《幻想的未来 (The Future of an Illusion)》一书
当中,他这样写道:

> 精神分析学告诉我们,上帝是人在一种幼稚的心理状态下把父亲
> 的形象夸张之后所形成,是人造上帝,而不是上帝造人。
>
> ——弗洛伊德

因此,弗洛伊德断言:宗教信仰是幻想,是"人类最古老、最强烈和
最迫切的心愿的满足"。很明显,弗洛伊德认为宗教根本就是子虚乌有。

> 宗教是一种近似神经官能症的偏执性幻觉,终有一天会为理性所
> 替代。
>
> ——弗洛伊德

显而易见,弗洛伊德的理论威胁到了传统宗教的地位,但与潘恩在激
进的民主主义运动当中开启的,已发展了数百年的无神论相比,它的社会
影响力是微不足道的。

> 宗教里的苦难是现实苦难的表现。宗教是被压迫生灵的叹息,是
> 无情世界的感情,是人民的鸦片。要求抛弃关于人民处境的幻觉,就

---

① 西格蒙德·弗洛伊德 (1856—1939):犹太人,奥地利精神病医生及精神分析学家。精神分
析学派的创始人。著有《梦的释义》、《精神分析引论》、《精神分析引论新编》等。

　　是要求抛弃那需要幻觉的处境。

——马克思

　　对于深受马克思辩证唯物主义影响的俄国共产主义信仰者们而言，宗教就是精神鸦片。在他们即将建立的政治体系当中，宗教无容身之地。因此，苏联是世界上第一个无神论国家。但是具有讽刺意味的是，俄国革命的初衷是要建立一个人民能够幸福生活的乐园，谁承想，在这个国度里发生的折磨、拷打、监禁，乃至肉体消灭比基督教最残忍的宗教迫害还有过之而无不及。

　　时至 20 世纪末，无神论的传播之广前所未有。虽然不能将这种信仰危机完全归结于过去 100 年间所发生的诸多可怕的人祸，但残忍与不幸的事件会使人们怀疑是否真有一个仁慈的上帝。进入 21 世纪后，很多人甚至认为信与不信的问题已经无须再讨论了。在制作这部电视片时，我的第一位受访者是居住在纽约的英国哲学家科林（Colin McGinn）。

　　科林：我愿意区分无神论者和反神论者，反神论者是反对神学的。我就是一个反神论者。因为我相信在人类生活中宗教是有害的。所以我不仅仅是无神论者，而且还是反神论者。我不仅仅是持有不同观点，而且积极地反对宗教。应该将无神论与后神论或后无神论区分开来。后神论也好，后无神论也好，都属于健康的精神状态，因为在这种状态中，宗教被抛在脑后。但是现在我们还无法做到这一点，因为在这个世界上还有很多宗教，产生了很多可怕的结果。在我看来，在一个理想的社会中，应不存在宗教的问题，即使偶尔提及，也不应该是一个沉重的话题。人们会说"那些人以前居然有信仰，有些人相信上帝，有些人不相信。2003 年的时候他们做了一期电视节目，讨论为什么会有信仰，那是一场多么可笑的争论啊"。那就是一个后神学社会，在那里，神学不再是一个问题。

　　我干嘛要在星期天花上整整半天的时间去听人家告诉我怎样下地狱呢？

——霍默·辛普森（Homer Simpson）①

---

　　① 霍默·杰伊·辛普森：是美国电视动画《辛普森一家》中的一名虚构角色，这一动画片家喻户晓，有极大的影响力，被推荐作为现代大学中社会学教学使用的案例。

很难想象一个没有宗教的世界会是什么样子，这是因为宗教已经伴随我们太久了。虽然现在不信教的人数要比人们所预测的多得多，但宗教仍然渗透在社会生活的方方面面。在某些地方，宗教势力甚至比以往任何时候都更加强大。像我这样的无神论者在生活当中几乎处处都能感到宗教的存在。其中，宗教狂热的发展，如基督教创造论的泛滥，某些穆斯林社会惯用的自杀式爆炸等，都让我感到极度不安。除此之外，还有一件事让我有点无奈，作为无神论者，我们不承认有灵魂存在，更不承认灵魂永生的概念，但很多同事和朋友对待这一问题则持有迥然不同的态度，他们固执而又自负。坦白地讲，我不相信人会以某种形式持续存在，并不意味着我不关心人总会死去这一事实。随着年龄的增长，疾病与死亡似乎与我越来越近，事实上，每当我翻开报纸讣告一页的时候心都是揪着的，唯恐再发现某位熟人的姓名。但我从来没有考虑过这些逝去的朋友、亲戚、同事现在会在哪里，因为我知道他们已经不存在了。至于我自己的死亡，我自己的"不存在"会是怎样的呢？我当然考虑过这个问题，因为我现在距离这个时刻已经很近了。我设想过这个过程会是怎样的，比如，会不会痛苦。死亡的想法一直存在，我知道我可能无法参加我的孙辈们的婚礼，可能见不到我的重孙子的降生，这就是说我没有未来。更糟糕的是，我有可能重病缠身，虚弱不堪，在痛苦中煎熬，我知道那就是我即将告别的时候。我从没觉得这些难以想象。真正让我担忧的是，临死前所经历的痛苦可能会给我的亲人带来长久的负面影响。有一些普通人，当他们面对死亡时，心情平和，态度坦然，从未对未来做过不着边际的幻想。他们是我精神上的同道人。

在伦敦圣克里斯托弗临终关怀医院（St. Christopher's hospice），我采访了葛洛莉亚（Glorie）。她很愿意接受我的采访，只是要求不要在镜头上显示她的脸，所以只有我能够看到当她谈到死亡的时候，脸上表情出乎意料的平静。

主持人：你小时候信仰宗教吗？

葛洛莉亚：在主日学校时我做礼拜，参加教堂的唱诗班。

主持人：不，这不算信仰宗教，这是那个年龄段的孩子都要做的事情。你认为在你死后，你还会继续存在吗？

葛洛莉亚：不，不会。

主持人：你没有想象过你会以某种方式继续存在吗？

葛洛莉亚：没有，没这样想过。

主持人：你为此感到遗憾吗？

葛洛莉亚：不。我想要活下去，即使在现在这样糟糕的情况下我仍然想活下去。

主持人：你的意思是你就想活在现在，而不是死后重生。

葛洛莉亚：对。

主持人：生命终止的那一瞬间是什么样的？那一瞬间又回到了年轻的时候吗？

葛洛莉亚：哦，是的。就在那短短的一瞬间，我又会重新变得年轻了，我可以成为我所想成为的任何样子。

主持人：你期望那一瞬间是喜剧。

葛洛莉亚：是的，我希望那样，但恐怕事实并非如此。

主持人：你真是一个非常勇敢的人。谢谢，和你谈话非常受益。

尽管还有很多虔诚的教徒愿意相信永生，但越来越多的人抛弃了宗教那虚无缥缈的幻想，认真思考死亡的问题。当然，在某种程度上，这与那些早期希腊哲学家，那些文艺复兴和启蒙运动中的思想家，以及近百年来社会和政治激进主义者们的努力分不开。虽然还没有清楚地意识到这一点，但当下，很多人都生活在一个可以自由选择信仰的世俗社会。

众所周知，智能设计论者试图证明全知全能的上帝就是那个地球生物的设计者，但他们的论证在达尔文的进化论面前不堪一击。进化论和智能设计论之争最终会将宗教逼入死胡同。其实，智力本身就是一种生物现象。我们现在开始认识到，地球上各种生物出现在先，智力发展在后。比如在达尔文进化论出现之前，神创论将生物的四肢和器官都看作是智能设计的产物。但现在看来，即使是智力也是自然选择的结果，如果没有大脑发育，智力又从何谈起呢。甚至被宗教人士视为由最高意志——上帝所控制的灵魂，我相信，在不久的将来也会被证明为是由人类大脑所杜撰出来的产物。

但是，人的思想是如何产生的呢？我必须承认，目前用进化论回答这一问题尚有一定的难度。虽然我不相信我的思想不是出自我的大脑，而是出自某一外力。但我承认在大脑与思想之间尚有科学还不能完全解释清楚的地方。因此可以理解，为什么脑死亡作为判断人死亡的标准很难得到推广。这也正是宗教最能发挥作用的地方。

最后，我认为在某种程度上，是否信仰宗教与人的气质有关。由于某些难以确定的原因，人类总是分为两大阵营，唯物论者与神灵论者。正因为如此，我并不认为宗教的节节败退是科学持续进步的直接结果。毕竟有一部分无神论者，虽然人数并不多，对现代科学毫无了解；而有相当数量卓有成就的科学家具有强烈的宗教信仰和立场。但我认为，现代无神论之所以能够在现代社会中传播与科学不无关系，这并不是因为科学知识本身，而主要是因为科学的发展为人类提供了安全、方便和舒适的生活环境。比如，公众大部分并不了解免疫的基础知识，但他们对此却极为关心，并深受其益。环境的改善减少了人类所面临的威胁，削弱了对神灵的依赖，因此大幅度减小了对宗教所能提供安抚作用的需求，宗教自然而然就消失了。

现在是 21 世纪初，待到这个世纪结束的时候，我早已不在人世了。在这部片子伊始，我就说过，我不愿意用无神论者来定义我不信神的立场，虽然这一立场是坚定不移的。这并不是说我对这一立场感到羞耻、害怕或尴尬。原因很简单：对我而言，没有上帝是不证自明的真理，没有必要为此设立一个专有的名词，这样未免太高看了我们要否定的东西了。毕竟没有一个专有的名称定义那些不信鬼、不信巫的人。

纵观历史，以宗教的名义犯下种种罪孽的时间持续多长，反对宗教的呼声就有多久。所以在某种意义上，这部系列片是献给那些历史上的战斗者们，是他们的不懈努力才使得今天我们能够有权利站出来宣布我们的立场。

另外，在当今世界的很多地方都在进行一场极具政治危险的宗教复兴。伊斯兰教正在进行广泛的变革，非穆斯林的西方将会受到这种变革的极大威胁。而现在，白宫有一小撮短视的正统派基督教信徒与以色列建立了病态的联盟，这一联盟引起伊斯兰世界的强烈反应，自杀式爆炸不断发生。因此，唤醒人们对此问题的重视亦是本片的目的之一。

（原载《科学与无神论》2011 年第 6 期，2012 年第 1、2、3 期）

无神论：当代的人数与类型[*]

菲尔·朱克曼　著　杨俊峰　译

　　要弄清某一特定社会在是否信仰上帝问题上之比例充满了方法论的困难。首先是低的回应率。大多数人并不愿意配合调查，而不足50%的回应率就无法推广到更大范围的社会。其次是非随机的样本。随机选择是指给定人口中每一个成员都有平等的被选中的几率，如果不是这样则样本即不可推广。最后是不利的政治与文化气候。在官方宣传无神论以及公民若被看作不诚实须冒风险的专制国家，人们会不情愿于承认他们信仰上帝；与此相反，在政府强制推行宗教而公民若被当成无信仰者会有危险的社会，不管匿名是否被保证，人们都会不愿意承认他们不信仰安拉。即使在没有政府强制的民主社会中，人们仍然感到有必要说他们是笃信宗教的，仅仅因为这种回答是被社会认可的及在文化上是适宜的。例如，无神论者这一称号在很多社会中是侮辱性的，即使当人们直接声明不信上帝，他们仍然习惯性地避开以"无神论者"来指称自己。格里利发现，有41%的挪威人、48%的法国人、54%的捷克人声称不信上帝，但在应答者中仅有19%至20%自我认定为"无神论"者。最后一个方法论问题是术语的用法。特定术语的定义很少能在跨文化间得到确切的翻译。像"宗教的"或"上帝"之类指称在不同文化中具有不同的涵义（拜尔，2003），这使得在有显著差别的社会间作跨国信仰比较变得空洞肤浅。尽管存在以上方法论的局限，我们仍然能够做出可靠的估计。透过无法消除的方法论上的缺陷，用罗伯特·普特南的话说："我们必须设法应付我们所能发现的不完全的

---

　　[*] 史蒂夫·布鲁斯（Steve Bruce）、保罗·弗勒泽（Paul Froese）、罗纳德·英格尔哈特（Ronald Inglehart）、查尔斯·拉赫曼（Charles Lachman）、彼得·纳迪（Peter Nardi）与马文·朱克曼（Marvin Zuckman）为本章提供了帮助，特此致谢。

证据，而不能仅仅哭诉它的不足。"

以下就是最近关于世界上不同国家中不信仰上帝比率有效调查所发现的情况。

一 澳大利亚、加拿大、新西兰与美国

根据诺里斯（Norris）与英格尔哈特（Inglehart）的调查（2004），25%的澳大利亚人不信仰上帝。根据保罗（Paul）的调查（2002），24%的澳大利亚人是无神论者或不可知论者。

格斯（Guth）与弗雷泽（Fraser）（2001）发现有28%的加拿大人"没有表现出宗教特点与行为的迹象"。根据诺里斯与恩格哈特（2004），在加拿大有22%的人不信仰上帝。根据毕比（Bibby）（2002），当被问及"你是否相信上帝存在"时，有6%的加拿大人回答"我肯定不会"，而另外有13%的人回答"我认为并非如此"，总共有19%的人可被划为无神论者或不可知论者。根据盖洛普（Gallup）与林赛（Lindsay）（1999：121），有30%的加拿大人不信上帝或一种"更高的力量"。

在新西兰，有20%至22%的人不信上帝（英格尔哈特等，2004；保罗，2002）。

根据诺里斯与英格尔哈特（2004），在美国有6%的人不信上帝。根据2004年由BBC委托的一项调查①，9%的美国人不信仰上帝。赖斯（Rice）发现有3.8%的美国人不信上帝或"一种精神存在或生命力量"。根据豪特（Hout）与菲舍尔（Fischer）（2002），有3%至4.5%的美国人是无神论者或不可知论者，而马尔韦尔（Marwell）与德梅拉斯（Demerath）（2003）甚至估计有7%的人。根据弗勒泽（Froese）（2001），8%的美国人是无神论者或不可知论者。根据盖洛普与林赛（1999：99），5%的美国人不信仰上帝或一种"更高的力量"。

二 拉丁美洲

2004年由BBC委托的调查显示，7%的墨西哥人不信仰上帝；而英格

---

① BBC的这项研究刊登于bbcnews.com（英国版）网站《世界怎样看待上帝》标题之下。

尔哈特等（2004）则发现有2%的墨西哥人不信上帝。

1999年盖洛普国际民意测验①显示，7%的阿根廷人选择"无"作为他们的宗教信仰。根据英格尔哈特等（2004），在阿根廷有4%的人不信仰上帝。

根据英格尔哈特等（2004），在乌拉圭有12%的人不信仰上帝，在智利不信上帝的人则由1990年的5%降到了3%。

根据英格尔哈特等（1998，2004）、1999年的盖洛普国际民意测试，以及巴雷特（Barret）等（2001）、希奥特（Hiorth）（2003），在萨尔多瓦、危地马拉、玻利维亚、巴西、哥斯达黎加、哥伦比亚、厄瓜多尔、洪都拉斯、尼加拉瓜、巴拿马、秘鲁、巴拉圭及委内瑞拉，仅有少于1%至2%的人是无神论者、不可知论者或无宗教信仰者。

三　欧　洲

诺里斯和英格尔哈特（2004）发现，在英国有39%的人不信仰上帝。根据2004年由BBC委托的调查，44%的英国人不信上帝。根据格里利（Greeley）（2003），尽管只有10%的英国人自我认定为"无神论者"，但有31%的英国人不信上帝。根据布鲁斯（2002），10%的英国人自我认定为"持不可知论的人"，8%的人自认为是"坚定的无神论者"，而另外有21%的人选择"非宗教虔诚的人"。根据弗勒泽（2001），32%的英国人是无神论者或不可知论者。根据盖洛普与林赛（1999：121），39%的英国人不信仰上帝或"更高的力量"。

诺里斯与英格尔哈特（2004）发现，在法国有44%的人不信仰上帝。根据格里利（2003），尽管只有19%的法国人自我认定为"无神论者"，但48%的人不信上帝。根据弗勒泽（2001），54%的法国人是无神论者或不可知论者。根据戴维（Davie）（1999），43%的法国人不信上帝。

诺里斯与英格尔哈特（2004）发现，有64%的瑞典人不信仰上帝。根据邦德松（Bondeson）（2003），74%的瑞典人说他们不信"一个人格的上帝"。根据格里利（2003），尽管只有17%的瑞典人自我认定为"无神论者"，但有46%的人不信上帝。根据弗勒泽（2001），69%的瑞典人是无

---

① 盖洛普国际民意测验的数据可以从盖洛普国际协会或其"千年调查"网站获得。

神论者或不可知论者。根据古斯塔夫松（Gustafsson）与彼得松（Petters-sson）（2000），82%的瑞典人不信"一个人格的上帝"。根据戴维（1999），85%的瑞典人不信仰上帝。

根据诺里斯与英格尔哈特（2004），48%的丹麦人不信仰上帝。根据邦德松（2003），49%的丹麦人不信"人格性上帝"。根据格里利（2003），尽管只有15%的丹麦人自我认定为"无神论者"，但却有43%的人不信上帝。根据弗勒泽（2001），45%的丹麦人是无神论者或不可知论者。根据古斯塔夫松与彼得松（2000），80%的丹麦人不信"人格性上帝"。

根据英格尔哈特等（2004），31%的挪威人不信仰上帝。根据邦德松（2003），54%的挪威人说他们不信"人格性上帝"。根据格里利（2003），尽管只有10%的挪威人自我认定为无神论者，但却有41%的人不信上帝。根据古斯塔夫松与彼得松（2000），72%的挪威人不信"人格性上帝"。根据弗勒泽（2001），45%的挪威人是无神论者或不可知论者。

诺里斯与英格尔哈特（2004）发现，在芬兰有28%的人不信仰上帝。根据邦德松（2003），33%的芬兰人不信"人格性上帝"。根据古斯塔夫松与彼得松（2000），60%的芬兰人不信"人格性上帝"。根据弗勒泽（2001），41%的芬兰人是无神论者或不可知论者。

根据诺里斯与英格尔哈特（2004），在荷兰有42%的人不信仰上帝。根据格里利（2003），尽管只有17%的荷兰人自我认定为"无神论者"，但有43%的人不信上帝。豪特曼（Houtman）与马希尼（Mascini）（2002）发现有39%的荷兰人是无神论者或不可知论者。根据弗勒泽（2001），44%的荷兰人是无神论者或不可知论者。

诺里斯与英格尔哈特（2004）发现，有31%的西德人不信仰上帝。根据格里利（2003），35%的西德人不信上帝。根据弗勒泽（2001），35%的西德人是无神论者或不可知论者。根据格里利（2003），75%的东德人不信仰上帝。根据波拉克（Pollak）（2002），74%的东德人与38%的西德人不信上帝。根据尚德（Shand）（1998），42%的西德人与72%的东德人是无神论者或不可知论者。

在瑞士有17%至27%的人不信仰上帝（格里利，2003；英格尔哈特等，2004）。在奥地利有18%至26%的人不信上帝（弗勒泽，2001；格里利，2003；诺里斯与英格尔哈特，2004）。

英格尔哈特等（2004）发现在西班牙有15%的人不信仰上帝，而根据格里利（2003）则有18%的西班牙人不信上帝。根据弗勒泽（2001），24%的西班牙人是无神论者或不可知论者。

英格尔哈特等（2004）发现有6%的意大利人不信仰上帝。根据格里利（2003），14%的意大利人不信上帝。根据弗勒泽（2001），15%的意大利人是无神论者或不可知论者。根据戴维斯（Davis）与罗宾逊（Robinson）（1999），23%的意大利人（有些甚至很坚定地）认为不存在一个直接关心他自己及每一个人的上帝。

根据诺里斯与英格尔哈特（2004）及弗勒泽（2001），有42%至43%的比利时人不信仰上帝。根据英格尔哈特等（2004），8%的阿尔及利亚人不信仰上帝，而34%的保加利亚人不信上帝。根据格里利（2003），40%的保加利亚人不信上帝。

根据英格尔哈特等（2004），61%的捷克人不信仰上帝。根据格里利（2003），54%的捷克人不信上帝。根据1999年盖洛普国际民意测验，超过55%的捷克人选择"无"作为他们的宗教信仰。在斯洛伐克有10%至28%的人不信上帝（盖尔，1998；格里利，2003；英格尔哈特等，2004）。

根据英格尔哈特等（2004），7%的克罗地亚人不信仰上帝。根据1999年盖洛普国际民意测验，有5.5%的克罗地亚人与6.4%的波斯尼亚人选择"无"作为他们的宗教信仰。根据英格尔哈特等（2004），4%的罗马尼亚人不信上帝。

在爱尔兰有4%至5%的人不信仰上帝（戴维，1999；格里利，2003；英格尔哈特等，2004）。在葡萄牙有4%至9%的人不信上帝（格里利，2003；英格尔哈特等，2004）。

根据英格尔哈特等（2004）与格里利（2003），在斯洛文尼亚有35%至38%的人不信仰上帝。英格尔哈特等（2004）发现，32%的匈牙利人不信仰上帝。根据格里利（2003），35%的匈牙利人不信上帝。根据弗勒泽（2001），46%的匈牙利人是无神论者或不可知论者。

根据英格尔哈特等（2004）与格里利（2003），在波兰有3%至6%的人不信仰上帝。根据英格尔哈特等（2004），在冰岛有16%的人不信上帝。根据弗勒泽（2001），在冰岛有23%的人是无神论者或不可知论者。

根据诺里斯与英格尔哈特（2004），在希腊有16%的人不信仰上帝。根据格里利（2003），在塞浦路斯有4%的人不信上帝。根据英格尔哈特等（2004）与1999年盖洛普民意测验，在土耳其有少于1%至2%的人是无宗教信仰者。

四 俄罗斯与苏联国家

2004年由BBC委托的调查显示，有24%的俄罗斯人不信仰上帝。根据英格尔哈特等（2004），尽管只有5%的俄罗斯人自我认定为无神论者（弗勒泽，2004），但有30%的人不信仰上帝。根据格里利（2003），48%的俄罗斯人不信上帝。

根据英格尔哈特等，在白俄罗斯有17%的人不信仰上帝。弗勒泽（2004）报告说有5%的乌克兰人自我描述为无神论者。根据英格尔哈特等（2004），20%的乌克兰人不信仰上帝。根据叶连斯基（Yelensky）（2002），44%的乌克兰人在宗教认同方面声称"无"。

弗勒泽（2004）发现拉脱维亚有6%的人自我描述为无神论者，但根据英格尔哈特等（2004），20%的拉脱维亚人不信仰上帝，远少于1990年——当时有42%的人不信上帝。根据格里利（2003），在拉脱维亚有29%的人不信仰上帝。

根据英格尔哈特等（2004），13%的立陶宛人与49%的爱沙尼亚人不信仰上帝，其中仅有1%与11%的人分别将他们自己描述为无神论者（弗勒泽，2004）。

根据英格尔哈特等（2004），在亚美尼亚有14%的人不信仰上帝，其中仅有7%的人自我描述为无神论者（弗勒泽，2004）。根据1999年盖洛普国际民意测验，超过11%的亚美尼亚人选择"无"作为他们的宗教倾向。

根据弗勒泽（2004），在阿塞拜疆与格鲁吉亚有不到1%与4%的人是无神论者。根据弗勒泽（2004），在哈萨克斯坦有12%的人是无神论者。根据巴雷特等（2001），在哈萨克斯坦有29%的人无宗教信仰，同时有11%声称是无神论者。根据1999年盖洛普国际民意测验，几乎有19%的哈萨克人选择"无"作为他们的宗教信仰。

根据弗勒泽（2004），7%的吉尔吉斯斯坦人、6%的摩尔多瓦人、4%的乌兹别克斯坦人、2%的塔吉克斯坦人及2%的土库曼斯坦人是无神论者。根据巴雷特等（2001），3.5%的乌兹别克人是无神论者。根据约翰斯顿（Johnston）（1993），28%的吉尔吉斯斯坦人、27%的摩尔多瓦人、26%的乌兹别克人、18%的土库曼斯坦人及13%的塔吉克斯坦人无宗教信仰。

五　亚　洲

中国宗教信仰调查数据是极不可靠的（德梅拉斯，2001：154；格斯特，2003）。关于无神论高程度的估计极有可能是夸张（奥弗迈耶，2003），直到最近稳妥的研究才开始出现（杨，2004）。根据巴雷特等（2001），据说有8%的中国人是无神论者。根据奥布莱恩（O'Brien）与帕默（Palmer）（1993），在中国有10%至14%的人是"自认的无神论者"。

根据诺里斯与英格尔哈特（2004），在印度有6%的人不信仰上帝。根据2004年由BBC委托的调查，少于3%的印度人不信上帝。

根据诺里斯与英格尔哈特（2004），在日本有65%的人不信仰上帝。根据德梅拉斯（2001：138），65%的人不信仰上帝，55%的人不信仰佛陀。根据1999年盖洛普国际民意测验，近29%的日本人选择"无"作为他们的宗教信仰。根据约翰斯顿（1993：323），84%的日本人声称没有个人的宗教信仰，但大多数人遵循"日本传统宗教的习俗"。

根据英格尔哈特等（2004），81%的越南人与24%的中国台湾人不信仰上帝。

巴雷特等（2001）报告称有15%的北朝鲜人是无神论者。根据约翰斯顿（1993），68%的北朝鲜人无宗教信仰，但出于与前面有关中国所谈到的类似原因，如此高估是值得怀疑的。

2004年由BBC委托的调查显示，30%的韩国人不信仰上帝。根据恩吉（Eungi）（2003），52%的韩国人不信上帝。

根据巴雷特（2001），在蒙古有9%的人是无神论者。根据约翰斯顿（1993），20%的蒙古人、7%的柬埔寨人、5%的老挝人无宗教信仰。

英格尔哈特等（2004）发现，在新加坡有13%的人不信仰上帝。根据1999年盖洛普国际民意测验，在新加坡有超过12%的人选择"无"作为自己的宗教信仰。

根据莫德尔（Moaddel）与安泽德莫克（Azadarmaki）（2003），少于5%的伊朗人不信仰上帝。根据2004年由BBC委托的调查，在印尼有少于

2%的人不信上帝。

根据英格尔哈特等（2004）、巴雷特等（2001）、1999年盖洛普国际民意测验，及约翰斯顿（1993），在印尼、孟加拉、文莱、泰国、斯里兰卡、伊朗、马来西亚、尼泊尔、老挝、阿富汗、巴基斯坦及菲律宾，有不到1%的人是不信上帝者。

六　非　洲

根据2004年BBC委托的调查、希奥特（2003）、英格尔哈特等（1998，2004）、巴雷特等（2001），1999年盖洛普国际民意测验及约翰斯顿（1993），在阿尔及利亚、贝宁、博茨瓦纳、布基纳法索、布隆迪、喀麦隆、乍得、科特迪瓦、埃塞俄比亚、冈比亚、加纳、几内亚、肯尼亚、利比里亚、利比亚、马达加斯加、马拉维、马里、毛利塔尼亚、摩洛哥、尼日尔、尼日利亚、卢旺达、塞内加尔、塞拉利昂、索马里、苏丹、坦桑尼亚、多哥、突尼斯、乌干达、津巴布韦及赞比亚有不到1%的人是无神论者、不可知论者或无宗教信仰者。

根据约翰斯顿（1993），2.7%的刚果人、4%的津巴布韦人、4%的纳米比亚人、1.5%的安哥拉人与中非人及5%莫桑比克人是无宗教信仰者。

根据1999年的盖洛普民意测验，近11%的南非人选择"无"作为他们自己的宗教信仰。根据英格尔哈特等（2004），1%的南非人不信仰上帝。

七　中　东

根据2004年BBC委托的调查，15%的以色列人不信上帝。根据约特曼—雅尔（Yuchtman-Ya'ar）（2003），有54%的以色列人将他们自己定位为"世俗的"。根据达舍夫斯基等（2003），41%以色列人认为自己是"无宗教信仰的"。根据凯迪姆（Kedem）（1995），31%的以色列人不信仰上帝，另外有6%的人选择"不知道"，总共有37%的人是无神论者或不可知论者。

2004年BBC委托的调查发现，在黎巴嫩有少于3%的人不信上帝。根据莫德尔与安泽德莫克（2003），在约旦与埃及有不到5%的人不信仰上帝。根据英格尔哈特等（2004），在约旦与埃及有少于1%的人不信上帝。

根据巴雷特等（2001），不到1%的叙利亚人、阿曼人、科威特人、沙特阿拉伯人、阿联酋人及也门人是世俗性的。根据约翰斯顿（1993），少于2%的阿曼人、沙特阿拉伯人、叙利亚人、也门人与科威特人是无宗教信仰者。根据约翰斯顿（1993），不到1%的伊拉克人是无宗教信仰者。

八　西印度群岛

根据希奥特（2003），40%的古巴人声称"没有"宗教信仰。根据巴雷特等（2001），30%的古巴人是无宗教信仰者，同时有7%的自称是无神论者。根据约翰斯顿（1993），有9%的特立尼达和多巴哥人、3%的牙买加人是无宗教信仰者。根据希奥特（2003）与约翰斯顿（1993），在海地有不到1%的人是无宗教信仰者。

根据英格尔哈特等（2004），在多米尼加共和国有7%的人不信上帝，而1999年盖洛普国际民意测验则发现在多米尼加共和国有几乎10%的人选择"无"作为他们的宗教信仰。

九　前50名

下表列出了自认为是无神论者、不可知论者或不信仰"人格神"者人数最多的前50个国家和地区。

国家	全部人口（2004）	无神论者/不可知论者/不信"人格"神者之百分比
1. 瑞典	8986000	46—85
2. 越南	82690000	81
3. 丹麦	5413000	43—80
4. 挪威	4575000	31—72
5. 日本	127333000	64—65
6. 捷克	10246100	54—61
7. 芬兰	5215000	28—60
8. 法国	60424000	43—54
9. 南韩	48598000	30—52

续表

国家	全部人口（2004）	无神论者/不可知论者/不信"人格"神者之百分比
10. 爱沙尼亚	1342000	49
11. 德国	82425000	41—49
12. 俄罗斯	143782000	24—48
13. 匈牙利	10032000	32—46
14. 荷兰	16318000	39—44
15. 英国	60271000	31—44
16. 比利时	10348000	42—43
17. 保加利亚	7518000	34—40
18. 斯洛文尼亚	2011000	35—38
19. 以色列	6199000	15—37
20. 加拿大	32508000	19—30
21. 拉脱维亚	2306000	20—29
22. 斯洛伐克	5424000	10—28
23. 瑞士	7451000	17—27
24. 奥地利	8175000	18—26
25. 澳大利亚	19913000	24—25
26. 中国台湾地区	22750000	24
27. 西班牙	40281000	15—24
28. 冰岛	294000	16—23
29. 新西兰	3994000	20—22
30. 乌克兰	47732000	20
31. 白俄罗斯	10311000	17
32. 希腊	10648000	16
33. 北韩	22698000	15a
34. 意大利	58057000	6—15
35. 亚美尼亚	2991000	14
36. 中国大陆地区	1298848000	8—14a
37. 立陶宛	3608000	13
38. 新加坡	4354000	13
39. 乌拉圭	3399000	12

续表

国家	全部人口（2004）	无神论者/不可知论者/不信"人格"神者之百分比
40. 哈萨克斯坦	1514400	11—12
41. 爱沙尼亚	1342000	11
42. 蒙古	2751000	9
43. 葡萄牙	10524000	4—9
44. 美国	293028000	3—9
45. 阿尔巴尼亚	3545000	8
46. 阿根廷	39145000	4—8
47. 吉尔吉斯斯坦	5081000	7
48. 多米尼加共和国	8834000	7
49. 古巴	11309000	7a
50. 克罗地亚	4497000	7

注：自认为是无神论者、不可知论者或不信上帝者人数最多的前五十名国家。

a 表示这些数字的确定性/可靠性是相对较低的。

我们也可以列入墨西哥（2%—7%的人不信仰上帝）、波兰（3%—6%）、摩尔多瓦（6%）、罗马尼亚、格鲁吉亚及乌兹别克斯坦（4%）、印度（2%—6%）、爱尔兰（4%—5%）、智利（3%）。从上面列出的50个国家和地区综合起来看，全世界的无神论者、不可知论者与不信上帝者的数量大约在5.05亿至7.49亿之间。这个数字是保守的，但如果将埃及、巴西、印尼、尼日尔、缅甸、坦桑尼亚及伊朗等高人口密度国家0.25%的不信上帝人口比例考虑在内的话，估计应该会巨大得多。

根据以上的估计，我们能推论无神论者的数量大约是摩门教徒的58倍，犹太教徒的41倍，印度锡克教徒的35倍，佛教徒的两倍。最后，从全球范围的一般信仰体系来说，不信仰上帝者作为一个团体已经继基督教（20亿）、伊斯兰教（12亿）、印度教（9亿）之后达到排名第四的位置。

对无信仰者高比例现象的解释

如何解释在不同国家无信仰者比例高低不同的情况呢？例如，为什么在非洲、南美与东南亚的大多数国家几乎没有无神论者，而很多欧洲国家却存在大量的无信仰者呢？对此有各种不同的解释（布鲁斯，1999；斯塔克与芬克，2000；保罗，2002；朱克曼，2004）。一种主流的理论来自诺里斯与英格尔哈特，他们认为，在以丰富的食物分配、优秀的公共卫生保障与广泛易得的住房供给为特征的社会，笃信宗教的情况会衰落。相反，在那些食物与住房非常缺乏、生活普遍缺少可靠性的社会里，宗教信仰则是强烈的。通过考察关于宗教的全球现时统计数字（这些数字涉及收入分配、经济不平等、福利消费以及诸如应对饥荒与天灾之类人寿安全保障的基本量度），英格尔哈特与诺里斯（2004）令人信服地证明，尽管对解释世界范围内信教比例不同而言有许多可能的有关因素，"社会与个人的安全保障水平对任何社会都提供了最有说服力与最简约的说明"（p. 109）①。当然，总是存在异常的现象，例如越南（81% 的人不信上帝）与爱尔兰（4%—5% 的人不信上帝）。但除了这两个例外，在高水平的个人与社会安全保障/福利与高比例的不信上帝现象之间仍有着牢固的关联。

十　无神论与社会健康

当承认具有高比例无信仰者的地区属于地球上最健康、最富裕的国家（保罗，2004）这一情况时，我们必须区分无信仰被专制者强加于社会的国家（"强迫的无神论"）与无神论没有政府强迫而自然产生的国家（"有机的无神论"）。以强制的无神论为标志的国家，例如北韩与苏联，具有极权主义的全部特征：糟糕的经济发展，审查制度，贪污腐败，大萧条等。然而，以有机无神论程度高为标志的国家，如瑞典与荷兰，则属于地球上最健康、富裕、具有最好的教育水平与最自由的社会。

我们可以参考联合国开发计划署授权发布的《人类发展报告（2004）》。这份报告列举了 177 个国家的"人类发展指标"，这个指标通过衡量诸如出生时的平均寿命、成年人的识字率、个人平均所得、教育程度等指数而评估社会健康度。根据 2004 年的报告，就全部人类发展指标

---

① 诺里斯与英格尔哈特（2004）在第 108 页说明了美国宗教信仰程度高的原因："美国……是最不均衡的后工业化社会之一……美国社会的一些领域须中存在相对较高的经济不安全因素……很多美国家庭……面临失业的风险、突发疾病而缺乏充足个人医疗保险的危险及易于成为犯罪牺牲品的厄运……"

而言位列前 5 名的国家分别是挪威、瑞典、澳大利亚、加拿大与荷兰。这
5 个国家都以显著高程度的有机无神论为标志。就"人类发展指标"所列
出的前 25 名国家中，除了爱尔兰外都是具有很高有机无神论比例、排名
在前的无信仰国家。与此相反，那些就"人类发展指标"而言排名居末的
国家——后 50 名——则都是无神论统计上缺乏明显比例的国家。

就婴儿的死亡率而言（每 1000 名安全出生婴儿的死亡数字），无宗教
信仰的国家比率最低，而笃信宗教的国家则最高。根据美国中情局《世界
经济情况书（2004）》，婴儿死亡率最低的前 25 名国家都是有机无神论占
很高比率的国家。与之相反，婴儿死亡率最高的后 25 名国家则是有机无
神论统计上缺乏显著比率的国家。

就国际贫困率而言，美国的《世界社会形势报告（2003）》发现，地
球上最穷的 40 名国家中，除了越南都是宗教信仰程度高而无神论则处于
统计上极少或极不明显水平的国家。就文盲率而言，这一报告发现，年轻
人文盲率最高的 35 个国家都是高宗教信仰而有机无神论在统计上处于极
不明显水平的国家。

就杀人犯罪率而言，福克斯（Fox）、莱温（Levin）与凡兹勃尔
（Fainzylber）等（2002）发现，杀人犯罪率最高的国家都是高宗教信仰而
有机无神论处于极低或统计上极不明显水平的国家，而那些杀人犯罪率最
低的国家则一般是世俗性及无神论程度较高的国家。

就自杀率而言，笃信宗教的国家好于世俗性国家。根据 2003 世界卫
生组织关于男性自杀率的报告，在男性自杀率最高的前 10 名国家中，除
了斯里兰卡外都是无神论程度较高的、坚定的非宗教国家，剩下的 9 个世
界上男性自杀率最高的国家则都是苏联/共产主义国家，诸如白俄罗斯、
乌克兰及拉脱维亚等。男性自杀率最低的后 10 名国家都是有机无神论在
统计上程度极不明显的、高宗教性国家。

就性别平等而言，以有机无神论程度较高为特征的国家存在于世界上
平等主义最盛行的地区，而高宗教性国家则属于最不平等的地区。根据
2004 年《人类发展报告》的"性别赋权评估"，性别平等程度最高的前 10
名国家都是无信仰百分比很高的、坚定的有机无神论国家。与之相反，后
10 名国家则都是无神论者在统计上缺乏任何明显比例的高宗教性国家。根
据英格尔哈特（2003），国会中女性议员最多的国家一般是以高度的有机
无神论为特征的国家（例如瑞典与丹麦），而国会中女性成员最少的国家

则往往是高宗教性国家（例如巴基斯坦与尼日利亚）。

总之，除了自杀率这一例外，有机无神论比例高的国家属于世界上社会最为健康的地区，而有机无神论比率不存在的国家则属于最不健康的。自然，以上的联系并不说明高度的有机无神论能导致社会健康，或有机无神论程度低会导致社会病态。毋宁说，根据上面提到的诺里斯与英格尔哈特（2004）的论证，社会健康似乎能引发普遍的无神论，而社会不安全则似乎会导致对上帝的普遍信仰。

十一　未来趋势

无神论在世界范围内是在增长还是衰退？这是一个难以简单回答的问题。一方面，今天世界上有比过去更多的无神论者。另一方面，由于高宗教性国家在世界上具有最高的出生率，而非宗教性高的国家则在世界上出生率最低，这一人口统计学的因素导致世界范围内无神论总体上可能处于衰退中。正如诺里斯与英格尔哈特所说："现在世界整体上比过去有更多人持传统宗教观点，他们构成了世界人口中持续增长的部分。"

因此，对未来无神论是增长还是衰退作明确的预言很困难，前景是很复杂的。清楚的是，当某些社会中大多数人口继续保持对上帝坚定信仰（特别是在人口最多的国家）的同时，不信上帝的趋势也是显著增长的（布鲁斯，2002）。根据盖洛普与林赛（1999：121），不信上帝或"更高力量"的加拿大人从 1985 年的 23% 增长至 30%。根据拜尔（Beyer）（1997），在提供了充足宗教身份选项的情况下，选择"无"的加拿大人从 1981 年的 7% 增长到 1991 年的 12.5%——10 年间有 90% 的增幅。根据盖洛普与林赛（1999：121），不信上帝或"更高力量"的英国人从 1979 年的 24% 增长到 39%。根据布鲁斯（2002）与吉尔（Gill）等（1998），20 世纪 60 年代的测量数据发现 79% 的英国人持有上帝信仰，但在 20 世纪 90 年代的数字中这个数字降到 68%；在 20 世纪 60 年代 10% 的人回答"不信上帝"，这个百分比在 20 世纪 90 年代几乎猛增三倍——达 27%。根据布鲁斯（2001），20 世纪 50 年代的数据显示仅有 2% 的英国人回答他们不信上帝，这个百分比在 20 世纪 90 年代几乎一下子增至 27%。根据帕姆（Palm）与罗斯特（Trost）（2000），在 1947 年当瑞典人被问及"你是否相信上帝"时，83% 的人说是，9% 的人说他们不知道，而 8% 的说不。但在 20 世纪 90 年代早期，回答同样问题时仅有 38% 的人说是，16% 的人不知道，而 46% 的说不。根据美国城市大学 2001 年美国人宗教认同调查，就自我认同而言，美国人声称"无宗教信仰"的人从 1990 年的 8% 增长至 14%。最后，根据诺里斯与英格尔哈特（2004：90），过去 50 年中相信上帝的人口百分比，在瑞典减少了 33%，在荷兰减少了 22%，在澳大利亚减少了 20%，在挪威减少了 19%，在丹麦减少了 18%，在英国减少了 16.5%，在希腊减少了 12%，在比利时减少了 11%，在加拿大减少了 7%，在日本减少了 3%。

总之，20 世纪的进程中，在加拿大、澳大利亚及一些欧洲国家（戴维，2000），包括德国（格里利，2003；尚德，1998）、英国（布鲁斯，2001，2002）、荷兰（格罗滕胡斯与舍佩斯，2001）及斯堪的纳维亚（布鲁斯，1999），上帝信仰的丧失已经发生了。然而，世俗化完全限制在出生率相对较低的、特定的发达工业化国家，而并未遍及于世界其他的很多地区。

十二　无神论与宗教信仰的"天赋性"

近年来，一种解释宗教信仰的新尝试出现了。它的主要信条是，对上帝的信仰是生物学上决定的，具有神经学基础，或遗传学上先天固有的，产生于人脑的自然过程。

贾斯汀·巴雷特认为，对上帝的信仰是由"我们心灵赖以构成的方式"（p. 8）所产生的，因此是"一种我们生而具有的心灵类型所导致的不可避免的结果"（p. 91）。大卫·威尔逊（David Wilson）（2002）主张，宗教是人类自然进化的适应策略之一，宗教信仰体现了"生物学上与人文学上适应良好的人类心灵之健康功能"（p. 228）。迈克尔·珀辛格（Michael Persinger）强调海马体、（脑内）扁桃体、颞叶与荷尔蒙机体在解释上帝信仰中的作用，而阿什布鲁克（Ashbrook）与奥尔布赖特（Albright）则重视上帝信仰中大脑神经机制的作用。纽伯格（Newberg）与迪阿奎利（D'Aquili）主张，笃信宗教是一种进化的"神经学过程"（p. 9），上帝信仰的根源应该从"人脑线路"（p. 129）中寻找，"只要我们的大脑按照其所具有的方式构成，对上帝的信仰就将始终存在"（p. 172）。

这一章所提供的数据给予了这种对有神论的解释以沉重一击。首先，显著的数字：今天有 5 亿至 7.5 亿的非有神论者生活在这个行星上，那种主张对上帝的信仰是自然的、天生的或由我们大脑内部构造所致的观点难以成立。其次，关于上帝信仰的固有/神经理论不能解释同类国家中差别极大的信仰比率，诸如英国（31%—44%的无神论者）与爱尔兰（4%—5%的无神论者）的对比，捷克共和国（54%—61%的无神论者）与波兰（3%—6%的无神论者）的对比，韩国（30%—52%的无神论者）与菲律宾（不到1%的无神论者）的对比。将这些国家无神论比率的显著差别归结于生物学上、神经学上或其他之类诸如大脑构造性质的不同，这显然是无法成立的。况且，这些差别通过诉诸历史的、文化的、经济的、政治的与社会学的因素（韦瑞吉等，1997；布鲁斯，1999；格罗滕胡斯与舍佩斯，2001；朱克曼，2003；诺里斯与英格尔哈特，2004）可以得到更好的解释。

十三 结 论

目前有5亿至7.5亿的人不相信上帝。这样的数字使得主张有神论固有或具有神经学基础的观点明显站不住脚。有机无神论程度最高的国家包括欧洲的大部分、日本、加拿大、澳大利亚、新西兰、台湾与以色列，而在非洲、南美、中东与亚洲的大部分地区，无神论实质上是不存在的。大多数以个人及社会安全保障程度最高为特征的国家有着最高的有机无神论比率，与此相反，以低个人与社会安保程度为特征的国家则有机无神论比率最低，而信仰程度最高。有机无神论的高程度与社会健康的高水平——诸如低贫困率与高度性别平等——有着密切的关联。在一些社会中无神论是增长的，然而在世界的其他多数地区，特别是在出生率最高的最贫穷国家，无神论则微乎其微。

参考文献

1. Ashbrook, James, and Carol Rausch Albright. 1997. *The Humanizing Brains: Where Religion and Neuroscience Meet.* Cleveland, Ohio: Pilgrim Press.

2. Ashford, Sheena, and Noel Timms. 1992. *What Europe Thinks.* Brookfield, Vt.: Dartmouth Publishing.

3. Barret, Justin. 2004. *Why Would Anyone Believe in God?* Walnut Creek, Calif.: AltaMira Press.

4. Barrett, David, George Kurian, and Todd Johnson. 2001. *World Christian Encyclopedia*. New York: Oxford University Press.

5. Berger, Peter. 2001. "Reflections on the Sociology of Religion Today." *Sociology of Religion* 62, no. 4: 443 – 54.

6. Beyer, Peter. 1997. "Religious Vitality in Canada: The Complemetary of Religious Market and Secularization Perspectives." *Journal for the Scientific Study of Society* 36, no. 2: 272 – 88.

7. Beyer, Peter. 2003. "Social Forms of Religion and Religions in Contemporary Global Society." In Michele Dillon (ed.), *Handbook of the Sociology of Religion*. New York: Cambridge University Press, pp. 45 – 60.

8. Bibby, Reginald. 2000. "Canada's Mythical Religious Mosaic: Some Census Findings." *Journal for the Scientific Study of Religion* 39, no. 2: 235 – 39.

9. Bibby, Reginald. 2002. Restless Gods: *The Renaissance of Religion in Canada*. Toronto, Canada: Stoddart Publishing.

10. Bondeson, Ulla. 2003. *Nordic Moral Climates*. New Brunswick, N. J.: Transaction.

11. Bruce, Steve. 1999. *Choice and Religion*. New York: Oxford University Press.

12. Bruce, Steve. 2001. "Christianity in Britain, R. I. P." *Sociology of Religion* 62, no. 2: 191 – 203.

13. Bruce, Steve. 2002. *God Is Dead: Secularization in the West*. Malden, Mass. : Blackwell.

14. Dashefsky, Arnold, Bernard Lazerwitz, and Ephraim Tabory. 2003. "A Journey of the 'Straight Way' or the 'Roundabout Path': Jewish Identity in the United States and Israel." In Michele Dillon (ed.), *Handbook of the Sociology of Religion*. New York: Cambridge University Press, pp. 240 – 60.

15. Davie, Grace. 1999. "Europe: The Exception That Proves the Rule?" In Peter Berger (ed.), *The Desecularization of the World*. Grand Rapids, Mich. : William B. Eerdmans, pp. 65 – 83.

16. Davie, Grace. 2000. *Religion in Modern Europe*. New York: Oxford University Press.

17. Davis, Nancy, and Robert Robinson. 1999. "Religious Cosmologies, Individualism, and Politics in Italy." *Journal for the Scientific Study of Religion* 38, no. 3: 339 – 53.

18. Demerath, N. J. 2001. *Crossing the Gods*. New Brunswick, N. J. : Rutgers University Press.

19. Eungi, Kim. 2003. "Religion in Contemporary Korea: Change and Continuity." *Korea Focus* (July-August): 133 – 46.

20. Fajnzylber, Oablo, Daniel Lederman, and Norman Loatza. 2002. "Inequality and

Violent Crime. " *Journal of Law and Economics* (April): 1 – 25.

21. Fox, James, and Jack Levin. 2000. *The Will to Kill.* Boston: Allyn and Bacon.

22. Froese, Paul. 2001. "Hungary for Religion: A Supply-Side Interpretation of the Hungarian Religious Revival. " *Journal for the Scientific Study of Religion* 40, no. 2: 251 – 68.

23. Froese, Paul. 2004. "After Atheism: An Analysis of Religious Monopolies in the Post-Communist World. " *Sociology of Religion* 65, no. 1: 57 – 75.

24. Gall, Timothy. 1998. *Worldmark Encyclopedia of Culture and Daily Life*, vol. 4 (Europe) . Cleveland, Ohio: Eastword.

25. Gallup, George, and Michael Lindsay. 1999. *Surveying the Religious Landscape.* Harrisburg, Pa. : Morehouse.

26. Gill, Robin, Kirk Hadaywa, and Penny Marler. 1998. "Is Religious Belief Declining inBritain?" *Journal for the Scientific Study of Religion* 37, no. 3: 507 – 16.

27. Greeley, Andrew. 2003. *Religion in Europe at the End of the Second Millennium.* New Brunswick, N. J. : Transaction.

28. Grotenhuis, Manfred, and Peer Scheepers. 2001. "Churches in Dutch: Causes of Religious Disaffiliation in the Netherlands, 1937 – 1995. " *Journal for the Scientific Study of Religion* 40, no. 4: 591 – 606.

29. Guest, Kenneth. 2003. *God in Chinatown.* New York: New York University Press.

30. Gustafsson, Goran, and Thorleif Pettersson. 2000. *Folkkyrk och religios pluraism-den nordiska religiosa modellen.* Stockholm, Sweden: Verbum Forlag.

31. Guth, James, and Cleveland Fraser. 2001. "Religion and Partisanship in Canada. " *Journal for the Scientific Study of Religion* 40, no. 1: 51 – 64.

32. Hagevi, Magnus. 2002. "Religiosity and Swedish Opinion on the European Union. " *Journal for the Scientific Study of Religion* 41, no. 4: 759 – 69.

33. Heritage, Andrew. 2003. *World Reference Atlas.* New York: Dorling Kindersley.

34. Hiorth, Finngeir. 2003. *Atheism in the World.* Oslo, Norway: Human-Etosk Forbund.

35. Hout, Michael, and Claude Fischer. 2002. "Why More Americans Have No Religious Preference: Politics and Generations. " *American Sociological Review* 67, no. 2: 165 – 90.

36. Houtman, Dick, and Peter Mascini. 2002. "Why Do Churches Become Empty, While New Age Grows? Secularization and Religious Change in the Netherlands. " *Journal for the Scientific Study of Religion* 41, no. 3: 455 – 73.

37. *Human Development Report.* 2004. United Nations Development Programme. New-York: Oxford University Press.

38. Ingelhart, Ronald, ed. 2003. *Human Values and Social Change.* Boston: Brill.

39. Inglehart, Ronald, Miguel Basanez, and Alejandro Moreno. 1998. *Human Values and*

Beliefs: *A Cross Cultural Sourcebook.* Ann Arbor: University of Michigan Press.

40. Inglehart, Ronald, Miguel Basanez, Jaime Diez-Medrano, Loek Halman, and Ruud Luijkx. 2004. *Human Beliefs and Values*: *A Cross-Cultural Sourcebook Based on the* 1999 – 2002 *Value Surveys.* Buenos Aires, Argentina: Siglo Veintiuno Editores.

41. Johnstone, Patrick. 1993. *Operation World.* Grand Rapids, Mich. : Zondervan Publishing.

42. Kedem, Peri. 1995. "Dimensions of Jewish Religiosity. " In Shlomo Deshen, Charles Liebman, and Mishe Shokeid (eds.), *Israeli Judaism.* London: Transaction, pp. 33 – 62.

43. Marwell, Gerald, and N. J. Demerath. 2003. " 'Secularization' by Any Other Name. " *American Sociological Review* 68, no. 2: 314 – 18.

44. Moaddel, Mansoor, and Taqhi Azadarmaki. 2003. "The Worldview of Islamic Publics: The Cases of Egypt, Iran, and Jordan. " In Ronald Inglehart (ed.), *Human Values and Social Change.* Boston: Brill, pp. 69 – 89.

45. Newberg, Andrew, and Eugene D' Aquili. 2001. *Why God Won' t Go Away*: *Brain Science and the Biology of Belief.* New York: Ballantine Books.

46. Norris, Pippa, and Ronald Inglehart. 2004. *Sacred and Secular*: *Religion and Politics Worldwide.* New York: Cambridge University Press.

47. O' Brien, Joanne, and Martin Palmer. 1993. *The State of Religion Atlas.* New York: Simon and Schuster.

48. Overmyer, D. L. , ed. 2003. *Religion in China Today.* Cambridge, U. K. : Cambridge University Press.

49. Palm, Irving, and Jan Trost. 2000. "Family and Religion in Sweden. " In Sharon Houseknecht and Jerry Pankhurst (eds.), *Family, Religion, and Social Change in Diverse Societies.* New York: Oxford University Press, pp. 107 – 20.

50. Paul, Gregory. 2002. "The Secular Revolution of the West. " *Free Inquiry* (Summer): 28 – 34.

51. Paul, Gregory. 2004. "Testing the Creationist, Secular, and Neutral Hypotheses against Quantifiable Societal Health in the Developed Democracies. " Unpublished manuscript.

52. Persinger, Michael. 1987. *Neuropsychological Bases of God Beliefs.* New York: Praeger.

53. Pollack, Detlef. 2002. "The Change in Religion and Church in Eastern Germany after 1989: A Research Note. " *Sociology of Religion* 63, no. 3: 373 – 87.

54. Putnam, Robert. 2000. *Bowling Alone.* New York: Touchstone.

55. Rice, Tom. 2003. "Believe It or Not: Religious and Other Paranormal Beliefs in the United States. " *Journal for the Scientific Study of Religion* 42, no. 1: 95 – 106.

56. Shand, Jack. 1998. "The Decline of Traditional Christian Beliefs in Germany. " *Sociology of Religion* 59, no. 2: 179 – 84.

57. Sherkat, Darren, and Chistopher Ellison. 1999. " Recent Developments and Current Controversies in the Sociology of Religion. " *Annual Review of Sociology* 25: 363 – 94.

58. Shoemaker, Wesley. 1997. *Russia, Eurasian States, and Eastern Europe*. Harpers Ferry, W. V. : Stryker-Post.

59. Stark, Rodney, and Roger Finke. 2000. *Acts of Faith*. Berkeley: University of California Press.

60. United Nations. 2003. *Report on the World Social Situation*. New York: United Nations.

61. Verweij, Johan, Peter Ester, and Rein Natua. 1997. "Secularization as an Economic and Cultural Phenomenon: A Cross-National Analysis. " *Journal for the Scientific Study of Religion* 36, no. 2: 309 – 24.

62. Wilson, David Sloan. 2002. *Darwin' s Cathedral: Evolution, Religion, and the Nature of Society*. Chicago: University of Chicago Press. Cambridge Collections Online © Cambridge University Press, 2007

63. Yang, Fenggang. 2004. "Between Secularist Ideology and Desecularizing Reality: The Birth and Growth of Religious Research in Communist China. " *Sociology of Religion* 65, no. 20: 101 – 19.

64. Yelensky, Victor. 2002. "Religion, Church, and State in the Post-Communist Era: The Case of Ukraine. " *Brigham Young University Law Review* 2: 453 – 88.

65. Yuchtman-Ya' ar, Ephraim. 2003. "Value Priorities in Israeli Society: An Examination of Inglehart' s Theory of Modernization and Cultural Variation. " In Ronald Inglehart (ed.), *Human Values and Social Change*. Boston: Brill, pp. 117 – 37.

66. Zuckerman, Phil. 2003. *Invitation to the Sociology of Religion*. New York: Routledge.

67. Zuckerman, Phil. 2004. "Secularization: Europe-Yes, United States- No. " *Skeptical Inquirer* 28, no. 2: 49 – 52.

（原载《科学与无神论》2012 年第 4 期）

刘基的无神论思想

张宏敏

刘基（1311—1375），字伯温，号犁眉，封诚意伯，谥文成，浙江温州文成南田武阳（旧属处州青田县）人，元末明初杰出的政治家、思想家、哲学家、文学家、军事谋略家，以辅佐朱元璋完成帝业、开创大明王朝而驰名天下。主要学术著作有《郁离子》、《覆瓿集》、《犁眉公集》、《写情集》、《春秋明经》等，均收录于《太师诚意伯刘文成公集》。

20世纪60年代初，学术界已有关于刘基无神论思想的粗略探讨，只是片言只语地提及，并未形成研究专论。当时，容肇祖撰写了学术界第一篇系统研究"刘基哲学思想"的专论，认为：刘基在世界观上基本是朴素唯物论者，当然不是彻底的，带有不少神秘主义、唯心主义的渣滓。[1] 容肇祖文发表以后，王范之不同意刘基在世界观上基本是朴素唯物论者的界定，认为容文"对刘基的评价很高，我（按：王范之）的看法，恰好相反"，认为：刘基的"天"是有意志的，能主宰万物的，并且相信鬼神、占验、祸福之定素、人命之吉凶，乃至巫祝之理的存在，这是一种最顽固的神秘主义世界观；刘基反对科学创造，极端迷信天人感应，刘基之"气"并非唯物主义性质，是构成他的神学天道观、神秘的天人感应的基础；刘基认为自然的物质世界的变化正是天的意志作用，正是天所起作用的结果。[2] 对于王范之的"商榷"，容肇祖予以回应，坚持认为刘基在自然观方面认为自然是"气"所为，"气"是物质，是第一性的，这是他的自然观的主要之点；但是他有时不免带有神秘主义、唯心主义的渣滓，从他

---

[1] 容肇祖：《刘基的哲学思想及其社会政治观点》，《哲学研究》1961年第3期，第25—41页。

[2] 王范之：《刘基的唯心主义自然观：与容肇祖先生商榷》，《光明日报·哲学》（第340期）1962年5月4日。

的历史时代和阶级立场的关系来看，这是难免的。① 王范之对于容肇祖的回应不满意，又以"刘基是朴素唯物主义者吗"为题发文"再与容肇祖先生商榷"。王范之仍然认为刘基的世界观是"最顽固的神秘主义世界观"，"将刘基说成是素朴唯物主义者是感到非常困难的"。② 最终二人的学术争论不了了之。本文拟以阐发刘基的无神论思想为主旨，对容肇祖、王范之的"学术争鸣"性质的探讨进行一番理论总结。

一　福祸论

对于元明之际社会上一般流行的"天之降祸福于人"的观点，刘基坚决予以驳斥，认为"天不能降祸福于人"。为了论说此理，刘基采用逻辑推理法则之"矛盾律"予以论证。"好善而恶恶，天之心也。福善而祸恶，天之道也"，这是一般之常理。如若反之，"为善者不必福，为恶者不必祸，天之心违矣"；然而，现实与常理有悖，即"使天而能降祸福于人也，而岂自戾其心以穷其道哉！"③ 这里，刘基通过矛盾律"A 不是非 A"这种逻辑推理，得出"天不能降祸福于人"的结论。

在刘基之前，唐代文学家、思想家柳宗元著《天说》，并在与韩愈所著《天说》争论过程中，就对"天之赏善罚恶"即"天降祸福于人"的观点有过探讨。韩愈的"天说"以为，"天"是一种具有人格意识属性的主宰，对"有功者受赏必大矣"，"祸焉者受罚亦大矣"。④ 柳宗元以为韩愈之说"诚有激而为"，所以从天地、元气、阴阳即万物一体的角度予以辩驳，从而得出"功者自功，祸者自祸"的结论，易言之，"欲望其（天）赏罚者大缪"。⑤ 刘禹锡以为柳宗元《天说》也是"有激而云"，于是"作《天论》以极其辩"，开篇即对"祸必以罪降，福必以善徕"的"阴骘之说"予以排列，通过"天与人交相胜"之论进行反驳。⑥ 总之，

---

① 容肇祖：《论刘基的哲学思想：答王范之先生》，《光明日报·哲学》（第349期）1962年7月6日。

② 王范之：《刘基是素朴唯物主义者吗：再与容肇祖先生商榷》，《江海学刊》1963年第6期。

③ （明）刘基：《刘基集》，林家骊点校，浙江古籍出版社1999年版，第80页。

④ （唐）柳宗元：《柳宗元全集》，曹明纲点校，上海古籍出版社1997年版，第133页。

⑤ 同上书，第134页。

⑥ （唐）刘禹锡：《刘禹锡全集》，瞿蜕园点校，上海古籍出版社1999年版，第40页。

从柳宗元到刘禹锡，再到刘基，均对"天"能"赏善（福）罚恶（祸）"的观点基于"元气"之说而反驳之（详见下文）。

而刘基对于"福祸观"的论说主要借鉴了佛家"因果报应"理论："为恶之人，或当其身而受罚，或卒享而无害"，虽然曹操、司马懿一时得逞，但是最后的结局是"懿继操"、"裕继懿"，也就是"不于其身而于其后昆"。这也就是福祸报应、终究难却的道理所在。不过，刘基并非一个佛教徒，而是一介儒家知识分子；所以反对"祸福责于天"，主张"修身以俟命"的儒学命题："不怨天，不尤人，夭寿不二，修身以俟，惟知天者能之。"① 这又回归到孔、孟元儒的基调之上了。

上文提到刘基同柳宗元、刘禹锡一样，反对"天"具有人格意志，那么，现实社会之中确实存在着善恶、福祸等种种现象是如何造成的呢？刘基以为这是"气"之"所为"。详而言之，"气有阴阳，邪正分焉。阴阳交错，邪正互胜"。"气"虽有阴阳之分，但并无判断善恶是非诸道德价值观念的功能，"其行无方，其至无常，物之遭之，祸福形焉，非气有心于为之也"。② 申而言之，"气"之"心"也没有能力决定动植蜚潜生死，"朝菌得湿而生，日晞阳而死；蘼草得寒而生，见暑而死"，上述种种自然界现象并非"气有心于生死之也，生于其所相得，而死于其所不相得也"。③ 刘基是论颇似于刘禹锡在《天论》中所列举的"自然之说"："霆震于畜木，未尝在罪；春滋于菫茶，未尝择善。"④

在刘基看来，气分阴阳而达成邪正之别，"是故正气福善而祸恶，邪气祸善而福恶，善恶成于人，而祸福从其所遇，气有所偏胜，人不能御也"⑤。所以说，人之善恶、福祸皆由"气"之"偏胜"造成，"气"虽为中性之存在，然而正、邪之气则具有善恶、是非的判断属性，尽管如此，善恶、福祸亦因其"所遇"而从。可见，天、人均无法决定善恶、福祸的能力，阴阳、邪正的属性才是决定之源。至于"天"是否"听于气"的问题，刘基以"天人同质（'气'）"来驳斥"天听于气"、"天果听于气"的流行观点："天之质，茫茫然气也"，"人也者，天之子也，假于气以生

---

① （明）刘基：《刘基集》，林家骊点校，浙江古籍出版社 1999 年版，第 120 页。
② 同上书，第 139 页。
③ 同上。
④ （唐）刘禹锡：《刘禹锡全集》，瞿蜕园点校，上海古籍出版社 1999 年版，第 40 页。
⑤ （明）刘基：《刘基集》，林家骊点校，浙江古籍出版社 1999 年版，第 139 页。

之"。天、人都是由具有物质性的质料"气"所生成。

至于人之善恶出现的原因，刘基以为主要在于善恶相混之后正、邪二气相胜的结果。气有阴阳，"邪正分焉"，即气之阴为邪气，气之阳为正气。人之善恶、福祸主要由气之阳阴即正邪所决定。"气之邪也，而理为其所胜，于是乎有恶人焉。……善不能自行，载于气以行，气生物而淫于物，于是有邪焉。"① 简言之，"邪"、"恶"发生之源就在于气之阴、气之邪胜于气之阳、气之正。然而，"邪"、"恶"并非"天之所欲"、"天之欲生之也"，因为"天之气本正"，是谓"元气"。

二 元气说

"气之正者，谓之元气，元气未尝有息也。"这就是刘基对"元气"内涵的界定。"元气"的本质属性就是"元气不息"、"元气可复"："天之气本止，邪气虽行于一时，必有复焉。……其复也可期，则生于邪者亦不能以自容焉。"② "有元气，乃有天地。天地不坏，元气不坏。"③ 此外，刘基"元气"循环运动不息的理论还见于诗作《题富好礼所蓄村乐图》："循环天运往必复，邪气暂至不远瘳。"④

可见，作为天地万物生成之本源的"元气"，如同《老子》道家之"道"，"返者道之动"，⑤ 始终具有循环往复运动的基本属性；在这一点上，刘基之"元气"还类似于张载的"太虚即气"，"太虚"作为"气之本体"有"聚"与"散"两种基本功能："太虚不能无气，不能不聚而为万物，万物不能不散而为太虚。"⑥ 《老子》之"道"永恒运动，往而复返；张载"太虚"内部所蕴含的阴阳二气聚散不已，终而复归于"太虚"；刘基所论"元气"也是"未尝有息"，"正气"终胜"邪气"而复归于代表"大理"的"元气"。

"元气"既是刘基哲学体系的最高范畴，也是刘基建构自己无神论体

---

① （明）刘基：《刘基集》，林家骊点校，浙江古籍出版社1999年版，第139页。
② 同上书，第139页。
③ 同上书，第141页。
④ 同上书，第414页。
⑤ 陈鼓应：《老子注译及评介》，中华书局2003年版，第223页。
⑥ （宋）张载：《张载集》，章锡琛点校，中华书局1978年版，第7页。

系的核心范畴，但这并非刘基本人的首创。《鹖冠子·泰录》："天地成于元气，万物乘于天地。"《论衡·谈天》："元气未分，浑沌为一"；《论衡·言毒》："万物之生，皆禀元气。"《白虎通义·天地》："天地者，元气之所生，万物之祖也。"这里，"元气"主要用于指称构成天地万物的原始物质资料，抑或阴阳二气混沌未分的物质实体。董仲舒《春秋繁露·王道》："王正则元气和顺。"柳宗元在回应屈原《天问》而有的《天对》篇认为"庞昧革化，惟元气存"，"元气"乃是宇宙万物的起源；同时，在《非国语》篇中基于"阴与阳者，气而游于其间者也"的认识，指出"元气"乃是"自动自休"、"自峙自流"般矛盾运动的结果①。总之，刘基的"元气说"是吸收并整合前代学者已有的学术理论而加以"重构"的思想观念。

除却《天说》篇，刘基在寓言政论集《郁离子》中多次用"元气"指称天地万物的主宰。比如《郁离子·神仙篇》："天以气分而为物，人其一物也。天下之物异形，则所受殊矣。修、短、厚、薄各从其形，生则定矣。"这里，"气"就是大地万物生成的基本物质资料；申而言之，"天人同气"，"元气"又是"天者，众物之共父也"的唯一依据，"夫如是，而后元气得以长为之主；不然，则非天矣"。② 与此同时，"气"之存灭决定着人的生死，刘基用"火着"、"火灭"的比喻来说明人的生死过程："夫人之得气以生其身，犹火之著木，魂其焰，体其炭也。人死其魂复归于气，犹火之灭也，其焰安往哉？故人之受气以为形也，犹酌海于杯也，及其死而复于气也，犹倾其杯水而归诸海也。"③ 人的生死是由"气"所支配，并不存在所谓的灵魂长生不灭的道理。

有时，刘基的"元气"还是"天地之正气"的代表，比如《江行杂诗》中歌颂在"江州之战"中遇难的"忠烈状元"李黼（1298—1352）时说道："江州太守文儒宗，骂贼就义真从容。天翻地覆元气在，斯人万古其犹龙。"④ 这里的"元气"可以用孟子笔下的"浩然正气"来解释。

---

① （唐）柳宗元：《柳宗元全集》，曹明纲点校，上海古籍出版社1997年版，第386页。
② （明）刘基：《郁离子》，吕立汉等注释，中州古籍出版社2008年版，第199页。
③ 同上书，第201页。
④ （明）刘基：《刘基集》，林家骊点校，浙江古籍出版社1999年版，第524页。

三　灾异论

基于"元气"运动不息的理论基调，刘基对风雨、雷电、晦明、寒暑等自然现象以及天灾人祸流行的原因予以解释。自然灾异之说最早在《尚书》之中已有论及："作善降之百祥，作不善降之百殃。"[①] 自西汉今文经学大家董仲舒以"天人同气"、"天人同类"、"人副天数"来论证"天人感应"观念以来，"天灾流行，阴阳舛讹，天以之警于人"的理论一直成为社会主流观点，刘基所处的元明之际亦然。

刘基不认同上论观点，以为："天以气为质，气失其平则变"，"风雨、雷电、晦明、寒暑者，天之喘汗呼嘘动息启闭收发也。气行而通，则阴阳和，律吕正，万物并育，五位时若，天之得其常也。气行而壅，壅则激，激则变，变而后病生焉"。[②] 其实，刘基是论与董仲舒的"天人感应"学说有相似之处。此外，关于"暴风"、"虹霓"等自然现象的生成也主要是因为"气行而壅，壅则激，激则变"所导致的"不平之气见"的结果；而"暴怒溢发，冬雷夏霜，骤雨疾风，折木漂水，三光荡摩，五精乱行，昼昏夜明，瘴疫流行，水旱愆殃"等罕见的天灾人祸，即"天之病也"酿成的症结在于阴阳二气"抑拗愤结"、"同薄切错"，即矛盾运动严重失常、混乱所致，这与上天的警示、惩戒毫无关联。

在元明之际，有论者以"阳不足"、"阴有余"来解释地震即"天裂"、"地动"的发生原理："天裂，阳不足；地动，阴有余。"刘基对此有异议，指出："'天裂，阳不足'，是也；'地动，阴有余'，未必然也。夫天浑浑然气也，地包于其中，气行不息，地以之奠，今而动焉，岂地之自动乎？观乎地之动也，盖象夫震悼颤惕，而不为跳跃奋舞之状也。夫既不为跳跃奋舞，则岂地之自动乎？其必有以使之然矣。然则地之动也，非其自动也，由其所丽者有所不恒而使之然也。"[③] 也就是，"浑然之气"即阴阳二气的矛盾运动直接促成"地动"，即地震的发生。

我们应该知道，以阴阳二气矛盾运动失调来解释天地灾异发生机制、

---

① 李民、王健撰：《尚书译注》，上海古籍出版社 2000 年版，第 125 页。

② （明）刘基：《刘基集》，林家骊点校，浙江古籍出版社 1999 年版，第 139 页。

③ （明）刘基：《郁离子》，吕立汉等注释，中州古籍出版社 2008 年版，第 218 页。

原理并非刘基的首创。《国语·周语》中"阳伯父论地震"文提到"幽王二年，周三川皆震，伯阳父曰：……夫天地之气，不失其序。……阳伏而不能出，阴迫而不能蒸，于是有地震。今三川皆震，是阳失其所而镇阴也。"[①] 荀子在《天论》篇中对于天地灾变等自然界异常现象发生的解释也采取了阴阳二气运动失衡原理，"列星随旋，日月递照，四时代御，阴阳大化，风雨博施。万物各得其和以生，各得其养以成"，"星坠木鸣，国人皆恐，曰：是何也？曰：无何也，是天地之变，阴阳之化，物之罕至者也。怪之，可也。而畏之，非也。"[②] 汉儒王充秉承"实事疾妄"的学术精神与"元气自然"的天道宇宙观，以为"元气，天地之精微也"（《四讳》），"夫天道自然也，无为。如谴告人，是有为，非自然也"（《谴告》）。可见，王充在批判灾异谴告学说的同时，也认为风雨雷鸣等自然现象的发生乃是阴阳二气矛盾运动失调的表征。

　　总之，从《国语》、荀子到王充，再到刘基，他们在解释天地灾异等自然现象时，均以自然元气说为立论基础，这也是刘基无神论思想的理论根基，它体现了一种素朴的唯物主义精神。

（原载《科学与无神论》2012 年第 2 期）

---

① （春秋）左丘明：《国语》，岳麓书社 1988 年版，第 7 页。
② 王先谦：《荀子集解》（诸子集成本，第 2 册），中华书局 1954 年版，第 206、209 页。

论王充的反谶纬思想

韩国茹

谶纬思想以其无所不包的丰富性统治着东汉时期雅文化与俗文化两个文化圈。但是,这也并不是说,在东汉思想界不存在不同的、反对谶纬的声音。桓谭、郑兴、尹敏、张衡以及王充等学者都自觉地批判谶纬思想,揭示谶纬思想对正统儒学以及政治等的危害性,积极地重建汉代文化。关于上述东汉学者批判谶纬思想的研究已经取得了丰硕的成果,我们主要论述王充对于谶纬思想思维方式的批判,试图深化对王充与谶纬思想的关系这一课题的研究。

一 谶纬及其思维方式

谶,根据《说文解字》,"谶,验也。有征验之书,河洛所出书曰谶",贾谊在其《鹏鸟赋》中也说:"发书占之兮,谶言其度",由此看来,在汉代人的观念中,所谓谶就是关于占卜吉凶的书。纬,本是对经而言,而纬书的产生则是以阴阳五行、天人感应等与经相结合而产生的。关于谶纬思想的产生以及其文献等问题,现在学术界基本上已经取得了比较一致的看法。谶纬渊源于先秦思想,而兴盛于西汉哀帝(公元前6—公元前1)、平帝(公元1—5)以后,至东汉时期则成为了官民共同信奉实践的思想。它囊括了一切学问,构成了一个无所不包的庞大体系,融合了阴阳五行、天人感应、灾异祥瑞、命相数术、宇宙生成等思想,为我们提供了包括神话传说、古代历史、社会学、民俗学、宗教学以及古代自然科学等在内的丰富信息。

在东汉时期,谶纬成为社会上最为流行的思想形式,笼罩着知识精英以及普通百姓,成为了真正意义上的雅俗共奉的文化形态。在官方,皇帝则有汉光武帝先后命令薛汉、尹敏等校订图谶，并于中元元年颁布图谶八十一篇；因为皇帝的推崇，在儒者大臣则争学谶纬思想，"初，光武善谶，及显宗、肃宗，因祖述焉。自中兴以后，儒者争学图纬，兼附以妖言"（《后汉书·张衡传》）；朝廷在选任官员时，也以其为标准，"桓谭以不善谶流亡，郑兴以逊辞仅免，贾逵能附会文致，最差显贵，世主以此论学，悲矣哉"（《后汉书·范郑陈贾传论》）。在学术上，当时学者以谶纬决断经学的分歧，并广泛地援纬注经，东汉大儒郑玄就广注诸纬并且引纬注经，而这一点就算是反对谶纬思想的学者也受到其影响，在其解经注经以及自己的思想中表现出来。在普通百姓而言，如农民起义的领袖，也有意识地利用谶纬思想为其造势，足以证明普通民众对于这一思想的认可度。如上种种，足可以说明谶纬思想在东汉时期流行之盛，虽然其号为"内学"、"秘经"，但从流行程度上来讲，乃是名副其实的显学。

作为东汉王朝显学的谶纬思想在其思维方式上表现出了如下四个相互联系的特征：宇宙生成论、感应论、目的论以及神圣化。这四个方面有些被王充进行了有意识地批判，有些则为其有意无意地继承与应用。

1. 感应论。感应论可以说是谶纬思想最基础、最主要、最核心、最本质的思维方式，这是谶纬学者理解自然和社会最主要的方式。他们认为同类相感相生就是自然规律和社会规律的本质，其符瑞、灾异谴告、天人感应、命相数术等思想都是建立在这一思维方式之上的。感应论最为著名的命题之一就是董仲舒的人副天数的命题，"人有三百六十节，偶天之数也；形体骨肉，偶地之厚也；上有耳目聪明，日月之象也；体有空窍理脉，川谷之象也；心有哀乐喜怒，神气之类也"（《春秋繁露·人副天数第五十六》）。"马鸣则马应之，牛鸣则牛应之"，"美事召美类，恶事召恶类"（《春秋繁露·同类相动》）。虽然董仲舒的《春秋繁露》并不属于谶纬的文献，但是其中许多的思想论点以及思维方式都为后来的谶纬学者所继承。感应论的思维方式主要是指从天地万物之间的互相联系以及互相感应来阐释天地万物的产生、发展以及演变，而忽略了天地万物的自性。这一思维方式是古人在其观察、思考以及实践中所提出来的方法论，在人类文明发展的早期曾经起到了重要的作用，并且在人类总结出更加理性、科学的方法论之前，这一思维方式曾经长期作用于人类的认知以及实践活动中。弗雷泽认为这一思维方式乃是巫术赖以建立的两个思想原则之一，且是最重要的那个。"如果我们分析巫术赖以建立的思想原则，便会发现它们可归结为两个方面：第一是'同类相生'或果必同因；第二是'物体一经互相接触，在中断实体接触后还会继续远距离的互相作用'。"① 因此，对于感应论在谶纬中的应用的评价我们也不能一概地予以否认。

2. 宇宙生成论。运用感应论的思维方式，必然预设了一定的宇宙论，宇宙论同时也可以被运用为一种思维方式。《易纬·乾凿度》中有谶纬思想关于宇宙生成论比较系统、详细且影响很大的论述：

> 夫有形生于无形，乾坤安从生？故曰，有太易，有太初，有太始，有太素也。太易者，未见气也。太初者，气之始也。太始者，形之始也。太素者，质之始也。气、形、质具而未离，故曰浑沦。浑沦者，言万物相浑成而未相离，视之不见，听之不闻，循之不得，故曰易也。易无形畔，易变而为一，一变而为七，七变而为九，九者气变之究也，乃复变而为一。一者形变之始，清轻者上为天，浊重者下为地。

如上所述，则宇宙生成论的图式如下：

太易（未见气）→太初（气）→太始（形）→太素（质）→浑沦（易）→天地

如此，则在天地之前，宇宙从未见气，到气、形、质之出现，虽出现但并未分离，这就是易，然后生成了天地万物。此段着重于天地万物生成之前宇宙气的变化，也认为万物的生成从气开始。

《易纬·乾凿度》中还有一段关于宇宙生成论的思想，着重于天地之后万物生成之顺序。"易始于太极，太极分而为二，故生天地。天地有春秋冬夏之节，故生四时，四时各有阴阳刚柔之分，故生八卦。八卦成列，天地之道立，雷风水火山泽之象定矣。"如此则宇宙生成论的图式为：

太极→天地→四时→八卦→万物

谶纬思想在后世受到了诸多的批判，但是其宇宙生成论思想却为后来的学者如宋明儒学中的一些学者所继承，乃是谶纬思想中比较有价值的部分。

---

① ［英］J. G. 弗雷泽：《金枝》（上），徐育新、汪培基、张泽石译，新世界出版社 2006 年版，第 15 页。

3. 目的论。谶纬思想中，感应论是与目的论相辅相成的，尤其是在其社会政治思想中表现得更加突出。以其灾异谴告思想为例："论灾异[者]，谓古之人君为政失道，天用灾异谴告之也。复以寒温为之效。人君用刑非时则寒，施赏违节则温。天神谴告人君，犹人君责怒臣下也。故楚严王曰：'天不下灾异，天其忘予乎！'灾异为谴告，故严王惧而思之也"（《论衡·谴告篇》）。在谶纬思想中，天不仅代表了自然之天，更加代表了道德、秩序以及正义之天，是有意志、有意识地管理着自然与人类社会，以灾异或祥瑞或谴告或预示着人类社会的吉凶祸福。

4. 神圣化以及生知先知。在如上的世界观的指导下，谶纬思想中知识的获得必然是通过神圣的手段获得的，也必然会出现对圣人和君主的神圣化。在谶纬思想中，有一个排列有序的天上人间的圣王系统，周予同整理了谶纬文献中的圣统：天地人三皇，伏羲、女娲、神农三皇，伏羲、神农、燧人三皇，五天帝，五人帝等系统①。人间圣统从伏羲开始，伏羲，神农，黄帝，少皞，颛顼，帝喾，帝尧，帝舜，禹，汤，文王、武王，孔子、汉高祖②，也按照天上的圣统以五德终始为模式，并有受命、符瑞、先知等神话予以神化与圣化。"在谶纬中，孔子不仅是圣人，而且被塑造为一个能知过去未来，无所不知，无所不晓的'神圣'。谶纬认为凡是受命的帝王、神圣都是由天上降到人间的'神'。"③ 以谶纬中的孔子为例，"圣人皆无父，感天而生"（《五经异义》），也就是说，地上的圣人君主都有天上的父，孔子也不例外，"叔梁纥与征在祷尼丘山，感黑龙之精，以生仲尼"（《论语·撰考谶》）。又说圣人可以预知一切事情，"圣人所以能独见前睹，与神通精者，盖皆天所生也"（《白虎通义·圣人篇》）。"儒者论圣人，以为前知千岁，后知万世，有独见之明，独听之聪，事来则名，不学自知，不问自晓，故称圣，（圣）则神矣。若蓍、龟之知吉凶，蓍草称神，龟称灵矣。贤者才下不能及，智劣不能料，故谓之贤。"（《论衡·实知篇》）

从上面可以看出，谶纬乃是一个由世界观、宗教观以及社会、政治学说等组成的庞大的思想体系，它所赖以建成的思维方式也是一个以宇宙生

---

① 周予同：《谶纬中的"皇"与"帝"》，载朱维铮编《周予同经学史论著选集》，上海人民出版社 1983 年版。

② 徐兴无：《谶纬文献与汉代文化构建》，中华书局 2003 年版，第 193—195 页。

③ 钟肇鹏：《谶纬略论》，辽宁教育出版社 1995 年版，第 99 页。

成论为基础，在感应论、目的论和神圣论方式下共同构建而成的。

二 王充的反谶纬思想

谶纬思想中包含了大量的迷信思想，以之应用于社会政治以及学术等领域，必然出现许多的弊端和舛误。这一点为当时的一部分有识之士清醒地认识到，并予以有力地批判，王充即是其一。

王充作《论衡》八十一篇，一言以蔽之，"疾虚妄"，就是对历史文献中的以及当时所流行的各种虚妄学说进行批判，这其中很大一部分内容就是对谶纬学说的批判。在此，我们不准备详细考察王充对谶纬中具体内容的批判，而着重于其对谶纬思想的思维方式的批判与新的思维方式的重建。王充对谶纬思想的批判是建立在其新的思维方式与世界观的基础之上的，这就是自然主义的天道观和注重实知和效验的认识论。

1. 以自然主义的天道观批判感应的目的论。王充批判谶纬思想的逻辑起点是他的自然主义的天道观，它包含了天、人以及万物的产生发展的整体思想。首先，以无"故"即无意志无目的的自然之天，批判谶纬思想中有意志、有目的以灾异谴告君主的道德、神性之天。"天之动行也，施气也，体动气乃出，物乃生矣。由人动气也，体动气乃出，子亦生也。夫人之施气也，非欲以生子，气施而子自生矣。天动不欲以生物，而物自生，此则自然也。施气不欲为物，而物自为，此则无为也。"（《论衡·自然篇》）王充认为，天地阴阳合气，万物自生，天乃是自然无为之天，不具有任何的道德、神学属性。

其次，用万物自身的性质来说明万物之间的联系，批判了谶纬思想中完全以天地万物之间的关系来说明万物之间的关系，批判了感应论和目的论的思想。"天者，普施气万物之中，谷愈饥而丝麻救寒，故人食谷、衣丝麻叶。夫天之不故生五谷丝麻以衣食人，由其有灾变不欲以谴告人也。物自生，而人衣食之；气自变，而人畏惧之。"（《论衡·自然篇》）关于天地万物之中，何以人食谷、衣丝麻等事，从五谷、丝麻等万物自身的属性、性质入手，即具有可以愈饥救寒之功，而不是天因为人而生五谷和丝麻等。

再次，以人为天地间普通之一物批判谶纬思想中人副天数说。在谶纬思想中，人副天数，君主的一切行为，均可与天相感应，甚至可以影响到天地之间的变化。而在王充看来，"故人在天地之间，犹蚤虱之在衣裳之内，蝼蚁之在穴隙之中。蚤虱蝼蚁为顺逆横从，能令衣裳穴隙之间气变动乎？蚤虱蝼蚁不能，而独谓人能，不达物气之理也"（《论衡·变动篇》）。人的实践不能感动天，犹蚤虱不能感动衣裳。"人，物也。物，亦物也虽贵为王侯，性不异于物。"（《论衡·道虚篇》）这就从根本上否定了人在天地万物之中的特殊性，肯定了人与物的同一性，挑战了君权神授的观点。但是人又与其他万物不同，乃是因为人有智慧。

最后，以偶然论和命定论的有机结合批判感应论和目的论。王充以偶然论和命定论的有机融合来阐释天地万物的发展过程和方向。王充认为天地万物同源于元气，万物之分殊乃是出自禀气之厚薄多少。在禀气之初，禀气之差别完全是偶然的，没有一定的规则可循，这就是偶然论。而禀气之后，万物又完全被其所禀之气之厚薄多少所决定，其以后之发展过程及方向即完全取决于所禀之气，这不仅涵盖着自然界中万物生长发育的规律，而且也是人之富贵寿夭，国运之长短等人类社会发展的规律。王充以其偶然论和命定论完全否定了谶纬思想中感应论和目的论的思维方式。就个人而言，"凡人遇偶及遭累害，皆由命也。有死生寿夭之命，亦有贵贱贫富之命。自王公逮庶人，圣贤及下愚，凡有首目之类，含血之属，莫不有命。命当贵贱，虽富贵之，犹涉祸患，失其富贵矣；命富贵，虽贫贱之，犹逢福善，离其贫贱矣"（《论衡·命禄篇》）。从国家而言，"夫贤君能治当安之民，不能化当乱之世。良医能行其针药，使方术验者，遇未死之人，得未死之病也。如命穷病困，则虽扁鹊未如之何。夫命穷病困之不可治，犹夫乱民之不可安也；药气之愈病，犹教导之安民也。皆有命时，不可令勉力也"（《论衡·治期篇》）。如此，王充则因反对感应论中过度强调人为的作用，而走到了另一个极端，即人为的极端无用。

因此，我们可以说自然主义的天道观既是王充思想中的世界观、宇宙观，又是其方法论和思维方式，是其批判谶纬思想的一大利器。

2. 以注重实知和效验的认识论批判神圣化的圣知先知全知。王充首先给圣人祛魅。孔子在汉代一再被神化，被称为素王。而在《论衡》中王充有《问孔篇》，其开头即论述了谶纬思想中的舛误思想，"世儒学者，好信师而是古，以为贤圣所言皆无非，专精讲习，不知难问。夫圣贤下笔造文，用意详审，尚未可谓尽得实，况仓卒吐言，安能皆是？不能皆是，时人不知难；或是，而意沉难见，时人不知问。案贤圣之言，上下多相违；其文，前后多相伐者，世之学者，不能知也"。全文充满了疑问的精神，对《论语》中的诸多说法进行了批判，把孔子重新还原为一个人。然后王充又在其《论衡·实知篇》以及《知识篇》中举多例来批判圣人生而知之、神而先知的观念，认为这两个观念都是虚妄之说。例如，他就匡人之围孔子事件评判说，"途有狂夫，投刃而候；泽有猛虎，厉牙而望。知见之者，不敢前进。如不知见，则遭狂夫之刃，犯猛虎之牙矣。匡人之围孔子，孔子如审先知，当早易道，以违其害。不知而触之，故遇其患。以孔子围言之，圣人不能先知，四也"（《论衡·实知篇》）。据此，王充一则为神圣化了的孔子去魅，一则否定了圣人所谓的先知生知。那么，王充的认识论又是什么形态的呢？

批判并否定谶纬思想中的生知与先知，王充更加赞同学知的方式，"智能之士，不学不成，不问不知"（《论衡·实知篇》）。首先，他注重的是耳目闻见之感觉经验的重要性，认为即使是圣人也是需要耳目闻见的感觉经验获得其知识，"圣贤不能性知，须任耳目以定情实"（《论衡·实知篇》），"性敏才茂，独思无所据，不睹兆象，不见类验，却念百世之后，有马生牛，牛生驴，桃生李，李生梅，圣人能知之乎？臣弑君，子弑父，仁如颜渊，孝如曾参，勇如贲育，辩如赐予，圣人能见之乎？"（《论衡·实知篇》）从中足可看出王充对于感觉经验的重视。其次，王充还非常重视理性思维。"夫论不留精澄意，苟以外效立事是非，信闻见于外，不诠订于内，是用耳目论，不以心意议也。夫以耳目论，则以虚象而言，虚象效，则以实事为非。是故施肥者，不徒耳目，必开心意。"（《论衡·薄葬篇》）王充认为，如果不运用理性思维对感觉经验所取得的材料去伪存真、撇开表象认识事物的本质的话，则必不能获得正确的知识。最后，在感觉经验与理性思维都不能确定知识的真伪的情况下，王充认为圣人的经典、先人的经验以及专业人才的经验依然是我们的知识的重要来源。"不入师门，无经传之教，以郁朴之实，不晓礼仪，立之朝廷，植笄树表之类也，其何益哉？……皆以未学，不见大道。"（《论衡·量知篇》）他还说："从农论田，田夫胜；从商讲贾，贾人贤。……犹贾人子弟生长宅中，其知曲折愈于宾客也。宾客暂至，虽孔、墨之材，不能分别。"（《论衡·程材篇》）

王充在其实证的知识论以及自然主义的天道观的基础上，有力地批判了谶纬思想中的感应论、目的论以及神圣化的思想，对于东汉末期至魏晋思想的转变起到了极大的促进作用，其书经汉末蔡邕的倡导而风行于当时的学术界，成为士人清谈的有力帮助。

三　作为东汉学者的王充

虽然，王充的思想在他的时代属于异类，从世界观和方法论上有力地批判了其时的主流思想，但是，王充仍然没有也不可能完全超越他的时代，在他的思想中，仍然保留着大量的时代特色，这些特色有些是有意识地继承下来的，也有一些则是无意识地保留下来的；有些是未经批判的完整地继承的，而更多地则是予以批判并重新予以阐释后继承下来的。谶纬思想中，王充只彻底批判和摒弃了目的论，代之以偶然论和命定论，其他三个方面都程度不同地有所保留。

1. 宇宙生成论。王充对于宇宙生成的过程并没有展开系统的论述，即没有一个谶纬思想中的系统的从混沌到万物的过程，而直接从气的变化说万物的产生与消亡，"人未生，在元气之中；既死，复归元气。元气荒忽，人气在其中"（《论衡·论死篇》）。万物与人相同。但是这一点区别在谶纬思想与王充思想中并不起非常本质的作用，如前面所言，谶纬思想的宇宙生成系统中，也主要是气的发展变化，只不过是二者的步骤不同罢了。究其实，王充仍然是一个东汉学者，其对于气的理解一方面具有批判性，即认为气的变化不具有目的和意识，但是另一方面对于气本身的属性的理解，其与大多数的汉儒并没有本质的区别，就是阴阳五行之气，也主张阴阳调和、阳尊阴卑等观念①，既是一个物质性的概念，同时也具有精神性的属性，如关于"勇气"、"仁气"、"天子之气"以及"妖祥之气"等概念中所表现出来的明显的精神性。气所具有的这种二元属性是王充试图解释世界万物的复杂性时的一种理论选择。

2. 神圣化的残留。如果说气的二元属性是王充在面对万物的复杂性时一种迫不得已的选择的话，那么下面的这两点显然是王充对当时主流思想中的一些观念的主动地、积极地认同，这就是神圣化的趋向以及符瑞思想，尽管他在认同的同时给予了重新阐释。在诸多对于圣人以及圣王的神

---

① 邓红：《王充新八论》，中国社会科学出版社 2003 年版，第 116—119 页。

圣化的倾向中，王充首先给予了积极的批评，但是同时也保留了其中一些说法，比如对于神圣化非常重要的感生神话，比如对于下列说法的几乎没有批判的接受：黄帝妊二十月而生，"性与人异，故在母之身，留多十月；命当为帝，故能教物，物为之使"（《论衡·吉验篇》）；"后稷之母履大人跞而生之"；等等。

3. 符瑞之说。王充思想中的符瑞学说具有一定的矛盾性，一方面他以天地自然无为之说否认天地之"故"、否认谴告以及降瑞之说，而以圣王禀气与众人有异，从而偶然地与祥瑞所遇之可能性也很大，就是从偶然性来理解圣王与祥瑞之间的关系；另一方面，或者说更重要的方面，他仍然是从以类相感的方面来认识这二者之间的联系。"帝王治平，升封泰山，告安也。秦始皇升封泰山，遭雷雨之变，治未平，气未和。光武皇帝升封，天晏然无云，太平之应也，治平气应。"（《论衡·宣汉篇》）这里，王充明白地表达了政治与自然元气之间具有的一种感应的关系，同时他还列举了许多汉王朝所具有的祥瑞，这些与汉儒之间是完全一致的。这样一种感应论的思维方式同时还保留在其骨相学说中，我们不再详论。

从上面三个方面的论述我们可以看出，王充以其实证的认识论以及自然主义的天道观主要批判了谶纬思想中的目的论与感应论，部分地为圣人以及圣王去神圣化，同时，暗地里仍然保留了一部分的气的精神性、感应学说以及大部分的感生神话以及符瑞思想，可以说王充的思想中存在着一定的自相矛盾和张力，但是也正因为这些自相矛盾和张力才正体现出王充挣脱谶纬思想的努力，才显示出王充的独创性的不易和可贵，也才显示出王充思想的立体性和丰富性，才为我们进一步的理论探索留下足够的空间。

四　结论

我们在考察一个人的思想中，是不能脱离其生存的社会、思想环境独立地以思想理论价值本身来评价，而要在价值评价中加入历史评价的纬度，才能更加准确完整地了解一个人思想的贡献以及缺点。每一个的思想如果脱离了其社会、思想文化的背景，在一定程度上甚至是不能获得理解的。对于王充思想的评价与研究也要如此，我们一方面要看到其对于当时主流思想的积极有力的批判，在东汉谶纬思想向魏晋自然主义思想的转变过程中的积极作用；另一方面也要看到其中他不得已而采取的理论上的矛盾性以及积极地保留与时代的一致性，这样王充思想的丰富性才能得以树立起来。

（原载《科学与无神论》2012 年第 4 期）